Günter Ogger: Kauf dir einen Kaiser

Die Geschichte der Fugger

Mit 33 Abbildungen

Knaur®

Günter Ogger, geboren 1941, ist Wirtschaftsjournalist und Sachbuchautor. Er schreibt für Magazine, Illustrierte und Fachblätter und wurde bekannt durch seine Flick-Biographie »Friedrich Flick der Große«, die fürs Fernsehen verfilmte Fuggergeschichte »Kauf dir einen Kaiser« und die Wirtschaftschronik »Die Gründerjahre«. Ogger war Redakteur bei »Capital« und in der Entwicklungs-Mannschaft von »Impulse« sowie des »Frankfurter Allgemeine Magazin«. Zuletzt gründete er das Technologie-Magazin »High-Tech«. Er arbeitet als freier Consultant für Verlage, Sender und namhafte Wirtschaftsunternehmen. Er lebt in München und Südtirol.

Vollständige Taschenbuchausgabe 1979
Droemersche Verlagsanstalt Th. Knaur Nachf., München

Umschlaggestaltung Atelier Blaumeiser
Satz IBV Lichtsatz KG, Berlin
Druck und Bindung Ebner Ulm
Printed in Germany 13
ISBN 3-426-03613-4

Für Christa

Inhalt

I. Buch

Der diskrete Charme des Reichtums

1. Kapitel
Wie sich die Bilder gleichen

In einer Zeit wie der unseren, da der Kanzler ein Wirtschaftskanzler ist und die Politik zur Wirtschaftspolitik verkümmerte, erscheint die Geschichte der Fugger verblüffend aktuell.

Nie zuvor und kaum wieder danach bestimmte die Wirtschaft so eindeutig die Weltpolitik wie in den Tagen Jakob Fuggers des Reichen. Es war nicht ein Mann des Staates, sondern ein privater Unternehmer, der die größte Macht der Welt in Händen hielt. Der Augsburger Geldherr entschied, wann Kriege geführt und Frieden geschlossen wurde. Von ihm hing es ab, ob ein Habsburger oder ein Valois zum römisch-deutschen Kaiser gewählt wurde. Ja, die Fugger mischten sich letztlich sogar in Angelegenheiten des Glaubens: Ihre dubiosen Ablaßgeschäfte führten zur Reformation, und ihr Geld verhinderte, daß Mitteleuropa protestantisch wurde.

Die Stamokap-Theorien einiger Jusos, nach denen das Übel der Welt aus der Verflechtung des Staates mit dem Monopolkapitalismus herrührt, wurden schon vor 400 Jahren ad absurdum geführt. Denn in der ersten Phase des Frühkapitalismus war der Staat bereits total von der Privatwirtschaft abhängig. Aber das unausweichliche Chaos ruinierte nicht den Staat, sondern eben jene Großkaufleute, die ihn vorher so trefflich auszubeuten wußten.

Modellhaft spiegeln sich in jener »großen« Zeit der europäischen Geschichte – den Jahren zwischen 1480 und 1560 – viele unserer heutigen Probleme. Ausbeutung der Dritten Welt, ungleiche Verteilung der Rohstoffe, Arbeitslosigkeit und Tarifkonflikte, Preiswucher und technologischer Fortschritt – all das gab es auch damals schon. Geändert haben sich seither die Produkte und die Produktionsprozesse, aber nicht die Menschen. Sie waren damals genauso gutmütig und bösartig, phantasievoll und stupide, charakterfest und bestechlich wie heute. Deshalb unterscheidet sich die beispiellose Erfolgs- und Mißerfolgsgeschichte der Fugger allenfalls in ihren Dimensionen von denen der großen Unternehmerdynastien der Gegenwart. Was die Fugger indes so einzigartig macht, ist die Zeit, in der sie lebten. Sie hatten den Vorteil, am Beginn einer Entwicklung zu stehen, deren Ende wir – vielleicht – noch erleben werden. Mit ihnen begann der Siegeszug der europäischen Wirtschaft. Sie schufen den ersten multinationalen Konzern der Geschichte und dazu Organisationsformen, die bis heute nicht überholt sind. Ein moderner Mischkonzern wie die Flickgruppe oder amerikanische Konglomerate wie Litton sind dem einstigen Fuggerkonzern viel ähnlicher als traditionelle Mono-Unternehmen. Zwar funktionierte das »Management by Mittelalter« noch ohne Computer und Firmenjet, aber es funktionierte mit erstaunlicher Präzision und Geschwindigkeit.

Die Fugger waren zweifellos hartgesottene Geschäftsleute mit einem ausgeprägten Instinkt für den kaufmännischen Nutzen neuer technischer Entwicklungen und menschlicher Schwächen. Sie profitierten von den Lastern der Fürsten ebenso wie von den Entdeckungen der Seefahrer, nutzten kaltblütig die Jenseitsangst der Gläubigen und die diesseitigen Erkenntnisse der Wissenschaftler. Sie beuteten die Bodenschätze der Alpen ebenso rücksichtslos aus wie Jahrhunderte später die Ölgesellschaften die Energievorräte Arabiens. Und sie bestachen die Politiker ihrer Zeit mindestens ebenso wirksam wie heutzutage die Lobbyisten des Lockheed-Konzerns. Nur hatten sie noch ein bißchen mehr Macht als jeder Großkonzern der Gegenwart: Als Jakob Fugger beispielsweise sämtliche Erzgruben Tirols in der Hand hatte, ließ er den Herrscher des Alpenlandes, Herzog Sigismund, kurzerhand absetzen.

Mit erschreckender Konsequenz nutzte bereits dieser frühkapitalistische Tycoon seine Marktmacht. Sein Ziel war stets das Monopol. Um es zu erreichen, manipulierte er die Preise nach Belieben, bis auch der letzte Konkurrent entmutigt aufgab und der Fugger dann die Kundschaft anschließend um so nachhaltiger zur Kasse bitten konnte. Und als die deutschen Reichsstände, eine Art Parlamentsvorläufer, dem einträglichen Profitspiel ein Ende bereiten wollten, mußte eben der Kaiser höchstselbst für den Schutz seines wichtigsten Finanziers sorgen.

Die unglaubliche Energie, mit der die Fugger ihren weltumspannenden Konzern ausbauten, hätte zweifellos den Wohlstand der ganzen Nation anheben können. Statt dessen aber wurde der größte Teil des neugeschaffenen Volksvermögens sinnlos auf den Schlachtfeldern verpulvert. Die permanenten Kriege zwischen Deutschen und Franzosen, Katholiken und Protestanten oder Christen und Moslems wären ohne die gewaltige Steigerung der Produktivkräfte gar nicht möglich gewesen. Insofern führte die erste Blüte der europäischen Wirtschaft schnurstracks zu ihrem eigenen Niedergang, und es dauerte Jahrhunderte, bis das kaufmännische, technologische und organisatorische Niveau der Fuggerzeit wieder erreicht wurde.

Bis heute dienen die Fugger deutschen Unternehmern als Vorbild, aber keiner hat je wieder auch nur entfernt ihre Machtfülle und historische Bedeutung erlangt. Der Clan, der einst die Welt beherrschte – sein Einflußbereich reichte von der Westküste Südamerikas über den gesamten europäischen Kontinent bis zu den Gewürzinseln der Molukken –, läßt sich allenfalls noch mit zwei anderen europäischen Familien vergleichen: den Medici und den Rothschilds. Aber auch sie erreichten nie jene totale ökonomische Vorherrschaft, welche die Fugger zeitweilig im Bergbau sowie im Geld- und Warenverkehr besaßen.

Auch wenn die Fugger als Kunstsammler, Mäzene und Bauherren längst nicht Medici-Format erreichten, so überragen doch ihre kulturellen Leistungen alle diesbezüglichen Versuche gegenwärtiger Wirtschaftskapitäne um Längen. Das Sozialwerk der Fuggerei, dem sie bis heute ihren guten Namen verdanken, läßt bundesdeutsche Stifter der Gegenwart daneben doch reichlich bescheiden aussehen. Dabei waren jene schwäbischen Großkaufleute alles andere als pure Menschenfreunde. Die Art, in der sie beispielsweise Tarifkonflikte mit Kanonen und Hellebarden beendeten, unterscheidet sie glücklicherweise doch ganz erheblich von ihren späten Nachfahren.

Zweifellos sind die großen Familien der Gegenwart reicher, als es die Fugger selbst in ihren besten Tagen waren. Die beiden potentesten Privatkapitalisten der Bundesrepublik, der Münchener Bankier August von Finck, 81, und der Düsseldorfer Konzernerbe Friedrich Karl Flick, 52, verfügen über ein Vermögen von jeweils vier bis fünf Milliarden DM. Der reichste Amerikaner, Daniel K. Ludwig, dürfte sogar noch ein, zwei Milliarden DM mehr besitzen, trotz des gesunkenen Dollarkurses. Und diese Industriegiganten werden noch weit übertroffen von den Ölpotentaten des Nahen Ostens, wie Scheich Salem Al Sabbah von Kuweit oder König Khaled von Saudi-Arabien.

Anton Fugger hingegen bilanzierte im Jahr 1550 keine Milliarden, sondern »nur« ein Vermögen von rund sechs Millionen Gulden. Trotzdem wird keiner der Superreichen unserer Tage auch nur entfernt die Machtfülle und die historische Bedeutung jenes schwäbischen Kaufmanns aus der beginnenden Neuzeit erreichen.

Größer als alle Konzerne der Gegenwart

Schon die einfache Umrechnung von harten Goldgulden der Fuggerzeit in weiche Papiermark des Jahres 1980 ergibt eine beträchtliche Aufwertung des Fuggervermögens. Der einzige brauchbare Umrechnungsfaktor wäre nämlich der Goldpreis. Ein rheinischer Goldgulden hatte damals

3,25 Gramm Feingewicht. Allein der Materialwert des Guldens würde nach heutigen Preisen demnach etwa 30 DM betragen. So gerechnet, wäre Anton Fugger wenigstens 180 Millionen DM »schwer« gewesen.
In Wahrheit war er natürlich viel reicher. In seinen besten Tagen verfügte der Clan nämlich über fast zehn Prozent des gesamten Volksvermögens im Heiligen Römischen Reich Deutscher Nation. Wer heutzutage zehn Prozent des Volksvermögens der Bundesrepublik besäße, wäre wenigstens ein hundertfacher Milliardär.
Ein Konzern von der Übermacht der Fugger ist in unseren Tagen einfach nicht vorstellbar: Er müßte etwa die 100 größten Unternehmen der Bundesrepublik umfassen – vom VEBA-Konzern über VW, Thyssen, Siemens, Daimler-Benz bis hin zum Versandhaus Quelle – und nebenbei noch die Deutsche Bank und den Bundesnachrichtendienst einschließen. Zeitweilig war die Firma Fugger rund fünfzigmal größer als das zweitstärkste Unternehmen auf deutschem Boden, das den ebenfalls in Augsburg ansässigen Welsern gehörte. Das entspricht etwa dem Größenverhältnis zwischen dem weltumspannenden Thyssenkonzern und der Duftwasserfirma 4711.
Die Fugger beherrschten praktisch alle Bereiche der damaligen Wirtschaft. Sie waren einer der größten Grundbesitzer im Reich, die bedeutendsten Bankiers der Welt, das mit Abstand größte Handelshaus, wichtigstes Bergbauunternehmen, bedeutendster Arbeitgeber des Handwerks, Waffenproduzent, Münzverwalter und eine politische Großmacht ersten Ranges.
Nie zuvor und nie wieder danach hat eine einzige Firma so weitgehend das Wirtschaftsleben Europas und der Welt beeinflußt wie in den Jahren, als Jakob Fugger der Reiche regierte. Im Herrschaftsgebiet Kaiser Karls V., in dem die Sonne nicht unterging, gab es, den Kaiser eingeschlossen, keinen mächtigeren Mann als den Augsburger Kaufherrn. Denn Fugger war es, der die Wahl des Kaisers finanzierte, der seine Heere bezahlte und der letztlich auch die Politik des Kaisers mitbestimmte. In diesem europäischen Weltreich regierte in Wahrheit nicht der abgewirtschaftete Adel, sondern ein schwäbischer Geschäftsmann, der zum unerreichten Vorbild für die Großkapitalisten, Industriemagnaten und Bankfürsten bis in unsere Tage wurde.

2. Kapitel
Besuch bei einem alten Herrn

Das Schloß wirkt kalt und abweisend. Sein Turm beherrscht die Landschaft im Umkreis von zwanzig Kilometern. Die hohen, schmucklosen Mauern scheinen eine Festung abzuschirmen, vor der sich die Häuser des Dorfes fast ängstlich ducken.
Es kostet mich einige Überwindung, durchs offene Tor zu gehen und den riesigen Schloßhof zu betreten. Weit und breit ist niemand zu sehen, kein Wachtposten, kein Gärtner, kein Zeremonienmeister. Finster und tot liegt die Steinmasse vor mir.
Vergangenheit. Nur einmal im Jahr, während der Sommermonate, kommt Leben ins Schloß, wenn der Fürst zu den traditionellen »Musiktagen« in den berühmten Zedernsaal nach Kirchheim einlädt. Aus ganz Europa reisen Liebhaber klassischer Musik an, um den Klängen der authentischen Instrumente aus der Barockzeit zu lauschen.
Als ich vorher in einem Metzgerladen nach dem Herrn von Schloß Kirchheim fragte, sprach man ehrfürchtig von »Seiner Durchlaucht«. »Seine Durchlaucht erwartet Sie schon, kommen Sie.« Ein ältliches Mädchen mit Dutt hat mich angemeldet. Sie sitzt in einer winzigen Kammer am Schloßeingang. Nach einer Weile kommt ein Bursche in Blue jeans und bittet, ihm zu folgen. Er führt mich durch endlose Gänge. Die weiß gekalkten Wände sind mit Bildern bepflastert. Die Porträts zeigen feierliche, hochmütige Gesichter. Mir fallen die überlangen Nasen auf.
Auch der alte Herr hat eine solche Nase. Mit seinem eisgrauen Haar, der randlosen Brille und in der leicht gebeugten Haltung sieht er aus wie ein pensionierter Germanistik-Professor. Er ist zweiundachtzig: Seine Durchlaucht Josef Ernst Fürst Fugger von Glött.
Ich fühle mich wieder wohler. Der alte Herr ist mir sympathisch. Warum ich mich für seine Vorfahren interessiere, will er wissen. Ja, warum wohl? Soll ich ihm erzählen, daß ich vor Jahren in einem Brüsseler Antiquariat 125 Mark für jenes vergilbte Bändchen ausgab, in dem ein gewisser Ulrich von Hutten über die »Fuckerer« herzieht? Oder würde ihn vielleicht interessieren, wie verblüffend die Parallelen zwischen den Bestechungstechniken Jakobs des Reichen und dem Lockheed-Skandal in jüngster Zeit sind?
Ich glaube nicht, daß er dies hören möchte. Deshalb erzähle ich ihm, wie großartig ich die Leistung der Fugger fände. Denn ich weiß natürlich, daß seine Vorfahren Meister in Sachen Public Relations waren, und daß auch seine wichtigste Aufgabe als Senior der Dynastie darin besteht, deren untadeliges Image zu pflegen.

»Es ist ja schon eine ganze Menge über uns geschrieben worden«, meint er nach einer Weile. Ich verkneife mir die Bemerkung, daß die Verfasser der umfangreichsten Fuggerbiographien durchwegs im Dienst der Familie standen. Kein anderer Clan hat über die Jahrhunderte hinweg so beharrlich an seiner eigenen Legende gewoben wie die Fugger.

Ich denke an die Fuggerei, jenes Denkmal der Großzügigkeit, das in Wirklichkeit nichts anderes war als ein Propagandatrick des genialen Jakob Fugger. Der reichste Mann der beginnenden Neuzeit hatte sie einst mit »schwarzem« Geld gegründet, um ein schwebendes Verfahren wegen schwerer Vergehen gegen die Antimonopolgesetze zu unterlaufen. Die Idee war umwerfend: Bis heute wird in den Schulbüchern das Märchen vom gütigen Fugger erzählt.

Für meinen Gastgeber ist das Vermächtnis des Tycoon ein kategorischer Imperativ. Buchstabengetreu hält sich die Stiftungs-Administration an die vor 459 Jahren erlassenen Vorschriften. Weil irgendwann im letzten Jahrhundert ein rheinischer Gulden in 1,72 Goldmark umgewechselt wurde, zahlen die Bewohner der Fuggerei exakt diesen Betrag als Jahresmiete, obwohl der vom alten Jakob geforderte Gulden nach heutiger Währung mindestens 40 Mark wert ist. Und wie im frommen Augsburg des 16. Jahrhunderts werden die Tore zur ältesten Sozialsiedlung der Welt pünktlich um 22 Uhr geschlossen. Wer später kommt, muß sich vom Nachtwächter den Schlüssel geben lassen und 50 Pfennig Buße zahlen.

Dafür hat der Fürst jetzt seine liebe Not, Nächstenliebe an den Mann zu bringen. Während es früher Wartelisten gab, stehen heute schon 13 der insgesamt 148 Wohnungen in der Fuggerei leer. »Wo kriegen wir nur die Armen her?« sorgt sich Seine Durchlaucht.

Ganz einfach ist das sicher nicht. Laut Stiftungsbrief müssen die Bewohner der Fuggerei aus Augsburg stammen, katholisch und »arm, aber fleißig« sein. Dergleichen ist Mangelware im Zeitalter der Rentendynamik. Was also tun mit der Fuggerei? Sollen die 67 Reihenhäuser, denen die einst reichste und mächtigste Unternehmerdynastie des Abendlandes ihren guten Ruf verdankt, am Ende abgerissen werden? Schon der Gedanke an solchen Frevel ist geeignet, meinem Gesprächspartner die Schamröte ins Gesicht zu treiben. Er duldet nicht die kleinste Versündigung gegenüber der großen Vergangenheit.

Wir trinken von der Hausherrin selbst zubereiteten Kaffee. Die Fürstin, erheblich jünger als ihr Mann, bringt Leben ins tote Schloß. Dann gibt es Vollkornbrot, Butter, rohen Schinken und knackige Radieschen aus dem eigenen Garten.

Mich interessiert: Was machen die Fugger heute? Ihre großen Vorbilder und Rivalen, die Medici in Florenz, sind schon anno 1737 ausgestorben. Die Rothschilds aber sind noch aktiv im Geschäft.

Der Fürst hebt die Arme: »Wir sind keine bedeutenden Geister wie unsere Vorfahren.« Ich widerspreche nicht. Der alte Herr lebt so unprätentiös wie früher wahrscheinlich nicht einmal die Diener seiner Ahnen. In dem riesigen Schloß mit seinen über hundert Räumen bewohnt er mit seiner Frau gerade drei Zimmerchen – ohne Butler, ohne Zofe. Die Fürstin muß selbst die Kohlen aus dem Keller holen, und ich habe nicht den Eindruck, ihr falle dies schwer. Außerhalb der fürstlichen Dreizimmerwohnung ist es bitter kalt im Schloß. »Allein das Heizöl würde mich ein Vermögen kosten«, meint Seine Durchlaucht.

Stelldichein der Schloßratten

Der Erbauer von Schloß Kirchheim, ein gewisser Johannes Fugger, kommt mir in den Sinn. Er war kein sehr bedeutender Kaufmann; er hatte einfach Geld, und zwar so viel, daß er sich diesen Prachtbau als Zweitwohnsitz leisten konnte. Das ganze umliegende Land gehörte ihm, so weit das Auge reichte. Einschließlich der Leute, die darauf wohnten, des Viehs, der Wälder und der Wiesen.

Sieben Jahre, von 1578 bis 1585, brauchten die Augsburger Baumeister Jakob Eschay und Wendel Dietrich für den Auftrag. Als die vier um den quadratischen Schloßhof gebauten Flügel fertig waren, glich das Ganze verblüffend dem berühmten Escorial bei Madrid, und keinem der Zeitgenossen mag dies vermessen vorgekommen sein. Denn Spaniens König Philipp II. war bei weitem ärmer als dieser schwäbische Playboy aus dem Geschlecht der Fugger. Genauer gesagt, der Erbauer des Escorial schuldete dem Erbauer von Schloß Kirchheim die nette Summe von sechs Millionen Goldgulden, nach heutiger Währung 240 Millionen Mark. Nebbich!

Heute gilt das Schloß als eines der bedeutendsten Renaissance-Gebäude auf deutschem Boden. Es hat die Dimensionen einer Konzernzentrale, aber verwaltet wird hier nur noch die Vergangenheit.

Während wir in Wintermänteln durch die Gänge stapfen, fällt mir auf, wie kleinbürgerlich doch die Reichen unserer Tage leben, verglichen mit dem Wohnstil dieses unbedeutenden Renaissance-Fuggers. Da gibt es riesige Säle für Festbankette mit mehreren hundert Personen, intime Boudoirs mit kostbaren Lüstern und Seidentapeten, Himmelbetten für die schönsten Stunden zu zweit. Aber dort, wo sich früher die bedeutendsten Künstler mit den schönsten Frauen des Landes ein Stelldichein gaben, treffen sich heutzutage allenfalls noch ein paar Schloßratten – oder Holzwürmer.

Im 400 Quadratmeter großen Festsaal deutet der Fürst nach oben: »Da war der Wurm drin.« Es müssen respektlose Tierchen gewesen sein, die sich an der berühmten Zedernholzdecke des Wendel Dietrich vergingen. Das schönste Schnitzwerk der deutschen Renaissance ist – vom Boden aus kaum erkennbar – überreich strukturiert. Mehrere Jahre brauchte der Meister für die vielen tausend Figuren und Ornamente. Fast zwei Meter beträgt die Tiefe der einzelnen Reliefkassetten.

Die Experten vom Bayerischen Landesamt für Denkmalpflege taxierten die Reparatur auf 60000 Mark. Die Hälfte davon, ließen sie den Hausherrn wissen, würde der Staat übernehmen. Sie hatten indes nicht mit der Sparsamkeit des Schloßbesitzers gerechnet. Der Fürst verlegte die Reparatur auf den Winter, besorgte sich das Baugerüst zum Nulltarif und heuerte preiswerte Restaurateure an. Am Ende kostete die Arbeit nur 40000 Mark.

»Ich mußte«, erinnerte sich Durchlaucht schmunzelnd, »nur 10000 aus der eigenen Tasche beisteuern.«

Ein kleiner Rest von 250 Millionen

Sparsamkeit, so scheint es, ist das einzige, was diesem Fugger der 17. Generation vom Geschäftstalent seiner Ahnen noch geblieben ist. Denn die Fähigkeit, viel Geld zu verdienen, ist seiner Familie schon vor 400 Jahren abhanden gekommen, als Anton, der letzte große Fugger, im Jahr 1560 die Augen für immer schloß.

Glücklicherweise war das Erbe reichlich bemessen, so daß bis zum heutigen Tag kein Fugger je die Notwendigkeit verspürte, durch eigener Hände Arbeit seinen Lebensunterhalt zu bestreiten. Stets reichte das, was trotz aller Kriege, Krisen und Kräche an die nächste Generation weitergegeben wurde, durchaus für einen angemessenen Lebensstil.

Auch mein Gastgeber ist, bei aller Bescheidenheit, kein armer Mann. Trotz seines abgewetzten Jacketts, seines verbeulten Nachkriegs-BMW sowie seiner Vorliebe für Gerstensuppe, Bier und warme Würstchen zählt der Schloßherr zweifellos zu den besser situierten Bürgern der Nation.

Mit zwölf Angestellten – Förstern, Landwirten und kaufmännischem Personal – verwaltet er sein Erbe. Es besteht neben den unermeßlichen Kunstschätzen aus 1500 Hektar Grundbesitz, zahlreichen Mietshäusern, einem kleinen Elektrizitätswerk, einem Installationsgeschäft sowie Aktien und Anleihen im Gesamtwert von schätzungsweise 80 Millionen Mark.

Dabei ist der Senior der Dynastie der »ärmere« Fugger. Sein auf Schloß Wellenburg bei Augsburg residierender Anverwandter, Friedrich Carl Fürst Fugger-Babenhausen, besitzt annähernd doppelt soviel. Diesem Zweig der Familie gehören 5000 Hektar Grund, noch mehr Mietshäuser,

die Fürst-Fugger-Bank mit einer Bilanzsumme von 200 Millionen DM, eine stattliche Brauerei, eine Fischzucht und sogar drei Schlösser. Hinzu kommen ferner: die berühmten Fuggerhäuser im Zentrum Augsburgs und die Kontrolle über das Vermögen der diversen Stiftungen. Zu diesen zählen beispielsweise die Fuggerei, über 3000 Hektar Wald, weitere Mietshäuser, noch eine Brauerei und ausgedehnte Industriebeteiligungen im Gesamtwert von mindestens 100 Millionen DM.
Alles in allem dürfte das Fuggervermögen eine Größenordnung von 250 bis 300 Millionen DM erreichen. Das ist zwar ein bißchen weniger als das, was etwa die Sachs-Erben zur Verfügung haben, aber doch entschieden mehr als das Vermögen der meisten Durchschnittsmillionäre. Zumindest an Masse sind die traditionsreichen Fugger den Neureichen unserer Tage, ob sie nun Abs, Gerling oder Neckermann heißen, immer noch haushoch überlegen.
Verglichen mit den großen Ahnen, dürfen die heutigen Fürsten freilich fast als bedürftig gelten. Mein Gastgeber hat ausgerechnet, daß allein die Habsburger seiner Familie noch einen Betrag schulden, der einschließlich der inzwischen aufgelaufenen Zinsen an die 250 Milliarden DM ausmacht. Das ist mehr als der gesamte Haushaltsetat der Bundesrepublik.

Ein Fugger lebt für die Vergangenheit

Wenn also die relativ spärlichen Überreste der einstigen Finanzgroßmacht bequem ausreichen, den heutigen und künftigen Fuggergenerationen ein sorgloses Leben zu ermöglichen, weshalb dann die beinahe exzentrische Sparsamkeit Seiner Durchlaucht?
Dafür gibt es, so erklärt mir der Fürst, mehrere Gründe. Seit gut vierhundert Jahren lebt die Familie von der Substanz, sie verzehrt, statt zu vermehren. Alle Versuche, die Geschäfte wiederaufzunehmen, schlugen fehl. Als Fugger war man reich von Gottes und des alten Jakobs Gnaden. Man betrieb, wenn überhaupt, den Handel nach Gutsherrenart.
In den zwölf Generationen vom großen Anton bis zur Gegenwart überwiegen die Privatiers, die berufsmäßigen Schloßbesitzer. Zwischendurch taucht gelegentlich ein Gelehrter, ein Bischof oder auch, welch Sonderling, ein Feldmarschall auf. Auf alle Fälle wurde das Eingemachte nicht mehr, sondern weniger.
Daß das Vermögen überhaupt so lange vorhielt und nicht längst verpraßt, verspielt oder verloren wurde, hat die Familie Anton zu verdanken. Er legte beizeiten einen erklecklichen Teil des Gesellschaftskapitals in krisensicherem Grundbesitz an und verfügte, daß nichts davon verkauft werden durfte. Zeitweilig gehörte den Fuggern halb Schwaben, ein schö-

nes Stück Bayern, eine Portion Schweiz, der größte Teil vom Elsaß sowie allerlei Kleinkram in Tirol, Ungarn, Polen, Böhmen und Sachsen.
Auf den Ländereien ließ sich's zwar prächtig überleben, aber die Erträge nahmen im Laufe der Jahrhunderte beständig ab. Heute gehören der Dynastie noch rund 10000 Hektar. Damit rangieren die Fugger unter den Großgrundbesitzern der Bundesrepublik ungefähr an zehnter Stelle hinter Standeskollegen wie den Fürsten von Thurn und Taxis, Waldburg-Zeil, Fürstenberg, Hohenzollern und Hohenlohe.
Anders als viele minderbemittelte Illustriertenmillionäre können die Nachkommen der Augsburger Großkaufleute nicht von der Dividende in den Mund leben, sondern müssen mit den »Einkünften aus Landwirtschaft und Forstbetrieb« ihre Schlösser instand halten und die diversen Stiftungen finanzieren. »Wenn nur die verdammten Schlösser nicht wären«, schimpft der Fürst, während wir in den Hof hinunterblicken, wo zwei schwarze Riesenschnauzer Wache halten, »dann ließe sich ganz ordentlich auskommen.«
Schon bin ich versucht, den alten Mann in seinem kalten Schloß zu bedauern, da fällt mir ein, daß er sich's mit seinen 80 Millionen doch recht bequem machen könnte, wenn er wollte. Warum will er nicht? Seine Durchlaucht starrt mich an, als wäre ich ein Gespenst aus dem Mittelalter: »Ich werde alles tun, dies hier« – er macht eine weitausholende Geste – »gut zu erhalten.«
Ein Fugger lebt für die Vergangenheit. Für das fast 4000 Quadratmeter große Schloßdach, das gelegentlich repariert werden muß, für die Zedernholzdecke des Wendel Dietrich, für die vielen alten Meister an den Wänden, für den guten Namen der Familie. Der Fürst in einem Neckermann-Häuschen – das wäre vielleicht ganz gemütlich, aber schlicht unmöglich. Lieber tippt er seine Briefe mit unsicherer Hand selbst in die Maschine, als daß er auf die angestammte Umgebung verzichtete.

Schlüsselerlebnis in der Einzelzelle

Auf großem (Zins-)Fuß lebte die Familie schon immer; der schöne Fürstentitel indes ist noch fast neu. Zwar wurde schon Jakob der Reiche von Kaiser Maximilian in den Grafenstand erhoben, doch der selbstbewußte Kaufmann nannte sich schlicht und einfach »Fugger«, das genügte. Grafen, Fürsten und Könige gab es haufenweise, einen Jakob Fugger aber nur einmal. Mit seinem weltumspannenden Konzern, seinem politischen Einfluß und seinem Riesenvermögen dünkte er sich allen Blaublütigen seiner Zeit weit überlegen. Auch sein Neffe Anton hielt es so, und erst die späteren Generationen versuchten, Taten durch Titel zu ersetzen.

Anno 1803 verlieh der letzte römisch-deutsche Kaiser Franz II. einem gewissen Anselm-Maria Fugger-Babenhausen die Lehensherrschaft über das erbliche »Reichsfürstentum Babenhausen, Boos und Kettershausen«. Der private Mini-Staat im schönen Schwabenland zählte 11 000 Einwohner auf rund 52 Quadratkilometern. Souveräner Reichsfürst blieb jener Fuggererbe allerdings nur drei Jahre lang, dann wurde er Untertan des jungen Königreichs Bayern. Immerhin, der Titel ziert die Babenhausener Linie der Dynastie bis heute.

Der Titel meines Gastgebers ist noch jüngeren Datums. Erst der Vater des heutigen Schloßherrn, Karl Ernst Fugger von Glött, wurde ein Jahr vor Ausbruch des Ersten Weltkrieges durch den bayerischen König Ludwig III. vom Grafen- in den Fürstenstand erhoben – für seine Verdienste als Kronoberstmarschall und langjähriger Präsident der Reichsrätekammer.

Der Sohn wollte zunächst nichts von der Familientradition wissen. Nach dem Elend des Ersten Weltkrieges, den die Fugger unbeschadet auf ihren Schlössern überstanden hatten, entschloß er sich sogar zum Bruch mit der Vergangenheit: »Ich hatte vor, nach Amerika auszuwandern«, erinnert er sich wehmütig, während wir in die Stube zurückkehren, um uns noch einen Schluck zu genehmigen. Natürlich blieb er. Ein Fugger, der sich am Broadway Hot dogs einverleibt – das war eine zu kuriose Vorstellung.

Durchlaucht hatte später Grund, sein Zaudern zu bedauern. Als Hitler an die Macht kam, gehörte er zu jenen Grandseigneurs, die den böhmischen Gefreiten schlicht für irrsinnig hielten. Aber im Gegensatz zu den meisten seiner Standesgenossen scheute er sich nicht, dies auch deutlich zu sagen. In der Wehrmacht sah er wie mancher andere Adelige die einzige Macht, die den Diktator stürzen konnte. Als er sich jedoch freiwillig meldete, wurde er abgelehnt, weil er für politisch unzuverlässig galt. Grund: »Ich hatte mal einen Kreisleiter aus meinem Haus geworfen.«

Am Widerstand im Militär verhindert, schloß sich der Fürst dem »Kreisauer Kreis« seines Freundes Helmuth James von Moltke an, der die christliche Opposition gegen Hitler organisierte. Ein Fugger als Rebell – das war schon einmal schiefgegangen: Bei der Revolution von 1848 verlor ein Graf Theodor Fugger von Glött Kopf und Kragen. Bayerische Füsiliere erschossen den adeligen Revoluzzer in der pfälzischen Feste Landau.

Es ging auch diesmal schief. Einer der Mitverschwörer des Kreisauer Kreises, Pater Alfred Delp, wurde nach dem Attentat Stauffenbergs verhaftet. Unter der brutalen Folter der Gestapo entschlüpfte ihm der Name Fugger. Am 3. Oktober 1944 verlor auch der Fürst seine Freiheit. Er wurde nach Berlin verschleppt, wo ihn ein Tribunal unter dem Vorsitz Roland Freislers zu lebenslanger Zuchthausstrafe verurteilte. An Händen und Füßen gefesselt, erlebte er in seiner Einzelzelle die Luftangriffe auf

Berlin. »Ich hatte Todesangst«, erinnert sich der alte Herr. »Jeden Augenblick konnte eine Bombe einschlagen. Ein Teil des Gefängnisses war schon zerstört, und der Staub machte das Atmen zur Qual. Ich glaubte zu ersticken.«

Kurz vor Kriegsende wurden die Häftlinge aus der zerbombten Hauptstadt nach Sankt Georgen bei Bayreuth gebracht. Es war ausgerechnet ein Indianer, ein Major der siegreichen US-Army, der ihn im Mai 1945 aus dem Kerker holte. Vier Jahrhunderte vorher, als den Fuggern noch halb Südamerika gehörte, waren die Vorfahren des Befreiten die Unterdrücker der Vorfahren des Befreiers.

Die große Vergangenheit, nun lag sie in Schutt und Asche. Die Schlösser hatten den Krieg zwar gut überstanden, aber die Fuggerhäuser in Augsburg waren schwer getroffen, und die Fuggerei glich einem Trümmerhaufen. Das Vermächtnis des alten Jakob, das Jahrhunderte überdauert hatte, schien endgültig zerstört.

Stärke in der Stunde Null

In der Stunde Null aber bewiesen die Nachkommen Jakobs des Reichen überraschende Stärke. Fürst Fugger-Babenhausen kümmerte sich um den stilgerechten Wiederaufbau der Zentrale, Fürst Fugger von Glött um den der Fuggerei. Gegen den Widerstand der Besatzungsmacht und der Stadtverwaltung begann er unverzüglich, den Schutt wegzuräumen, Arbeitstrupps zusammenzustellen – und einen blühenden Schwarzhandel aufzuziehen.

Zur Finanzierung des Wiederaufbaus ließen die Fugger Teile ihrer Wälder abholzen, um Zement, Steine und Sand dafür einzutauschen. Als der Stadtbaumeister nörgelte, es gebe Wichtigeres zu tun, als Denkmäler zu restaurieren, erinnerte der Fürst den Vertreter der Obrigkeit kühl an dessen braune Vergangenheit, und er schlug vor: »Sie müssen ja nicht unbedingt an der Baustelle vorbeimarschieren.«

Allein aus dem Stiftungsvermögen, ohne einen Pfennig öffentliche Mittel, erbaute Joseph Ernst die neue Fuggerei exakt nach den Plänen der alten, und damit es nicht so teuer wurde, heuerte er selbst die Bauarbeiter an. Zum Dank für seine Aufbauleistung entsandte ihn die Augsburger CSU in den ersten Deutschen Bundestag.

War er nun einer jener typischen Konservativen, welche die Gunst der Stunde nutzten, um sich die alten Privilegien wieder anzueignen? Durchlaucht erachtet seinen politischen Einfluß für kaum der Rede wert: »Ich hatte viel zuwenig Zeit für Bonn.« Nach vier Jahren gab er sein Mandat zurück – die Familie ging vor.

Neben der Armensiedlung beanspruchten die diversen Fuggerstiftungen die Arbeitskraft des Fürsten. Da ist zum Beispiel das berühmte, von Anton im Jahr 1548 gestiftete »Holz- und Blatternhaus«, das nicht etwa aus blanken Brettern besteht, wie der Name suggeriert, sondern bei dem es sich um eine durchaus standfeste Klinik handelt. Ihre Spezialität war im ausgehenden Mittelalter die »Holzkur«. Hierbei mußten die Patienten ein übelschmeckendes Gebräu trinken, das aus dem amerikanischen Guajakholz gewonnen wurde – an dessen Einfuhr die Fugger eine Stange Geld verdienten. Helfen sollte der Sud gegen eine verheerende Krankheit, für die man damals noch keinen rechten Namen wußte: die Syphilis.

Zu den medizinischen Stiftungen des gesundheitsbewußten Anton gehört ferner ein »Schneidhaus«, die älteste private chirurgische Klinik Deutschlands, sowie das Hospital Waltenhausen im Landkreis Krumbach.

Alle diese privaten Wohltätigkeitseinrichtungen, deren Stiftung nicht ohne Hintergedanken erfolgte, funktionieren seit Jahrhunderten. Die Familie verstand sich eben, wie gesagt, schon auf Public Relations, lange bevor der Begriff erfunden wurde.

Die ersten Zeitungen der Welt gedruckt

Daß die Fugger reicher und mächtiger wurden als jemals eine andere Kaufmannsfamilie vor und nach ihnen, haben sie zweifelsohne zu einem erheblichen Teil ihrer geschickten Informationspolitik zu verdanken. Lange vor allen Konkurrenten erkannte Jakob der Reiche den Nutzen und die Bedeutung der Information. Er baute schon vor den Thurn und Taxis den ersten privaten Nachrichtendienst der Welt auf, und er nutzte seinen Informationsvorsprung auf jede erdenkliche Weise.

Durch zuverlässige Vorausmeldungen machte er sich Kaiser und Könige zu Verbündeten, durch gezielte Falschinformationen vernichtete er seine Konkurrenten. Tausende von bezahlten Agenten in allen Teilen des Fuggerschen Handelsimperiums sammelten laufend alle bedeutsamen Nachrichten. Als schriftliche Botschaften gelangten sie, meist unter normalen Warenladungen versteckt, über die nächstgelegene Faktorei in die Augsburger Zentrale.

Weil aber selbst reitende Boten mitunter wochenlang unterwegs waren, dachte Jakob schon frühzeitig darüber nach, wie man den Informationsfluß beschleunigen könne. Besonders eilige Meldungen wurden – was allerdings nur bei Sonnenschein möglich war – mit Spiegeln weitersignalisiert. Angeblich soll auf diese Weise die Distanz zwischen den Fuggerschen Quecksilberbergwerken in Südspanien und der Augsburger Zentrale in nur zwei Stunden überbrückt worden sein.

Funktionierte das Nachrichtensystem der Fugger zunächst in der Art eines Geheimdienstes, so wurde es später beinahe öffentlich. Aus der Fülle der eingehenden Nachrichten ließ man solche, die nicht speziell für eigene Zwecke benötigt wurden, auswählen und mit Hilfe des neu erfundenen Buchdrucks vervielfältigen: So entstanden die ersten Zeitungen der Welt.

Sie wurden kostenlos und gratis an gute Geschäftsfreunde verteilt und enthielten beileibe nicht immer die reine Wahrheit. Die Fugger sahen in ihnen vor allem ein Machtinstrument, weniger eine Einnahmequelle, obwohl später mitunter sogar Sensationsberichte – wie etwa der über die Enthauptung der Maria Stuart – abgedruckt wurden.

Leider gingen die meisten dieser »Fuggerzeitungen« ebenso wie das unermeßlich wertvolle Archiv der Handelsgesellschaft verloren. Ein Nachfahre des großen Anton verkaufte die Dokumente unter dem Druck seiner Gläubiger für eine geringe Summe an die Habsburger. Doch das Schiff, das die Folianten nach Wien bringen sollte, versank mitsamt seiner Fracht in den Fluten der Donau.

»Stillschweigen stehet wohl an« hieß des großen Anton Fugger Leitmotiv. Aber wenn es der Firma dienlich war, wurde auch eine ganze Menge geredet. Kein Wunder, wenn im Laufe der Jahrhunderte allerlei freundliche Fuggergeschichten entstanden wie etwa jene von der Verbrennung der Schuldscheine Kaiser Karls V. Demnach soll Jakob der Reiche eines Tages den Herrscher von allen Verbindlichkeiten befreit haben, indem er dessen Wechsel zerriß und ins Kaminfeuer warf. Zahlreiche Maler haben diese rührende Szene sogar im Bild festgehalten – aber wahr daran ist nichts. Ein Fugger verbrennt keine Schuldscheine! Die Legende geht offenbar auf einen Brief zurück, den der Fuggerangestellte Dr. Holtzapfel am 2. Oktober 1647 aus Spanien nach Hause schrieb. Darin heißt es, daß Anton Fugger (nicht Jakob) vor fast genau 100 Jahren während schwieriger Geldgespräche mit dem Kaiser im Jahr 1546 behauptete, »allein in Deutschland habe er keine anderen Mittel als etliche Wechselbriefe von Ihrer Majestät, die er zerrissen oder verbrannt, damit Ihre Majestät sehe, daß er ihr mit seiner ganzen Substanz begehre zu dienen«.

Karl V. hatte nämlich im Verlauf des Schmalkaldischen Krieges gerade Ingolstadt erobert und brauchte dringend Geld, um seine Truppen bezahlen zu können. Anton Fugger hingegen wollte es auch mit den protestantischen Gegnern Karls V. nicht verderben und gab deshalb vor, momentan nicht flüssig zu sein. Damit der Kaiser nun aber keinen Verdacht schöpfte, erzählte er die Geschichte von den verbrannten Wechselbriefen. Was in der Legende wie eine großmütige Geste aussieht, war in Wirklichkeit ein Theatercoup.

»Die Habsburger sind uns eben ganz besonders teuer«, schmunzelt der

Fürst, während wir in den Salon hinübergehen, wo er mir noch ein paar besondere Kostbarkeiten zeigen will. Da nie ein Fugger die Schuldscheine des Herrschergeschlechts verbrannte oder zerriß, wäre die Forderung über 250 Milliarden Mark mithin wohl noch Rechtens, wenn man von den üblichen Verjährungsfristen absieht.
Doch die Fugger haben sich schon vor Jahrhunderten damit abgefunden, daß beim ehemals mächtigsten Herrscherhaus Europas nichts mehr zu holen ist. »Der Otto«, erzählt Durchlaucht nicht ohne leichte Schadenfreude, »muß ja heute seine Familie durch Vorträge ernähren.« Selbstverständlich vergißt der Grandseigneur nicht, im nächsten Satz sofort seine Freundschaft mit dem letzten Habsburger zu beteuern.

Zwei Leuchter fürs Elsaß

Nun sehe ich auch die Kostbarkeiten, von denen der Fürst gesprochen hatte. Es sind zwei bescheidene Messingleuchter. »Dafür hat uns Ludwig XIV. das Elsaß weggenommen«, sagt der alte Herr so nebenbei. Ehe sie vom Sonnenkönig enteignet wurden, besaßen die Fugger 14 ausgedehnte Herrschaftsbezirke in Elsaß-Lothringen. Majestät sandte zum Zeichen seines Wohlwollens die beiden Leuchter nach Augsburg, während er den Millionenbesitz der schwäbischen Familie an seine verdienten Generale verteilte. Als Fugger hat man eben recht persönliche Beziehungen zur Geschichte.
Und zur Zukunft? Der Fürst wird nachdenklich. Seine Ehe blieb – wie schon die des reichen Jakob – kinderlos. Um den Namen der Dynastie zu erhalten, mußte er einen Erben adoptieren. Dieser stammt ebenfalls nicht von schlechten Eltern: Es ist ein geborener Graf von und zu Arco-Zinneberg. Daß er jedoch die von der Dynastie seit Jahrhunderten ersehnte Rückkehr zu großen Geschäften einleiten könne, glaubt auch mein Gastgeber nicht. So wird dem jungen Grafen und künftigen Fürsten wohl nichts anderes übrigbleiben, als ebenfalls zu versuchen, das Erbe zu pflegen und zu erhalten, wie es ist.
Daß dies nicht ganz einfach sein wird, dafür sorgt schon der Fiskus. Um Reserven für die dereinst fällige Erbschaftssteuer zu schaffen, hat der alte Herr bereits einen beträchtlichen Teil seines Grundbesitzes geopfert. 1976 verkaufte er über 1000 Hektar Wald im Bereich der Gemeinde Oberndorf bei Donauwörth, wo die Fugger seit den Tagen des Schmalkaldischen Krieges das Herrschaftsrecht besaßen. Der Fürst ist Realist genug, um einzusehen, daß seine Familie langfristig nur mehr in der Lage sein dürfte, die kostspieligen Schlösser zu unterhalten, wenn der Staat mit Steuervergünstigungen hilft.

»Wir haben uns nichts mehr zu sagen«

Besser daran ist zweifellos die Linie Babenhausen. Friedrich Carl Georg Maria, siebenter Fürst Fugger-Babenhausen, Herr zu Boos, Heimertingen, Wald, Wellenburg, Burgwalden und Markt, Graf von Kirchberg und Weißenhorn – so sein voller Titel –, hat vier Söhne und eine Tochter. Er gilt als der geschäftstüchtigste aller lebenden Fugger, wenngleich auch er nicht von Rückschlägen verschont blieb.

So mußte er 1973 ein großes Sägewerk mitsamt der angeschlossenen Büromöbelfabrik in Wellenburg an den Augsburger Hermann Melcer verkaufen, nachdem der Umsatz des Hundertmannbetriebes bis auf 5 Millionen DM abgesackt war. Dafür florieren die übrigen Unternehmungen des Fürsten recht zufriedenstellend. Allein die von zwei angestellten Managern geleitete Fürst-Fugger-Bank konnte ihr Geschäftsvolumen im Jahr 1976 auf 232 Millionen DM ausweiten.

Der Fürst hat die Bankgeschäfte erst Mitte der fünfziger Jahre wiederaufgenommen – nach rund dreihundertjähriger Unterbrechung. Beherrschte die Fuggerbank früher die gesamte europäische Hochfinanz, so entwikkelte sie sich nun aus bescheidensten Anfängen zu einem regionalen Geldinstitut mit sieben Filialen im schwäbischen Raum. Der Familie gehören 60 Prozent des Eigenkapitals, der Rest verteilt sich auf drei Kommanditisten, von denen die Düsseldorfer Industriekreditbank AG mit 25 Prozent den größten Anteil hat. »Ohne den guten Namen unserer Familie wäre die Entwicklung sicher nicht so glatt verlaufen«, konstatiert der Bankier selbstbewußt.

Geldgeschäfte interessieren den einen Meter neunzig großen Landedelmann auf Schloß Wellenburg indes nur am Rande. Das Hobby des in Potsdam geborenen und in preußisch-strenger Offizierstradition aufgewachsenen Fuggersprosses ist die Fischzucht. »Wir haben mit mehr als 60 Hektar Wasserfläche die größte Teichwirtschaft in Schwaben«, berichtet der ehemalige Panzerjägeroffizier stolz. Seine Karpfen und Forellen brachten ihm auf landwirtschaftlichen Ausstellungen mehrfach erste Preise ein.

Mit Vorliebe kutschiert er durch seine ausgedehnten Wälder, doch sein Verhältnis zum vierhundertjährigen Familienbesitz ist durchaus unsentimental. Weil die Viehwirtschaft nichts mehr einbrachte, gab er sie kurzerhand auf und errichtete statt dessen eine Hühnerfarm. Wichtigste Einnahmequelle des leidenschaftlichen Jägers ist jedoch neben der Bank die Brauerei. Von den sechs Sorten Fuggerbier wurden im letzten Jahr über 100000 Hektoliter verkauft, und das Management des schon anno 1505 gegründeten Sudhauses gilt auch bei der Konkurrenz als durchaus professionell.

An Selbstbewußtsein hat es dem mit der schwedischen Gräfin Gunilla Rielke verheirateten Fugger noch nie gefehlt, seit er nach dem Tod seines Vaters Georg 1935 Linienchef wurde. Von seinem Mercedes ließ er beispielsweise den vertrauten Stern abmontieren und durch ein Emblem mit den drei Fuggerlilien ersetzen. »Sie können sich vorstellen, daß sich die Mercedes-Leute darüber ärgern«, kommentiert er befriedigt seinen Streich.

Doch auch dieser rustikale, erzkonservative Provinzfürst hat Sorgen mit dem Nachwuchs. Seine Söhne sind ihm nicht zackig genug, obwohl sein Zweitältester, Hubertus, den Schliff eines Reserveoffiziers hat. Der gutaussehende Fuggersproß heiratete nach einem kurzen Techtelmechtel mit Christina Onassis im Oktober 1977 seine Jugendfreundin Prinzessin Alexandra zu Oettingen-Spielberg und wird wohl einmal Chef der Linie Babenhausen werden. Sein älterer Bruder Karl Anton Maria Graf Fugger gilt als schwarzes Schaf der Familie, seit er sich von ein paar ganz gewöhnlichen Wirtschaftsganoven übers Ohr hauen ließ.

Der Fürstensohn, der schon früh der väterlichen Aufsicht entfloh und seine Ausbildung zum Bankkaufmann lustlos abbrach, geriet 1974 in Geldverlegenheit. Da vom Vater nichts mehr zu erwarten war, erinnerte er sich wohl der Fähigkeiten seiner Vorfahren, und er beschloß, selbst groß ins Geschäftsleben einzusteigen.

Per Zeitungsinserat suchte er für ein Bauobjekt »solvente Bankiers«. Tatsächlich meldete sich ein angeblicher Graf zu Velva, der sich zusammen mit zwei Kompagnons erbot, dem jungen Fugger aus der Klemme zu helfen. Allerdings, so ließen ihn die Geschäftspartner wissen, müsse sich der Herr Graf schon bereit erklären, mit seinem guten Namen für die Summe zu bürgen.

Durch solche Kleinigkeiten ließ sich der ehemalige Banklehrling nicht von seinen großen Plänen abbringen, und ohne zu zögern unterzeichnete er 27 Wechsel über einen Gesamtbetrag von 2,36 Millionen DM. Selbstverständlich, versicherte ihm das Trio, werde das Geld unverzüglich auf sein Konto überwiesen.

Die Millionen blieben jedoch aus, und der Titel des Grafen zu Velva erwies sich als ebenso falsch wie seine Kreditzusage. Nur einem glücklichen Zufall hatte es der Fuggersohn zu verdanken, daß er ohne größere Verluste davonkam. Die Kredithaie boten die Wechsel einem Immobilienmakler an, der sofort mißtrauisch wurde und erst den Grafen, dann den Staatsanwalt alarmierte. Das Gaunertrio kam vor den Richter und wurde wegen Betrugs, Hehlerei und Urkundenfälschung verurteilt.

Noch mehr als das öffentliche Aufsehen, das dieser Fall von Wirtschaftskriminalität erregte, erzürnte den Fürsten die Tatsache, daß sich sein Sohn so leicht hatte übertölpeln lassen. Ein Fugger als Opfer gerissener

Gauner – das war zu blamabel. Gab es denn keine Gerechtigkeit mehr? Da hatte man jahrhundertelang ganz Europa vorexerziert, wie man Geschäfte macht, hatte mit schwäbischer Schlitzohrigkeit das größte Wirtschaftsimperium des Abendlands errichtet – und nun das! Seine Durchlaucht Fürst Fugger-Babenhausen war ehrlich entrüstet. Vater und Sohn gingen fortan getrennte Wege.

Karl Anton ließ sich sein Erbe vorzeitig auszahlen, aber statt Bargeld bekam er das 600 Hektar große Gut Markt bei Meitingen im Landkreis Augsburg. Vorsichtshalber ließ sich der Fürst das Vorkaufsrecht eintragen. »Wir haben uns nichts mehr zu sagen«, entschied der Senior.

Erst aus der Zeitung erfuhr er dann auch, daß sein ungebärdiger Sohn doch nicht ganz so talentlos war, wie er bisher angenommen hatte. Der junge Graf hatte sich in Paris mit der reichen französischen Prinzessin Hélène de Polignac – ihrem Vater gehört die Champagnerkellerei Pommery – verlobt. Obwohl sofort Gerüchte umliefen, der knorrige Fürst habe dem Vater der künftigen Schwiegertochter dringend von der Hochzeit abgeraten, vermählten sich die Brautleute im Juli 1975 mit großem Pomp in der Pariser Kirche St. Eustache. Fürst Fugger blieb der Trauung selbstverständlich fern und tat zu Hause seinen Ärger kund: »Wenn mein Sohn heiratet, das ist seine Angelegenheit. Er soll nur die Familie nicht mit wirtschaftlichen Problemen belasten.«

Auch Josef Ernst Fürst Fugger von Glött auf Schloß Kirchheim hat nicht viel übrig für Familienmitglieder, die sich von anderen übertölpeln lassen – obwohl ausgerechnet der einzige Fugger, dem je seine Vaterstadt Augsburg ein Denkmal errichtete, pleite ging. Seine Durchlaucht bemerkt trocken, während er mich im Schloßhof verabschiedet: »Wenn man's nicht kann, sollte man lieber die Finger vom Geschäft lassen.« Damals, vor 500 Jahren, dachten die Fugger ein bißchen anders...

II. Buch

Hans und seine Söhne

3. Kapitel
Stadtluft macht frei

Die großen Unternehmer des 20. Jahrhunderts haben gegenüber den Fuggern einen beträchtlichen Vorteil: Sie konnten ihre Industrieimperien oft innerhalb eines Menschenlebens selbst aufbauen. Im Mittelalter und in der frühen Neuzeit hingegen brauchte es Generationen, bis eine Familie genügend Geld anhäufen konnte, um damit in die Spitzenklasse der Großunternehmer aufzusteigen. So war es bei den Medici in Florenz, vielleicht der einzigen europäischen Familie, die sich mit den Fuggern vergleichen läßt, und später bei den Rothschilds in Frankfurt. Da es damals bedeutend weniger Geld auf der Erde gab, dauerte es naturgemäß länger, bis sich große Summen in einer Hand ansammelten. So benötigten die großen Familien als wichtigste Voraussetzung für ihren sozialen Aufstieg stets genügend befähigte Nachkommen. Auch Jakob Fugger hätte es bei allem Geschäftstalent nie zu solcher Macht und zu solchem Reichtum gebracht, wenn vor ihm nicht andere die Voraussetzung geschaffen hätten.

Wäre er ganz unten gestartet, als Bauer oder einfacher Handwerker, hätte er vielleicht den Aufstieg bis zum Tuchhändler geschafft, keineswegs aber bis zum Großbankier und Bergbauunternehmer. Die beiden genialen Fugger, Jakob der Reiche und sein Neffe Anton, brauchten als Basis die mühsame, zähe und verbissene Arbeit ihrer Vorfahren, um sich auf den Thron der Könige unter den Kaufleuten setzen zu können. Und sie brauchten, historische Binsenweisheit, die Gunst der Umstände. Der Aufstieg der Fugger vollzog sich vor dem Hintergrund des gewaltigsten Umbruchs in der europäischen Geschichte seit dem Niedergang des Römischen Reiches. Es war die Zeit, als die Menschen aus der dumpfen Frömmigkeit des Mittelalters erwachten und das Diesseits zu erobern begannen; die Zeit der Entdeckungen und Erfindungen, der sozialen Umwälzungen, der künstlerischen Renaissance, der Reformation.

Nur in einer Epoche des Aufbruchs zu neuen Ufern war die Entstehung eines solchen wirtschaftlichen Phänomens möglich. Ohne die Erfindungen von Technikern und Künstlern wie Leonardo da Vinci, die sich in neuartigen Hebekränen und anderen Maschinen niederschlugen, wäre zum Beispiel die stürmische Entwicklung des Bergbaus unter der Regie der Fugger nicht möglich gewesen. Und ohne den moralischen Niedergang der römisch-katholischen Kirche hätte ihr Kopf Fugger nie den Ablaß- und Reliquienhandel organisieren können. Und höchstwahrscheinlich wäre ohne die Vermarktung des Glaubens unter den Fuggern auch nie ein Martin Luther zum Reformator geworden.

Drei Generationen brauchten die Fugger, bis sie an der Spitze der abendländischen Wirtschaft standen. Die Vorfahren des reichen Jakob waren keine unternehmerischen Genies, aber sie waren allesamt reichlich zäh. Zimperlich war man ohnehin selten in jener Zeit, in der alle paar Jahre eine Pestepidemie ganze Landstriche entvölkerte, in der Lebensuntüchtige dem sozialen Untergang preisgegeben waren und der Kampf ums Überleben in allen Bevölkerungsschichten mit äußerster Verbissenheit geführt wurde.

Der bedeutendste jener frühen Fugger war zweifellos der Stammvater des Geschlechts, Hans I. Er wohnte in dem winzigen Dorf Graben am Lech, rund 30 Kilometer südlich von Augsburg. Sein Vater, er hieß ebenfalls Hans, war ein Weber. Zusammen mit seiner Frau Maria, geborene Meissner – sie stammte aus dem benachbarten Ort Kirchheim –, brachte er es zu einem kleinen Haus und ein paar Äckern. Woher die Vorfahren dieses Hans kamen, läßt sich heute nicht mehr feststellen. Doch wurde der Name Fugger vermutlich vom lateinischen fucare (färben) abgeleitet.

Im Jahr 1367 verließ der älteste Sohn, Hans I., das Elternhaus, um in der freien Reichsstadt Augsburg Karriere zu machen. Zehn Jahre später folgte ihm sein jüngerer Bruder Ulin (Ulrich) nach.

Hans Fugger hatte offenbar erkannt, daß er als Landweber auf dem Dorf keine allzu großen Zukunftschancen besaß. Die Landweber waren vollkommen abhängig von den Kaufleuten aus der Stadt, welche ihnen die Rohware brachten und die fertigen Stoffe wieder mitnahmen. Landweber wurden schlecht entlohnt – pro Tag verdienten sie etwa zehn Kreuzer. Das machte einen Gulden in der Woche und fünfzig Gulden im Jahr – vorausgesetzt, es war immer genug Arbeit da. Die Weber in der Stadt verdienten mehr, und das war einer der Gründe, weshalb die Augsburger Verlagsherren, wie man die entsprechenden Kaufleute nannte, lieber die bescheideneren Dörfler beschäftigten. Gewoben wurde auf einfachen Webstühlen, und zwar vornehmlich der Barchent, ein fester, auf einer Seite angerauhter Stoff aus Baumwolle und Flachs. Er wurde zu den groben Kleidern der Bauern und Bürger verarbeitet, wohlhabende Kaufleute und der Adel dagegen bevorzugten Seidenstoffe und Damast.

Der Barchentweberei verdankten Städte wie Ulm und Augsburg ihren steilen Aufstieg. Die schon vom römischen Kaiser Augustus gegründete Siedlung am Zusammenfluß von Lech und Wertach, die dann als »Augustus Vindelicorum« Stadtrecht erhielt, entwickelte sich im Mittelalter zu einem der bedeutendsten Wirtschaftszentren Europas. Zu einer Zeit, da München allenfalls provinzielle Bedeutung hatte, war das benachbarte Augsburg Mittelpunkt des oberdeutschen Handels. Ihre größte Bedeutung gewann die emsige Schwabenmetropole allerdings erst durch die Nachkommen jenes Handwerksburschen, der nun, von Süden kommend, an ihre Tore klopfte.

Es war die Zeit der ersten großen Landflucht. Allenthalben verließen Bauern und Knechte, Handwerker und Händler die Dörfer, um in den Städten ihr Glück zu versuchen. »Stadtluft macht frei« hieß der Slogan, der sie beflügelte. Als Städter mußte man keinen Frondienst leisten, als Städter entkam man der Allmacht des Lehnsherrn und dessen Willkür. Als Bürger der Stadt war man frei.

So strömten viele vom flachen Land in die Städte, die schon bald aus den Mauern platzten. Was die Neuankömmlinge dort vorfanden, entsprach freilich nur selten ihren Erwartungen. Statt eines bequemen Lebens in Freiheit und Wohlstand boten ihnen die arrivierten Städter allenfalls Tagelöhnerarbeit. Oder sie ließen sie erst gar nicht herein.

Aufstand der Weber

Hans Fugger allerdings hatte vorgesorgt. Er durfte sich noch im Jahr seiner Ankunft als selbständiger Weber in Augsburg niederlassen. Vermutlich hatte schon der Vater Beziehungen zu Augsburger Webern angeknüpft, die dem Sohn eine Aufenthaltsgenehmigung verschafften. Daß Hans I. nicht als Habenichts ankam, dokumentiert ein Eintrag aus dem Jahr 1367 in den Steuerbüchern der Stadt, aus dem hervorgeht, daß er Vermögen besaß. Wie hoch dieses war, ist unbekannt. Seine erste Steuerzahlung jedenfalls lautete über 44 Pfennige.

Als Hans Fugger seine ersten Webstühle in Augsburg aufstellte, lag dicke Luft über der Stadt. Die Zünfte probten den Aufstand gegen das Establishment der Patrizier. Wie in allen anderen Reichsstädten, beherrschte auch in Augsburg eine kleine Oberschicht Politik und Wirtschaft. Dem wohlhabenden Bürgeradel gehörten die großen Handelsgesellschaften mit ihren internationalen Ertragsquellen.

Die Patrizier verdienten am Fernhandel mit Gewürzen, Stoffen und Edelmetallen Riesensummen, während die kleinen Bürger kaum jemals über die Stadtmauer hinauskamen, was ihren Gewinn in Grenzen hielt. Im Rat der Stadt waren die alteingesessenen Familien unter sich, und dement-

sprechend unsozial waren ihre Steuergesetze. Man verlangte von den Handwerkern hohe Abgaben, während die eigenen Unternehmen praktisch steuerfrei blieben.
In jenen Tagen, als das Handwerk wahrlich noch keinen goldenen Boden hatte, fingen die Meister in den Städten an, sich zu organisieren. Sie schlossen sich zu Zünften zusammen, um sich gegen die Kaufleute und Patrizier besser behaupten zu können. In den Zünften wurden die Qualität und die Preise der Waren ebenso festgelegt wie die Richtlinien für die Ausbildung der Lehrlinge und die Löhne der Gesellen.
Je mehr die »Gewerkschaft« das Selbstvertrauen der Handwerker stärkte, desto zwingender wurde der Konflikt mit der Oberschicht. In Augsburg kam es ein Jahr nach der Ankunft Fuggers zum ersten Handwerkeraufstand auf deutschem Boden.
Die Zünfte, allen voran die gutorganisierten Weber, verlangten höhere Verdienstspannen, ein gerechteres Steuersystem und die Mitbestimmung im Rat der Stadt. Mit einer Meute von mehreren hundert Mann zogen die Webermeister vors Rathaus. Dort belagerten sie die versammelten Ratsherren so lange, bis sie ihnen das Stadtbuch, die Urkunden über die Verleihung des Stadtrechts, das Siegel, die Schlüssel und die Ratsglocke als Zeichen bürgerlicher Herrschaftsgewalt aushändigten. Die Patrizier waren klug genug, es nicht auf einen bewaffneten Konflikt ankommen zu lassen, bei dem sie gewiß den kürzeren gezogen hätten. Sie arrangierten sich in der Hoffnung, später wieder die Macht übernehmen zu können.
Hans Fugger hielt sich den Zunfthändeln fern. Er wollte nicht für die Sache der Handwerker kämpfen, sondern selbst vorwärtskommen. So zahlte er einerseits brav seine Steuern ans Rathaus, hielt aber andererseits guten Kontakt zu den Zunftkollegen. Er war, schlicht gesagt, ein Opportunist.
Den Zunftmeistern erklärte er seine Zurückhaltung damit, daß er noch kein freier Bürger Augsburgs sei und deshalb auch nicht am Bürger-Krieg teilnehmen dürfe. Dagegen ließ sich schlecht etwas sagen. Neuankömmlinge vom Land konnten nur dann Bürger werden, wenn sie »Bürgen« in der Stadt fanden, Vermögen besaßen und sich das Bürgerrecht erkauften. Der sparsame Landweber hielt eine solche Ausgabe wohl für krasse Verschwendung und versuchte deshalb, billiger ans Ziel zu gelangen.

Ein »spätes Mädchen« als Karrierehilfe

Nach etwa drei Jahren, um 1370, hatte er es geschafft. Hans Fugger heiratete die Tochter Klara des Weberzunftmeisters Oswald Widolf. Die Dame war, wenngleich mit bescheidenen äußeren Vorzügen ausgestattet, so doch eine glänzende Partie. Hans wurde am Tag der Eheschließung Bürger Augsburgs, Mitglied der Weberzunft und außerdem Empfänger einer ansehnlichen Mitgift. Das junge Paar übersiedelte ins Haus der Schwiegereltern hinterm Heilig-Kreuz-Stift.

Daß die Partnerwahl jenes ersten Fugger nicht oder zumindest nicht ausschließlich von zarten Gefühlen bestimmt war, bewies er zwölf Jahre später. Hans Fugger heiratete ein zweites Mal. Und wieder war es die Tochter eines Zunftmeisters, die den Wohlstand des Kaufmanns mehren half. Durch seine Ehe mit Elisabeth Gfattermann, einer ebenso klugen wie energischen Frau, schaffte er den Aufstieg in den »Zwölferausschuß« der Weber. Fugger war damit einer der führenden Zunftmeister. Über den Tod seiner ersten Frau ist nichts bekanntgeworden. Höchstwahrscheinlich war sie erheblich älter als ihr Mann, schon zum Zeitpunkt der Eheschließung ein »spätes Mädchen« also, dessen Eltern vermutlich froh waren, sie unter die Haube gebracht zu haben. Während Hans Fugger ohne besondere Rücksicht auf Gefühle Karriere machte, traf sein jüngerer Bruder Ulin in Augsburg ein. Er durfte nur auf wenig Beistand des älteren hoffen und mußte deshalb als schlechtbezahlter »Knecht« eines Webers anfangen. Erst ab 1382 wurde er in den Steuerbüchern als »Vermögender« geführt. Immerhin brachte es auch dieser Fugger zu einigem Wohlstand. Er heiratete die Bürgertochter Radigunde Mundsam und eröffnete ebenfalls eine eigene Weberei. Zeitweilig zahlte er sogar höhere Steuern als sein Bruder, was jedoch eher für seine Ehrlichkeit als für seine Tüchtigkeit spricht. Als der Vater, Hans der Alte, in Graben gestorben war, zog die Mutter nach Augsburg. Aber bezeichnenderweise nicht zum Erstgeborenen, sondern zu Ulin, dem Nesthäkchen. Hans war ihr zu kalt und egoistisch.

Ulin Fugger war den rauhen Sitten, die damals im Geschäftsleben herrschten, nicht gewachsen. Ein Bleicher, der ihm Geld schuldete, erschlug den jüngeren der Fuggerbrüder, als er es von ihm eintreiben wollte. Kurz darauf, im Jahr 1402, brannten die drei Häuser Ulins ab, vermutlich durch Brandstiftung. Ulins Söhne waren ebenfalls vom Pech verfolgt. Hans wollte Kaufmann werden, wurde aber an der Landesgrenze bei Salzburg der Zollprellerei überführt und in den Kerker geworfen. Sein jüngerer Bruder Konrad blieb Weber, verarmte und sein Name schied bald aus den Steuerbüchern der Stadt aus. Das einzige, was aus diesem Zweig der Fuggerdynastie übrigblieb, sind zwei schöne Stücke alten Gewebes, Arbeiten Konrad Fuggers. Sie befinden sich heute im Besitz der Familie des Fürsten Fugger-Babenhausen sowie des Bayerischen Nationalmuseums.

Oheim Hans hielt es offenbar nicht für erforderlich, der Familie seines Bruders unter die Arme zu greifen. Dafür war er ganz damit beschäftigt, neben der Weberei einen Textilhandel aufzuziehen. Er muß schon sehr tüchtig gewesen sein, jener erste Fugger. Sein Vermögen, über dessen wahre Höhe nur er allein Bescheid wußte, wuchs selbst in seinen Steuererklärungen von Jahr zu Jahr. In Augsburg sah er, wie das Geschäft der Kaufleute funktionierte: Man kaufte Baumwolle aus dem fernen Ägypten in Venedig ein, brachte sie über die Alpen und ließ sie von den Webern mit Flachs zu Stoffen verarbeiten. Warum sollte nicht auch er an den enormen Preisunterschieden zwischen Rohware und Endprodukt verdienen?

Da sich seine Tüchtigkeit in Graben und den umliegenden Dörfern schnell herumgesprochen hatte, vertrauten ihm bald einige Bauern und Landweber kleinere Summen an, in der Hoffnung, der Fugger in der Stadt werde schon mehr daraus machen. Sie wurden selten enttäuscht. Im Jahr 1385 versteuerte er bereits ein Vermögen von 1500 Gulden. Er war ein wohlhabender, erfolgreicher Kaufmann und hatte nichts mehr mit dem armen, schüchternen Webergesellen aus Graben gemein, der einst aufgebrochen war, in der Stadt sein Glück zu machen.

Nun war es an der Zeit, auch die Mitbürger wissen zu lassen, daß man es zu etwas gebracht hatte. So kaufte er 1397 für 500 Gulden das stattliche »Haus am Rohr« von dem Gürtler Heinrich Grau. Fuggers neues Domizil lag unweit des Weberzunfthauses, mitten im Geschäftszentrum der Stadt. Wenn es trotzdem vergleichsweise preiswert zu haben war, hing das damit zusammen, daß es an den »Judenberg« grenzte. In jenem Viertel lebten die zwar wohlhabenden, aber verachteten jüdischen Geldhändler, die gerade wieder einmal, wie so oft, aus der Stadt vertrieben wurden. Klar, daß dadurch der Wert des neuen Fuggerhauses sofort stieg

Das Zinsverbot bremst die Wirtschaft

Für einen rechten Christen – und dafür hielten sich damals alle, die etwas auf sich hielten – ziemte es sich nicht, Wechselgeschäfte zu machen. Es war sogar bei Strafe verboten, für Kredite Zinsen zu verlangen. Dieses »kanonische Zinsverbot« hemmte zwar jahrhundertelang die europäische Wirtschaft, nicht aber das Erwerbsstreben der Gläubigen.

Wegen des Zinsverbots durften nur Juden mit Geld handeln. Aber weil der schnöde Mammon nun mal fürs Funktionieren der Wirtschaft benötigt wurde, hielt man sich nicht so genau daran, zumindest nicht in den romanischen Ländern. Nur die Deutschen, die damals schon den schönen Zug hatten, alles, was per Gesetz verordnet wurde, überaus ernst zu nehmen, hatten Hemmungen, den Pakt mit dem Teufel einzugehen.

So fehlte es ihnen aus mangelnder Übung an Geschicklichkeit im Umgang mit dem Kapital. Während in Italien Bankiers wie die Florentiner Bardi, Frescobaldi, Peruzzi und vor allem die Medici eine Hohe Schule der Finanzierungskunst entwickelten, waren die teutonischen Geschäftsleute jener Tage pure Stümper. Sie kannten weder Scheck noch Wechsel und pflegten erst zu investieren, wenn sie genug Erspartes im Strumpf hatten.

Die Juden erkannten frühzeitig die Lücke im Wirtschaftssystem des christlichen Abendlandes. Daß sie damit zu Wohlstand gelangten, machte sie in den Augen der braven Christen keinesfalls sympathischer. Immer wieder kam es zu Pogromen, bei denen sich die Deutschen mit Gewalt zurückholten, was ihnen die frühen Vorfahren der Rothschilds mit List und überlegenem Finanzgeschick abgeknöpft hatten.

Ob auch Hans Fugger von der Vertreibung der Juden profitierte, läßt sich heute nicht mehr genau feststellen. Sicher ist aber, daß sein Vermögen damals beträchtlich zugenommen hat. In der Rangliste der 2930 abgabepflichtigen Bürger Augsburgs – die Stadt hatte rund 15000 Einwohner – stand er mit seinem versteuerten Vermögen an 41. Stelle. Bis zu seinem Tod im Jahr 1409 gelang es ihm, zahlreiche öffentliche Ehrenämter, nicht zuletzt das eines Richters der westfälischen Feme, und rund 3000 Gulden anzusammeln.

Für den Anfang war die Lebensleistung des Hans Fugger, rein pekuniär betrachtet, also nicht übel. Sie hätte freilich nicht im entferntesten ausgereicht, ihm einen nennenswerten Rang in der Wirtschaftsgeschichte seiner Wahlheimat zu sichern. Der reichste Augsburger Bürger besaß immerhin etwa sechzehnmal soviel wie der Fugger, und der Abstand zu den ganz großen Familien jener Tage, etwa den Medici, war gewaltig. Außerhalb Augsburgs war der Name Fugger noch kein Begriff. Doch das sollte sich schon bald ändern.

Als Hans Fugger starb, waren seine beiden Söhne Andreas und Jakob noch nicht volljährig. Deshalb kümmerte sich die Mutter um die Firma. Elisabeth Fugger-Gfattermann war eine resolute, derbe Schwäbin, deren Familiensinn nur noch von ihrem Geschäftstalent übertroffen wurde. Für die spätere Macht der Dynastie spielte sie eine beinahe ebenso wichtige Rolle wie der Stammvater.

Um das Risiko von Verlusten zu begrenzen, legte sie zunächst einen Teil des Kapitals in Immobilien an. In den Landgemeinden Burtenbach, Scheppach (bei Günzburg) und Hiltenfingen (bei Schwabmünchen) erwarb sie teilweise recht stattliche Bauernhöfe. 1417 versteuerte sie bereits ein größeres Vermögen als der angesehene Welser, dessen Familie im folgenden Jahrhundert nach den Fuggern die wichtigste Rolle in der oberdeutschen Wirtschaft spielen sollte.

Wie klug die Clan-Chefin war, bewies sie bei der Berufswahl für ihre

Söhne. Sie schickte die beiden nicht, wie das nahegelegen hätte, zu einem der Webermeister in die Lehre, sondern sie ließ Andreas und Jakob das Goldschmiedehandwerk erlernen. Das Webereigeschäft und den Tuchhandel konnte sie ihnen selbst beibringen. Wenn sie aber darüber hinaus etwas von edlen Metallen verstanden, konnte das nur nützlich sein. Sicher ahnte sie nicht, daß Bergbau und Erzhandel zur Quelle des ganz großen Reichtums ihrer Familie werden würde; trotzdem zeugt ihre Entscheidung von beträchtlichem geschäftlichen Instinkt.

4. Kapitel
Am Anfang war die Pleite

Als die Mutter 1436 starb, besaßen die Söhne eine gutgehende mittelständische Handelsfirma, diverse Häuser, Landgüter und ein Barvermögen, das groß genug war, ihnen ihre Unabhängigkeit zu sichern. Die Fugger unterschieden sich bisher jedoch noch nicht von Dutzenden anderer ehrgeiziger Bürgerfamilien, die nach Wohlstand und Ansehen strebten. Was sie auszeichnete, waren ein überaus nüchterner Wirklichkeitssinn und eine Härte gegen sich und andere, die alle Widerstände überwinden half.

Die Zeit war günstig für Geschäftsleute, die etwas riskierten. Allenthalben kündigte sich das Neue, von dem jedoch niemand wußte, wo es hinführen würde, an. Die Kirche verstrickte sich immer mehr in interne Machtkämpfe und verlor an moralischer Autorität. 1378 war es zur Kirchenspaltung gekommen. Der Gegenpapst Clemens VII. residierte in Avignon. 1415 wurde der »Ketzer« Johann Hus in Konstanz verbrannt. In England, Frankreich und Deutschland begann die Zeit der Hexenprozesse. Überall in Europa lauerte die Inquisition, und in Rouen kam 1431 Jeanne d'Arc, die Jungfrau von Orleans, auf den Scheiterhaufen.

Das Neue entsprang einem anscheinend unstillbaren Wissensdurst der Menschen. Man gab sich nicht mehr damit zufrieden, die Welt als gottgewolltes Übel aufzufassen, sondern zog aus, ihre Geheimnisse zu erforschen. Portugiesische Seefahrer entdeckten 1427 die Azoren neu und fuhren weiter bis Guinea an der westafrikanischen Küste. Schon wenige Jahre später entstand in Florenz der erste Negersklavenmarkt. Abenteurer verkörperten den Zeitgeist ebenso wie Kaufleute, Künstler, Forscher und Erfinder.

In Italien malte Piero della Francesca Fresken von atemberaubender Schönheit. Cosimo der Alte Medici errichtet in Florenz die erste europä-

ische Großbank. Der Franzose Jacques Cœur finanzierte König Karl VII. und ruinierte sich dabei. In Mainz versuchte ein gewisser Johannes Gensfleisch, alias Gutenberg, bewegliche Lettern zu gießen. Um 1455 druckte er die zweiundvierzigzeilige Gutenbergbibel und verhalf damit den nicht mehr mit der Hand geschriebenen Büchern zum Durchbruch.
Die zentrale politische Macht in Europa war das Haus Habsburg. Mit Friedrich III. stellt es seit 1452 den deutschen Kaiser.
In Augsburg spürten die Bürger den Anbruch eines neuen Zeitalters vor allem daran, daß sie höhere Steuern zu zahlen hatten. Auch die Fugger mußten notgedrungen ihr Scherflein zum Kampf gegen die »ketzerischen« Hussiten beisteuern. Sie taten es widerwillig. Ihrem Bischof, Anselm von Nonningen, waren die Geschäftigkeit und der Erwerbssinn der Augsburger schon lange ein Dorn im Auge. Da er in der von Handel und Handwerk erfüllten Stadt die rechte Frömmigkeit vermißte, erwirkte der gestrenge Kirchenfürst nach langen Auseinandersetzungen in Rom den Bann gegen die ungehorsamen Schwaben. Kaum hatte sich die Aufregung darüber gelegt, wurde die Tragödie der Agnes Bernauer zum Stadtgespräch. Die hübsche Tochter eines Augsburger Baders gefiel dem Herzog Albrecht von Bayern-München so gut, daß er sich mit ihr vermählte. Das mußte natürlich heimlich geschehen, denn eine offizielle Heirat zwischen einem Herzog und einer Bürgertochter war damals überhaupt nicht vorstellbar. Als sich das Verhältnis der beiden herumsprach, fand der Vater des fürstlichen Liebhabers eine schnelle Lösung. Er ließ die Bernauerin in der Donau bei Straubing ertränken, was Jahrhunderte später Friedrich Hebbel, Carl Orff und andere zu ihren Dramen inspirierte.
Den beiden Fuggerbrüdern mögen derartige Affären als purer Luxus erschienen sein. Liebeskonflikte waren etwas, was man sich als Bürger und Geschäftsmann nicht leisten konnte. Ihre Auseinandersetzungen waren anderer Art.

Krach zwischen den Brüdern

Andreas, 1406 geboren, schien zunächst der Tüchtigere zu sein. Wie selbstverständlich übernahm er nach dem Tod der Mutter im Alter von 30 Jahren die Leitung der Firma. Mit der Weberei hatte er nichts mehr im Sinn. Er wollte nur noch Kaufmann sein und reiste viel, nach Innsbruck, Salzburg, Venedig und Frankfurt, um Tuche billig zu erwerben und teuer zu verkaufen. Da er dabei gute Gewinne machte, scheute er sich nicht, seinen Reichtum auch zu zeigen. Andreas trug stets prächtige Kleider und leistete sich mehrere große Pferdegespanne. Nach seiner Heirat mit der Bürgertochter Barbara Stammler bezog er ein großes Haus, das

etwa dort stand, wo sich heute in der Augsburger Maximilianstraße das Gebäude Nummer 64 befindet.
Bruder Jakob, einige Jahre jünger als Andreas, war alles andere als ein königlicher Kaufmann. Ein zeitgenössischer Kupferstich zeigt ein großes bäuerisches Gesicht mit auffallend großer Nase, kleinem, schiefem Mund und gefurchter Stirn. Nach der Goldschmiedelehre kümmerte er sich vor allem um die Weberei. Das heißt natürlich nicht, daß er selbst am Webstuhl stand. Er beschäftigte vielmehr Landweber, wie einst sein Vater einer gewesen war, und baute das Geschäft mit dem Barchent weiter aus.
Stets stand er im Schatten des gewandteren Bruders, obwohl er bald mehr zur gemeinsamen Kasse beisteuerte als Andreas. Der Ärger darüber entlud sich nicht selten in heftigen Wortwechseln. Um seine Minderwertigkeitsgefühle gegenüber dem älteren Bruder zu kompensieren, ließ sich Jakob mit Ehrenämtern überhäufen. Er wurde Handelsrichter, Leinwandbeschauer, Steuereinnehmer und Mitglied im Großen Rat. Seine ruhige, gediegene Art und die ständige Anwesenheit in Augsburg prädestinierten ihn zur Kommunal- und Standespolitik. Um aber Andreas zu überflügeln, brauchte er mehr als Amt und Würden. So heiratete er am 13. April 1441 Barbara Bäsinger, die Tochter eines der reichsten Bürger der Stadt.
Ihr Vater war Augsburger Münzmeister und trieb »groß Hantierung und Gewerb mit allerlei Kaufmannschaft«. Aber schon drei Jahre nach der Hochzeit zeigte sich, daß es mit dem Wohlstand der Schwiegereltern doch nicht so weit her war. Franz Bäsinger wurde der Falschmünzerei und des Betrugs bezichtigt, mußte enorme Rückzahlungsforderungen anerkennen und schließlich, mit 24000 Gulden belastet, Konkurs anmelden. Er wurde in den Schuldturm gesperrt und verließ dann Augsburg zusammen mit seiner Familie in Schimpf und Schande. Im tirolischen Schwaz konnte der Edelmetallexperte eine neue Existenz aufbauen; später wurde er sogar wieder Münzmeister in Hall.
Jakob unternahm keine Anstrengungen, um dem Schwiegervater aus der Klemme zu helfen. Jeder mußte eben selber sehen, wie er mit seinen Problemen fertig wurde. Und Probleme gab es auch in der Firma Fugger. Trotz ihrer ständigen Auseinandersetzungen betrieben die Brüder das Unternehmen zunächst gemeinsam weiter. Die Firma hatte Vorrang vor allen persönlichen Dingen. Erst kurz vor dem Tod des Älteren beschlossen die verfeindeten Familienstämme, nicht zuletzt auf Drängen der Söhne, anno 1454 die Trennung. Jeder nahm seinen Anteil aus der Firma und wirtschaftete von nun an für sich selbst weiter.
Bei einer Inventur im Jahre 1461 zeigte es sich, daß Jakob der reichere Fugger war. Er stand mit seinem Vermögen unter den Augsburger Bürgern an 12. Stelle, die Witwe von Andreas hingegen erst an 23. Zusam-

men hätten es die beiden Familien immerhin schon auf 10390 Gulden und damit zum viertgrößten Vermögen in Augsburg gebracht. Vor den Fuggern rangierten noch die alteingesessenen Patriziersippen Meutting, Hämmerlin und Öhem. Zur gleichen Zeit versteuerte allerdings Cosimo der Alte Medici in Florenz bereits ein Vermögen von 270000 Gulden. Auch im Deutschen Reich gab es noch weit wohlhabendere Familien als die Fugger: Da waren zunächst die Kaufherren in den Hansestädten, dann die Teilhaber der großen Ravensburger Handelsgesellschaft, damals das bedeutendste Unternehmen auf deutschem Boden, sowie die großen Nürnberger Unternehmerdynastien. Die Söhne der beiden Fuggerbrüder brannten vor Ehrgeiz. Jeder von ihnen hielt sich für fähig, erfolgreicher zu wirtschaften als die Väter. Die Trennung der Firmen spornte den Wettbewerb an. Als erste erhielten die Nachkommen von Andreas ihre Chance. Es waren vier Söhne und eine Tochter: Jakob (geboren 1430), Lukas (geboren 1439), Matthäus (geboren 1442), Hans (geboren 1443) und Anna. Für die Töchter der geschäftstüchtigen Bürgerfamilien gab es damals nur zwei Alternativen. Entweder sie heirateten standesgemäß – das hieß in eine ebenso reiche Familie –, oder man schickte sie ins Kloster. Anna wurde Nonne.

Lukas Fugger Superstar

Von den vier Söhnen des Andreas Fugger war Lukas, der zweitälteste, der beste Manager. In ihm offenbarte sich zum ersten Mal, wenn auch noch keineswegs ausgereift, jenes große Geschäftstalent, das in den Fuggern steckte. Anders als seine biederen Vorfahren, dachte Lukas nicht in lokalen Kategorien, sondern in weltweiten Dimensionen. Binnen kurzem zog er, wie es im Fuggerschen »Ehrenbuch« heißt, »ainen gewaltigen Handel... von Venedig aus, auf Leipczig und Seesteten (Seestädte), auf Nederland zu mit Specereien, Seiden und wullin Gewand... geübt und gehalten«.

Das prächtige Haus am Augsburger Weinmarkt – genau gegenüber stehen noch heute die Fuggerhäuser – war die Zentrale für zahlreiche Unterhändler in den europäischen Handelsmetropolen. Lukas erkannte, daß der Fernhandel von Augsburg aus allein nicht zu steuern war. Deshalb ließ er in Venedig, Bozen, Mailand, Nürnberg, Frankfurt, Brügge und Antwerpen Faktoreien einrichten. Das waren Handelshöfe mit Lagerhallen, Büros und Verkaufsräumen. Sie wurden von einem am Gewinn beteiligten Faktor geleitet und beschäftigten bis zu 20 Mitarbeiter.

Erst dieses Faktoreisystem ermöglichte den Aufbau der großen Handelsimperien des 15. Jahrhunderts. Erfunden hatten es die Fugger mit Sicherheit nicht, aber sie machten den einträglichsten Gebrauch davon. Die Faktoreien waren eine Mischung aus Kaufhaus, Bankfiliale, Pferdestation, Warenlager, Postamt und diplomatischer Vertretung. Weil es oft Wochen und Monate dauern konnte, bis die reitenden Boten von der Augsburger Zentrale in den entfernten Niederlassungen eintrafen, mußten die örtlichen Faktoren in allen laufenden Geschäften selbst entscheiden. Fähigkeiten und Loyalität der Faktoren entschieden oft über den Aufstieg oder Untergang der großen Handelshäuser.

Lukas war pausenlos unterwegs, um neue Geschäfte anzukurbeln. Seine Firma handelte mit fast allem, was damals Abnehmer fand. Doch in seinem schon beinahe krankhaften Expansionsdrang ließ sich der junge Augsburger Handelsherr auch auf Geschäfte ein, die nur wenig oder nichts abwarfen. Hauptsache, der Schornstein rauchte.

Der Öffentlichkeit vermittelte er das Bild eines dynamischen Erfolgsmannes, und die Geschäftsleute sahen in ihm einen verblüffend vielseitigen und schnellen Konkurrenten. Wo sie auch hinkamen, was sie auch anfaßten, Lukas war, wie der Igel in der bekannten Fabel, stets allda.

Vertrauensvoll überließen ihm seine Brüder die alleinige Leitung der Firma – und jedermann im Andreas-Fugger-Clan glaubte, nirgendwo seien seine Spargroschen besser aufgehoben als bei Lukas. In seinem Erfolgsrausch wollte der junge Fugger alles haben: Ämter, Ehren und Moneten. Er wurde in den Großen Rat der Stadt gewählt und zum Steuermeister ernannt, er wurde als Sachverständiger für Barchent aufgestellt, als Schiedsrichter in Handelssachen, als Zunftmeister der Weber (obwohl er mit eigenen Händen bestimmt nie einen Webstuhl anfaßte) und schließlich sogar als militärischer Beobachter.

So viele Aufgaben konnte ein Mann, auch wenn er noch so tüchtig war, unmöglich perfekt erledigen. In der Tat krankten viele der Geschäfte, die Lukas tätigte, daran, daß er ebenso wie seine Faktoren, Manager und Buchhalter zu wenig Ausdauer und Konsequenz aufbrachte. Zwar gab es niemand in Augsburg, der über ähnlich weitgespannte Beziehungen verfügte wie Lukas Fugger, aber nirgendwo, weder am Canal Grande noch an der Schelde, nicht einmal in Augsburg selbst, war Lukas Fugger die Nummer eins.

Weil er seine Kräfte und die seiner Firma hemmungslos verzettelte, wurde er häufig von weniger cleveren, dafür aber soliden und bodenständigen Konkurrenten ausgebootet. Solche Niederlagen machten den genialen Wirrkopf störrisch. Keine andere Augsburger Firma führte in jenen Jahren so viele Prozesse – oft wegen Nichtigkeiten – wie die Lukas Fuggers.

Der vielbeschäftigte, ständig von Zeitnot geplagte Konzernherr zeigte allzu häufig Konzentrationsschwächen. Schon bald galt Lukas als schroff und unnahbar. Doch unermüdlich jagte er neuen Plänen nach. Das Geschäft mit Tuchen und Gewürzen war ihm zu simpel. Es brachte zwar guten Gewinn, aber insgesamt ging es dabei doch nur um kleinere Beträge. Der Augsburger aber wollte mehr. Lukas brannte förmlich darauf, endlich auch wie schon vor ihm die Patrizier Meutting und Rehm Geschäftsverbindungen zum Königshaus zu knüpfen. Mit dem hohen Adel, vornehmlich den regierenden Fürsten, lief das ganz große Geschäft jener Tage.

Mißwirtschaft der Fürsten

Die Oberschicht der beginnenden Neuzeit gefiel sich noch im Glanz mittelalterlicher Pracht: Man duellierte sich, aufgeputzt und schwer gerüstet, bei eleganten Ritterturnieren und übte sich in Galanterie. Nur wenige der vornehmen Ritter bemerkten dabei allerdings, wie ihnen allmählich die wirtschaftlichen Grundlagen für ihr aufwendiges Leben abhanden kamen.

Einst hatte der Adel auf Kosten der Landbevölkerung in Saus und Braus leben können. Aber je schneller die Städte wuchsen und die Dörfer verkümmerten, desto schmaler wurden die Erträge der Lehnsherren. Gleichzeitig stieg jedoch ihr Kapitalbedarf enorm an. Das neue Zeitalter, das unübersehbar heraufdämmerte, brachte kostspieliges Kriegsgerät, aufwendige Produktionstechniken und einen immer komplizierter werdenden Wirtschaftsprozeß mit sich.

Die schlichten Landedelleute wußten mit dem »neumodischen Kram« nichts anzufangen. Sie begriffen weder die Revolution des Handwerks, geschweige denn die Erfindungen eines Berthold Schwarz, Johannes Gutenberg, Peter Henlein oder gar Leonardo da Vinci. Diejenigen Ritter, die allein vom Zehnten ihrer Untertanen leben mußten, wurden im Laufe der Jahre bettelarm. Ihnen blieb nur die Chance, entweder als Raubritter die Warentransporte der Handelsherren zu überfallen oder auf Kriegszügen im Dienst des Landesherrn reiche Beute zu machen. Besser dran waren die regierenden Fürsten, die auch gut verdienende Städter zu ihren Untertanen zählten. Diesen konnten sie hohe Steuern abpressen, die jedoch selten ausreichten, den steigenden Finanzbedarf der kostspieligen Hofhaltung zu decken. Vor allem die neuen Waffen, die seit der Wiederentdeckung des Schießpulvers entwickelt wurden, verschlangen Unsummen. Und was nicht für Kanonen, Mörser und Söldnerheere ausgegeben wurde, floß in die prächtigen Schlösser, Parks und Gemäldesammlungen der kultivierten Oberschicht.

Kein Wunder also, wenn sich die meisten der Landesherren in permanenter Geldnot befanden. Aber selbst verfügten sie weder über das nötige

Wissen und Talent noch über die Neigung, all die neuen Techniken wirtschaftlich zu nutzen. Die Fürsten beschränkten sich mit wenigen Ausnahmen darauf, das Geld, das vom Volk verdient wurde, mit vollen Händen auszugeben. Gewitzten Bürgern wiederum bot der unersättliche Geldhunger der Fürsten die Chance zu außerordentlich lukrativen Geschäften. Denn so knapp die Herren Regenten auch stets bei Kasse waren – wirklich arm waren sie nicht.

Sie besaßen nur nicht die Fähigkeit, ihre Reichtümer in klingende Münze zu verwandeln. Kostbarster Besitz regierender Landesherren war ihr Recht, die Bodenschätze ihres Territoriums auszubeuten. Bodenschätze, das hieß damals nicht Erdöl oder Uran, sondern Gold, Silber und Kupfer.

Über besonders reichhaltige Edelmetallager verfügten Herzog Sigmund von Tirol, den man deshalb den Münzreichen nannte, sowie der Römische König Friedrich III. und dessen Sohn, Erzherzog Maximilian aus dem Hause Habsburg. Die drei süddeutschen Herrscher, die von Geschäften wenig, von höfischer Prachtentfaltung jedoch eine ganze Menge verstanden, waren denn auch die bevorzugten Geschäftspartner der Augsburger und Nürnberger Kaufleute.

Man lieh ihnen Geld, rüstete ihre Heere aus und versorgte den Hof mit Schmuck, Textilien und Nahrungsmitteln. Bezahlt wurde dann meist nicht in bar, sondern mit Schuldscheinen. Als Pfand für die vorgeschossenen Summen ließen sich die Geschäftsleute Bergwerks- oder Münzrechte einräumen. Außerdem wurden die bürgerlichen Gläubiger gerne zu »Hoflieferanten« ernannt.

Daß die Schulden nur selten zurückgezahlt wurden, versteht sich von selbst. Dafür durften die Kaufleute so lange die fürstlichen Erzgruben ausbeuten, bis die Schuld getilgt war. Wenn man es geschickt anstellte, ließen sich dabei anständige Gewinne erzielen. Man brauchte immer nur ein bißchen mehr Silber ausbuddeln zu lassen, als im Kontrakt vorgesehen war. Das ging freilich nur, wenn die zur Grube abkommandierten Hofbeamten ein Auge zudrückten. Und dieses Zudrücken kostete selbstverständlich wiederum einen ordentlichen Batzen.

Trotz solcher erfreulichen Aussichten hatte das Geschäft mit den Fürsten auch seine Tücken. Denn der hohe Schuldner – zwar nicht sehr liquide, dafür aber immer noch sehr mächtig – konnte einen Kaufmann, der ihm lästig wurde, ohne weiteres in den Kerker stecken lassen. Und wer wollte schon eine allerchristlichste Majestät vor die Schranken des Gerichts zerren?

Wenn so ein Herzog oder König keine Lust hatte, die überfälligen Schulden zu begleichen oder dem Gläubiger entsprechende Sicherheiten zu übereignen, dann konnte der Kaufmann bestenfalls seine Kollegen vor weiteren Kreditgeschäften warnen. Damit aber hätte er zugegeben, daß er selber womöglich mit einer größeren Summe schieflag, was wiederum seinen eigenen Kredit empfindlich beeinträchtigt hätte. Also schwieg man lieber, wenn man bei Hofe geprellt worden war.

Ein goldenes Reh auf blauem Grund

Die unangenehmen Erfahrungen, die schon so gewitzte Bankiers wie der Franzose Jacques Cœur im Umgang mit Majestäten gemacht hatten, konnten den ehrgeizigen Lukas Fugger nicht abhalten, die Nähe der Fürstenhäuser zu suchen. Wann er die ersten Geschäftsbeziehungen zu Friedrich III. anknüpfte, der 1452 zum deutschen Kaiser gekrönt wurde, läßt sich heute nicht mehr genau feststellen. Vermutlich hatten die Fugger dem nicht selten durch Augsburg kommenden Habsburger während eines Aufenthalts in der Reichsstadt Geschenke angedient.

Das war nichts Ungewöhnliches, denn viele Geschäftsleute hofften, auf diese Weise wenigstens eines Fünkchens vom Glanze des Monarchen teilhaftig zu werden. Lukas, Star der Augsburger Geschäftswelt, mußte sich seinem Kaiser jedoch schon sehr erkenntlich gezeigt haben, denn 1462 verlieh ihm Friedrich III. feierlich ein Wappen, dessen Schild ein springendes goldenes Reh auf blauem Grund zierte. Mit der Auszeichnung waren zwar keine besonderen Privilegien verbunden, doch Lukas und seine Sippe konnten nun als die Fugger vom Reh in die Wirtschaftsgeschichte eingehen.

Die sichtbar zur Schau getragene kaiserliche Huld kam dem Augsburger Kaufmann auch am Innsbrucker Hof des Herzogs zustatten. Sigmund der Münzreiche machte bei Lukas Fugger mehrere Anleihen und verpfändete dafür Edelmetalle aus seinen scheinbar unerschöpflichen Gruben in Schwaz und Rattenberg. Allerdings rangierte der Name Fugger auf der langen Gläubigerliste des Herzogs damals noch unter »ferner liefen«. Bei Hans Baumgartner aus Kufstein und anderen Augsburger Kaufleuten stand der lebenslustige Fürst noch viel tiefer in der Kreide.

Als idealer Schuldner entpuppte sich jedoch der Sohn des Kaisers, Erzherzog Maximilian, dem sein Vater einmal prophezeite: »Er wird ein Streugütlein werden.« Der junge, gutaussehende Ritter war ein Träumer großen Formats und, wie sich später herausstellen sollte, die stärkste Stütze der Fugger auf dem Weg zur Weltmacht. Maximilian wälzte gewichtige Pläne und hatte doch nie Geld genug, auch nur die Pferde zu bezahlen, die er so gerne ritt. Seit 1489 stand Lukas mit ihm in Geschäftsverbindung.

Einem solchen Mann gegenüber durfte er sich nicht kleinlich zeigen. Lukas Fugger, der von einem weltumspannenden Geldreich träumte, und

Maximilian, der sich auserwählt dünkte, ein geldschweres Weltreich zu führen, waren wie füreinander geschaffen. Dem Kaufmann imponierte die Grandezza des Habsburgers, jener bewunderte die Kühnheit des Bürgers, und bei dem großen Format ihrer Gedanken entschwanden Kleinigkeiten wie eine Summe von 10000 Gulden leicht aus ihrem Blickfeld. Soviel nämlich pumpte sich Maximilian von dem Augsburger, dessen gesamtes Geschäftskapital damals kaum mehr betragen haben dürfte.
Als Bürgschaft hatte der Habsburger die reiche belgische Stadt Leuven angeboten. Und Lukas Fugger übersah – berauscht von dem Gedanken, daß ihm ein Erzherzog gleich eine ganze Stadt übereignete –, daß das Pfand im Grunde wenig wert war. Denn die stolze Stadt in Brabant zeigte wenig Lust, für die Schulden des fernen Habsburgers einzutreten.
Für Lukas brach eine Welt zusammen, doch sein hoher Schuldner blieb ungerührt. Der Fugger möge ihn nicht mehr mit derartigen Lappalien belästigen und sich gefälligst an die Bürgen wenden, ließ er die Emissäre des Kaufmanns wissen. Hatte Lukas kleinere Schuldner früher sofort verklagt, so zögerte er nun, in der Fremde einen langen Prozeß mit höchst ungewissem Ausgang zu führen.
Leuven ließ alle Zahlungsbefehle, auch den vom höchsten niederländischen Gerichtshof, einfach unbeantwortet. Als Höchststrafe konnte schließlich die Reichsacht verhängt werden. Auch dieser fürchterlichen Drohung sahen die Brabanter gelassen entgegen, denn ihre Vollstreckung bedeutete eigentlich nur, daß der Kaiser der Stadt seinen Schutz bei feindlichen Angriffen entzog. Da aber außer jenem unbedeutenden Kaufmann aus Oberdeutschland weit und breit kein Feind in Sicht war, regten sich die Leuvener Bürger nicht weiter auf, als der Kaiser im Jahr 1499 endlich auf des Fuggers Drängen tatsächlich die Acht verhängte.
Im übrigen rührte Maximilian keinen Finger, seinem geprellten Gläubiger zu helfen. Auch sonst wollte sich niemand wegen eines schwäbischen Kaufmanns den Zorn der reichen Niederländer zuziehen, von denen man wußte, daß sie in solchen Fällen fest zusammenhielten. Maximilian, der seine Finanzen nach der Rückeroberung Burgunds entscheidend aufbesserte, konnte dem Niedergang des schwäbischen Kaufmanns gelassen zusehen. Ging der Fugger bankrott – nun, dann war die Schuld verfallen.
»Der letzte Ritter«, wie ihn die Historiker nennen, wurde 1493 nach dem Tod seines Vaters zum deutschen Kaiser proklamiert. Was zählte da noch das Schicksal eines kleinen Krämers? So, wie sich die Kaufleute an der Finanznot der Fürsten bereicherten, so sanierten sich umgekehrt die Fürsten an den Konkursen der Kaufleute.
Geldnot war die schlimmste Sünde für die gläubigen Christen jener Tage. Deshalb war jeder Kaufmann und jeder Ritter bestrebt, wenigstens nach

außen noch den Schein des Wohlstandes zu wahren. Aber das Brabanter Debakel des Fuggers war zu groß, als daß es hätte geheimgehalten werden können.

Den Vater mit dem Messer bedroht

Als die Kunde nach Augsburg drang, nahm das Unheil der Fugger vom Reh seinen Lauf. Wer vorher dem jungen »Midas von Augsburg«, dem wie seinem mythologischen Vorgänger alles zu Gold zu geraten schien, was er anfaßte, sein Erspartes anvertraut hatte, wollte nun schleunigst sein Geld zurück. Dazu gehörten auch nahe Verwandte wie Schwiegersohn Andreas Grander, den Lukas 1484 zu seinem Generalbevollmächtigten ernannt hatte.

Gebieterisch forderten selbst die Söhne aus erster und zweiter Ehe die sofortige Auszahlung ihres Erbes, auch wenn dadurch die Firma zugrunde ging. Der Stammhalter der Fugger vom Reh, Lukas II., rückte dem gebrochenen Vater sogar mit dem Messer zu Leibe und scheute sich nicht, ihn ernstlich zu verletzen. Schnell sprach sich der Familienzwist in der Stadt herum, und der Zusammenbruch des Unternehmens war nicht mehr aufzuhalten.

Nun versuchte auch die zweite Frau Lukas Fuggers, ihre Mitgift zu retten, und bedrängte den Fünfundsechzigjährigen, rasch noch alle vorhandenen Vermögenswerte zu versilbern. Enttäuscht floh der Greis, von seinen Gläubigern verfolgt, 1504 ins Heimatdorf der Fugger, nach Graben am Lech. Immerhin besaß er dort noch einen – wenn auch bescheidenen – Landsitz und 14 Tagewerk Wiesen und Äcker.

Lange vermochte er sich jedoch an diesem Besitz nicht zu erfreuen. Denn um die drängenden Gläubiger zu befriedigen, mußte er schließlich im Dezember 1512 seine letzte Habe hergeben. Käufer der Felder war ein cleverer Vetter, der Aufstieg und Untergang der Fugger vom Reh wachen Sinnes beobachtet hatte und zu jener Zeit bereits viel reicher und mächtiger war als Lukas in seinen besten Tagen. Er hieß Jakob Fugger.

Vier silberne Becher und vier »beschlagene Löffel« waren das einzige, was dem gedemütigten Greis verblieb, als er nach Augsburg zurückkehrte, um in einem Haus seines Schwiegersohns Hanns Raiser im Afragäßlein auf den Tod zu warten. Wann Lukas I. gestorben ist, wurde nie genau bekannt. Überhaupt sind die in den Fuggerarchiven aufbewahrten Dokumente über jenen Zweig, der dem Erfolgs-Image der Familie so wenig zuträglich war, äußerst spärlich. Und noch heute erinnern sich die Träger des Namens Fugger nicht gern an jenen Vorfahren, der die Unverfrorenheit besaß, bankrott zu gehen.

Trotzdem war der meteorhafte Aufstieg und jähe Fall des Lukas Fugger nicht ohne Nutzen für die Dynastie. Er lehrte andere Familienmitglieder, wie groß und mächtig ein Kaufmann werden kann, wenn er sich nur entsprechend geschickt anstellt – und er zeigte die Risiken, die im verheißungsvollen Geschäft mit den Fürsten steckten, mit brutaler Deutlichkeit.
Der Preis für diese Lehre jedoch war hoch. Denn mit Lukas stürzte der gesamte Familienverband der Fugger vom Reh ins ökonomische Nichts. Lukas' Brüder und deren Söhne ebenso wie seine eigenen Nachkommen brachten es nie mehr auch nur zu bescheidenem Wohlstand. Die meisten verließen Augsburg und siedelten sich in Nürnberg, Regensburg und sogar im fernen Polen an.
Dort arbeiteten sie entweder als unterbezahlte Lohnschreiber in den Kontoren anderer Kaufherren, oder sie versuchten sich als Kürschner, Goldschmiede, Schriftenmaler und Trompeter. Am besten waren noch jene dran, die sich später in den vielfältigen Unternehmungen der erfolgreichen Verwandten nützlich machen konnten. Einziges Überbleibsel der vorübergehend schwerreichen Fugger vom Reh ist eine Weinwirtschaft in Warschau, das Haus der »Fukier«.

5. Kapitel
Die Augsburger Mafia

Während die Söhne des Andreas Fugger ihr Erbe schändlich verspielten, verlief die Geschichte der Familie von Jakob dem Alten zunächst in ruhigeren Bahnen. Nicht ohne Neid beobachtete die tüchtige Clan-Chefin Barbara Fugger, geborene Bäsinger, nach dem Tod ihres Mannes im Jahr 1469 die atemberaubende Karriere des Schwagers Lukas. Sie lebte mit ihren Kindern im »Haus am Rohr« beim Augsburger Rindermarkt und regierte die schon recht bedeutende Firma »Jakob Fugger und Söhne« ebenso energisch wie die Familie. Nicht weniger als sieben Söhne und drei Töchter mußten versorgt werden, nachdem die jüngste, Ursula, schon bald nach der Geburt gestorben war.
Zur Unterstützung bei pädagogischen Problemen und weil sie sich keineswegs als trauernde Witwe fühlte, holte sie sich nach dem Tod ihres Mannes den Büchsenmacher Georg Pecher ins Haus. Wie es der Fuggerin dennoch gelang, den Firmen- und Familienverband so lange zusammenzuhalten, bis ihre Söhne alt genug waren, für sich selbst zu sorgen, läßt sich heutzutage kaum mehr vorstellen. Sie mußte sich um den Tuch- und

Gewürzhandel ebenso kümmern wie um die Ausbildung der Söhne und um die Schwiegersöhne für die Töchter.
Ihre älteste Tochter, die 1444 geborene Anna, verheiratete sie sechzehnjährig mit Hieronymus Meutting aus einer der reichsten Familien Augsburgs. Die ein Jahr jüngere Barbara erhielt anno 1497 Konrad Meutting den Jüngeren zum Mann und Walpurga schließlich den mindestens ebenso wohlhabenden Wilhelm Rehm.
Fünf der sieben Söhne Jakobs waren fürs Geschäft vorgesehen: der Älteste, Ulrich, und seine Brüder Andreas, Hanns, Peter und Georg. Der 1448 geborene Markus und das Nesthäkchen Jakob waren dazu bestimmt, in den Dienst der Kirche zu treten.
Die fünf »Manager« sollten die beste Ausbildung bekommen, die damals möglich war. Vermutlich einem Vermächtnis des alten Jakob folgend, schickte die Fuggerin ihre Söhne hinaus in die Fremde, damit sie dort Handel und Wandel besser kennenlernten, als dies in Augsburg möglich war. Sie sollten Erfahrungen sammeln und neue Tricks und Praktiken des Geschäftslebens kennenlernen. Nirgendwo gab es auf diesem Gebiet jedoch mehr zu lernen als südlich der Alpen zwischen Rom und Venedig.
Aber nicht alle Söhne kehrten gesund von ihren Auslandsreisen zurück. Hanns starb, kaum sechzehnjährig, an Fieber in Venedig. Seinen zwei Jahre älteren Bruder Andreas ereilte acht Jahre später dasselbe Schicksal in der Lagunenstadt.

Zwei Schwaben in Venedig...

Es war kein Zufall, daß die Fuggerin zwei ihrer Söhne an den Rialto geschickt hatte. Die sagenhaft reiche Republik San Marco war Drehscheibe des Welthandels und Zentrum der Hochfinanz. Im Hafen von Venedig endeten die bedeutendsten Handelsstraßen Europas. Hier begegneten sich hanseatische Koggen, arabische Boote und spanische Galeonen. Die Frachtschiffe brachten Seide, Baumwolle, Gewürze und edle Metalle, die über den Brenner herabziehenden Handelskarawanen Felle, Leder, Horn, Kupfer und Leinenstoffe.
Schon seit den Zeiten Kaiser Barbarossas hatten Schwaben und Italiener die Vorteile des gegenseitigen Warenaustausches erkannt und wahrgenommen. So ließ der Doge Piero Ziani bereits im 12. Jahrhundert ein »Deutsches Haus« für die Kaufleute aus dem Norden errichten. In diesem Fondaco dei Tedeschi unweit der Rialtobrücke, der nach einem Großfeuer im Jahr 1318 neu aufgebaut wurde, mußten die Deutschen unter Aufsicht venezianischer Beamter ihre Geschäfte abwickeln. Die Gondoliere hatten strikte Anweisung vom Dogen, alle ankommenden deutschen Kaufleute

in den Fondaco zu rudern. Hier mußten sämtliche Waren registriert und eingelagert werden. Die Deutschen durften das Bargeld, das sie aus den Verkäufen erlösten, nicht einmal ausführen, sie mußten es vielmehr, ebenfalls im Fondaco, für venezianische Produkte ausgeben.
In den 56 Zimmern des Handelshofes, in dem sich heute das Hauptpostamt Venedigs befindet, ging es zu wie in einem Bienenstock. Oft mußten die Knechte, Packer und Kutscher in den Gängen übernachten, weil sämtliche Betten belegt waren. Zur Zeit, als Andreas und Hanns Fugger in der lärmenden Handelsmetropole an der Adria eintrafen, war der Fondaco bereits einer der wichtigsten Wirtschaftsfaktoren der Republik. Nach Berichten des 1472 gestorbenen Humanisten Gregor von Heimburg setzten die deutschen Kaufleute jährlich etwa 1 Million Dukaten um.
Der Name Fugger war den Venezianern ebenso geläufig wie den Deutschen im Fondaco, unter denen Nürnberger, Regensburger, Ravensburger und Augsburger Kaufleute den Ton angaben. Nur vermutete man zunächst in den beiden jungen Schwaben Söhne jenes berühmten Lukas Fugger, der gerade mit dem Herzog Gian Galeazzo Sforza über die Errichtung eines mit dem Fondaco konkurrierenden »Deutschen Hauses« in Mailand verhandelte.
Staunend sahen die beiden Jungunternehmer aus den schwäbischen Landen, mit welcher Geschicklichkeit und in welchem Tempo hier Riesensummen umgesetzt wurden. Ehrfürchtig standen sie vor der Pracht der Kirchen und Paläste in der Lagunenstadt. Nun sahen sie mit eigenen Augen die Kunstwerke eines Giovanni Bellini, der ein paar Jahre später ein Porträt ihres Bruders Georg malte, die herrlichen Holzschnitte und Kupferstiche des Jacopo de Barbari sowie die Fresken eines Piero della Francesca.
Aber mehr als alle Pracht der »Serenissima« imponierte ihnen die Geschicklichkeit der Italiener im Umgang mit Geld und Waren. Nach dem frühen Tod seines Bruders machte sich Andreas allein an die mühselige Arbeit, dem Hause Jakob Fugger am Rialto Geltung zu verschaffen. Als auch ihn das Fieber hinwegraffte, war der venezianische Handel bereits so bedeutend, daß sich Ulrich, der Chef der Firma, schleunigst nach Ersatz umsehen mußte.
Er schickte zunächst Georg nach Süden, der bisher in der Augsburger Zentrale Dienst getan hatte und der vom zeitgenössischen Augsburger Chronisten Clemens Sender als »fast wohlgestalt von Antlitz und Leib« beschrieben wurde. Der schöne Schwabe paßte offenbar besser in die luxuriöse Stadt als seine derberen Brüder. Bald gewährte ihm der Doge als Gunstbeweis eine eigene Kammer im Fondaco, und die Fugger brauchten nun ihre Ware nicht mehr im »Gelieger« unter freiem Himmel aufzustapeln.

Um die Venezianer von der finanziellen Potenz ihrer Firma zu überzeugen, ließen sie ihren Raum, den vorher die Stadt Judenburg benützt hatte, prächtig herrichten. Davon waren die Signori der Republik so angetan, daß sie den Fuggern auf Fürsprache Papst Innozenz' VIII. die Kammer auf Dauer überließen.

... und ein Schlitzohr in Rom

Der Fondaco war indes nicht die einzige Bastion der Brüder jenseits der Alpen. Ein paar hundert Kilometer weiter südlich saß mitten im Zentrum der stärksten Macht auf Erden der Kanonikus Markus Fugger aus Augsburg. Ob ihn die weitblickende Mutter aus strategischen Überlegungen nach Rom geschickt hatte oder ob der intelligente Studiosus der freien Wissenschaften aus eigenem Antrieb den Weg nach Süden einschlug, mag dahingestellt bleiben. Sicher ist jedoch, daß der Platz bei der Kurie für die künftigen Geschäfte der Familie einen Platz an der Sonne bedeutete.

Markus hatte sich anno 1462 an der Universität Leipzig immatrikuliert und dort den Titel »Baccalaureatus Magister« erworben, ehe er als Propst dem Stift St. Johann zu Freising und der Alten Kapelle zu Regensburg beitrat. Im Jahre 1471 taucht zum ersten Mal der Name »Marco Fukiero« in den Akten des Vatikans auf.

Binnen kurzer Zeit gewann der gebildete Glaubensbruder aus dem Norden, der eine beträchtliche Geschicklichkeit bei allerlei Geschäften bewies, das Vertrauen hoher Kurialbeamter. Er wurde Sekretär im päpstlichen Amt für Bittschriften (Scriptor in Registro Scuolicationum) und erhielt drei Jahre später vom Papst sogar ein Kanonikat am Augsburger Dom.

Das war für den Sproß einer bürgerlichen Kaufmannsfamilie eine unerhörte Karriere, denn die Domherren rekrutierten sich bisher ausschließlich aus dem Adel. Wahrscheinlich durfte Markus Fugger auch nie in einem Chorstuhl »seines« Domes Platz nehmen, denn in den Büchern der Augsburger Kirche ist sein Name nirgendwo vermerkt.

Doch zeigt die päpstliche Beförderung deutlich, daß der junge Fugger in Rom in hohem Ansehen stand. Durch seine Hände liefen die meisten der vertraulichen Botschaften, die aus der deutschen Kirchenprovinz nach Rom gesandt wurden, und sein Urteil war maßgebend, wenn es darum ging, einem deutschen Geistlichen höhere Bezüge zu bewilligen. Der Fuggerbiograph Götz Freiherr von Pölnitz nimmt sogar an, daß Markus damals in Rom so etwas wie eine florierende »Generalvertretung für deutsche Benefiziensachen« betrieben habe.

Er wäre demnach zu einer Schlüsselfigur im hochentwickelten Finanzwe-

sen der Kurie avanciert, denn die deutschen Gläubigen trugen mehr zum Haushalt des Vatikans bei als die aller übrigen Kirchenprovinzen. Und wenn Markus Fugger indirekt für die Höhe der den deutschen Geistlichen bewilligten Pfründe zuständig war, hielt er wahrlich eine außerordentliche Machtstellung besetzt.
Da es damals noch keine vom Staat erhobene Kirchensteuer gab, mußten die Geistlichen selbst für ihr Einkommen sorgen. Und dabei bewiesen die kirchlichen Würdenträger einigen Einfallsreichtum. Bei jeder passenden – und unpassenden – Gelegenheit wurden die Gläubigen zur Kasse gebeten, und von solchen Einnahmen wollte natürlich auch die römische Zentrale profitieren. So mußten zum Beispiel Bischöfe und Äbte bei ihrer Ernennung »Servitia« bezahlen, die sich nach der Höhe der voraussichtlichen Einkünfte richteten.
Das Abgabensystem war fein abgestuft und sorgfältig organisiert: Jeder Kirchenhirte, der seine Gläubigen in einem bestimmten Gebiet »ausbeuten« durfte, mußte Rom an seinem Gewinn teilhaben lassen. So floß ein ständig anschwellender Strom von Pfründen-, Pallien- und Annatengeldern aus allen Teilen der getauften Welt nach Rom. Bald sollten neue, recht ergiebige Geldquellen hinzukommen.
Seine persönlichen Einnahmen bezog Markus Fugger von seinen früheren Wirkungsstätten, dem Stift Sankt Johann in Freising und der Alten Kapelle in Regensburg. Man darf getrost voraussetzen, daß der geschäftstüchtige Kaufmannssohn die Möglichkeiten nutzte, die ihm seine einflußreiche Position boten.
Das orientalische Bakschisch-Prinzip war nämlich schon damals im christlichen Westen durchaus geläufig. Deshalb hatte es sich auch eingebürgert, daß Geistliche, die einer besonders lukrativen Pfründe nachjagten, sich für die Gunst einflußreicher Helfer großzügig bedankten. Und da außer dem jungen Fugger kein anderer Deutscher so nahe dem Zentrum der kurialen Macht saß, ergab es sich beinahe von selbst, daß er zur Anlaufstelle aller Rompilger und mit Geschenken reichlich verwöhnt wurde.
Wer weiß, wie weit es der geschäftstüchtige Pfründevermittler noch gebracht hätte, wenn ihn nicht am 19. April 1478 im Alter von kaum 30 Jahren der Tod ereilt hätte. Markus Fugger, Opfer einer der damals häufig grassierenden Seuchen, wurde in der deutschen Nationalkirche Santa Maria dell'Anima begraben.

Für die Augsburger Brüder war das ein schwerer Verlust. Nicht nur, daß der so wichtige römische Posten nun verwaiste, auch die übrigen, immer mehr sich ausdehnenden Geschäfte verlangten dringend eine personelle Verstärkung des Top-Managements. Zwar fuhr Ulrich umgehend nach Rom, um das Begräbnis des jüngeren Bruders zu organisieren, die noch ausstehenden Pfründengelder in Empfang zu nehmen und sich nach einem Nachfolger für den Verstorbenen umzusehen, aber der hektische Betrieb in der Augsburger Zentrale duldete keinen langen Aufenthalt.
In den Jahren seit dem Tod Jakobs des Alten war es mit der Firma stetig bergauf gegangen. Angeregt vom Beispiel der erfolgreichen Fugger vom Reh, dehnten Ulrich und seine Brüder das Geschäft allmählich über den vom Vater gesetzten Rahmen hinaus aus. Während Markus den Kontakt zur Kirche hergestellt hatte, bemühte sich Ulrich um den immer wichtiger werdenden Metallhandel zwischen Tirol, dem Land mit den reichsten Bodenschätzen, und dem großen Absatzmarkt Venedig.
Georg und Peter hingegen versuchten den Osthandel auszudehnen. Über ihre in Nürnberg etablierte Filiale hofften sie, mit den baltischen Ostseehäfen ins Geschäft zu kommen. Anders als Lukas Fugger, erhob es Ulrich zum obersten Unternehmensprinzip, keinem Familienfremden Einblick in seine ausgedehnten Geschäfte zu geben. Selbst die gutbetuchten Schwäger Hieronymus und Konrad Meutting, Annas zweiter Ehemann Hektor Muelich sowie Wilhelm Rehm wurden höflich, aber bestimmt darauf hingewiesen, daß ihre Mitwirkung nicht erforderlich sei.
Noch wichtiger war jedoch das von Ulrich eisern verfochtene Prinzip, das Familienkapital auf jeden Fall zusammenzuhalten. Zwar hatte jedes Mitglied der Sippe ein eigenes Konto, aber das gesamte Kapital wurde stets so eingesetzt, wie es der durch Erbfolge bestimmte Firmenchef wollte.
Diese für die damalige Zeit erstaunlich weitsichtige Entscheidung ermöglichte erst den Aufstieg der Fugger ins ganz große Geschäft. Hätten sich die Söhne und Töchter nach dem Tode Jakobs des Alten ihr Erbteil auszahlen lassen, wäre die Entwicklung der Firma um Jahrzehnte zurückgeworfen worden. Vermutlich ist es dem unbeugsamen Willen der von allen verehrten und als oberste Autorität anerkannten Mutter Barbara zu verdanken, daß keiner aus der weitverzweigten Familie ausscherte und jeder sich bedingungslos den Entscheidungen Ulrichs beugte.
Der Firmenchef war zwar ein unermüdlicher Arbeiter und auch ein umsichtiger Kaufmann, aber eben doch nur ein durchschnittlicher Unternehmer. Ihm fehlten die Phantasie und letztlich auch jener stählerne Erfolgswille, für den die Fugger später berühmt werden sollten. Ulrich war zufrieden, wenn die Firma mit jährlichen Zuwachsraten um die zehn Pro-

zent prosperierte, wenn alle Familienmitglieder ihr ordentliches Auskommen fanden und die internen Auseinandersetzungen im Rahmen des Erträglichen blieben. Er war ein guter Geschäftsmann mit dem Ziel, zur Oberschicht der Augsburger Kaufmannsfamilien aufzusteigen, was er schließlich 1479 durch seine Heirat mit der Patriziertochter Veronika Lauginger auch erreichte, aber ein Wirtschaftspirat großen Formats war er nicht.

Ein Wappen für den Aufsteiger

Trotzdem bewies auch Ulrich Fugger stets einen wachen Instinkt für gesellschaftliche und politische Veränderungen. Eine solche bahnte sich 1473 an, als Kaiser Friedrich III. und sein Sohn Maximilian mit großem Gefolge in Augsburg einkehrten. Der Habsburger Monarch war auf dem Weg nach Trier, wo er mit Herzog Karl dem Kühnen von Burgund zusammentreffen wollte.

Getreu dem späteren Leitspruch seines Geschlechts »Tu, felix Austria, nube!« trachtete der Habsburger danach, durch einen Ehevertrag das zu bekommen, was ihm das stumpfe Schwert nie erkämpft hätte. Eine Heirat seines Sohnes Maximilian mit Karls Tochter Maria sollte ihm Zugang zu den legendären Reichtümern des kühnen Herzogs verschaffen.

Das Burgund Karls läßt sich weder geographisch noch politisch mit der heutigen französischen Landschaft gleichen Namens vergleichen. Begründet durch Richard von Autun, stellte das Herzogtum unter Karl dem Kühnen längst eine europäische Großmacht dar. Zu Burgund gehörten der größte Teil von Holland, Belgien, Luxemburg, Teile der heutigen Bundesländer Nordrhein-Westfalen und Rheinland-Pfalz, praktisch die gesamte Oberrheinische Tiefebene, Lothringen, Elsaß und ein gutes Stück der Schweiz.

Die Heirat mit Maria konnte Habsburg zweifellos einen entscheidenden Vorteil gegenüber dem alten Widersacher Frankreich verschaffen und überdies helfen, die zerrütteten Finanzen des Hauses in Ordnung zu bringen. Um aber dem reichen Burgunder unter die Augen treten zu können, mußte Friedrich trotz leerer Staatskassen ein prächtiges Gefolge auf die Beine stellen. So war es keineswegs ein Zufall, daß er ausgerechnet in Augsburg Station machte, wo bekanntermaßen die wohlhabendsten deutschen Kaufleute residierten.

Des Kaisers Kanzler Hans Rebwein hatte die wenig dankbare Aufgabe, die von den Höflingen verächtlich als »Pfeffersäcke« titulierten Geschäftsleute zu Geschenken für den Herrscher zu animieren. Die Begeisterung über die Aussicht auf kaiserliche Gunstbezeigungen hielt sich vor allem unter den etablierten Handelsherren in Grenzen. Denn was der Kaiser zu vergeben hatte – ein Wappen hier, einen Titel da –, besaßen sie bereits. Und was sie begehrten – nämlich die Bezahlung längst überfälliger Rechnungen –, war auch von diesem Besuch kaum zu erwarten. Die Sturheit der Schwaben ging so weit, daß sie den Kaiser nicht abreisen ließen, weil er Bäckern, Metzgern und anderen Handwerkern 1750 Gulden schuldig blieb. Der Hufschmied Hans Asch packte die kaiserlichen Rösser am Zügel und hielt sie so lange fest, bis der Monarch bei der Stadtverwaltung 1500 Gulden aufgetrieben hatte. Als Pfand mußte er einen Teil seines kostbaren Kriegsschatzes aus Gold- und Silbergerät in Augsburg lassen.

Deshalb sah sich der tüchtige Kanzler vor allem unter den sozialen Aufsteigern um, unter denen sich immer welche fanden, die für einen prestigeträchtigen Titel wertvolle Ware gaben. Ulrich Fugger wurde »als ein redlicher und habhafter Mann, ob der Ihre Majestät mit gutem Tuch- und Seidengewand versehen wollt«, angesprochen, heißt es in der Fuggerchronik.

Der Firmenchef begriff natürlich sofort, daß er den Posten als Verlust abbuchen konnte, doch schien ihm die Aussicht auf lukrativere Geschäfte mit dem Herrscherhaus eine solche Anfangsinvestition wert. Am 9. Juni 1473, dem Mittwoch nach Pfingsten, hat ihm Majestät dafür ein »Wappen und Kleinod ohn alle Bezahlung frei geschenkt und verehrt«.

Das Wappen maß 9,4 auf 6,9 Zentimeter und bestand aus einem mit zwei Büffelhörnern und einer Lilie geschmückten Helm sowie einem Schild in Blau und Gold, auf dem zwei weitere Lilien prangten. Um sich von den Fuggern vom Reh zu unterscheiden, hießen die Nachkommen Jakobs seither die Fugger von der Lilie. Das Lilienwappen sollte zusammen mit der Handelsmarke des Fuggerschen Dreizackspeers ein Symbol wirtschaftlicher Macht werden.

Obwohl er anfangs draufzahlte, hatte Ulrich gegenüber seinem Kaiser doch das bessere Geschäft gemacht. Denn die Verbindung mit dem Herzogtum Burgund verlief für das Haus Habsburg keinesfalls so erfolgreich, wie sich Friedrich III. das erhofft hatte. 1476 schlugen die kernigen Eidgenossen Karl den Kühnen bei Grandson und gelangten dadurch in den Besitz des sagenhaften Burgunderschatzes. Ein Jahr später fiel der Herzog bei der Belagerung der Stadt Nancy. Trotzdem vermählte sich Maximilian von Österreich noch im selben Jahr mit der Erbtocher Maria von Burgund, um die sich auch König Eduard IV. von England beworben hatte. Maria gebar Maximilian einen Sohn, den späteren Erzherzog Philipp den Schönen, und starb schon fünf Jahre nach der Hochzeit an den Folgen eines Jagdunfalls. Maximilian, den die Geschichtsbücher als »den letzten Ritter« verherrlichen, wurde immerhin der erste unter Europas Fürsten. Und das wiederum sollte nicht ohne Folgen für die Fugger bleiben.

Kanonikus mit durchschlagender Wirkung

Die Firma blieb indessen nicht gefeit gegen weitere Schicksalsschläge. Bald nach der feierlichen Wappenverleihung in Augsburg brachte ein Bote schweißüberströmt aus Nürnberg die Kunde, daß der dreiundzwanzigjährige Peter Fugger todkrank darniederliege. Nach seinen Brüdern Andreas, Hanns und Markus scheint auch dieser Sohn des Jakob einer Seuche zum Opfer gefallen zu sein. Noch heute erinnert ein Gedenkstein an der Nordseite der Nürnberger Sebalduskirche an den Sproß aus der berühmten Augsburger Familie. Für Ulrich bedeutete dies, daß die großartigen Expansionspläne nach Schlesien, Polen und in den Ostseeraum vorläufig zurückgesteckt werden mußten. Er brauchte dringend Verstärkung und schickte deshalb einen Boten nach Mittelfranken, wo im Chorherrenstift St. Veit zu Herrieden, nahe bei Ansbach, das Nesthäkchen der Fuggerbrüder ziemlich lustlos die Mysterien der katholischen Glaubens- und Sittenlehre zu ergründen versuchte.

Kaum aus eigenem Willen, sondern eher auf Anweisung der Mutter, hatte Jakob den geistlichen Beruf ergriffen. Als Jüngster, am 6. März 1459 im Haus am Rohr zu Augsburg geboren, durfte er sich wenig Hoffnung machen, in der Firma eine wesentliche Rolle zu spielen; er mußte sich zurückgesetzt fühlen, in die Verbannung geschickt, beiseite geschoben. Und da mag in diesem gottverlassenen mittelfränkischen Dorf in ihm der unbändige Ehrgeiz erwacht sein, es irgendwann einmal all denen zu zeigen, die sich für besser hielten als Jakob Fugger.

Als dann durch den Tod von vier Brüdern endlich die große Chance kam, hielt sich der junge Kanonikus nicht lange mit Überlegungen auf, ob ihm die niederen Weihen, die er gerade empfangen hatte, einen Übertritt in die Welt des Handels gestatteten. Schnurstracks fuhr er am 19. September 1478 erst in die Nürnberger Faktorei, dann heim nach Augsburg.

Jakob war 19 Jahre alt, hatte eine allenfalls durchschnittliche Ausbildung genossen und nicht die geringste Ahnung vom Geschäft. Bestimmt war er sich dieses Mangels bewußt, denn er machte keinen Versuch, sich mit seinen älteren Brüdern auf eine Stufe zu stellen. Freilich hatte er aber auch keine Lust, in Augsburg den Lehrjungen zu spielen. Er würde schon lernen, darauf konnten sie sich verlassen, aber nicht hier.

Was er wissen mußte, um seinen Brüdern und den anderen Augsburger Kaufleuten überlegen zu sein, konnte er unmöglich im Kontor der Fugger erfahren. Schon nach wenigen Tagen brach er auf nach Süden. Nur in Venedig konnte er wirklich Neues erfahren. Diese frühe italienische Bildungsreise eines großen Deutschen währte zwar insgesamt nur ein gutes Jahr, aber Jakob Fugger lernte in jenen Monaten mehr, als seinen späteren Konkurrenten lieb sein konnte.

III. Buch

Jakob und seine Brüder

6. Kapitel
Tirol wird ausgeplündert

In einer vierspännigen Kutsche reiste Jakob über Tirol und den Brenner nach Venedig, um nach kurzem Aufenthalt gleich nach Rom weiterzufahren. Auch in der römischen Filiale im Rione di Ponte, dem Geschäfts- und Bankenviertel, blieb er nicht lange. Was es im Vatikan noch Dringendes zu erledigen gab, blieb leider unbekannt. Jedenfalls war Jakob ein paar Wochen später wieder am Rialto.

Wachen Sinnes verfolgte der kühle Schwabe die tausenderlei Geschäfte und Geschäftchen der Italiener; er sah und durchschaute die Täuschungsmanöver, Intrigen und Manipulationen in der »Wall Street des 15. Jahrhunderts«. Schlagartig mag er die Kleinkunst der Geschäftsleute begriffen haben, die letzten Endes immer auf Übervorteilung des Partners hinauslief. Aber er gewann auch eine Vorstellung von der unerhörten Macht und dem Reichtum, die mit erfolgreichem Handel zu erringen waren.

Seit einem dreiviertel Jahrtausend lebte Venedig von der und für die Wirtschaft. Um das Geschäft drehte sich am Rialto einfach alles, auch die politische Macht. Da saß zum Beispiel im fernen Zypern der venezianische Kaufmann Andrea Cornaro, Besitzer ausgedehnter Zuckerrohrplantagen und Vormund einer schönen Nichte namens Caterina, die er mit dem letzten König der Mittelmeerinsel vermählte. Durch ein geschicktes Ränkespiel trieb der Kaufmann das Königreich in die Arme der Adria-Republik, die mit einer stattlichen Flotte ausgefahren war, die Nichte Cornaros zu »beschützen«. Viele sahen in dem Handelsherrn denn auch den heimlichen Herrscher Venedigs, der dem Dogen Giovanni Mocenigo kaum eine andere Wahl ließ, als seine Befehle zu befolgen. Sollte eine solche Rolle im Hintergrund nicht auch jenseits der Alpen zu spielen sein, fragte sich der junge Kaufmannssohn aus dem Norden.

Wenn sich italienische Schlitzohrigkeit, durch den Intellekt zur Meisterdiplomatie venezianischen Stils gesteigert, mit deutscher Konsequenz und schwäbischem Fleiß verband, dann mußte daraus ein ziemlich explosives Gemisch entstehen. Wie sehr der kurze Aufenthalt in Italien den

jungen Jakob Fugger prägte, zeigte sich schon daran, daß er noch Jahrzehnte später Briefe mit dem italienischen »Jacopo« unterschrieb.
Als er 1479 nach Augsburg zurückkehrte, kam er gerade zur rechten Zeit, um den feinen Unterschied zwischen Venedig und Augsburg an einem drastischen Beispiel zu studieren – aber auch die Gemeinsamkeiten. Während Machtkämpfe am Rialto mit Hilfe feingesponnener Intrigen ausgetragen wurden, hin und wieder freilich auch einmal mit einer Prise schnell wirkenden Gifts oder einer rasch gezückten Klinge, ging solcherlei in der Heimat zwar etwas unkultivierter, aber mindestens ebenso wirksam vonstatten.
Da residierte etwa im Augsburger Rathaus schon in der dritten Legislaturperiode ein Bürgermeister namens Ulrich Schwarz, der sich doch tatsächlich erdreistete, eine Politik für die kleinen Leute zu betreiben. Er wollte in Fortsetzung der Handwerkerrevolution von 1370 die großen Handelsgesellschaften drastisch besteuern und ihre Preis- und Absatzmonopole zugunsten der kleinen Zunftmeister brechen. Daß dies in einer aufstrebenden Wirtschaftsmetropole, vergleichbar etwa mit dem Frankfurt der Jahre 1960–1975, nicht gutgehen konnte, versteht sich von selbst.
Die Fugger trachteten danach, den verhaßten Bürgermeister zunächst auf friedliche Weise zu übertrumpfen. Da sich Ulrich Schwarz in der Öffentlichkeit gerne als Stifter und Mäzen zeigte, ließen sie sich den Neubau des Münsters Sankt Ulrich einiges kosten. Damit der Herr Bürgermeister auch sah, wem die Spenden zu verdanken waren, ließ Ulrich im Münster seine Wappenlilien ins Chorgestühl einschnitzen und vom Meister Michel Erhart aus Ulm einen eigenen Fuggeraltar gestalten.

Gefoltert und gehängt

An eine legale Abwahl des Stadtoberhauptes war nicht zu denken, denn Schwarz hatte verständlicherweise die Mehrzahl der Einwohner hinter sich. Deshalb schickten die Handelsherren heimlich eine Delegation nach Wien, um Kaiser Friedrich III. zu bewegen, den Augsburger Bürgermeister abzusetzen. Ulrich Schwarz erfuhr von dem Unternehmen und bewies vor der Macht des Habsburgers geringen Respekt. Als die Abgesandten der Patrizier in die Reichsstadt zurückkehrten, wurden sie verhaftet, zum Tod verurteilt und öffentlich enthauptet. Damit war für die Fugger und die anderen Großkaufleute das Maß voll. Wenn der Kaiser sich so etwas gefallen ließ – nun, dann war das seine Sache. Sie jedenfalls wollten einen derartigen Affront nicht ungesühnt hinnehmen. Freilich konnten sie selbst nicht in Erscheinung treten, damit sich der zu erwartende

Volkszorn nachher nicht gegen ihre Firmen kehrte. Bald war auch ein williger Helfer gefunden; man mußte also nur noch den richtigen Zeitpunkt abwarten. Der war gekommen, als der Reichslandvogt blitzartig in Augsburg auftauchte und den Bürgermeister mitten in einer Ratssitzung gefangennahm. Bevor die Zünfte sich einig waren, was sie dagegen unternehmen sollten, wurde Ulrich Schwarz »peinlich befragt«, das heißt ordentlich gefoltert, und dann aufgrund seines »Geständnisses« gehängt. Fortan blieb das Rathaus in der Hand der Patrizier, zu denen sich auch Ulrich Fugger seit seiner schon erwähnten Heirat mit Veronika Lauginger zählte. Ulrich war und blieb der Boß. Sein persönliches Vermögen überstieg mehrfach das des jungen Jakob, der 1479 erstmals in den Steuerbüchern Augsburgs auftauchte: mit einem offiziellen Vermögen von ganzen 60 Gulden.

Seine beiden ersten Geschäftsjahre verbrachte Jakob vornehmlich auf Reisen. Zu Pferd klapperte er sämtliche Außenstellen der Firma ab, von Antwerpen im Nordwesten bis Ofen, dem heutigen Budapest, im Südosten. Mit unersättlicher Wißbegier fragte er die Faktoren, Schreiber und Fuhrleute über alle Einzelheiten des Geschäfts aus. Von besonders angesehenen Firmenvertretern ließ er sich in den Hauptstädten mit Bürgermeistern, Patriziern und Adelsherren bekanntmachen. Manche der Fuggerfaktoren hatten schon damals die Funktion von Diplomaten und vertraten die Firma wie Botschafter eines befreundeten Landes an Fürstenhöfen.

Wieder zu Hause, schlug der geschäftige Juniorpartner seinen Brüdern vor, in erster Linie das Rechnungswesen zu verbessern. In Venedig hatte er gesehen, auf welch hohem Niveau die italienischen Kaufleute ihre Bücher führten. Bei einem weitverzweigten Unternehmen wie dem der Fugger war anders kein rechter Überblick zu gewinnen. Jeder Geschäftsvorgang sollte sofort registriert und danach in den Büchern nochmals doppelt ausgewertet werden: einmal als Warenausgang, zum anderen als Geldeingang oder umgekehrt. Dieses System der dreifachen Buchführung hat Jakob im Laufe der Jahre noch weiter vervollkommnet; bei den deutschen Kaufleuten war es damals noch unbekannt.

Da er einen präzisen Überblick über alle Geschäfte der Familie gewonnen hatte, entschied sich Jakob mit sicherem Instinkt für den zukunftsträchtigsten Unternehmensbereich. Seiner Meinung nach waren das der Erzhandel und mit ihm verbunden der Bergbau. Auf diesem Gebiet war die Firma zwar bereits tätig, aber keineswegs führend. Wie es Jakob anstellte, in der hart umkämpften Erzbranche Fuß zu fassen, bewies schon deutlich seine unternehmerischen Qualitäten. Messerscharf erkannte er die schwächste Stelle im verzweigten System des alpenländischen Metallgeschäfts. Er widmete seine Aufmerksamkeit den kapitalschwachen Gewer-

ken, selbständigen Bergbauunternehmern, die in den Salzburger Alpen Gold und Silber schürften und es in Venedig verkauften.
Beraten vom Großvater Franz Bäsinger, der einst aus Augsburg hatte fliehen müssen, fing Jakob mit Unterstützung der Mutter an, den kleineren Bergwerks- und Grubenbesitzern finanziell unter die Arme zu greifen.
Für seine Kredite ließ er sich keine Schuldscheine, sondern Beteiligungen an den Erzgruben, sogenannte Kuxe, überschreiben. Ulrich, der allseits freundliche, langsam in die Jahre kommende Seniorchef, duldete die Unternehmungen des jüngsten Bruders, weil sie ihm ungefährlich schienen. Nach und nach erwarb Jakob im Namen der Firma Ulrich Fugger immer größere Anteile an den Silberbergwerken in Gastein, Rauris, Schladming und Rottenmann.
Als er auf diese Weise klammheimlich zu einem gewichtigen Wirtschaftsfaktor im Salzburger Erzgeschäft geworden war, verlangte er von den Grubenbesitzern, daß sie ihre Erze ausschließlich ihm zum Transport nach Venedig und zum dortigen Verkauf überließen. Bisher hatten sich dieses Geschäft kleine und mittlere Kaufleute aus der steiermärkischen Stadt Judenburg geteilt, die nicht zufällig kurze Zeit zuvor auf Befehl des Dogen ihre Kammer im venezianischen Fondaco zugunsten der Fugger räumen mußten.

Der goldene Gänserich

Für Jakob war der Einstieg ins Salzburger Silbergeschäft freilich nur eine leichte Lehrlingsarbeit. Das Gesellenstück wollte er in Tirol schmieden, dem damals an Erzen reichsten Land Europas. Nun waren aber die Besitzer der großen und ergiebigen Tiroler Silberbergwerke durchweg recht vermögende Leute, die kein Geld vom Fugger brauchten. Jakob mußte diesmal also eine andere Strategie anwenden.
Er suchte deshalb nicht den Kontakt zu den Gewerken, sondern gleich zum Landesherrn selbst. Herzog Sigmund der Münzreiche verfügte zwar über die wertvollsten Bodenschätze Europas, aber er war unfähig, etwas Rechtes damit anzufangen. Schon frühzeitig hatte der lebenslustige und stets auf großem Fuß lebende Fürst die Erfahrung gemacht, daß ihn gegen die Verpfändung seiner Einkünfte aus den Silbergruben Kaufleute aus Innsbruck, Kufstein, Augsburg oder Nürnberg stets reichlich mit Bargeld versorgten.
Sigmund war zufrieden, wenn er nur immer neue Schlösser bauen konnte und seinen kostspieligen Hofstaat nicht einschränken mußte. Die Beschaffung des erforderlichen Geldes überließ er großzügig seinen zahlrei-

chen Hofbeamten oder Vertrauten wie dem Obristhauptmann Anton vom Roß. Das Finanzierungssystem des Landesherrn war simpel: Der Herzog als alleiniger Besitzer des Bergregals vergab an private Unternehmer – die Gewerken – das Recht, die Erzgruben innerhalb der Landesgrenzen auszubeuten. Als Gegenleistung mußten die Grubenpächter einen bestimmten Teil ihrer Erträge an den Innsbrucker Hof abführen.

Das Silbererz aus Schwaz wurde größtenteils in Innsbruck geschmolzen und dann in Hall zu Münzen geprägt. Dabei ließen sich schöne Gewinne erzielen, wenn man die Münzen nicht aus ganz reinem Silber prägte, sondern möglichst viel billigere Metalle, zum Beispiel Kupfer, beimischte. Die Münzverschlechterung, seit dem späten Mittelalter eines der beliebtesten Finanzierungsinstrumente europäischer Landesherren, erregte natürlich den Unmut der Bevölkerung und hatte deshalb möglichst heimlich zu geschehen. Aber da Großvater Franz Bäsinger Münzmeister in Hall war, wußte man natürlich in Augsburg genau über die Tiroler Bräuche Bescheid.

Obwohl der »goldene Gänserich« Sigmund schon 1478 über 80000 Gulden aus seinen Bergregalien bezog, mußte der verschwenderische Hof zu Innsbruck laufend neue Anleihen aufnehmen, um seinen Finanzbedarf zu decken.

An erster Stelle der Gläubigerliste Sigmunds stand ironischerweise jener Mann, der das Tiroler Finanzwesen in Ordnung zu halten hatte: Anton vom Roß. Für die damalige Zeit war das keineswegs ungewöhnlich, denn da viele Landesherren selbst nicht als besonders kreditfähig galten, machten sie häufig ihre wohlhabendsten Untertanen zu Finanzverwaltern. Deren persönlicher Kredit – und deren Vermögen – dienten dann zur Finanzierung des Staatshaushalts.

Über einen Strohmann, den früheren Innsbrucker Bürgermeister und späteren Fuggerfaktor Hans Suiter, gab Jakob Fugger seine ersten Kredite nach Innsbruck. Offenbar wollte er nicht, daß seine Konkurrenten allzufrüh auf ihn aufmerksam wurden. Unter den Kaufleuten, die sich die ständige Geldnot des Herzogs Sigmund zunutze machten, war der Bayer Hans Baumgartner aus Kufstein der gerissenste. Aber auch die Augsburger Fuggerkonkurrenten Gossembrot hatten in Innsbruck die Finger im Spiel.

1484 gelang es den Kaufleuten, den in Geschäften unbedarften Herzog zu einem verhängnisvollen Schritt zu verleiten. Vermutlich gehörte auch Jakobs Strohmann zum Kreis der Lobbyisten, die in Innsbruck darauf drängten, der Herzog möge doch endlich den Expansionsplänen des machtlüsternen Venedig Einhalt gebieten und die wertvollen Bleigruben von Primör beschlagnahmen.

Sigmund hielt den Raubzug für ein einträgliches Geschäft und schlug

1484 zu. Prompt verlangte Venedig hohen Schadenersatz und drohte mit einem Handelsboykott. Sigmund ließ sich jedoch nicht beirren und konfiszierte drei Jahre später auch noch die Waren venezianischer Kaufleute auf der Bozener Messe. Sofort reagierte die Republik San Marco mit der Entsendung von Truppen.

Ein Krieg freilich war weder im Sinn der Tiroler Kaufleute, die um ihren Handel mit Südtirol fürchteten, noch im Interesse des Kaisers, der das wertvolle Tiroler Erz nicht in italienischer Hand wissen wollte. Notgedrungen mußte Sigmund im November 1487 Frieden schließen und Venedig 100000 Gulden als Schadenersatz offerieren.

Das war ein Moment, auf den Jakob Fugger schon lange gewartet hatte. Der junge Augsburger hatte sich ständig über die Pläne der beiden kriegführenden Parteien unterrichten lassen. Er verfügte über beste Beziehungen sowohl zum Dogenpalast als auch zum Schloß in Innsbruck. Sofort offerierte er die Dienste seiner Firma. Mit Anton vom Roß stand er schon seit dem 5. Dezember 1485 offiziell in Geschäftsverbindung. Damals hatte er ihm 8000 Gulden gegen 561 Mark zwölflötigen Silbers geliehen (1 Mark = etwa 250 Gramm Silber). Und während des kurzen Krieges schob er noch einmal 10 000 Gulden nach. Aber nun ging es um größere Beträge. Jakob wollte auf jeden Fall den Kufsteiner Baumgartner, der mit 38000 Gulden auf der Gläubigerliste des Herzogs stand, ausstechen. Zunächst fehlten noch genau 23 627 Gulden an der Summe, die Tirol an Venedig zu überweisen hatte. Rasch brachte Jakob Fugger mit Anton vom Roß ein Konsortium zustande, das die benötigte Summe in Innsbruck hinterlegte, noch ehe Baumgartner Zeit gefunden hatte, so viel Geld flüssigzumachen. Schon im Jahr darauf betrug Sigmunds Darlehensschuld bei den Fuggern 150 000 Gulden.

Nichts geht mehr ohne Fuggergeld

Doch nicht allein die unerhörte Ausweitung seiner Kredite machte Jakob zum Herrscher über das Tiroler Silber, sondern mehr noch die Art, wie er das Geld ausgab. Er überließ es nämlich nicht dem Herzog zur freien Verfügung, sondern er schaltete sich selbst in das Finanzsystem Tirols ein. Die Hofbeamten, die seit Ausbruch des Krieges vergebens auf ihr Geld gewartet hatten, wurden plötzlich wieder reichlich entlohnt. Handwerker erhielten längst überfällige Rechnungen bezahlt, Söldnerführer den lange versprochenen Kriegslohn. Die Kassen des Augsburger Kaufmanns schienen unerschöpflich. Die Pünktlichkeit, mit der er finanzielle Versprechungen einhielt, wurde sprichwörtlich. Da er sein Image in Innsbruck auf Hochglanz poliert hatte, fiel es Jakob nicht allzu schwer, die Konkurrenz madig zu machen. In der Tiroler Landeshauptstadt liefen plötzlich Gerüchte um, der kinderlose Herzog wolle das Land auf Vermittlung des Kaufmanns Hans Baumgartner an Herzog Georg den Reichen von Bayern-Landshut verkaufen. Immerhin hatte Sigmund bereits die Markgrafschaft Burgau dem Wittelsbacher überlassen.

Ob das Gerücht tatsächlich von den Fuggern ausgestreut wurde oder ob es auf die Besorgnis national gesinnter Tiroler zurückging, interessierte bald niemanden mehr. Wichtig war nur, den Ausverkauf an die unbeliebten bayerischen Nachbarn zu verhindern. Und da mochte Hans Baumgartner dem Herzog noch so viel Kredit andienen, gegen die antibayerische Stimmung kam der kollaborationsverdächtige Kufsteiner nicht mehr an.

Derweil baute Jakob Fugger seine Bastion in Innsbruck aus. Für jeden Gulden, den er hergab, ließ er sich Tiroler Silber überschreiben. Für die Rückzahlung der Kredite mußten sich nicht bloß der Herzog und seine höchsten Beamten verbürgen. Jakob verlangte auf den Schuldbriefen ausdrücklich die Unterschrift der reichsten Tiroler Gewerken. Das bedeutete, daß die Fugger in den Besitz der wertvollsten Silberbergwerke Tirols gelangten, wenn die Staatsschulden nicht pünktlich zurückbezahlt wurden. Und daß die Grubenbesitzer nicht in die Lage kamen, die Schulden des Herzogs zu tilgen, dafür wollte Jakob schon sorgen. Bald ging am Hof zu Innsbruck nichts mehr ohne das Geld des Augsburger Kaufmanns. Kein Beamter, kein Soldat und kein Höfling wollte es riskieren, die als so angenehm empfundenen und stets mit größter Pünktlichkeit ausbezahlten Bezüge aus der Fuggerkasse zu gefährden. Ende des Jahres 1488 war Jakob Fugger bereits der heimliche Herrscher Tirols.

Sämtliche Silbergruben des Alpenlandes standen unter seiner Aufsicht, und alles Erz, das aus den Stollen geholt wurde, ging durch seine Hände. Fugger zahlte den Bergwerksbesitzern fünf Gulden pro Mark Silber und verkaufte sie für acht Gulden an die staatliche Münze in Hall weiter, welche ebenfalls unter seiner Leitung stand.

Damit das Geschäft florierte, mußten die Gewerken ihre Förderleistung erhöhen, die Packpferde schneller laufen und die Münzer in Hall schneller prägen. Binnen eines Jahres steigerten die Fugger den Ausstoß der staatlichen Münze um das Fünfundzwanzigfache. Der Herzog, der wahrscheinlich gar nicht genau wußte, was da vor sich ging, zeigte stets größte Freude, wenn ihn Ulrich oder Jakob persönlich aufsuchten, um ihm sackweise die schönen neuen Gulden zu übergeben, die sie gerade in des Herzogs eigener Münze hatten prägen lassen.

Jakob Fugger war jedoch viel zu klug, um nicht zu begreifen, daß er seinen Tiroler Silberschatz besser absichern mußte. Wenn der Herzog sich schon von einem knapp dreißigjährigen Nachwuchskaufmann übers Ohr hauen ließ, dann war er bestimmt auch zu schwach, sich gegen starke politische Gegner zur Wehr zu setzen. Zudem wurden in Tirol, nachdem sich die erste Verblüffung über den schwäbischen Geldsegen gelegt hatte, Stimmen der Kritik laut.
Fuggers Gegner wurden von Hans Baumgartner und den anderen aus dem Geschäft gedrängten Kaufleuten informiert und taxierten die Gewinne des Augsburger Kaufmanns auf »15 bis 40 Prozent«. Auch wenn sie damit eher noch zu niedrig als zu hoch gegriffen hatten, genügte das doch, um an der Innsbrucker Raitkammer die Frage aufzuwerfen, ob ein Fugger für das Land nützlicher sei als ein Baumgartner. Kühl ließ Jakob entgegnen, er verlange für seine hohen Kredite nicht ein Prozent Zins. Das stimmte zwar, doch damit waren die exorbitanten Gewinne aus dem Silbergeschäft nur diskret verschwiegen. Immerhin genügte Fuggers lakonischer Hinweis, um seine Kritiker fürs erste verstummen zu lassen. Erst als bekannt wurde, daß der Augsburger Kaufmann tonnenweise Tiroler Silber außer Landes bringen ließ und für die Transporte auch noch staatliches Geleit erhielt, geriet der Schwabe erneut ins Kreuzfeuer der Kritik.
Er brauchte also politische Rückendeckung. Und da ihm der Herzog zu schwach erschien, nun, so mußte man sich eben einen stärkeren Schutz suchen. Da war zum Beispiel der junge Erzherzog Maximilian, Sohn des Kaisers, mit dem bereits Vetter Lukas in Geschäftsverbindung stand. Obwohl die Fugger vom Reh schlechte Erfahrungen mit der Zahlungsbereitschaft ihres hohen Schuldners machen mußten, hielt sich Jakob für fähig, das Risiko auch bei einer solchen Geschäftsbeziehung in Grenzen zu halten.
Schon lange ruhten die begehrlichen Augen des Habsburgers auf dem reichen Herzogtum Tirol, das bisher seine Selbständigkeit in dem Kräftedreieck zwischen Venedig, Wien und Bayern mühsam hatte behaupten können. Und wenn die Tiroler sich schon beim Gedanken an die Wittelsbacher erregten und mit Venedig gerade erst einen wenig ehrenhaften Frieden schließen mußten, dann blieb als möglicher Partner nur das Haus Habsburg übrig.
Ohne Bedenken riskierte Jakob Fugger den Schritt vom Geschäftsmann zum Machtpolitiker. Hatte er sich bisher an der Unfähigkeit eines Landesfürsten durch geschickte Schachzüge bereichert, so trachtete er nun danach, die politischen Verhältnisse so mitzugestalten, daß sie den Geschäften seiner Firma zuträglich waren. In Maximilian erkannte Jakob

Fugger die stärkste politische Kraft Europas, nachdem der junge Erzherzog durch die Heirat mit Maria von Burgund und siegreiche Schlachten das von den Habsburgern beherrschte Gebiet fast verdoppelt hatte.
Seit der Wappenverleihung im Jahre 1473 hatten die Fugger von der Lilie die Verbindung zum Haus Habsburg nie abbrechen lassen, und einige der Silberladungen, die Jakob über die Tiroler Landesgrenze schaffte, dienten zur Entlohnung Habsburger Söldner im Südwesten Deutschlands sowie in den Niederlanden. Dort unterwarf sich Maximilian erst Amsterdam, dann kämpfte er um die damals bedeutendste Handelsmetropole an der Nordseeküste, um Brügge. Doch die reiche flandrische Stadt hatte selbst ein stattliches Söldnerheer angeworben, das Maximilians Truppen zurückwarf und den Erzherzog selbst gefangennahm.
Dank eines hohen Lösegelds, zu dem die Fugger rund 15 000 Gulden beisteuerten, kam Maximilian wieder frei. Wahrscheinlich traf er zum ersten Mal im Jahr 1489 auf der Frankfurter Messe persönlich mit Jakob Fugger zusammen. Der kühle Geschäftsmann aus Schwaben sah in dem chevaleresken Monarchen einen Mann, der zumindest in seinen weltumspannenden Eroberungsplänen jenes Format bewies, das sich der Fugger selbst zumaß.
Mit den Beauftragten des 1486 zum Römischen König gewählten Habsburgers, Reichsfiskal Hans Kellerer, Kanzler Johann Waldner und Doktor Stürtzl, besprach Jakob Fugger alsbald Einzelheiten seiner Tiroler Pläne. Von alledem ahnte Herzog Sigmund nichts. Er wähnte sich seines jungen, allgegenwärtigen Geschäftspartners sicher, der ihm hin und wieder treuherzig anvertraute, daß er durch Hoheit recht gut verdient habe.
Der Tag der Abrechnung kam am 16. März 1490 in der Innsbrucker Residenz. Kaum zufällig war König Maximilian anwesend, als Sigmund seinen Landständen, also den einflußreichsten und mächtigsten Tirolern, gegenübertrat. Statt Beifall und Dankbarkeit schlug ihm Haß und Verrat entgegen. Offen warfen ihm Adelige, Bergwerksbesitzer und Beamte vor, er habe Tirol wirtschaftlich und politisch ruiniert. Sigmund wurde von diesem Staatsstreich völlig überrumpelt und unterschrieb am selben Tag die Urkunde über seinen Thron- und Herrschaftsverzicht. Maximilian war der neue Herrscher Tirols, und die erzreichen Alpen gehörten fortan zu den Erblanden Habsburgs, nachdem der neue Regent sich schriftlich verpflichtet hatte, die Schulden seines Vorgängers auf Heller und Pfennig zurückzuzahlen.
Selbstverständlich sollte im Tiroler Silbergeschäft alles beim alten bleiben, nur eben unter der Aufsicht eines neuen Landesherrn. Der Monarch, den der Wirtschaftshistoriker Richard Ehrenberg 1896 als den »schlechtesten Haushalter aller Habsburger und verschwenderisch bis an die Grenze des Wahnsinns« einschätzte, erhoffte von der außerordentlichen

Leistungsfähigkeit, die Fugger in Tirol bewiesen hatte, eine entscheidende Verstärkung seiner verlotterten Staatsfinanzen. Jakob Fugger andererseits konnte sich keinen geeigneteren Geschäftspartner wünschen als den großmächtigen, im Grunde aber bettelarmen »letzten Ritter«.
Wenn sich schon ein Land wie Tirol unter seinem unfähigen Regenten Sigmund so leicht hatte ausbeuten lassen, vielleicht konnte man mit Hilfe dieses Maximilian halb Europa zu einer privaten Schatzkammer machen? Solche Gedankengänge Jakobs mögen bei den Brüdern Ulrich und Georg Verblüffung, Erstaunen oder gar Ablehnung hervorgerufen haben. Doch sein geradezu sensationeller Erfolg in Tirol bewies, daß der so ganz andere Stil, in dem er Geschäfte zu machen pflegte, durchaus auf realen Gegebenheiten beruhte.

Maximilians linke Tour

Schon bald allerdings mußte Jakob Fugger erfahren, daß sein neuer Geschäftspartner aus anderem Holz geschnitzt war als der leichtsinnige, aber naive Herzog Sigmund. Maximilian zeigte nämlich nicht die geringsten Skrupel, auch einen Jakob Fugger aufs Kreuz zu legen. Obwohl er zunächst anstandslos Sigmunds Verträge erfüllte und den Fuggern sogar noch bessere Konditionen einräumte als jener, reagierte er doch schnell entschlossen und kaltblütig, als ihm Jakob 1492 zum ersten Mal eine Absage auf weitere Kreditwünsche erteilte.
Bis dahin hatten Maximilian und Jakob Fugger die Tiroler Silberschätze mit einem vorher nie gekannten Tempo ausgebeutet. Allein 1492, dem Jahr, in dem der Genueser Kapitän Christoph Kolumbus im Auftrag der spanischen Herrscher Isabella von Kastilien und Ferdinand von Aragonien die Antilleninsel Guanahani entdeckte und damit den entscheidenden Schritt in Richtung des amerikanischen Kontinents tat, holte Jakob Fugger für eine halbe Million Gulden Silber aus den Tiroler Gruben. Drei Viertel davon brachte er, bewacht von schwerbewaffneten Truppen, mit Packeseln und Pferdefuhrwerken über die Grenzen. Den Rest mußte die staatliche Münze teuer zurückkaufen, um das Land mit dringend benötigtem Geld zu versorgen.
Auch der Export gemünzten Silbers war ein Bombengeschäft, das folgendermaßen funktionierte: Die Tiroler Münzen, die einen höheren Silbergehalt hatten als die deutschen, wurden in großen Mengen über die Landesgrenze geschmuggelt und eingeschmolzen. Man brauchte dann die Münzlegierung nur mit billigeren Metallen anzureichern, bis der Silbergehalt genau den deutschen Münzen entsprach – und konnte etwa anderthalbmal soviel Geld daraus prägen. Voraussetzung war allerdings,

daß man entweder eine staatliche Prägeerlaubnis besaß oder das Risiko drakonischer Strafen nicht scheute. Bei dem guten Einvernehmen der Fugger mit dem Herrscher dürfte sich das Risiko freilich in Grenzen gehalten haben. Dieses »Gefälle« zwischen Tirol und dem Reich war ein stetes Ärgernis und führte einige Jahre später in Tirol zu einer Volkserhebung gegen den Kaiser und die Kaufleute.
Der größte Teil des Tiroler Silbers kam nämlich, wenn auch oft auf Umwegen, dennoch Maximilian zugute. Schon 1491 erbat er von den Fuggern eine erste große Anleihe über 200 000 Gulden. Maximilian hatte inzwischen das von den Ungarn eroberte Wien zurückgewonnen und war durch den Frieden von Preßburg Titularkönig von Ungarn geworden. Nun trachtete er danach, den letzten großen Widersacher auf dem europäischen Kontinent, Frankreichs König Karl VIII., durch Zweckbündnisse mit Heinrich VII. von England und König Ferdinand von Aragonien einzukreisen. Dazu brauchte er Geld, viel Geld.
So steigerten sich die königlichen Vorgriffe auf künftige Staatseinnahmen »zu solchem Umfang, daß im Vergleich mit ihnen die Verschwendung Sigmunds des Münzreichen harmlos gewesen war«, urteilt der Historiker Götz Freiherr von Pölnitz. Um so mehr mag es den sorglosen Monarchen erstaunt haben, daß Fugger, der an ihm doch so glänzend verdiente, sich weiteren Geldwünschen versagte.
Nichts fürchtete Jakob so sehr wie die Abhängigkeit seines Hauses von einem zweifelhaften Schuldner. Stets stand das unrühmliche Beispiel des Vetters Lukas vor seinen Augen. Aber Maximilian war nicht der Typ, der sich von einem bürgerlichen Kaufmann seine Ausgaben vorschreiben ließ. Obwohl er Jakob Fugger noch kurz zuvor bei einem Jagdausflug zur Martinswand aufs fürstlichste bewirtet hatte, wollte er ihm nun seine Grenzen zeigen.
Hinter dem Rücken Jakobs, der sich bereits zum Hausbankier der Habsburger erkoren wähnte, ging Maximilian Fuggers Konkurrenten Vöhlin in Memmingen, Gossembrot in Augsburg und sogar Baumgartner in Kufstein um neue Kredite an. Wenn er aber geglaubt hatte, den jungen Augsburger Kaufmann damit an die Zügel nehmen zu können, so mußte er bald seinen Irrtum einsehen. Unverhohlen drohte nämlich der Fugger, sich sofort und endgültig ganz aus Tirol und auch aus sämtlichen Geschäften mit dem Haus Habsburg zurückzuziehen. Die Finanzbeamten in der Innsbrucker Raitkammer, die nicht ohne Grund als erste die Drohung zu hören bekamen, fürchteten um ihre Einkünfte und bestürmten den König, Fugger auf keinen Fall ziehen zu lassen. Zu seinem nicht geringen Erstaunen erfuhr Maximilian, daß längst auch einige seiner wichtigsten persönlichen Berater auf der Fuggerschen Soldliste standen. Geld aus Augsburg bezogen zum Beispiel Hans Peter Graf zu Moosach, Andreas

von Liechtenstein, Christoph Sigmund von Welsperg und Jörg von Eberstein.
Schlagartig wurde dem Herrscher klar, daß er bei seinen Reichsgeschäften auf das Geld Fuggers angewiesen war. Jakob bestärkte ihn in dieser Einsicht, indem er überall zu Diensten war. Für 14200 Gulden hatte er bereits am 1. März 1492 für die Habsburger Burgau zurückgekauft. Er bezahlte Schulden Maximilians beim römischen Kardinal Raymund Peraudi (4000 Gulden), beim Schwäbischen Bund (3000 Gulden) sowie bei allen möglichen kleineren Gläubigern. Schließlich mochte auch Maximilian selbst nicht zurückstehen und ließ sich aus den scheinbar unerschöpflichen Finanzmitteln Fuggers eine monatliche Pension von 10000 Gulden ausstellen.
Der neue Tiroler Regent war von diesem regelmäßigen Einkommen so angetan, daß er Jakob half, einen entscheidenden Schlag gegen seinen schärfsten Widersacher Hans Baumgartner zu führen. Maximilian zwang den bayerischen Staatsbürger, 24000 Zentner Kupfer zum Spottpreis von 142500 Gulden an den königlichen Hof zu liefern. Natürlich ging die Ware nicht nach Wien, sondern sie landete bei Fuggers Faktoren und wurde in Venedig für insgesamt 156800 Gulden verkauft. Der König durfte einen ordentlichen Zwischengewinn kassieren und bekam sein Geld sofort, während Hans Baumgartner sich mit Silberlieferungen begnügen mußte, die sich über Jahre hinzogen. Das Bündnis zwischen König und Kaufmann hatte seine erste Belastungsprobe bestanden und wurde enger denn je, obwohl Maximilian davon überzeugt war, daß es ihm noch gelingen werde, den gewieften Augsburger übers Ohr zu hauen.

Die Braut läuft davon

Anfang 1493 unternahm er einen erneuten Versuch, als König Heinrich VII. von England und Ferdinand von Aragonien ihre Unterstützung für die Auseinandersetzung mit dem französischen König zurückzogen. Maximilian verlangte von Jakob neue Darlehen und bot als Sicherheit dafür die angeblich fest versprochenen englischen Hilfsgelder an. Doch der Fuggersche Nachrichtendienst funktionierte schon damals besser als die Diplomatie der meisten Staaten. Im Augsburger Kontor war bereits bekannt, daß kein Schiff mit Geld über den Kanal kommen würde. Trotzdem zeigte sich Jakob über das Täuschungsmanöver nicht beleidigt, er war eher belustigt. Denn natürlich hatte auch er längst ein doppeltes Spiel getrieben und zu den mit Habsburg verfeindeten Franzosen Geschäftsbeziehungen geknüpft. Weil er genau wußte, daß Maximilian seine Schweizer Söldner nicht bezahlen konnte, schickte er Georg Fugger in das Feldlager

des Königs, um eine blamable Niederlage des Erzhauses zu verhindern. Der Friede zu Senlis im Mai 1493 kam dann auch nur deshalb zustande, weil Fuggergeld auf beiden Seiten für ruhiges Blut sorgte.
Den Krieg gegen Frankreich hatte Maximilian nicht zuletzt deshalb angezettelt, weil er sich vom französischen König Karl VIII. in seiner Mannesehre gekränkt fühlte. Nach dem tödlichen Jagdunfall seiner Frau Maria gedachte er nämlich die ebenso schöne wie vermögende Anna von der Bretagne zu heiraten.
Aber während Maximilian zur Brautfahrt aufbrach, kam die Braut unversehens abhanden. Heimlich flüchtete Anna in die Arme des französischen Königs, der ihr Land zuvor belagert hatte, und Maximilian wurde zum Gespött an Europas Fürstenhöfen. Der geprellte Freier tröstete sich mit Bianca Maria Sforza und den 400000 Dukaten Mitgift, welche die Nichte des steinreichen Mailänder Herzogs in die Ehe einbrachte.
Finanziell gestärkt, wandte sich Maximilian nach dem mißlungenen Abenteuer im Westen nun dem Osten zu. Seit dem Tod Matthias Corvinus' anno 1490 trug König Wladislaw V. die ungarische Stephanskrone. Die Eroberung Wiens durch die Magyaren hatte bei Maximilian so nachhaltigen Eindruck hinterlassen, daß er nun zu einem dauerhaften Frieden an der Ostfront kommen wollte. Tatsächlich gelang es ihm, den König zu einem folgenschweren Abkommen zu überreden. Danach sollte die Stephanskrone nach dem Tod des letzten Erben aus dem Geschlecht der Jagellonen kampflos an die Habsburger übergehen. Dafür verpflichtete sich Maximilian, den Ungarn gegen die immer bedrohlicher werdenden Türken beizustehen.

7. Kapitel
Vorstoß nach Ungarn

Indessen war Maximilian nicht der einzige, der seine Fühler nach dem Osten ausgestreckt hatte. Als der Vertrag mit dem Jagellonen unterzeichnet war, hatte Jakob Fugger alles schon so eingerichtet, daß er zuerst und am meisten von dem neuen Bündnis profitieren würde.
Ausgangspunkt seiner Überlegungen war die Absicht, das einträgliche Metallgeschäft weiter auszudehnen. Obwohl er mit dem Tiroler und Salzburger Silber riesige Gewinne scheffelte – der Historiker Max Jansen schätzte die Profite der Fugger aus dem Silbergeschäft in den Jahren zwischen 1487 und 1494 auf rund 400000 Gulden –, waren diese dem Augsburger noch lange nicht groß genug.

Hellsichtig wie kaum ein zweiter unter seinen Zeitgenossen, begriff Jakob Fugger, daß der Bergbau zum bedeutendsten Geschäftszweig werden konnte. Nachdem aus dem Orient über Venedig immer präzisere Kenntnisse über die Technik der Erzgewinnung, des Saigerns (Metallscheidens) und Legierens nach Europa gelangt waren, versprach dieser Produktionsbereich prächtige Zuwachsraten.

Experten schätzen, daß im gesamten europäischen Bergbau um das Jahr 1450 kaum mehr als 10000 Menschen beschäftigt waren. Etwa 50 Jahre später aber waren es bereits 30000 und um das Jahr 1550 – nicht zuletzt dank des Fuggerschen Engagements – schon über 100000. Von Anfang an war die Montanindustrie äußerst kapitalintensiv. Um die Stollen zu graben und abzustützen, das Erz herauszubrechen und abzutransportieren, brauchte man enorme Summen, die von den einzelnen Gewerken kaum aufgebracht werden konnten. Nur der Einstieg der reichen Fernhandelsgesellschaften ermöglichte die erste Blüte des europäischen Bergbaus.

Nach dem Silber – das noch wertvollere Gold wurde nur in relativ geringen Mengen gefunden – war Kupfer das begehrteste Metall. Seit der Erfindung der Feuerwaffen gab es eine stürmische Nachfrage, denn die Kanonen mußten damals noch größtenteils aus Kupfer gegossen werden – und hielten natürlich nie lange.

Die größten bekannten Kupfervorkommen gab es in Tirol, weshalb Jakob alle Anstrengungen unternahm, um Baumgartner, Herwart, Gossembrot und alle übrigen Konkurrenten aus den alpenländischen Kupferstollen zu vertreiben. Das fiel freilich um so schwerer, je offenkundiger seine Macht und sein Reichtum wurden.

Nicht zuletzt wegen des heftigen Widerstands seiner Rivalen in Tirol entsann sich Jakob jener Gerüchte und Meldungen, die von ganz beträchtlichen Kupferfunden in den Karpaten wissen wollten. Unweit der Grenze zwischen den Königreichen Polen und Ungarn, genau im Zentrum des Dreiecks zwischen Krakau im Norden, Brünn im Westen und Ofen, dem heutigen Budapest, im Süden, wurde schon lange von deutschen Knappen im Dienst örtlicher Unternehmer nach Erzen geschürft.

Wenn in letzter Zeit keine neuen Nachrichten über Kupfertransporte hanseatischer und Nürnberger Firmen aus jenem Gebiet eintrafen, so lag das angeblich daran, daß die meisten der Karpatengruben abgesoffen waren. Mit gewohnter Zielstrebigkeit ging der schwäbische Kaufmann, der sich auf dem besten Weg befand, ein Industriemagnat modernen Zuschnitts zu werden, der Sache auf den Grund. Genaueres erfuhr er schließlich über seinen Breslauer Verbindungsmann Kilian Auer.

Der bewährte Fuggerfaktor konnte von einem berühmten Bergbauingenieur berichten, der sich in den ungarischen Erzgruben bestens auskannte. Dieser Johann Thurzo war ein höchst bemerkenswerter Mann. Er stammte aus Leutschau in der Zips und widmete sich schon seit Jahrzehnten mit wissenschaftlicher Gründlichkeit den Problemen des Bergbaus. Lange bevor der deutsche Arzt und Mineraloge Georgius Agricola in seinem berühmten Werk »De re metallica« den Stand der Technik systematisch zusammenfaßte, wußte Johann Thurzo alles, was es damals über Erze, Gruben und Metallgewinnung zu erfahren gab.

Er beherrschte die Kunst des Saigerns ebenso wie die des Grubenbaus, besonderer Wertschätzung aber erfreute er sich wegen seiner Leistungen in der »Wasserkunst«. So nannte man damals die Technik, die erforderlich war, abgesoffene Bergwerke wieder trockenzulegen. Grundwassereinbrüche waren das größte Handikap des mittelalterlichen Bergbaus. Immer wieder kam es zu verheerenden Katastrophen, wenn man beim Vortrieb eines Stollens unversehens auf eine Wasserader stieß. Tausende von Knappen ertranken unter Tage, weil die Bergingenieure nicht in der Lage waren, das Wasser abzupumpen oder umzuleiten.

Johann Thurzo hatte kunstreiche Hebewerke und Kanalisationsanlagen ersonnen, um überflutete Gruben wieder begehbar zu machen. Bekannt geworden war er einst im Goslarer Bergbau, als er neue Verfahren anwandte, um aus den kupferhaltigen Bleierzen des Rammelsberges das Kupfer auszuscheiden, anstatt es wie bisher zusammen mit dem Blei zu verschmelzen. Und schon 1475 erhielt der selbständige Ingenieur von sieben ungarischen Karpatenstädten den Auftrag, ihre Erzgruben vom Wasser zu befreien. Der Techniker sah darin die Chance, sich selbst an einzelnen Gruben zu beteiligen, doch dem Mann, der nie Mangel an Ideen hatte, fehlte das nötige Kapital.

Partnerwahl mit Hintergedanken

Wann Jakob Fugger erstmals mit Johann Thurzo zusammentraf, läßt sich heute nicht mehr genau nachweisen. Vermutlich geschah dies nämlich in aller Heimlichkeit, da der in Tirol heftig angegriffene Handelsherr keinen Wert darauf legte, daß seine Pläne vorzeitig bekannt wurden. Sein Ziel war hochgesteckt: Er wollte sämtliche bedeutende Kupfervorkommen Europas unter Kontrolle bekommen. In Tirol war er bereits der Größte; wenn es ihm nun gelang, auch die ungarischen Gruben zu beherrschen, dann war ihm das Monopol nicht mehr streitig zu machen.

Und davon träumte schon dieser Kaufmann am Beginn der Neuzeit: von einem absoluten Monopol. Jahrhunderte vor dem amerikanischen Ölkönig John D. Rockefeller hatte Jakob Fugger bereits die unerhörten Möglichkeiten eines Monopols erkannt – und, wie wir noch sehen werden, zielstrebig erkämpft. Wie Jakob dabei vorging, ist geradezu ein Lehrstück moderner Wirtschaftspiraterie. Nichts zeigt deutlicher die Überlegenheit seines kaufmännischen Genies wie der Einbruch in die ungarischen Gruben.

Von einem machtbewußten Renaissance-Herrscher hätte man zunächst eine eindrucksvolle Demonstration seiner Kraft erwarten dürfen. Aber Jakob Fugger war viel zu klug, seine Karten aufzudecken. Nicht erst seit dem Feldzug von Matthias Corvinus gegen Wien wußte er, daß die Magyaren alles andere als deutschfreundlich waren. Kühl kalkulierte er die Emotionen ein, die sein Auftritt in Ungarn auslösen würde, auch wenn Habsburg gerade mit dem regierenden Jagellonen Frieden geschlossen hatte. Er schätzte auch das Format Johann Thurzos richtig ein, denn er bot dem Ingenieur – unerhört für die damalige Zeit – die gleichberechtigte Teilhaberschaft an.

Mit Fuggerschem Geld kaufte sich Johann Thurzo unbemerkt in alle größeren Kupfergruben Ungarns ein, oder er schloß mit den Besitzern langjährige Pachtverträge ab. Erst als praktisch das gesamte Karpatenkupfer in seiner Hand war, gab sich Jakob Fugger zu erkennen. Wegen des beträchtlichen Risikos im Bergbau, der labilen politischen Verhältnisse in Ungarn und der permanenten Türkengefahr gliederten die Fuggerbrüder das Ostgeschäft aus der Stammfirma aus und gründeten zusammen mit Johann Thurzo eine neue Gesellschaft, den »Gemeinen Ungarischen Handel«.

Obwohl die Fugger das Unternehmen praktisch alleine finanzierten, war Johann Thurzo zu 50 Prozent beteiligt. Dafür mußte er das gesamte Management übernehmen und für möglichst schnelle und hohe Gewinne sorgen. Daß Jakob Fugger bei der Auswahl seines Partners den richtigen Instinkt bewiesen hatte, zeigte sich schon bald. Der erfahrene Ingenieur verdoppelte und verdreifachte den Ertrag der Gruben in kürzester Zeit.

Zur Umwandlung des Erzes in »Kaufmannsgut« ließ Thurzo in Neusohl und Hochkirchen große Hütten- und Hammerwerke errichten. Ein drittes Werk entstand bei Villach in Kärnten. Zwei Jahre später, 1495, erbaute Jakob nicht weit davon entfernt das erste Schloß der Fugger: Fuggerau. Es war eine Art Kombinat aus Saigerhütte, Hammerwerk, Messinggießerei, Kanonenfabrik und Trutzburg.

Schon seit 1490 hatte Jakob mit dem Fürstbischof von Bamberg, der damals ausgedehnte Lehensgebiete in Kärnten besaß, über einen Ankauf dieses strategisch günstigen Platzes verhandelt. Da der Abt des Benediktinerklosters, zu dessen Hoheitsgebiet Fuggerau gehörte, sich gleichzeitig bei den Augsburgern hoch verschuldet hatte, waren alle Widerstände schnell ausgeräumt.

Unweit des von schweren Kanonen bewachten Befestigungswerks an den

Abhängen des 2166 Meter hohen Dobratsch wurde nämlich ebenfalls nach Kupfer geschürft. Der berühmte Arzt und Naturphilosoph Paracelsus – eigentlich hieß er Theophrastus Bombastus von Hohenheim – erhielt von den Fuggern die Erlaubnis, in Fuggerau alchimistische Experimente durchzuführen. Doch statt Gold gewann der Gelehrte in den Bergwerken neue Erkenntnisse über die therapeutische Wirkung von Metallen. Welche Bedeutung dieses neue Unternehmen hatte, zeigt sich schon daran, daß Fuggerau bis zum Jahr 1500 etwa 50000 Zentner Kupfer und rund 22000 Mark Silber zum Preis von 160000 Dukaten an der venezianischen Metallbörse verkaufte. Noch leistungsfähiger sollte freilich das Schmelzwerk Hohenkirchen werden, das die Firma dann 1495 auf dem Gelände einer Zisterzienserabtei an einem Nordhang des Thüringer Waldes errichtete.

Das größte Problem des gesamten Handels, vor allem aber des Handels mit Erzen und Metallen, war damals der Transport. Abgesehen von den technischen Schwierigkeiten – als Transportmittel standen lediglich Pferdefuhrwerke, Packesel und Lastkähne zur Verfügung –, erschwerten die zahllosen Hoheitsrechte, Landesgrenzen und Wegerechte den Verkehr. Man mußte mit Äbten, Bischöfen, Grafen, Herzögen und, wenn es nicht anders ging, Kaisern und Königen langfristige Verträge abschließen, um die reibungslose Versorgung der Absatzmärkte zu gewährleisten.

Trotzdem kam es immer wieder vor, daß die Transporte überfallen und ausgeraubt wurden. So war es beispielsweise Lukas Fugger vom Reh ergangen, als er auf dem Weg nach Venedig eine Silberladung im Wert von mehr als 10000 Gulden verlor – und so etwas wie eine Transportversicherung gab es damals nicht. Deshalb wurden die wertvollen Metallkonvois der Fuggerbrüder beinahe generalstabsmäßig geplant und stets von einer gut bewaffneten Begleitmannschaft bewacht.

Der größte Teil des ungarischen Kupfers wurde zuerst nach Krakau gekarrt, auf Kähne geladen und über die Weichsel hinunter nach Danzig verschifft. Eine andere »Kupferstraße« führte über Oderburg, Breslau und die Oder nach Stettin. Von den Ostseehäfen aus gelangte das Metall auf hanseatischen oder niederländischen Schiffen bis Hamburg und Antwerpen. Was dort nicht verkauft wurde, wanderte schließlich in französische, spanische oder portugiesische Häfen weiter, ja, manche Restbestände erreichten sogar Neapel und Rom. Da auch die Konvois aus Kärnten in Venedig endeten, schloß sich der europäische Kupferkreis Jakob Fuggers in Italien. Max Jansen schätzt, daß allein der »Gemeine Ungarische Handel« den Fuggern insgesamt einen Reingewinn von 1,5 Millionen Gulden bescherte.

Die Thurzos werden mattgesetzt

Je mehr das Geschäft mit Johann Thurzo an Bedeutung gewann, desto nachhaltiger riß Jakob Fugger die Führung des gemeinsamen Handels an sich. Nur er verfügte über eine große Absatzorganisation, nur er hatte genügend Geld, die immer größer und teurer werdenden Schmelzwerke, Scheideanstalten und Grubenbauten zu finanzieren. Allein in das Werk Fuggerau investierte die Gesellschaft über 17 000 Gulden. So wurden Johann Thurzo und seine ihm nachfolgenden Söhne allmählich zu Erfüllungsgehilfen des Augsburger Kaufmanns, auch wenn sie nach außen noch als gleichberechtigte Teilhaber erschienen.

Jakob Fugger besetzte sämtliche Schlüsselpositionen des Unternehmens mit Leuten seines Vertrauens. So wurde der Breslauer Faktor Kilian Auer abserviert, nachdem er zu erkennen gegeben hatte, daß ihm die Freundschaft zu Johann Thurzo ebenso wichtig war wie seine geschäftliche Verbindung zu den Fuggern. Seinen sachkundigen Partner wollte Jakob freilich keineswegs loswerden, solange klargestellt war, daß er, der Fugger, das Sagen hatte. Dazu Jakobs Biograph Götz Freiherr von Pölnitz: »Ohne Schonung, wenngleich unter Vermeidung unnötiger Härten, wurden die Thurzos langsam zur Seite geschoben.« Der Bergbauingenieur, durch die Last seiner Aufgaben merklich gealtert, duldete die schrittweise Entmachtung durch den stärkeren Partner. Obwohl er am ungarischen Hof beträchtliche Privilegien genoß und unter Umständen vielleicht sogar die Fugger hätte ausbooten können, gab er sich mit der Hälfte des Gewinns zufrieden. Ihm lag im Grunde mehr an neuen technischen Entwicklungen als an Macht und Einfluß. Seine Söhne hingegen waren häufiger bei opulenten Festen und am Ofener Hof anzutreffen als in den dunklen Stollen der Bergwerke.

Da Jakob den Rat und Sachverstand seines Kompagnons zu schätzen wußte, trachtete er danach, die Partnerschaft durch familiäre Verbindungen langfristig abzusichern. Ähnlich wie das Haus Habsburg seine Macht durch kluge Heiratspolitik festigte, gedachten auch die Fugger ihre Herrschaft über den ungarischen Bergbau ehestiftend zu besiegeln. Deshalb heiratete Anna, die älteste Tochter Ulrich Fuggers, 1497 Johann Thurzos Sohn und Gesellschafter Georg mit großem Pomp in Augsburg. 16 Jahre später kam es zu einer zweiten Verschwägerung, als Georg Fuggers Sohn Raymund Katharina Thurzo zum Altar führte. Mit schöner Offenheit vermeldet die Familienchronik, daß dies »zur Förderung des Fuggerschen Handels« geschah.

Gleichberechtigung erkämpft

Binnen weniger Jahre hatte das Metallgeschäft den Charakter der einstigen Textilhandelsgesellschaft gründlich verändert. Die Organisation war stürmisch gewachsen – in fast allen europäischen Ländern waren inzwischen Niederlassungen entstanden –, und das wirtschaftliche Gewicht der Firma hatte beträchtlich zugenommen. Kein Zweifel, die Fugger gehörten bereits zu den Top-ten im mittelalterlichen Busineß.

Auch die Augsburger Zentrale hatte sich verändert. Das relativ kleine »Haus am Rohr« beim Judenberg genügte den Ansprüchen eines multinationalen Unternehmen schon lange nicht mehr. Deshalb kaufte Ulrich Fugger im April 1488 für 2032 Gulden von der Witwe Felicitas Grässlen ein stattliches Anwesen am Augsburger Rindermarkt. Es bestand aus einem größeren Häuserkomplex, der um einen rechteckigen Innenhof gebaut war. Nach der gründlichen Renovierung wurde dies die neue Schaltstelle des Fuggerschen Wirtschaftsimperiums.

In den Kontoren wetzten sich Dutzende von Gehilfen an den Stehpulten die Ärmel ihrer meist schwarzen, grobgewirkten Jacken blank. Hier standen die hölzernen, kunstvoll bemalten Karteischränke, in denen die tausenderlei Geheimnisse des Unternehmens aufbewahrt wurden. Da gab es ausgedehnte Stallungen, Reiterstuben, Küchen, Obstkeller, Kellergewölbe, Gesindestuben, Waschküchen, Mägdekammern, prächtige Empfangsräume, Herrenzimmer, Badestuben und Rüstkammern. Herzstück des Handelshauses war ein rechteckiger Raum von 7,30 Meter Länge und 6,60 Meter Breite im ersten Obergeschoß des Nordflügels. Er war prächtig ausstaffiert und größtenteils mit Ahornholz getäfelt. Wegen der vergoldeten Leisten, die an den Wänden entlangführten, hieß er die »Goldene Schreibstube«. Der Name wurde zum Symbol Fuggerschen Reichtums. Wer hier empfangen wurde, rechnete sich dies als höchste Ehre an; und an vielen Fürstenhöfen Europas erzählte man sich über das, was in diesem Raum geschah, wahre Wunderdinge.

Wenn am späten Abend, kaum vor acht Uhr, die Dochte in den Talglampen ausgedrückt wurden, brauchten zwei der Fuggerbrüder nur einen Stock höher zu gehen. Ulrich und Georg wohnten mit ihren Frauen und insgesamt 15 Kindern oberhalb der Verwaltungsräume. Sie galten, zumindest nach außen hin, immer noch als die alleinigen Chefs der Firma. Juniorpartner Jakob war immer noch Junggeselle und hatte kein Wohnrecht in der Zentrale. Er mußte zu Fuß hinüber auf die andere Seite des Marktes ins Haus der Mutter. Seit einiger Zeit schon waren ihm die Verhältnisse in der Firma als wenig zweckmäßig und ungerecht erschienen. Obwohl er in den letzten Jahren das meiste zum Vermögenszuwachs der Familie beigetragen hatte, mußte sich Jakob die Mitbestimmung in allen wichtigen Fragen erst erkämpfen. Aber er war nicht der Mann, der sich mit einer Nebenrolle abfand. Wenn die Geschäftspartner und Konkurrenten draußen seine Bedeutung verkannten, so nahm er das gelassen hin. Innerhalb der Firma aber wollte er für klare Verhältnisse sorgen.

Rigoroser Herrschaftsanspruch

Jakob bestand also darauf, daß endlich ein Gesellschaftsvertrag aufgesetzt wurde, der ihm die Gleichberechtigung sicherte. Als dann am 18. August 1494 die Siegel der drei Brüder Fugger ins Wachs gedrückt wurden, konnte Jakob zufrieden sein. Er hatte seine Vorstellungen durchgesetzt und eine neuartige Konzeption für das Unternehmen entwickelt.

Unter den deutschen Firmen gab es dafür kein Vorbild; allenfalls in Italien mochten sich ähnliche Konstruktionen finden. Oberstes Ziel Jakobs war es, den Fortbestand und die Leistungsfähigkeit der Firma zu sichern, selbst auf Kosten aller Familienmitglieder. Da er noch ledig und kinderlos war, fiel es ihm leichter als seinen älteren Brüdern, rücksichtslos den Erbverzicht der Nachkommen zu postulieren.

In groben Zügen sah der Vertrag so aus: Inhaber und Entscheidungsberechtigte sind allein die drei Brüder Ulrich, Georg und Jakob Fugger. Familienfremde werden ohne Ansehen der Person aus der Geschäftsleitung entfernt und, sofern sie Beteiligungen halten, ausgezahlt. Dazu zählten vor allem einige einflußreiche Faktoren wie der Nürnberger Hans Kramer und die Breslauer Johann Metzler und Otto Rußwurm. Weiterhin verpflichtete der Vertrag jeden der drei Brüder, »Hauptgut und Gewinn« für sechs Jahre in der Firma zu belassen. Entnahmen zum eigenen Bedarf durften 25 Prozent der Einlage nicht übersteigen. Keiner der drei Chefs sollte allein entscheiden dürfen, stets mußten die übrigen beiden zustimmen. Beim vorzeitigen Tod eines oder auch zweier der Brüder hatte das Vermögen bis zum Vertragsende in der Firma zu bleiben. Der oder die Überlebenden blieben dann allein handlungsberechtigt. Die Erben mußten hinterlassene Papiere herausgeben und hatten in der Firma nichts zu sagen. Sie mußten sich mit dem zufriedengeben, was ihnen die Chefs als Anteil zuerkannten.

Die Vereinbarungen unterschieden sich also gar nicht so sehr von den Konstruktionen, die moderne Familiengesellschaften wie Flick, Grundig, Oetker oder Reemtsma vor dem Zerfall schützen sollen. Doch bei aller Weitsicht, die den Gesellschaftsvertrag von 1494 auszeichnete, brachte dieser zunächst für die Fugger auch nicht zu unterschätzende Probleme mit sich. Der rigorose Herrschaftsanspruch der drei Brüder mußte nämlich zwangsläufig zu einer Schwächung der Kapitalbasis führen.

Die Kassen waren in jenen Jahren, ungeachtet der hohen Gewinne aus dem Metallgeschäft, nämlich keineswegs prall gefüllt. Denn es dauerte lange, bis sich die hohen Investitionen in Ungarn und Kärnten wieder bezahlt machten. Außerdem wurden die Fugger ständig mit neuen Kreditwünschen des Herrscherhauses konfrontiert, und auch die Auszahlung der bislang am Kapital beteiligten Faktoren kostete eine Menge Geld. Um aber seine weitreichenden Pläne verwirklichen zu können, brauchte Jakob viel mehr Kapital, als er augenblicklich zur Verfügung hatte. Die Wirtschaft stand vor einem steilen, in der Geschichte der vergangenen Jahrhunderte beispiellosen Konjunkturaufschwung. Die Nachfrage nach Gütern aller Art, besonders aber nach Rüstungsprodukten, stieg enorm an. Die neuen Erfindungen und Entdeckungen verschlangen Riesensummen.

Als einer der ersten unter den oberdeutschen Großkaufleuten war der Augsburger Fuggerkonkurrent Ambrosius Höchstetter auf die Idee verfallen, Fremdkapital bei den sogenannten »kleinen Leuten« aufzunehmen. Die Idee, die Jahrhunderte später einem gewissen Bernie Cornfeld zu schnellem Reichtum verhelfen sollte, besaß schon damals eine beträchtliche Faszination: Der schlaue Ambrosius hatte sich inzwischen auch in der aufstrebenden Hafenstadt Antwerpen niedergelassen und versprach den Bauern und Handwerkern in Oberdeutschland Riesengewinne, wenn sie ihm ihr Erspartes anvertrauten.

Allenthalben schickte er seine geschickten Beauftragten in Dörfer und Städte, um dringend benötigtes Investitionskapital einzusammeln. Insgesamt soll er auf diese Weise zeitgenössischen Chronisten zufolge fast eine Million Gulden zusammengetragen haben. Falls die Summe auch nur annähernd stimmt, hatten es die Fugger mit einem an Kapitalkraft überlegenen Konkurrenten zu tun. Nun war ihnen, die sich inzwischen für Aristokraten unter den Kaufleuten hielten, der Gedanke an eine Kollekte nach Höchstetters Art in der Seele zuwider. Also mußte man sich feinerer, aber kaum weniger leistungsfähiger Quellen bedienen.

Das haftende – und zu versteuernde – Gesellschaftskapital der drei Brüder betrug bei Abschluß des Vertrags insgesamt 54385 Gulden. Das war zwar ganz beträchtlich, im Vergleich zu Höchstetter jedoch bescheiden. Allerdings darf man dabei nicht übersehen, daß die Fugger für gewöhnlich tiefzustapeln pflegten und alle Warenposten, Gebäude, Transportmittel oder Erzgruben mit dem niedrigsten Wert in die Bilanz aufnahmen. Außerdem war ja bereits der »Gemeine Ungarische Handel« ausgegliedert, in den erhebliche Beträge investiert waren.

Größter Anteilseigner war nach wie vor Ulrich mit einem haftenden Kapital von 21656 Gulden, gefolgt von Georg mit 17177 Gulden. Jakob, der als Neunzehnjähriger praktisch mittellos in die Firma eingetreten war,

verfügte nun im Alter von 35 Jahren immerhin über ein Gesellschaftskapital von 15552 Gulden, das er bestimmt nicht geschenkt bekommen hatte.
Seiner Natur nach war ihm der Besitz an sich gar nicht so wesentlich; ihm ging es vielmehr um die Macht, die mit dem Besitz verbunden war. Und so mag er sein Kapitalkonto auch nur deshalb entsprechend aufgestockt haben, um seinen Brüdern ebenbürtig zu werden. Obwohl Jakob zu jener Zeit ohne Zweifel bereits die dominierende Figur war, firmierte das Unternehmen nach Abschluß des Vertrags als »Ulrich Fugger und Gebrüder«.

8. Kapitel
Gerissener als die Borgias

Abgesehen von den Fernhandelsgesellschaften, hatten sich in Jahrhunderten die größten Reichtümer bei jener Organisation angesammelt, die alle Stürme überdauerte: der Kirche. Auch auf deutschem Boden gab es Fürstbischöfe, deren Vermögen das des Kaisers und mancher Herzöge bei weitem übertraf. Im Gegensatz zu den weltlichen Fürsten waren die reichen Pfründenbesitzer jedoch weniger daran interessiert, mit ihrem Vermögen zu protzen. Im Gegenteil, sie suchten es nach Möglichkeit vor den begehrlichen Blicken der römischen Regenten zu verstecken. Nur Eingeweihte kannten die tatsächliche finanzielle Potenz der einzelnen Kirchenfürsten.
Einer der reichsten unter ihnen, vielleicht sogar der vermögendste überhaupt, war der Fürstbischof von Brixen, Melchior von Meckau. Als Herr ausgedehnter Ländereien und bedeutender Erzgruben hatte er riesige Schätze in Form kostbaren Schmucks, goldenen Tafelgeschirrs, wertvoller Edelsteinsammlungen und erheblicher Mengen von Bargeld, das bei den verschiedensten Firmen und Banken deponiert war, angesammelt. Als Hausbank des Bischofs galt die Nürnberger Firma Hirschvogel. Sie lieh sein Geld unter eigenem Namen aus und schrieb dem guten Kunden die Zinsen gut, obwohl das kanonische Zinsverbot immer noch bestand.
Einer der Schuldner, die bei Hirschvogel Meckaus Geld gegen die üblichen fünf Prozent Zinsen ausliehen, war kein Geringerer als König Maximilian. Als er im Frühjahr 1496 ein Großdarlehen über 20000 Gulden vereinbarungsgemäß an Hirschvogel zurückzahlte, verschwand die beträchtliche Summe spurlos aus dem Verkehr, obwohl der Habsburger auf

eine Verlängerung gehofft hatte. Erst viele Jahre später tauchten Indizien auf, die darauf hindeuteten, daß das Geld des Fürstbischofs in den Kassen der Fugger gelandet ist.
Melchior von Meckau wurde der heimliche Finanzier vieler Fuggergeschäfte und stiller Gesellschafter der Firma. Zeitweilig übertraf seine Einlage die Höhe des gesamten Gesellschaftskapitals. Trotzdem tauchte der Name des Geldgebers nie in den Büchern der Firma auf. Beide Seiten hatten ihre Vorteile davon: der Bischof, weil ihm bei den ausgedehnten Geschäften der Fugger niemand auf die Schliche kommen konnte, und Jakob, weil er mit dem bischöflichen Geld über eine Geheimwaffe größten Kalibers verfügte. Dank Fuggerscher Tüchtigkeit wurde auch stets eine ausreichende Verzinsung des Fremdkapitals erwirtschaftet, so daß die Zusammenarbeit den Fürstbischof und die Handelsfirma zufriedenstellte.
Weil das Geschäft mit Melchior von Meckau so gut klappte, ging Jakob bald weitere kirchliche Würdenträger um Kapitaleinlagen an, wobei er nie vergaß, auf die besondere Diskretion seiner Firma hinzuweisen.
Mit Bedauern hatte Jakob registriert, daß das zukunftsträchtige Geschäft mit dem Heiligen Stuhl seit dem Tod seines Bruders Markus fast zum Erliegen gekommen war. Wenn es den Fuggern schon 1476 gelungen war, schwedische Ablaßgelder nach Rom zu überweisen, wieso sollte man dann jetzt das ausgedehnte Finanzgeschäft der Päpste ganz den Florentiner und Genueser Bankiers überlassen?
Die letzte bedeutende Transaktion der Fugger mit Rom hatte anläßlich der Beförderung des Grafen Berthold von Henneberg zum Mainzer Erzbischof im Jahr 1488 stattgefunden. Seither machten Geldfürsten wie die Grimaldis, die Lomellinos, die Gentilis aus Genua oder die Strozzis, Rucellas und de la Casas aus Florenz das Geschäft mit dem Glauben unter sich aus. Die fettesten Brocken allerdings schnappten sich für gewöhnlich die zwei Florentiner Bindo Altoviti und Giovanni Gaddi, die offenbar die engsten Beziehungen zum Camerlengo besaßen, dem obersten Finanzverwalter der Kurie im Rang eines Kardinals.
Das Deutschlandgeschäft, in dem Jakob Fugger noch beträchtliche Entwicklungsmöglichkeiten sah, hatten sich die toskanischen Grafen Ricasoli unter den Nagel gerissen.

Omnipotenter Playboy

Mit schwäbischer Zähigkeit verfolgten die Fugger das von Jakob gesteckte Ziel, zumindest alle deutschen Kirchengelder nach Rom zu überweisen. Denn neben dem traditionellen Warenhandel und dem neu hinzugekommenen Erzgeschäft sollte nach dem Willen des jungen Augsburgers künftig der Bankbetrieb die dritte Säule des Unternehmens bilden. Das verzweigte Finanzsystem der Kirche schien dazu – neben den Geldgeschäften mit Habsburg und anderen Fürstenhäusern – die besten Voraussetzungen zu bieten.

Wie das komplizierte Finanzwesen der Kurie funktionierte, wußte man in Augsburg seit den Tagen Markus Fuggers recht genau. Und die Nachrichten, die aus Italien in der »Goldenen Schreibstube« eintrafen, schienen ganz dazu angetan, die Fugger in ihrer Unternehmungslust zu bestärken. Nach dem Tode von Papst Innozenz VIII. hatte sich 1492 der spanische Kardinal Rodrigo de Borja (italienisch: Borgia), der schon im Alter von 28 Jahren Bischof von Valencia wurde, die Tiara aufgesetzt. Unter dem Namen Alexander VI. scheute er vor keiner Anstrengung zurück, als der verruchteste Papst in die Kirchengeschichte einzugehen.

Der oberste Kirchenfürst entpuppte sich als omnipotenter Playboy und hemmungsloser Machtpolitiker, während seine Begabung zur Demut und Askese bemerkenswert unterentwickelt schien. So zeugte er mit mehreren Geliebten zahlreiche Nachkommen, unter denen sich Cesare und Lucrezia besonders hervortaten. Cesare Borgia, 1475 geboren, war schon mit 17 Jahren Erzbischof von Valencia und kurz darauf Kardinal. Später fiel er als französischer Herzog in spanischen Diensten. Dank seiner Skrupellosigkeit, die weder vor Verrat noch vor Mord – sei es mit Gift oder Degen – zurückschreckte, wurde er zum Idol des Staatsphilosophen Niccolo Machiavelli, der in ihm den Prototyp des Machtmenschen sah. Seine Schwester Lucrezia galt als eine der schönsten Frauen Europas, indes konnten sich ihre drei Ehemänner nur kurz an ihren Vorzügen erfreuen, da die Dame sich erstens nach Abwechslung sehnte und zweitens – wie Gerüchte wissen wollten – nach praktischen Beweisen für die Tauglichkeit ihrer toxikologischen Kenntnisse.

Konsequent machten die Borgias aus dem Kirchenstaat eine Art Familienunternehmen. Bereits zahlreiche Vorgänger Alexanders VI. hatten der handfesten Machtpolitik mehr Zeit gewidmet als der Betreuung frommer Seelen. Nicht umsonst war der Kirchenstaat seit dem Mittelalter die stärkste politische Kraft Italiens und gleichzeitig eine europäische Großmacht ersten Ranges.

Finanziert wurde das Unternehmen »Kirche« seit eh und je von den Millionen Gläubigen in aller Welt. Die meisten der für Rom bestimmten Abgaben waren sogenannte Holschulden; die Kurie mußte sich also das Geld bei den einzelnen Kirchen, Klöstern oder Bischofssitzen selbst abholen. Zweckmäßigerweise beauftragten die römischen Kurialbeamten deshalb private Bankhäuser mit dem Einzug der Gelder. Meist ließen sie sich von dem betreffenden Unternehmen vorab in Rom eine Gutschrift über den

zu erwartenden Betrag ausschreiben, und die Finanziers mußten sich dann selbst um das Eintreiben kümmern. Ihr Gewinn bestand in der Differenz zwischen den in Rom ausbezahlten Summen und den bei den Außenstellen der Kirche einkassierten Beträgen.
Weil es Monate dauern konnte, bis ein Silbertransport aus dem Norden in Rom eintraf – ganz abgesehen von den Gefahren, die unterwegs drohten –, bedienten sich die römischen Beamten und Kaufleute damals schon der Wechselbriefe. Das Bankhaus stellte in diesem Fall der Kirche einen Wechsel aus, mit dem es sich verpflichtete, die genannte Summe an einem bestimmten Datum auszubezahlen. Oft wurde das Silber dann gar nicht nach Rom gebracht, sondern an günstig gelegenen Orten zur Begleichung einer anderen Schuld verkauft.
Was die Fugger ihren italienischen Konkurrenten überlegen machte, war ihre ausgedehnte Handelsorganisation. Während die Florentiner und Genueser Banken sich auf den mediterranen Raum beschränkten, hatten die Augsburger Kaufleute ganz Mittel- und Nordeuropa mit einem Netz von Faktoreien überzogen. Jeden Gulden, den sie mit Anleihen oder im Erzbergbau verdient hatten, investierten die drei Brüder in den Ausbau ihrer verzweigten Handelsorganisation. Schon deshalb waren sie für die Beschaffung der Pfründen- und Annatengelder aus dem Norden besser geeignet als die italienischen Hausbankiers des Papstes. Allerdings machte sich Jakob Fugger keine Illusionen, daß er den Italienern in einem Punkt klar unterlegen war: Er verfügte über keine schlagkräftige Lobby im Vatikan.
Deshalb begannen sich die Fugger überall dort, wo sie bereits Einfluß besaßen, systematisch ins Kirchengeschäft zu drängen. So übernahmen sie – kostenlos oder gegen geringe Gebühr – die Überweisung jener Pfründengelder nach Rom, die als Bringschulden von den Absendern eigentlich dort hätten selbst abgeliefert werden müssen. Der preiswerte Finanzservice gefiel zum Beispiel dem Bischof von Utrecht so gut, daß er bald größere Summen von den Augsburgern nach Rom bestellen ließ. Es dauerte nicht lange, bis auch andere deutsche Fürsten und Kirchenherren solche Dienste der Fugger in Anspruch nahmen. Diese überwiesen bald Geld aus Augsburg, Straßburg, Mainz, Konstanz, selbst aus dem fernen Schweden und aus zahlreichen französischen Kirchenprovinzen sowie aus der Schweiz, aus Brixen und Padua. Insgesamt brachten sie 1496 über 7000 Gulden nach Rom.
Der Borgia-Papst fand Gefallen an den pünktlichen und korrekten Kaufleuten aus dem Norden, die es nie versäumten, zur rechten Zeit und am rechten Ort dem Eifer der Kurialbeamten ein wenig nachzuhelfen. Und wenn sie gelegentlich einmal bescheidene Bitten äußerten – wie etwa die, den wohlangesehenen Prälaten Stanislaus Thurzo auf den vakanten Stuhl

des Bischofs von Olmütz zu hieven –, dann wußten sie dies stets mit einer kleinen Spende zu verbinden.
Keine Frage, daß der Sohn des kinderreichen Johann Thurzo 1497 tatsächlich den Bischofsring erhielt. Wenig später verschafften die Fugger auch seinem Bruder Sigismund die Bischofswürde. Er wurde Bischof von Neutra, dann von Siebenbürgen und schließlich von Großwardein. Und noch einem weiteren Sohn des Bergbauingenieurs und Fuggerpartners wurde dieselbe Beförderung zuteil: Johann Thurzo der Jüngere erklomm den Chefsessel in der reichen Diözese Breslau und wurde später sogar zum Kollektor für die Ablaßgelder aus Polen und Ungarn ernannt.

Cheflobbyist Johannes Zink

Um ständig in Rom präsent zu sein, heuerte Jakob den Florentiner Kleriker Jacobus de Doffis als Vertreter an. Dank dessen Verbindungen zum Heiligen Stuhl und aufgrund ihrer ausgezeichneten Beziehungen zum ungarischen Königshof und zur Republik San Marco kamen die Fugger zu ihrem ersten großen Kirchengeschäft. Papst Alexander VI. schloß nämlich mit König Wladislaw V. und dem Dogen ein Bündnis zur Abwehr der muselmanischen Reiterheere des türkischen Sultans. In mehreren Raten ließ der Borgia-Papst durch die Fugger insgesamt 40000 Dukaten als Rüstungshilfe nach Ungarn und Venedig überweisen. Die päpstliche Flotte leitete zusammen mit seinem Bruder Admiral Benedetto der Bischof von Pesaro, den ein frühes Hauptwerk Tizians zusammen mit Alexander VI. zeigt.
Solche Gelegenheitsgeschäfte – mögen sie auch noch so einträglich gewesen sein – waren jedoch nicht das, was sich Jakob Fugger von seinen römischen Kontakten versprochen hatte. Er wollte nicht mehr und nicht weniger als der vornehmste Bankier der Kirche werden. Dazu mußte er freilich zunächst die Niederlassung am Tiber entscheidend verstärken. Er brauchte einen Mann in Rom, der gerissener war als die ganze Borgia-Sippe zusammen; einen Mann, der die Hohe Schule der Diplomatie ebenso beherrschte wie das niedere Ränkespiel und der Frömmigkeit heucheln, aber gleichzeitig Geschäfte mit dem Teufel machen konnte.
Jakob fand ihn schließlich in Johannes Zink, dem Sohn des Augsburger Geschichtsschreibers Burkhart Zink. Er war seit kurzem Prokurator – also so etwas wie Vermögensverwalter – der Äbtissin des Klosters Frauenchiemsee. Dieser Mann, der ab 1501 die Fuggerfaktorei im Rione di Ponte leitete, rechtfertigte voll das Vertrauen des Augsburger Kaufmanns: Zink wurde zu einer der abschreckendsten Figuren in der Kirchengeschichte. »Offenbar mit einem erstaunlichen Mangel an Hemmungen begabt« (von

Pölnitz), schreckte der schlitzohrige Schwabe vor keinem Trick und keiner Infamie zurück, wenn es darum ging, seinen und seines Herrn Reichtum zu mehren. Bedenkenlos bestach er mit reichlich vorhandenem Fuggergeld jeden, der ihm in Rom einen Vorteil verschaffen konnte.
Keiner war schneller und gewitzter als er, wenn es darum ging, eine lukrative Pfründe neu zu besetzen. Binnen acht Jahren raffte er nicht weniger als 60 Pfründenstellen zusammen. Zink kassierte Subsidien aus Mainz, Köln, Salzburg, Augsburg, Konstanz, Bamberg, Würzburg, Passau und vielen anderen Kirchenprovinzen. Dabei rührte er keinen Finger, um auch nur einen Gulden auf redliche Art zu verdienen.
Nie ließ er sich in einer seiner Pfarreien sehen. Für ihn bedeutete das Recht zur Seelsorge nichts anderes als eine willkommene Einnahmequelle. Anstatt zu predigen oder die Beichte zu hören, übertrug er alle Pflichten seiner zahllosen Ämter jüngeren oder weniger bemittelten Geistlichen, die dann den gößten Teil ihrer Einnahmen auf Zinks Konto bei den Fuggern überweisen mußten. Allein in seiner Vaterstadt kassierte er bei sechs Pfründenstellen ab, so daß der Augsburger Domherr Bernhard Adelmann mutmaßte: »Ich fürchte, daß er auf einem anderen Weg als durch die Tür in den Schafstall eingedrungen ist, denn ich kenne an ihren Gerüchen die, mit denen er in Rom das Geschäft getrieben hat.«
Dem Fuggerfaktor blieb in Rom keine Tür verschlossen und kein Geschäft verborgen. Rasch stieg er zum päpstlichen Schreiber, päpstlichen Ritter, Magister und Pfalzgrafen auf. Der deutsche Ritter Ulrich von Hutten schildert Zinks Wirken: »Ich habe den alten Zink mit großem Eifer am Werke gesehen. Die Fugger verdienen, die Fürsten der Kurtisanen zu heißen... Sie haben dort ihren Markttisch aufgeschlagen und kaufen vom Papste, was sie später höher verkaufen; nicht allein Benefizien, auch dauernde Gnaden; man findet bei ihnen Bullen, und Dispense gehen durch ihre Bank; und es ist auf keine Weise leichter, das Priestertum zu erreichen, als wenn du die Fugger zu Freunden hast... Sie sind die einzigen, durch die man in Rom alles erreichen kann...«

Monopol für das »Gnadenwesen«

Wozu der einflußreiche Faktor in Rom fähig war, bewies er zum Beispiel, als Georg Fugger seinen Sohn Markus (der Jüngere) für eine Karriere im Dienst der Kirche bestimmte. Der Jüngling, 1488 geboren, wurde dank Zink schon im zarten Alter von 13 Jahren Propst am Dom zu Speyer, während sich verdiente Geistliche höheren Ranges schon nach weit weniger ergiebigen Pfründen alle zehn Finger leckten.
Wie der junge Fugger zu dem begehrten Posten gelangte, verrät einiges

über die Arbeitsmethoden der Pfründenjäger. Es begann damit, daß in Augsburg ein Auftrag des Domherrn Eberhard von Neuenhausen eintraf, der nach dem Tod des Bischofs Ludwig von Speyer auf die Domkantorei und die Propstei spekulierte. Der Geistliche sandte 48 Gulden »für Botenlohn und andere Spesen«. Er bat die Firma, sie möge die genannten Pfründen »am Stuhl zu Rom auf mich erlangen«.

Obwohl sich der gewitzte Domherr also der bestmöglichen Lobby versichert hatte, mußte er mit dem weniger einträglichen Posten zu Speyer vorliebnehmen. Um so größer war deshalb sein Erstaunen, als »seine« Propstei plötzlich einem gewissen Markus Fugger gehören sollte, während das Kanonikat an den Freiherrn von Emmershofen ging, der gleichfalls Kunde des Augsburger Handelshauses war.

Auf seinen empörten Protest hin beschieden ihm die Fugger, daß er für seine 48 Gulden nicht mehr erwarten könne. Die drei Pfründen zusammen würden in Rom runde 560 Dukaten kosten. Als der Domherr sich zur Begleichung dieser Summe bereit erklärte, wurde Jakob Fugger die ganze Angelegenheit offenbar zu bunt. In Rom erwirkte er über Zink zwei päpstliche Zitationen gegen Neuenhausen, und er verweigerte die Herausgabe der Verleihungsrolle.

Daraufhin wandte sich der geprellte Domherr sowohl an den Römischen König als auch an den Augsburger Rat, um zu seinem vermeintlichen Recht zu kommen. Jakob Fugger focht dies wenig an, denn er war sich des Königs ebenso sicher wie des Rates. So blieb denn auch Eberhard von Neuenhausen keineswegs der einzige, der auf diese Art hereingelegt wurde.

Am 13. Januar 1506 zum Beispiel beschwerte sich Herzog Albrecht von Bayern bei Maximilian, weil die Fugger dem vierzehnjährigen Markus nun auch noch das Kanonikat und die Propstei am Regensburger Dom zugeschanzt hatten. Da der Knabe weder adelig sei noch den Titel eines Doktors oder Lizenziaten erworben habe, meinte Albrecht, bedeute diese Pfründenverleihung sogar einen Bruch des deutschen Konkordats. Ungerührt bestand Jakob jedoch auf der Erfüllung jener von Zink beim Papst erwirkten Gunst für seinen Neffen, der somit in den Genuß von Privilegien kam, die sonst allein der aristokratischen Oberschicht vorbehalten waren.

Dank solcher Geschäftsmethoden wurden die Fugger bald zu den mächtigsten Pfründenschacherern am Vatikan. Um das Jahr 1503 besaßen sie bereits ein Monopol für das gesamte »Gnadenwesen« in Deutschland, Ungarn, Polen und Skandinavien. Jeder Pfarrer, der einen kleinen Sprengel haben wollte, jeder Abt und jeder Domherr mußte sich an die Augsburger Kaufleute wenden. Ohne Zink war in Rom buchstäblich nichts zu erreichen.

Doch der Pfründenhandel war nur einer von mehreren Geschäftszweigen der römischen Fuggerfiliale. Unermüdlich sann der einfallsreiche Faktor über neue Erwerbsquellen nach, und er entdeckte dabei so lukrative Branchen wie das Reliquiengeschäft und den Ablaßhandel. Reliquien, also Überreste von verstorbenen Heiligen, auch von ihren Kleidern und von den Werkzeugen, mit denen sie gemartert wurden, waren bei den frommen Christen seit dem Mittelalter hochbegehrte – und teuer bezahlte – Sammelobjekte.

So kaufte etwa Kurfürst Friedrich der Weise von Sachsen in den letzten Jahren vor seinem Tod nicht weniger als 19013 Reliquienstücke zusammen. Dabei handelte es sich vornehmlich um Knochen, Stoffreste und Holzsplitter.

Da der Nachschub sehr begrenzt und die Identifikation der einzelnen Stücke dazu äußerst schwierig war, lag die Idee einer laufenden Neuproduktion nahe. Ähnlich, wie heute Antiquitäten mit verblüffend echten Wurmlöchern und mit Alterspatina hergestellt werden, florierte damals die Produktion »echt antiker« Reliquien. Fuggersche Fuhrwerke brachten ganze Wagenladungen solcher Kultgegenstände aus Italien über den Brenner nach Deutschland, wo sie dann mit beträchtlichem Gewinn an naive Gläubige verhökert wurden.

Seele zu verkaufen

Auch der Ablaßhandel beruhte auf der für die damalige Zeit typischen Verknüpfung von Kirche und Kommerz. Die geschäftlich sehr verlokkende Idee, sich mit Geld und anderen Bußen zeitlich begrenzte Befreiung von den Fegefeuerqualen im Jenseits erkaufen zu können, war keineswegs von den Fuggern erfunden worden, doch haben sie diese Idee mit Abstand am besten genutzt.

Bereits im 11. Jahrhundert gab es in Frankreich die ersten Ablässe, von deren Erträgen sich die Päpste so angetan zeigten, daß sie fortan jede passende und unpassende Gelegenheit nutzten, die Gläubigen zur Kasse zu bitten. Ursprünglich waren die Jubeljahre zu Beginn eines neuen Jahrhunderts Anlaß zu einem Ablaß. Doch weil diese so weit auseinanderlagen, wurden bald alle 50, dann sogar alle 25 Jahre Jubelablässe verkündet.

Selbstverständlich wollte auch Alexander VI. nicht von diesem schönen Brauch lassen, und so verkündete er am 5. Oktober 1500 die Jubiläumsbulle »Domini et Salvatoris«. Das traditionsreiche Geschäft mit der Angst der Gläubigen vor dem Fegefeuer hatte natürlich längst auch die Finanzbeamten der Fürsten munter gemacht. In Deutschland wollten daher

gleich zwei Staatsstellen von der Kollekte profitieren: der kaiserliche Hof und das Reichsregiment, also die Versammlung der Stände.
Zur Organisation bestellte der Papst beim Jubelablaß für jedes Land einen Kollektor – meist im Rang eines Bischofs oder Kardinals –, der das bei den einzelnen Kirchen einbezahlte Geld einsammeln und nach Rom überweisen sollte. Beauftragter für Deutschland wurde, wahrscheinlich nicht ohne Zutun Johannes Zinks, der französische Kardinal Raymund Peraudi, Fürstbischof des Bistums Gurk (später Klagenfurt) und seit langem bei den Fuggern hoch verschuldet. Mit großem Gefolge traf der päpstliche Legat in Augsburg ein, wo er vor einer großen Menschenmenge den Jubelablaß verkündete. Doch ehe das Geschäft beginnen konnte, mußten noch langwierige und zeitraubende Verhandlungen mit den Beauftragten des Königs und der Reichsstände stattfinden. Erst am 11. September 1501 kam der Vertrag zustande, der die Aufteilung der Ablaßgelder regelte. Danach mußte sich Rom mit einem Drittel der Einnahmen zufriedengeben. Der Rest sollte vom Reichsregiment verwahrt und ausschließlich zur Finanzierung eines Kreuzzuges gegen die Türken verwendet werden. Außerdem knüpfte Maximilian seine Genehmigung des Ablasses an die Bedingung, daß das Geld bis zur endgültigen Verteilung bei den Fuggern und Welsern in Augsburg deponiert werden müsse. Jakob hatte offenbar nichts gegen die Aufnahme der Konkurrenz in den Vertrag. Er war sich der moralischen Fragwürdigkeit des Geschäfts durchaus bewußt und glaubte so eine Art Rückendeckung zu haben. Um jeden Betrug auszuschließen, sollten die Ablaßtruhen stets mit vier Schlössern gesichert sein. Je einen Schlüssel bekamen der päpstliche Legat, der Vertreter des Reichsregiments, der oberste Ortsgeistliche und das bürgerliche Haupt der Gemeinde.
Trotz dieser Vorsichtsmaßnahmen nahm die Abwicklung des Ablasses in Deutschland einen – milde ausgedrückt – ungewöhnlichen Verlauf. Nachdem die Gläubigen andächtig den Ablaßpredigten gelauscht und frommen Herzens ihr Erspartes in die eisenbeschlagenen Truhen geworfen hatten, begann hinter den Kulissen der Kampf ums Geld.
Gegen Ende des Jahres 1503 ließ Maximilian durch ergebene Soldaten die Ablaßtruhen beschlagnahmen und gewaltsam öffnen. Auf Umwegen landete das Geld dann auf Fuggerschen Konten, und vermutlich wußte niemand außer den drei Brüdern ganz genau, wieviel da die deutschen Katholiken zusammengetragen hatten.
Das Reichsregiment war inzwischen, da es auseinandergegangen war, nicht mehr funktionsfähig, und so blieb nur der päpstliche Legat, der sich dem Raub widersetzte. Doch seine Macht reichte nicht aus, den Habsburger zur Rückgabe des Geldes zu zwingen. Enttäuscht zog sich Peraudi erst nach Straßburg, dann nach Basel und schließlich über die Alpen zurück.

Jakob Fugger hingegen widmete sich inzwischen dem Problem, es mit keiner der Parteien zu verderben und trotzdem das meiste an dem Geschäft zu verdienen.
Maximilian mußte ihm dankbar sein, weil er das schmutzige Ablaßgeld sozusagen reinwusch und es ihm zur Finanzierung abenteuerlicher Kriegspläne zur Verfügung stellte. Kardinal Peraudi hatte ohnehin so hohe private Schulden, daß er froh sein konnte, wenn ihm Fugger nicht die letzte Habe pfändete. Mit Rom aber stellte er das Einvernehmen wieder her, indem er in den folgenden Jahren insgesamt 3600 Gulden aus den Ablaßerträgen überweisen ließ.
Daß die relativ bescheidene Summe tatsächlich ein Drittel der gesamten Einnahmen darstellte, nahm auch im Vatikan niemand an, doch waren die Kurialbeamten wahrscheinlich froh, überhaupt noch an der Mission Peraudis zu verdienen. Der Kardinal starb am 5. September 1505, betrogen und verbittert, in Viterbo, und die Fugger ließen sofort sein Restvermögen beschlagnahmen.

Wer bezahlt die Schweizergarde?

Das Verwirrspiel um die deutschen Ablaßerträge wurde dadurch erleichtert, daß Papst Alexander VI. gar nicht mehr in ihren Genuß kam. Er starb im Alter von 72 Jahren am 18. August 1503. Zu seinem Nachfolger wählte das Konklave den von Johannes Zink favorisierten und als deutschfreundlich bekannten Kardinal Francesco Todeschini-Piccolomini, der sich Pius III. nannte – und schon zwei Monate später starb.
Wieder mußte ein Papst gewählt werden, und am 31. Oktober entschieden sich die Kardinäle für Giuliano della Rovere, der sich Julius II. nannte. Während des kurzen Pontifikats des Piccolomini-Papstes und den anschließenden Sitzungen des Konklaves stellte sich heraus, daß die Borgias die Finanzen des Vatikans gründlich ruiniert hatten. Es war nicht einmal genug Geld flüssig, um das versammelte Kardinalskollegium während der ausgedehnten Papstwahl zu verpflegen. Den Fuggern bot sich eine willkommene Gelegenheit, ihren Einfluß zu verstärken.
Mit insgesamt 4500 Dukaten unterstützte Zink die Wahl des Rovere-Papstes. Zur Krönung Julius' II. stiftete die Firma feine venezianische Tischtücher; sie ließ außerdem in unmittelbarer Nähe ihrer römischen Filiale einen Triumphbogen aufstellen. Als der neue Papst hindurchzog, mußte zwangsläufig sein Blick auf die festlich geschmückte Fuggerbank fallen, die dann auch prompt im nächsten Jahr ihre römischen Zahlungen auf rund 14000 Gulden verdoppeln konnte.
Auch als der Rovere-Papst daranging, seinen kühnsten Traum zu reali-

sieren, vergaß er die Fugger nicht: Sie wurden beauftragt, den größten Teil der in aller Welt gesammelten Peterspfennige für den Bau eines monumentalen Doms nach Rom zu überweisen. Julius II. heuerte für sein Lieblingsprojekt den berühmten Baumeister Bramante an, der eigentlich Donato d'Angelo Lazzari hieß. Der Grundstein zu St. Peter wurde am 18. April 1506 gelegt, doch es sollte noch 108 Jahre dauern, ehe der Bau vollendet war. An dem monumentalen Werk arbeiteten die bekanntesten Künstler der Zeit wie der junge Raffael Santi und Michelangelo Buonarroti, der den charakteristischen Kuppelbau der Peterskirche entwarf.

Jakob Fugger hatte für die kostspieligen Projekte des Rovere-Papstes nicht viel übrig. Obwohl er sich von Künstlern wie Hans Burgkmair und Albrecht Dürer porträtieren ließ und den berühmten Augsburger Humanisten Konrad Peutinger häufig als Gast in seinem Haus empfing, war sein Verhältnis zu Kunst und Kultur vor allem von der schlichten Frage bestimmt: »Was bringt's?«

Die Sehnsucht der Renaissance nach dem Großen, Schönen und Edlen mag dem kernigen Schwaben als nebulöser Schwulst vorgekommen sein, der den Blick vom Wesentlichen ablenkte. Und wesentlich waren in seinen Augen Macht, Geld und Erfolg. Einem anderen Projekt des Papstes brachte er deshalb wesentlich mehr Verständnis entgegen: Julius II. wünschte sich anstelle der von den Borgias angeheuerten Spanier zuverlässige Schweizer Söldner als Leibwache.

Die erste Schweizergarde, 150 Mann stark und unter dem Befehl Kaspar von Silenens, rückte am 22. Januar 1506 in Rom ein. Daß die Söldner mit dem Geld der Fugger angeworben und bezahlt wurden, wußten nur Eingeweihte. Über 7000 Dukaten hatten sich die Augsburger Kaufleute den Schutz des Papstes kosten lassen.

9. Kapitel
Der Syndikats-Trick

Während die römischen Geschäfte allmählich in Schwung kamen, hatten sich die Fugger am Innsbrucker Hof ständiger Intrigen der Konkurrenz und gelegentlicher Pressionen des Königs zu erwehren. Nach dem Tod seines Vaters Friedrich III. am 19. August 1493 erbte Maximilian zwar den Königsthron des Heiligen Römischen Reiches Deutscher Nation, nicht jedoch die Kaiserkrone. Die konnte ihm nur vom Papst verliehen werden.

Anspruch auf den höchsten Titel erhob jedoch auch der französische König Karl VIII., weshalb Maximilian ein weiteres Mal auf dem Kriegspfad wandelte. Ende März 1495 gründete er, überhastet und darum wenig dauerhaft, die Heilige Liga zwischen dem Haus Habsburg, dem Heiligen Stuhl, dem Königreich Spanien, dem Herzogtum Mailand und der Republik Venedig. Aber während sich Maximilian bereits in der Rolle des Führers von Europa wähnte, wollten sich die Italiener mit diesem Schachzug lediglich den Franzosen vom Leib halten, der gerade das Königreich Neapel besetzt hatte und sich anschickte, ganz Italien zu erobern.

Als Maximilian ein Jahr später über die Alpen zog, um die Italiener vom Franzosenjoch zu befreien, wurde er zu seiner Überraschung keineswegs mit offenen Armen empfangen. Den Italienern war nämlich eine Besatzungsmacht so lieb wie die andere, am liebsten aber war ihnen natürlich gar keine. Selbst die Republik San Marco zog ihre Hilfszusagen zurück, und der Habsburger saß wieder einmal auf dem trockenen.

Mit den Finanzen hatte der Monarch schon lange seine liebe Not. Nie befand sich genug Geld in der Kasse, um all seine schnell gefaßten, aber selten ganz durchdachten Pläne zu verwirklichen. Eine grundlegende Finanzreform war überfällig, doch die konservativen Hofbeamten scheuten stets davor zurück. Der Herrscher selbst aber widmete sich lieber der Falkenjagd und dem Armbrustschießen als den Haushaltsplänen. Und wenn ihn die Fugger mit Perlen, Brokat und Silbergeschirr aus Venedig reichlich verwöhnten, sah er noch weniger Grund, sich mit dem leidigen Geldproblem zu beschäftigen.

Da aber die Schulden immer unangenehmer drückten und die Geldverlegenheit zunehmend peinlicher wurde, faßte Maximilian während der Gründung der Heiligen Liga den Entschluß, sich mit einem Schlag aller Finanzprobleme zu entledigen. Auf dem Wormser Reichstag des Jahres 1495 verkündete er deshalb die Einführung einer allgemeinen Reichssteuer, des sogenannten Gemeinen Pfennigs. Insgesamt sollte der von den Reichsständen zu leistende Tribut etwa 150000 Gulden einbringen. Im Hochgefühl seines vermeintlichen Erfolgs kündigte Maximilian sofort die Tiroler Metallverträge, um die Abhängigkeit von der Augsburger Finanzmafia loszuwerden.

Jakob Fugger und die beteiligten Geschäftsleute nahmen den kaiserlichen Tort gelassen hin, obwohl er den Verlust ihrer ergiebigsten Einnahmequellen bedeutete. Sie wußten um die Schwerfälligkeit des staatlichen Finanzwesens und um die chronische Zahlungsunlust der Untertanen des Königs. In der »Goldenen Schreibstube« war man der Meinung, daß die erzwungene Abstinenz der pekuniären Lage des Unternehmens durchaus zupaß komme. Denn im Osten waren große Investitionen nötig, um den ungarischen Handel in Gang zu bringen.

So mußten zahlreiche Verkehrswege durch die Tauern geschlagen und sogar eine Paßstraße über das Jablunkagebirge vorangetrieben werden, damit das Neusohler Kupfer auf dem kürzesten Weg zur Oder gebracht werden konnte. Außerdem verschlang der Aufbau der Kanonenfabrik in Fuggerau, dem heutigen Arnoldstein, beträchtliche Summen, die man nun, da der König das Anleihegeschäft gestoppt hatte, leichter aufzubringen vermochte.

Den König brüskiert

Doch wie erwartet, dauerte es nicht lange, bis Maximilian erneuten Kredit forderte. Schon im Herbst 1495 stand fest, daß der Gemeine Pfennig viel weniger einbringen würde, als des Königs Finanzverwalter in der ersten Euphorie angenommen hatten. Jetzt befand sich der Monarch eindeutig in der schwächeren Position, und ein Jakob Fugger war nicht der Mann, diesen Vorteil ungenutzt verstreichen zu lassen. Kühl beschied er dem königlichen Gesandten Cyprian von Northeim, er habe mit seinen Darlehen »nichts als Mühe, Arbeit und Ungnade erlangt«.

Als daraufhin der Herrscher des Heiligen Römischen Reiches Deutscher Nation selbst seinen Besuch auf der Frankfurter Herbstmesse ankündigte, reiste Jakob vorzeitig ab, um dringlichen Geldwünschen des Habsburgers zu entgehen. So eindeutig hatte noch nie ein Kaufmann seinem König die Grenzen der Macht gezeigt. Der junge, erst sechsunddreißigjährige Fugger hatte in den letzten 15 Jahren Stärken und Schwächen regierender Fürsten so genau kennengelernt, daß er glaubte, einen solchen Affront jederzeit riskieren zu können. Der großartige Aufschwung seiner Firma hatte das Selbstbewußtsein des nüchternen Rechners am Augsburger Rindermarkt erheblich gestärkt, und seine Autorität als Chef war unbestritten. Er galt als gerecht, pünktlich und vertrauenwürdig. Seine Leute bezahlte er gut, er verlangte ihnen aber auch das Letzte ab. Durch den ungewöhnlichen Stil ihrer Geschäfte, das atemberaubende Tempo ihrer Expansion und den unerhörten Einfluß an den Fürstenhöfen Europas gab die Firma ihren Mitarbeitern das Gefühl, einer Elite anzugehören.

Mitarbeiter der Fugger zu sein bedeutete damals mindestens ebensoviel wie heute ein Posten im Top-Management von IBM. Fuggerfaktoren verdienten etwa zwei- bis dreimal soviel wie ein Universitätsprofessor, dafür mußten sie allerdings auch mehr leisten als die Angestellten anderer Firmen. Nie und nirgends waren sie vor einem jener Blitzbesuche sicher, mit denen der Juniorchef seine Mitarbeiter in allen Provinzen des Fuggerimperiums zu überraschen pflegte. Trotz der tausenderlei Geschäfte, die er ständig im Kopf hatte, kümmerte er sich mit Vorliebe um Details.

Als er bei einer Visite im Hüttenwerk Hohenkirchen feststellte, daß die jungen Bergarbeiter offensichtlich unterernährt waren, ließ er umgehend über Johannes Zink bei Papst Alexander VI. eine Lockerung der strengen Fastengebote erwirken. Und weil die verletzten Knappen im Neusohler Spital viel zu lange zur Genesung brauchten, verfügte er sofort eine gründliche Verbesserung der medizinischen Betreuung. So etwas wie ein soziales Gewissen darf ihm dabei kaum unterstellt werden, dafür aber ein scharfer Blick für die Effizienz seiner Organisation. Jakobs Knausrigkeit brachte Maximilian in ernsthafte Bedrängnis. Während sein Rivale Karl VIII. von Frankreich Riesensummen aufbot, um noch mehr Schweizer Söldner anzuheuern, konnte der Habsburger nicht einmal den Schiffstransport seiner Truppen von Genua nach Pisa bezahlen. Wieder mußte ihm ein Fuggerfaktor aus der Not helfen. Wenigstens gelang es auf diese Weise, die Stadt mit dem schiefen Turm zu erobern, doch dann versagten seine Kräfte vor den Mauern des stark befestigten Florenz.

In der toskanischen Metropole wollte man gerade die Medicis vertreiben, und der asketische Moralprediger Girolamo Savonarola stachelte das Volk zum Widerstand auf, weshalb Papst Alexander VI. den unbequemen Moralapostel später auf dem Scheiterhaufen verbrennen ließ. Die schlecht und unpünktlich bezahlten Söldner des Habsburgers machten damals vor Florenz die Bekanntschaft mit neuartigen Wurfgeschossen, die der in Florenz aufgewachsene und gerade in Mailand an seinem berühmten Abendmahlfresko malende Leonardo da Vinci konstruiert hatte.

Maximilian mußte unverrichteter Dinge heimkehren und brauchte daher Geld dringender denn je. Eilends schickte er einen Boten mit den Worten: »Tue allen Fleiß, es gilt jetzt Leib und Seele!« nach Augsburg voraus. Doch so sehr sich der Abgesandte des Königs auch anstrengte, die Kaufleute ließen sich nicht erweichen. Wieder in Innsbruck, tobte der Herrscher, er werde die starrköpfigen Pfeffersäcke in die Knie zwingen, und der gesamte Handel im Süden Deutschlands werde »verloren und gesperrt«. Außerdem befahl er seinen Finanzexperten, ab sofort keine Zinsen mehr für die noch ungetilgten Darlehen der Fugger zu zahlen.

Das war den um ihre Gehälter bangenden Hofbeamten denn doch zu viel, und die Innsbrucker Raitkammer sorgte trotz der Verstimmung des Königs dafür, daß die Fugger zu ihrem Geld kamen. Die Bürokraten durchschauten besser als der Monarch die Abhängigkeit des Hofes und damit des gesamten Landes vom Geld der Kaufleute. Nicht umsonst residierten der bewährte Faktor Hans Suiter und später sein Schwiegersohn Wendel Iphofer in der Innsbrucker Silbergasse (der heutigen Universitätsstraße).

Jakob, dem dank Suiter die Vorgänge am Hof keineswegs verborgen blieben, beschloß, den König noch ein wenig zappeln zu lassen. Denn wie erwartet, konnte Maximilian auch auf den Reichstagen in Lindau und

Worms keine größeren Summen lockermachen. Im Juni 1497 bat der König deshalb die Fugger, Georg Herwart, Franz und Hans Baumgartner sowie Georg und Siegmund Gossembrot nach Füssen, um über neue Anleihen zu verhandeln.
Während sich seine Augsburger Konkurrenten in der Hoffnung, die Fugger bei Hof endlich auszustechen, eilfertig auf den Weg machten, blieb Jakob dem Treffen fern. Um seine Sonderstellung unter den Kaufleuten zu dokumentieren, ließ er den König zehn Tage lang auf Nachricht warten. Dann brachte schließlich ein Bote aus Augsburg die Kunde, daß sich die Firma Ulrich Fugger und Gebrüder nicht in der Lage sehe, weiteren Kreditwünschen zu entsprechen. Nun bekamen auch die übrigen Verhandlungspartner Maximilians kalte Füße, insbesondere die Brüder Gossembrot, die um einen 20000-Gulden-Kredit bangten. Der Herrscher aber, der sich bei den Fuggern in den vergangenen sieben Jahren die Riesensumme von 625000 Gulden geborgt hatte, wurde sich mehr denn je seiner Abhängigkeit von den Kaufleuten bewußt.

Kampf um Fuggerau

Die Konkurrenz begriff natürlich sofort den Vorteil dieser Situation und verlangte von Maximilian die Schließung der Fuggerwerke in Kärnten. Lange genug hatte sie sich über das preiswerte Kupfer aus Ungarn und Kärnten geärgert, mit dem ihr die Fugger das Tiroler Erzgeschäft vermiesten. Maximilian zögerte erst, gab aber dann schließlich grünes Licht für die Kampagne gegen Fuggerau. Geschickterweise traten die Kaufleute nicht selbst in Erscheinung, sie ließen die Innsbrucker Räte für sich sprechen, die zumindest nach außen hin das Interesse des Landes Tirol vertraten.
Auf dem schnellsten Weg reiste Jakob nach Innsbruck, um die gefährliche Attacke seiner Gegner abzublocken. Doch Maximilian, der die Schmach von Füssen noch nicht vergessen hatte, blieb störrisch und verfügte die Schließung der Betriebe rund um Villach. Zornig machte Jakob kehrt und galoppierte nach Bamberg, um den Schutz des Fürstbischofs, auf dessen Hoheitsgebiet seine Betriebe lagen, zu erbitten. In gleicher Mission wandte sich der Augsburger Kaufmann dann an Herzog Friedrich von Sachsen, dem er erklärte, daß Maximilian womöglich auch das auf sächsischem Boden liegende Werk Hohenkirchen angreifen könne. Beide Landesherren ließen sich von dem jungen Augsburger überzeugen und sandten ihre Botschafter an den Hof nach Innsbruck. Der Bamberger Fürstbischof kündigte sogar an, die Verletzung seiner Hoheitsrechte vor der Freiburger Reichsversammlung zur Sprache zu bringen.

Erschrocken über die unerwarteten diplomatischen Verwicklungen, die sein Schlag gegen Fuggerau hervorgerufen hatte, entschloß sich Maximilian zum Einlenken. Ernstlich hatte er ohnehin nicht mit den Fuggern brechen wollen; dazu besaßen sie einfach zu viel von dem, was er so dringend benötigte: Geld. Den Denkzettel, den er ihnen aus Prestigegründen verpassen mußte, hatten sie ja bereits erhalten.

Die Heirat seines Sohnes Philipp des Schönen mit Johanna, der Königin von Kastilien, war Maximilian teuer zu stehen gekommen, und für den bevorstehenden Krieg gegen die aufmüpfigen Eidgenossen brauchte er eine Menge Söldner, die nicht umsonst zu haben waren. Jakob Fugger indessen durfte ebenfalls den Bogen nicht überspannen, sonst lief er Gefahr, die politische Rückendeckung für seine Geschäfte zu verlieren.

Nüchternes Kalkül bestimmte deshalb auf allen Seiten die weiteren Pläne. Der König brauchte dringend Geld, wollte aber nicht wieder in Abhängigkeit von den Fuggern geraten. Diese trachteten danach, wieder einen Fuß ins Tiroler Erzgeschäft zu bekommen, und die drei Konkurrenten Herwart, Gossembrot und Baumgartner verfolgten das Ziel, Fuggers Vormachtstellung auf den Metallmärkten sowie am Innsbrucker Hof zu brechen. Der logische Ausweg aus diesem Patt war vorgezeichnet: Die beteiligten Firmen schlossen sich zusammen und gewährten dem König eine Großanleihe von 150000 Gulden. Dafür erhielten sie das alleinige Recht, die Kupferschätze Tirols auszubeuten. So entstand mit dem Vertrag vom 12. März 1498 etwas höchst Bemerkenswertes: das erste Kupfersyndikat der deutschen Wirtschaftsgeschichte.

Panik bei den Konkurrenten

Der Vierer-Club besaß nun das Tiroler Kupfermonopol, und wenigstens drei seiner Mitglieder gedachten dies nach Kräften auszunützen. Als anerkannter Experte im Metallgeschäft wurde Jakob Fugger von seinen Geschäftsfreunden beauftragt, das Syndikatskupfer an der Metallbörse in Venedig so teuer wie möglich zu verkaufen. Was vier Jahrhunderte später einem Karl Marx als größtes Übel und Endstation der kapitalistischen Wirtschaftsordnung erschien, war im Anfangsstadium des Frühkapitalismus also bereits perfekt entwickelt.

Wie perfekt, das bewies Jakob Fugger in den folgenden Monaten mit erschreckender Deutlichkeit. Noch bevor das erste Syndikat verwirklicht war, hatte er bereits sämtliche Möglichkeiten dieser neuen Form wirtschaftlicher Organisation durchschaut, und er scheute sich nicht, die entdeckten Chancen zu seinen Gunsten rücksichtslos zu nutzen. Während er nämlich mit seinen Geschäftspartnern in Augsburg die Preispolitik aushandelte und die ersten Kupfertransporte nach Venedig dirigierte, ließ er gleichzeitig die Produktion in seinen Kärntener und ungarischen Gruben, die nicht dem Syndikat angehörten, kräftig steigern. Immer dann, wenn die Tiroler ihre Ware abgeladen hatten und längst wieder auf dem Rückweg waren, kamen aus Villach neue, riesige Kupferladungen in Venedig an. Derselbe Fuggerfaktor, der vom Syndikat mit dem Verkauf der Tiroler Ware beauftragt war, brachte auch das ungarische Kupfer auf den Markt. Stets unterbot er dabei mit der linken »ungarischen« Hand den Preis, den er mit der rechten fürs Tiroler Kupfer forderte. Logischerweise dauerte es nicht lange, bis sich die Barren in den Lagerhallen des Syndikats bis zur Decke türmten, während das syndikatsfreie Buntmetall bemerkenswert raschen Absatz fand.

Zu spät entdeckten die Geschäftspartner Jakobs den Trick, um rasch einen anderen Verkäufer nach Venedig zu entsenden. Das in riesigen Mengen gestapelte und offenbar unverkäufliche Kupfer drohte sie unweigerlich in den finanziellen Abgrund zu ziehen. Als sie die ganze Tragweite des Geschehens erfaßten, brach in den Kontoren der Baumgartner, Gossembrot und Herwart Panik aus. Jeder wollte so schnell wie möglich dem tödlichen venezianischen Strudel entkommen, und Jakob Fugger hatte leichtes Spiel, das vorher so mächtige Syndikat zu sprengen.

Die scheinbar widersinnige Idee, mit dem ungarischen Kupfer sich selbst zu unterbieten und hohe Verluste zu riskieren, brachte Jakob Fugger beim Spiel um den wichtigsten Metallmarkt der Welt den ganz großen Gewinn. Rund 55000 Gulden hatte ihn die abenteuerliche Transaktion gekostet, aber sie sollte ihm während der nächsten Jahre mehr als das Zehnfache davon einbringen.

Seine ganze Raffinesse offenbarte dieser Kaufmann aber erst, als er sich anschickte, den größten Teil seiner Syndikatsverluste auf die am Ungarnhandel beteiligten Thurzos abzuwälzen. Seine Argumentation: Durch die Zerschlagung des Tiroler Syndikats habe der »Gemeine Ungarische Handel« und damit auch die Familie Thurzo erheblich profitiert. Deshalb sei es nur recht und billig, wenn sich die Thurzos an seinen Verlusten beteiligten, da sie ja während der ganzen Transaktion kein Risiko eingegangen seien. Der Bergbautechniker und seine Söhne vermochten sich der zwingenden Logik Jakobs nicht zu entziehen.

Politische Rückendeckung für die Dauer der Kartellschlacht verschaffte sich die Firma, indem sie sich dem König gegenüber plötzlich wieder großzügig zeigte. Selten zuvor waren Maximilians Unterhändler so freundlich empfangen worden wie in diesen Tagen. Und als Fuggers Sieg feststand, da spendete selbst der König Beifall. Das war ein Manöver ganz nach seinem Geschmack, auch wenn seine eigenen Feldzüge meist weniger programmgemäß endeten.

Anstatt die Kärntener Hüttenwerke der Fugger zu schließen, ließ der »letzte Ritter« nun anfragen, ob es denn möglich sei, sich an der erfolgreichen Firma zu beteiligen. Treuherzig antwortete Jakob, daß dies dem Nutzen Habsburgs keineswegs förderlich wäre, denn als Teilhaber würde es Maximilian schwerlich verantworten können, Geld an einen so unsicheren Schuldner wie den Innsbrucker Hof auszuleihen. Spätestens im März 1499 hatte Jakob Fugger sein Tiroler Ziel erreicht: Mit Billigung Maximilians schloß er auf Rechnung seiner Firma mit den bedeutendsten Schwazer Gewerken einen neuen Kupfervertrag. Damit war das Syndikat praktisch tot und Jakob Fugger zum zweitenmal unumschränkter Herrscher über das Tiroler Buntmetall. Der König empfing aus diesem neuen Vertrag einen Vorschuß von 70000 Gulden und hatte deshalb keinen Grund, mit dem Gang der Dinge unzufrieden zu sein.
Die Tiroler Landesherren, die Raitkammer und auch die Finanzberater des Königs waren jedoch verständlicherweise anderer Meinung. Hauptgegner Jakobs in Innsbruck blieb Georg Gossembrot, der den Herrscher immer wieder darauf hinwies, welch verhängnisvolle Folgen die Monopolstellung der Fugger für das Land haben werde. Kein Wunder: Über seinen Bruder Siegmund war er selbst am geplatzten Kupfersyndikat beteiligt und als alter Augsburger zudem ein erbitterter Rivale der neureichen Fugger. Doch vorläufig vermochte nichts das gute Einvernehmen zwischen König und Kaufmann zu stören.

10. Kapitel
Sybille bekommt den Burgunderschatz

In ihrer Heimatstadt waren die Fugger nun zwar bereits die reichste Familie, doch noch lange nicht die angesehenste. Die alten Patriziersippen hielten immer noch Distanz zu den so verdächtig rasch aufgestiegenen Emporkömmlingen. 1495 verweigerten sie Jakob höchstpersönlich die Aufnahme in ihre »Geschlechterstube«, dem wahren Zentrum der Macht in der Stadt. Jede der großen Familien hatte dort ihr Wappen und ihren festen Sitz, und wehe dem Eindringling, der es gewagt hätte, auf einem der geheiligten Stühle Platz zu nehmen!
Für die Fugger bedeutete die Ablehnung ihres Aufnahmeantrags einen schweren Prestigeverlust. Jakob jedenfalls sann auf Rache, um gesellschaftlich wieder an Boden zu gewinnen. Mitten in der Syndikatsschlacht überraschte dann seine Gegner die Nachricht, daß der begehrteste Junggeselle der Stadt seine Wahl getroffen habe.

Jakobs Auserwählte war nicht nur außergewöhnlich hübsch, gebildet und selbstbewußt, sondern sie stammte außerdem – was noch wichtiger war – aus einer der angesehensten Familien der Stadt. Sybille Artzt war die Nichte eines ehemaligen Augsburger Bürgermeisters und Hauptmanns des Schwäbischen Bundes. Ihre Eltern, Wilhelm Artzt und Sybille, geborene Sulzer, besaßen mehrere Bürgerhäuser in der Stadt sowie ein beträchtliches Vermögen, das freilich keinen Vergleich mit dem der Fugger aushielt.
Vermutlich hatte die ehrgeizige Mutter der Braut die Verbindung eingefädelt, denn Jakob dürfte kaum Zeit gefunden haben, ihr lange den Hof zu machen. Über das Liebesleben des einstigen Kanonikus und späteren Kaufmanns ist bis dato nichts, aber auch gar nichts bekannt gewesen. Auch sein Verhältnis mit der schönen Sybille offenbarte rührende Unbeholfenheit. Die gebildete Bürgertochter, die gern den Umgang mit Künstlern und Gelehrten suchte, dürfte jedenfalls kaum aus eigenem Antrieb ihr Herz an den stocknüchternen, stets nur Zahlen wälzenden Konzernherrn verloren haben.
Der Charakter dieser Ehe, die am 9. Januar 1498 mit großem Pomp geschlossen wurde, war zu offensichtlich, als daß sich die Familienmitglieder auf beiden Seiten irgendwelchen Illusionen hingegeben hätten. Vor allem Jakobs Neffen, die Söhne seiner Brüder Georg und Ulrich, hatten für die neue Verwandtschaft offenbar nicht allzuviel übrig.
Das Hochzeitsbild von der Hand Hans Burgkmairs zeigt einen etwas linkischen Bräutigam und eine überlegen dreinblickende Braut, beide prächtig gewandet und reichlich mit Schmuck behangen. Auf dem Rahmen des Bildes, das sich lange im Besitz des Londoner Bankiers Baron von Schroeder befand und heute die Gemäldesammlung eines amerikanischen Millionärs ziert, steht der Spruch: »Am neinten Tag Januarij in 1498 Jar, in der Gestalt kamen wir zusammen virwar.«

»Schön ehrlich und lieb gehalten«

Jakob, in diesem Metier fürwahr kein Meister, begegnete seiner jungen Frau mit Hochachtung, ja beinahe mit Ehrfurcht, und er verwöhnte sie mit allem, was er zu geben hatte. Und das war eben nicht viel mehr als Gold und Edelstein. Der zeitgenössische Chronist Clemens Sender staunte: »Sie hat Klainetter (Kleinodien) von Gold und edlem Gestain gehapt, darmit sie ain Fürstin hat übertroffen.« Ansonsten habe Jakob seine Frau, berichtet Sender, »also schön ehrlich und lieb gehalten«. Daß dies nicht ausreichte, eine temperamentvolle junge Frau zufriedenzustellen, mußte Jakob leider noch zur Genüge erfahren. Der Mann, der im Geschäft alles erreichte, was er wollte, mußte zu Hause die Erfahrung machen, daß es Bereiche gab, in denen ein überlegener Verstand allein nichts ausrichtete. Die Ehe Jakob Fuggers verlief alles andere als glücklich. Die Gefühlswelt seiner Frau blieb ihm ein Leben lang verschlossen, und mit ihren Interessen und ihrem Freundeskreis wußte er nichts anzufangen. Vermutlich war er auch selber nicht fähig, so etwas wie Wärme oder Liebe zu verbreiten.

Am schlimmsten aber muß ihn die Erkenntnis getroffen haben, daß er, der so sehr in dynastischen Kategorien dachte, kinderlos bleiben würde. Denn das betraf nicht nur sein Privatleben, sondern auch die Firma, den Sinn und Inhalt seines Lebens. Die Ursache blieb wahrscheinlich schon damals im dunkeln, denn in einer Zeit, in der Kinderreichtum geradezu vorgeschrieben war, konnten Gerüchte über mangelnde Manneskraft tödlich wirken. Das Potenzproblem, dessen Folgen ebenso offenkundig waren wie seine Ursachen ungewiß, bildete den Hebel, der Sybille Artzt als einzigen Menschen in die Lage versetzte, das granitene Selbstbewußtsein des königlichen Kaufmanns zu erschüttern.

Ein Indiz dafür ist jenes seltsame Geschäft, auf das sich Jakob vier Jahre nach seiner Hochzeit einließ, das einzige, an dem er nichts verdiente. Es ging um den sagenhaften Schatz der Burgunder. Auf seinem Feldzug gegen die Schweizer führte Herzog Karl der Kühne 1476 die wohl kostbarste Juwelensammlung des Abendlandes mit sich. Wahrscheinlich dünkte ihm das Geschmeide inmitten seiner Soldaten sicherer als an jedem anderen Ort, da er an einem Sieg über die Eidgenossen nicht den geringsten Zweifel hegte.

Wider Erwarten behielten jedoch die wehrhaften Schweizer in der Schlacht bei Grandson und Murten die Oberhand, und Karl blieb nichts als das nackte Leben. Die schlichten Kriegsknechte wußten indessen mit dem Glitzerkram nichts Rechtes anzufangen, also versoffen oder verhurten sie die scheinbar unbedeutende Beute. Schließlich aber dämmerte es den Klügeren unter den Eidgenossen, daß das Zeug vielleicht doch nicht ganz wertlos war. Deshalb beschlossen sie am 24. April 1476 auf der Tagung in Luzern, daß jeder Soldat alles, was er an Bargeld, Silber, Gold, Edelsteinen und anderen Schmuckgegenständen erbeutet hatte, bis spätestens 15. Mai bei seinem Vorgesetzten abzuliefern habe.

Nun erwachte der auch heute noch recht lebendige Geldinstinkt der Schweizer, und jeder Hauptmann, jede Stadt, jeder Kanton machte heimlich Jagd auf die burgundischen Juwelen. Am erfolgreichsten waren die Stadtväter von Basel, welche nach und nach die meisten der wertvollsten Stücke aus der Burgunderbeute an sich brachten.

Wie bei jedem Juwelenraub ergab sich nun das Problem, daß der Schmuck, der in ganz Europa bekannt war, nirgendwo zu Geld gemacht

werden konnte, ohne daß man sich verriet. Deshalb beschlossen die pfiffigen Basler, erst einmal Gras über die Sache wachsen zu lassen. Anno 1491, also 15 Jahre später, machten sie einen ersten Versuch, über Mittelsmänner Teile des Burgunderschatzes loszuschlagen. Doch als sie für einen Diamanten, der so groß war wie »eine halbe Baumnuß«, nur 5000 Gulden erhielten, beschlossen sie, noch ein paar Jahre verstreichen zu lassen.
Erst ums Jahr 1502 meldeten sich dann die drei vornehmen Basler Ratsherren Junker Michael Maier von Baldersdorf, Hans Hiltbrandt und Stadtschreiber Johann Gerster heimlich in Augsburg an. Man hatte in Basel davon gehört, daß Jakob Fugger eine Schwäche für kostbare Pretiosen hegte und seine Frau mit Schmuck überhäufte. Für Sybille hatte er erst kurz zuvor einen kostbaren Saphirring auf der Frankfurter Messe gekauft, und für die Königin von Ungarn ließ er in Venedig ein Halsband besorgen, das so wertvoll war, daß er für den Transport nach Wien zehn bewaffnete Reiter anheuerte.
Die Schweizer hatten sich nicht getäuscht: Beim Anblick der Zeichnungen und Miniaturen, die sie von den wertvollsten Stücken hatten anfertigen lassen, wurde der sonst so kühle Kaufmann schwach. Vielleicht hoffte er auch, endlich das Herz seiner unnahbaren Sybille zu erobern, indem er ihr den größten Schatz der Welt zu Füßen legte. Denn daß die Juwelen auf Jahre hinaus keinen Gewinn bringen konnten, mußte gerade ihm klarer gewesen sein als jedem anderen Käufer. Und bei dem Preis, den die Schweizer forderten, war eine laufende Wertsteigerung kaum zu erwarten.
Die Geheimverhandlungen mit den Eidgenossen dauerten Monate. Immer wieder ließ sich Jakob die vier prächtigsten Stücke zeigen; dies waren das »Federlein«, ein mit kostbarsten Edelsteinen gespickter Kopfschmuck, die »Weiße Rose« als Wappenbild des englischen Herzogshauses York, das wie ein Hosenbandorden aussehende »Gürtelein« und »Die drei Brüder«, ein riesiger, wasserklarer Diamant mit drei Rubinen, der als Agraffe und Anhänger getragen wurde.
Insgesamt zahlte Jakob für die Basler Juwelensammlung 40000 Rheinische Gulden in verschiedener Währung und in mehreren Raten. Erst als der letzte Gulden in ihrem Besitz war, gaben die Schweizer die Sammlung heraus, die nun für Jahre in einer Schatztruhe der Fugger ruhte. Die Summe, die sich Jakob seine Liebhaberei kosten ließ, war so groß wie noch wenige Jahre zuvor das gesamte Geschäftskapital der Fugger.
Mit welch erhebendem Gefühl mag dieser rätselhafte Schwabe heimlich die Truhe geöffnet, die teuren Geschmeide herausgenommen und seiner Sybille angesteckt haben! Bei aller Verzückung entging es ihm jedoch nicht, daß einer der Steine »ein merklich falsch« war, und sofort schickte

er seine Unterhändler nach Basel, da »man Glas für Edelstein nicht bezahlen soll«. Die Stadtväter mußten vom Preis etwas nachlassen, was ihnen um so leichter fiel, als sie die Summe nirgendwo verbucht hatten. Mindestens zehn Jahre lang ruhte der Burgunderschatz in der Schatztruhe der Fugger, ohne daß irgend jemand davon erfuhr. Er brachte keinen Zins, ja, stellte im Gegenteil sogar ein erhebliches Risiko dar. Als Geldanlage taugte er wenig, und als reines Hobby war er etwas zu kostspielig.
Erst um das Jahr 1515 herum konnte Jakob das erste Stück aus dem Burgunderschatz wieder verkaufen. Maximilian, nun schon deutscher Kaiser, zahlte für das »Federlein« rund 30000 Gulden. Die »Drei Brüder« blieben noch rund 30 Jahre im Besitz der Fugger, ehe sie König Heinrich VIII. von England den britischen Kronjuwelen einverleibte.

Die Träume des »letzten Ritters«

Eigentlich konnte sich selbst ein Jakob Fugger solch horrende Geldausgaben zur sinnlichen Befriedigung seiner Besitzgier in jenen Jahren gar nicht leisten. Denn obwohl er mit dem neuen Kupferkontrakt vom Herbst 1499 ein glänzendes Geschäft gemacht hatte, mußte er damit rechnen, daß seine alten Widersacher in Tirol und Augsburg keine Ruhe geben würden. Hinzu kam, daß König Maximilian ständig neue, abenteuerliche und äußerst kostspielige Eroberungspläne wälzte, die zwangsläufig erhebliche Darlehensforderungen mit sich brachten, wenn sie verwirklicht wurden.
Über 100000 Gulden kostete die Augsburger Firma zum Beispiel der »Schwabenkrieg« im Jahr 1499. Zusammen mit dem Schwäbischen Bund zog der Habsburger gegen die Eidgenossen, die sich standhaft weigerten, die 1495 beschlossene Reichsreform anzuerkennen.
So unzureichend der Krieg finanziell und militärisch vorbereitet wurde, so schizophren war sein Motiv, da die vom Mainzer Erzbischof und Kurfürsten Berthold von Henneberg protegierte Reichsreform einwandfrei zu Lasten des Königs ging. Sie brachte den Ewigen Landfrieden, die Beteiligung der Stände am Reichsregiment und die Einrichtung eines Reichskammergerichts, das dem König einen Teil seiner obersten Gerichtsgewalt abnahm.
Die Ideen, welche Jahrhunderte später die Grundlagen der Staatsverfassung wurden, waren also damals schon – wenn auch noch unausgeformt – vorhanden. Der erzkonservative Habsburger wollte auch in Wahrheit nicht der Reichsreform zum Sieg verhelfen, sondern das Territorium der Schweizer seinem Herrschaftsbereich einverleiben. Dies mißlang indes-

sen gründlich, und noch im selben Jahr mußte er im Basler Frieden der Schweiz ihre Unabhängigkeit zugestehen.
Die Großmachtträume des »letzten Ritters« waren damit jedoch noch lange nicht ausgeträumt. Ziel seiner Außenpolitik war es nach wie vor, ganz Europa – mit Ausnahme Frankreichs und Englands – zum Privatbesitz der Familie Habsburg zu erklären. Die Aussichten standen nicht einmal so schlecht, seit sein Sohn Philipp der Schöne durch die Heirat mit Johanna, welche später die Wahnsinnige genannt wurde, König von Kastilien geworden war und in dem jungen Carlos ein vielversprechender Thronfolger heranwuchs.
So bestand durchaus die Chance, eines Tages Spanien mit der deutschen Herrschaft zu vereinigen und vielleicht sogar noch die Königreiche Ungarn und Polen »heim ins Reich« zu holen. Dann fehlten nur noch ein schönes Stück von Oberitalien und – vor allem – die Kaiserkrone, damit sich die Träume des Imperators erfüllten.
Das ganze Machtgerüst konnte indessen von heute auf morgen zusammenbrechen, wenn des Königs Schatzmeister nicht einmal mehr in der Lage war, die Zeche auf dem Augsburger Reichstag zu bezahlen, geschweige denn weitere Söldnerheere anzuwerben.

Landpartie mit Pfänderspiel

Der Augsburger Reichstag zu Beginn der zweiten Hälfte des Jahrtausends gab den Fuggern Gelegenheit, die Beziehungen zum König zu festigen und gleichzeitig dessen innenpolitische Schwäche für sich auszunutzen.
Am 9. April 1500, dem Abend vor der Eröffnung des Reichstags, gaben die Brüder zu Ehren Seiner Majestät ein prächtiges Fest auf einem ihrer Landsitze vor den Toren der Stadt. Insbesondere Jakob kannte genau den Geschmack des Königs, und er vermied alles, was nach Angeberei oder Anbiederung aussehen konnte. Mit Absicht hatte er deshalb auch eine Landpartie organisiert und nicht etwa ein Gelage in den prunkvollen Räumen des Hauses am Rindermarkt, wo der König vielleicht an seine eigene Armut erinnert worden wäre.
In der lauen Frühlingsnacht unter sternenklarem Himmel gelang den sonst so trockenen Kaufleuten die Bezauberung des hohen Gastes. Maximilian tanzte und schäkerte mit den reichlich aufgebotenen Schwäbinnen, die sich nicht zu grämen brauchten, wenn ihnen der hohe Gast beim Pfänderspiel nur kleine Münzen zuwarf, da sie hinterher von den Fuggern reichlich entschädigt wurden.
Dank der frohen Stimmung beim Klang der Instrumente und beim Genuß der derben schwäbischen Kost kamen sich die ungleichen Geschäftspart-

ner menschlich näher. Der stolze Ritter fand Gefallen am scheinbar einfachen, unkomplizierten Stil des Bürgers, den er bisher nur als zähen Verhandlungspartner kennen und fürchten gelernt hatte. Jakob Fugger wiederum hatte allen Grund, seinen König zu verwöhnen. Klar sah er die großen geschäftlichen Möglichkeiten, die in den außenpolitischen Plänen des Habsburgers steckten, und die Zwangslage, in der sich der Monarch innenpolitisch befand. Sollte es ihm gelingen, auch als Bankier bei Hof eine Art Monopol zu erreichen, dann stand einem weiteren Aufstieg der Firma nichts im Wege – vorausgesetzt, er vermochte den Habsburger vor allzu riskanten politischen Abenteuern zu bewahren.
Zwei Hindernisse standen einer totalen Finanzherrschaft der Fugger im Wege: erstens ihre Augsburger Konkurrenten mit Siegmund Gossembrot an der Spitze und zweitens das Reichsregiment, das den König lieber dem Volke als ein paar Kaufleuten verpflichten wollte.
Bei Sauerkraut mit Speck, Augsburger Brez'n und reichlich fließendem Met begann Jakob noch während des Festes, beide Hindernisse aus dem Weg zu räumen. Dezent wies er den König darauf hin, daß auch die Herren Gossembrot, Baumgartner und Herwart keineswegs nur aus Liebe zu einer Majestät das Kupfersyndikat gegründet hätten und daß die drei zusammen kaum in der Lage seien, halb soviel Geld aufzubringen wie die Fugger alleine.
Solche Sprache verstand der »letzte Ritter« eher als das wohlgedrechselte Gutachten, das die drei Gegner listigerweise ausgerechnet beim Fuggerfreund Konrad Peutinger in Auftrag gegeben hatten, um das Syndikat zu rechtfertigen. In seiner für die Wirtschaftsgeschichte bedeutsamen Argumentation hatte der Humanist gegen das bisher gültige, auf Thomas von Aquin zurückgehende Dogma vom »zureichenden Gewinn« die Behauptung gesetzt, daß es für jedermann das Beste sei, wenn ein Kaufmann nach maximalem Profit strebe.
Allerdings diente ihm dann zur juristischen Absicherung der Syndikatsidee als etwas fadenscheiniger Beweis der Umstand, daß während des Syndikats die Kupferpreise in Venedig nicht gestiegen, sondern gefallen waren. Die enormen Lieferungen aus Ungarn, auf die dies zurückzuführen war, verschwieg der Gelehrte. Seiner Meinung nach sollte nicht das Monopol an sich strafbar sein, sondern nur sein »wucherischer Zweck«. Auch wenn der König die feinen Unterschiede begriffen hatte, gab er doch mehr auf handfeste Vorteile als auf solche Spitzfindigkeiten. Gefährlicher für die Fugger war deshalb eine Intrige am Innsbrucker Hof, die des Königs Finanzberater Georg Gossembrot eingefädelt hatte. Eines Tages beschwerten sich nämlich plötzlich mehrere Räte bei Maximilian, daß der Fugger nicht pünktlich zahle und das versprochene Silber zu spät anliefere.

Etwas voreilig kündigte daher der für das Silbergeschäft zuständige Beamte die Metallverträge mit den Fuggerbrüdern. Ohne zu zögern, jagte Jakob selbst nach Innsbruck, um mit seinem Faktor Hans Suiter die Gegenoffensive zu planen. Vor der Raitkammer berief er sich auf Geheimverträge mit dem König und stellte damit zunächst die unwissenden Räte bloß. Dann wartete Hans Suiter mit Beweisen auf, aus denen hervorging, daß die Gebrüder Gossembrot selbst minderwertiges Silber zur Münze brachten.

Ein seltsamer Zufall

Das Gefecht stand unentschieden, als Maximilian die Gastfreundschaft der Fugger genoß. Es endete zwei Jahre später mit einem totalen Sieg der Kaufherren. Völlig unerwartet fanden im Sommer des Jahres 1502 die Gebrüder Gossembrot den Tod. Merkwürdigerweise finden sich in den einschlägigen Archiven keine Unterlagen über die näheren Umstände. Ahnungsvoll meint der Fuggerbiograph von Pölnitz: »Hätte es sich um italienische Kaufleute der Renaissance gehandelt, würde man den plötzlichen Heimgang der beiden Gossembrot, des Königlichen Rates (Georg) wie des Augsburger Bürgermeisters (Siegmund), vielleicht dem Wirken geheimer Mittel zugeschrieben haben.«
Selbst wenn man voraussetzt, daß die Geschäftsmethoden auch unter den deutschen Kaufleuten der beginnenden Neuzeit keinesfalls besonders zimperlich waren, fand sich doch bis heute nirgendwo ein stichhaltiger Beweis für eine Mitschuld der Fugger am Tod ihrer gefährlichsten Konkurrenten.
Das zweite Hindernis, die Mitbestimmung des Reichsregiments, hätte Maximilian selbst liebend gerne aus dem Weg geräumt, wenn er nur gekonnt hätte. Neidvoll mußte er mitansehen, wie sein französischer Rivale Ludwig XII., der sich nach dem Tod seines Vorgängers Karl VIII. 1498 die Königskrone aufgesetzt hatte, souverän regieren konnte. Im Gegensatz zum föderalistischen Habsburger Reich besaßen die Franzosen schon damals ein straffes, auf Paris ausgerichtetes Regierungssystem.
Die französischen Landesfürsten waren dem König tributpflichtig, weshalb dieser über beträchtliche Steuereinnahmen verfügte. Größere Projekte wie Kriege oder den Bau von prachtvollen Schlössern pflegten die französischen Könige seit jeher mit Hilfe von Zwangsanleihen zu finanzieren, denen sich kein Ritter und kein Kaufmann entziehen konnte. Ähnlich wirkungsvoll hatte Englands König Heinrich VII. sein Finanzwesen organisiert, so daß er sich über die ständige Geldnot Maximilians königlich amüsieren konnte.

Der Habsburger indessen galt selbst bei seinen deutschen Untertanen als miserabler Haushalter. Der schon zitierte Augsburger Chronist Clemens Sender entwirft folgendes Bild von seinem Souverän: »Er war fromm und nicht von hoher Vernunft und war stets arm. Er hat in seinem Land viele Städte und Schlösser, Renten und Gülten versetzt, so daß er wenig übrig behielt. Er hatte Räthe, die waren Lausbuben, die regierten ihn gänzlich. Diese wurden fast alle reich, der Kaiser aber wurde arm. Wer von dem Kaiser etwas begehrte, mußte seinen Räthen Geschenke geben – dann brachten sie es zuwege. Wenn nachher die Gegenparthei kam, so nahmen sie von ihr auch Geschenke und gaben dafür Briefe, die den ersten widersprachen. Das ließ der Kaiser geschehen. Er wollte stets Krieg führen und hatte doch kein Geld. Zuzeiten, wenn er in den Krieg ziehen wollte, waren seine Diener so arm, daß sie sich nicht aus der Herberge lösen konnten.«
Erst die chronische Finanzschwäche des Herrschers machte eine so revolutionäre Entwicklung wie die Reichsreform möglich. Und wer weiß, ob im Zuge dieser reformistischen Bestrebungen nicht schon zu Beginn der Neuzeit so etwas wie eine Demokratie des Adels auf deutschem Boden entstanden wäre, wenn nicht die führenden Finanzmächte dies verhindert hätten. Die ständige Geldverlegenheit des Königs bot ihnen die einmalige Chance, über ihre Darlehen den Gang der Weltpolitik zu beeinflussen.

Allianz zwischen Habsburg und Augsburg

Jakob Fugger bestärkte den Monarchen in seinem Widerwillen gegen die impertinenten, anmaßenden Reichsstände, deren kleinliche Denkweise in den großzügigen Herrschaftsplänen des Königs keinen Sinn zu entdecken vermochte. »Majestät werden sehen«, prophezeite der Fugger, »daß die Stände auch diesmal Zurückhaltung üben werden.«
Er sollte recht behalten: Auf der Augsburger Tagung wollte Maximilian die Genehmigung zum Aufbau einer Reichsmiliz einholen, um nicht ständig auf die teuren Söldnerheere angewiesen zu sein. Doch die Stände machten ihre Zustimmung davon abhängig, daß an der Spitze dieser neuen Wehrorganisation ein Feldhauptmann ihres Vertrauens und nicht etwa der König selbst stehe. Gleichzeitig verlangten sie mehr Mitspracherecht in Fragen der Außenpolitik; alle Vorschläge zur Stärkung der Herrschaftsgewalt des Königs aber lehnten sie ab. Nach dem Schluß des für Maximilian so enttäuschend verlaufenen Reichstags baten die Fugger erneut zur Tafel, um endlich die Allianz zwischen Habsburg und Augsburg zu besiegeln.
Nur mit seiner Hilfe, so machte Jakob dem König klar, habe er eine Chance, die europäischen Großmachtträume zu verwirklichen. Allein die

Fugger seien in der Lage, die nötigen Geldmittel aufzubringen, die Tiroler Staatsbetriebe hochrentabel arbeiten zu lassen und den Absatz des Edelmetalls zu garantieren. In den Ohren des über die störrischen Stände verbitterten Herrschers klangen die Worte Jakobs wie Musik. Warum sollte er nicht, mag sich Maximilian gefragt haben, diesem befähigten Kaufmann die Finanzierung der Krone anvertrauen? Daß längst die Mehrzahl sämtlicher Staatsbetriebe in der Hand der Fugger lag und er selbst Gefahr lief, in völlige Abhängigkeit von den Kaufleuten zu geraten, dürfte er in seiner damaligen Stimmung verdrängt haben.

In den nächsten Monaten unternahmen die Fugger alles, was das Wohlwollen des Königs steigern konnte. Für Maximilians Schwiegertochter Johanna ließ Jakob golddurchwirkte Tücher und Brokat nach Madrid schicken, für den König selbst bezahlte er nicht nur die Aufenthaltskosten während des Reichstags, sondern er schloß mit ihm außerdem auch ein Geheimgeschäft ab. Ohne Wissen der Tiroler Räte verpfändete Maximilian den von seinem knausrigen Vater angesammelten Kriegsschatz bei den Fuggern.

Um seine Stellung bei Hofe noch weiter zu stärken, versicherte sich Jakob der Gunst der wichtigsten Finanzbeamten des Königs. Da war einmal der Marschall von Tirol, Paul von Liechtenstein, dem Jakob Fugger ein Jahresgehalt von 2000 Gulden aussetzte und der dafür zum wertvollsten Sprecher der Firma bei Hofe wurde. Fast ebensoviel Einfluß hatte der Großschatzmeister Jakob Villinger, der zunächst mit 326 Gulden pro Jahr etwas spärlich entlohnt wurde, später aber an manchen einträglichen Fuggergeschäften partizipieren durfte.

Auf der Fuggerschen Soldliste standen ferner Hofbeamte wie Georg Ilsung (400 Gulden), Eck von Reischach und Christoph von Thun (je 200 Gulden), Jobst von Schall, Christoph Schenk, Melchior von Hirnheim und Peter von Wilhelmsdorf (je 100 Gulden). Bei so viel königlicher Gunst war es nur selbstverständlich, daß von Innsbruck Order an alle Zoll- und Mautstellen erging, die Transporte der Fugger bevorzugt und großzügig abzufertigen.

11. Kapitel
»Reich von Gottes Gnaden«

Ebenso geschickt, wie er am Hof des Habsburgers operierte, verfuhr Jakob Fugger in Venedig, Ungarn, Rom und den meisten anderen Hauptstädten Europas. Seine Stellung in der adriatischen Republik festigte er, indem er ein notleidendes Bankhaus sanieren half, und den König Wladislaw von Ungarn ließ er über Alexej Thurzo nach Kräften verwöhnen, auch wenn der alte magyarische Adel ständig gegen den schwäbischen Eindringling intrigierte.

Gleichzeitig pflegte Jakob beste Kontakte zum Habsburger Erzfeind in Paris, die jedoch aus politischen Gründen meist über Strohmänner liefen. Die zahlreichen Subsidien, die aus den französischen Provinzen durch die Fugger nach Rom überwiesen wurden, dürfen als zuverlässige Indizien für eine rege Geschäftstätigkeit im Reich König Ludwigs XII. gelten.

Die Fugger operierten über alle nationalen Grenzen und Machtblöcke hinweg. Überall, wo Geld zu verdienen war, tauchten ihre Faktoren auf. Und nie dauerte es lange, bis die Fugger zu einem übermächtigen Konkurrenten wurden. Dank ihrer ausgedehnten und hervorragend funktionierenden Handelsorganisation, ihrer erstklassigen Beziehungen und der unerschöpflichen Finanzkraft waren sie schon in den ersten Jahren der neuen Jahrtausendhälfte die größte Firma Europas. Kein Zweifel auch, daß als treibende Kraft hinter den vielfältigen Unternehmungen der Familie Jakob Fugger steckte. Seit Ablauf des alten Gesellschaftsvertrages vom Jahr 1494, der auf sechs Jahre fest abgeschlossen worden war, drängte er auf eine Neufassung, die seine Stellung noch weiter stärken sollte. Doch der ehrgeizige Junior sah sich in der Familie denselben Problemen gegenüber wie am Hof von Innsbruck und anderswo: Es war nicht gut, allzu offensichtlich die Nummer eins zu sein.

Seine beiden Brüder blockten jeden Vorstoß ab, der darauf hinzielte, ihm eine Sonderstellung einzuräumen. Deshalb dauerte es über zwei Jahre nach Ablauf der Frist, bis schließlich an Weihnachten 1502 der neue Gesellschaftsvertrag unterzeichnet wurde. Er bedeutete im wesentlichen eine Verlängerung des alten Vertrags um weitere sechs Jahre, enthielt jedoch einige zusätzliche Klauseln bezüglich des ungarischen Handels und der Geschäftsführung.

Die Stellung der drei Brüder untereinander blieb unverändert, wenn auch ausdrücklich darauf hingewiesen wurde, daß nach dem Tod von einem oder zweien der letzte Überlebende die alleinige Verfügungsgewalt über das gesamte Familienvermögen zugesprochen bekomme. Klar, daß Jakob als Jüngster am meisten davon zu profitieren hatte. Vom Erbe ausgeschlossen blieben ab sofort alle weiblichen Nachkommen und jene unter den männlichen, die einen geistlichen Beruf ergriffen. Mag sein, daß dieser Passus gegen den Willen Jakobs, der ja ursprünglich hatte Priester werden sollen, aufgenommen wurde.

Neu war die Einführung eines sogenannten Familientags, bei dem sämtliche erbberechtigten Fugger ihre Stimme abgeben konnten. Die Familie hatte ähnliche Rechte wie heute die Hauptversammlung einer Aktienge-

sellschaft. Sie konnte einen der drei Vermögensverwalter (Geschäftsführer) der Firma abwählen und mußte beispielsweise auch dem An- und Verkauf von Bergwerken zustimmen.
Gleichzeitig mit dem Gesellschaftsvertrag unterzeichneten die Brüder ein Abkommen, wonach das Haus am Augsburger Rindermarkt, der Landsitz in Göggingen und alle Besitztümer im Umkreis von zehn Meilen um die Stadt als Gemeinschaftsvermögen anzusehen waren. Als Lohn für ihre Arbeit im Dienste des Familienvermögens erhielten die drei Brüder jedes Jahr fünf Prozent des Gewinns ausbezahlt.

Der »rechte Schaffierer«

Wenn auch der neue Vertrag die scheinbare Gleichberechtigung der drei Brüder aufrechterhielt, so wußte man draußen doch recht genau über die wahren Machtverhältnisse Bescheid. Als der Kanzler des Grafen Wilhelm von Henneberg Anfang des Jahres 1503 einen Sohn des alten Lukas Fugger vom Reh fragte, wo die drei Gesellschafter der Firma »Ulrich Fugger und Gebrüder von Augsburg« derzeit zu erreichen seien, erhielt er zur Antwort: Ulrich sei in Augsburg, Georg auf der Nürnberger und Jakob auf der Frankfurter Messe. Bald aber würden die Brüder in Augsburg zusammentreffen. Falls der Kanzler oder der Graf mit den Fuggern in Geschäftsverbindung treten wolle, sollte er sich an Jakob, den Jüngsten der Brüder, halten. Der sei »der rechte Schaffierer«. Einen besseren Ehrentitel kann sich übrigens bis heute ein echter Schwabe kaum wünschen.
Der langjährige Leiter des »Fugger-Archivs« und Biograph Jakob Fuggers, Professor Jakob Strieder, schrieb schon 1926: »Was immer an Bedeutendem spätestens seit etwa 1500 im Fuggerschen Handelsverband geschah, darf als das Werk Jakobs in ganz besonderem Ausmaß gelten.«
Wesen und Charakter dieses außergewöhnlichen Mannes, dem die Geschichte später das Etikett »der Reiche« aufklebte, scheinen ziemlich widersprüchlich gewesen und auch von den Zeitgenossen oft nur schwer verstanden worden zu sein. Wenn, wie von der Wissenschaft angenommen wird, im linken der drei Sarkophage in der Augsburger Fuggergruft tatsächlich die sterblichen Überreste Jakobs ruhen, dann war er etwa 1,73 Meter groß und schlank. Clemens Sender, einer der wenigen Freunde Jakobs, beschreibt ihn etwas überschwenglich: »Er ist ain herliche, rane (ranke), hipsche... Person gewesen.« Für gewöhnlich hat er nach dem Fuggerschen Ehrenbuch sein Haar »mit einer goldenen Haube eingebunden, das Haupt frei aufrecht getragen«. Von den zahlreichen Porträts des bedeutendsten Fuggers ist sicherlich das Gemälde Albrecht Dürers am aufschlußreichsten.

Auf dem Augsburger Reichstag des Jahres 1517 hatte der Nürnberger Meister außer Jakob Fugger den Kaiser Maximilian, den Humanisten Konrad Peutinger, den Mainzer Erzbischof Kardinal Albrecht von Brandenburg, den Grafen Philipp zu Solms und seinen Künstlerkollegen Hans Burgkmair porträtiert. Nach einer schnell hingeworfenen Strichzeichnung malte Dürer Jakob Fuggers Bildnis mit Leimfarben auf Leinwand. Das Bild – es hängt in der Alten Pinakothek in München – zeigt den Kaufmann im Alter von 58 Jahren. Das Gesicht ist hart und herrisch; es verrät den eisernen Willen des schwäbischen Patriarchen.
Eine Silberstiftzeichnung von Hans Holbein dem Älteren betont dieselben Eigenschaften: »Der Ausdruck des Gesichts ist der hoher männlicher Kraft, betont im Blick der Augen, im schmalspaltig gepreßten Mund und dem energischen Kinn. Herrschaftswille und Selbstbeherrschung sind vereint« – so interpretiert der Augsburger Kunsthistoriker Norbert Lieb den Fuggerkopf.

Ein strapazierfähiges Nervenkostüm

Obwohl die Archive über die geschäftlichen Transaktionen und den Reichtum des jüngsten Fuggerbruders eine Menge berichten, erfährt man über den Menschen Jakob Fugger wenig. Er scheint wie viele große Unternehmer der Gegenwart im privaten Bereich äußerst zurückhaltend und publicityscheu gewesen zu sein.
Nach dem wenigen, was man darüber weiß, war er wirklich fromm, obwohl er sich nicht scheute, mit dem Glauben die übelsten Geschäfte zu machen. So kaufte er für sich selber viele Ablaßjahre, obwohl er wußte, wie fragwürdig das ganze Ablaßgeschäft war.
Ebenso widersprüchlich war seine Einstellung zu Kaiser und König: Obwohl er besser als jeder andere wußte, wie verlottert und verkommen das Staatswesen im Grunde war, und obwohl er mehrfach die Chance hatte, einen Machtwechsel in Europa herbeizuführen, blieb er den Habsburgern bis zu seinem Tod treu. Im Geschäft scheute er vor keinem Trick und keiner Abgefeimtheit zurück, um sein Ziel zu erreichen, privat aber war er aufs äußerste empört, als er in seiner Heimatkirche Sankt Moritz in Augsburg Unregelmäßigkeiten des Pastors entdeckte.
Er verteidigte die herkömmliche Ordnung mit seiner ganzen Kraft und der Macht seines Geldes, aber in seinen unternehmerischen Vorstellungen war er der Zeit um ein paar hundert Jahre voraus. Er verfügte über einen hochentwickelten Sinn für technische Entwicklungen und Organisationsstrukturen, aber alle Neuerungen auf künstlerischem oder kulturellem Gebiet lehnte er kategorisch ab.

Gegenüber Freunden und Verwandten konnte er kalt und rücksichtslos, ja brutal sein, während er mit seinen Mitarbeitern oft überraschend großzügig und nachsichtig umging. Zu Hause, im Kreis der Familie, scheint er sich manchmal über Kleinigkeiten beinahe cholerisch aufgeregt zu haben, obwohl er im Kontor mit der größten Ruhe und Kaltblütigkeit Transaktionen plante, die die Familie in den finanziellen Abgrund stürzen konnten.

Als seine Neffen alt genug waren, um die Dimensionen und die Gefährlichkeit solcher unternehmerischer Schachzüge einigermaßen zu begreifen, wollten sie von ihm wissen, wie er denn das überhaupt durchstehen könne. Jakobs zuverlässig überlieferte Antwort: »Wenn ich des Nachts schlafen gehe, habe ich keine Hinderung des Schlafes, sondern tue mit dem Hemd alle Sorgen und Anfechtungen des Handels von mir.«

Anders als viele neurotische Manager unserer Tage, die sich nach Büroschluß vom Kommandostand schleunigst auf die Couch des Psychiaters flüchten, scheint der Konzernchef über ein äußerst strapazierfähiges Nervenkostüm verfügt zu haben.

Was ihn antrieb, selbst im hohen Alter noch täglich zwölf Stunden und länger im Kontor zu stehen, hat er selbst einmal einem Vertrauten aus der Familie Thurzo erläutert, der dann berichten konnte: »Er hätte viel einen anderen Sinn, er wolle gewinnen, dieweil er könne.« Präziser wurde selten die Motivation eines Unternehmers beschrieben. Er spielte das Spiel, weil er es besser beherrschte als alle anderen und weil das Siegen Spaß machte. Der Reichtum an sich, seine heimliche Vorliebe für Juwelen, das Hochgefühl der Macht, das blieb alles nur Beiwerk. Ähnlich schlicht hat 500 Jahre später der amerikanische Präsident John F. Kennedy die Frage beantwortet, warum er 100 Milliarden Dollar ausgeben wolle, nur um zwei Amerikaner auf den Mond zu schicken: »Weil der Mond da ist.«

In seiner ganzen Art war Jakob Fugger schwäbisch, bodenständig, fast bäurisch. Er besaß einen sicheren Instinkt für das Solide, Dauerhafte und Machbare; andererseits hatte er eine Vorliebe fürs Artistische, Raffinierte, Italienische. Ohne sich zu verstellen, konnte er sich einem Fürsten in der devoten Haltung des Bürgers nähern, um ihn dann nach Strich und Faden übers Ohr zu hauen. Der Kaiser war für ihn stets eine Respektsperson, auch wenn er sich ihm überlegen fühlte. Stolz bekannte er einmal, er sei »reich von Gottes Gnaden«, während er gleichzeitig einen neuerlichen Kreditwunsch einer Majestät ablehnte, weil er derzeit »nicht sonderlich gut bei Kasse« sei.

Alles, was an persönlichen Zeugnissen von Jakob Fugger überliefert ist, läßt darauf schließen, daß ihn seine Selbstdisziplin stets vor unbedachten Äußerungen schützte. Fugger zeigte seinen Reichtum, wenn er dies für

politisch opportun hielt, und er machte sich ärmer als er war, wenn er sich davon Vorteile versprach.
Die Frage, in welchem Ausmaß Jakob Fugger den Gang der Weltgeschichte beeinflußt hat, mögen die Fachhistoriker beantworten. Sicher ist aber, daß er nichts oder nur wenig zur Veränderung der politischen Landschaft beigetragen hat, aber sehr viel zu ihrer Konsolidierung. Bei aller Machtfülle war Jakob Fugger kein vorausdenkender Politiker, sondern ein Geschäftsmann. Er hielt am Althergebrachten fest, auch dann, als mit der Reformation die Welt des Mittelalters endgültig ins Wanken geriet.
Wäre es den Freunden Martin Luthers gelungen, diesen Kaufmann auf ihre Seite zu ziehen, vielleicht wäre dann den Deutschen der Dreißigjährige Krieg erspart geblieben. So reizvoll solche Gedankenspiele sein mögen – sie sind müßig, denn Kaufleute wie Jakob Fugger hatten schon damals eine Abneigung gegen alles, was nach Reformen und Revolutionen aussah; vollends dann, wenn diese so gefährlich wurden wie der Aufstand der Bauern in Süddeutschland und der Bergarbeiter in Tirol.
Obwohl Jakob Fugger persönlich nie eine Waffe in die Hand nahm und für die Kriegsspiele und Rittertuniere der Fürsten nur ein süffisantes Lächeln übrig hatte, klebt an seinen Fingern mehr Blut als an denen der meisten Herrscher und Generäle. Denn mit seinem Geld wurden die Heere des Schwäbischen Bundes bezahlt, welche die Bauern reihenweise niedermetzelten, und nicht zuletzt war es sein Wille, das althergebrachte, verrottete Regime der Habsburger gegen die Interessen des Volkes, der Reichsstädte und der Mehrzahl der Fürsten zu stützen.
Ein schwacher, dümmlicher und weltfremder Kaiser war ihm lieber als ein finanziell gesunder Ständestaat. So half der solide, jeder Dekadenz abholde Schwabe schließlich, das brüchige Reich der Habsburger zum Weltreich auszubauen, in dem bekanntlich die Sonne nicht unterging.

Ulrich, der Frühstücksdirektor

So machtbesessen Jakob auch war, in der »Goldenen Schreibstube« galt der ältere Ulrich nach wie vor als oberster Chef. Man kann sich die Spannungen vorstellen, die da entstanden, wenn der bedächtige, aber phantasielose Erstgeborene auf seine Rechte pochte, während der jüngere, geniale Jakob einfach über den Kopf Ulrichs hinweg entschied und immer kühnere Projekte entwickelte. Georg, der dritte Fuggerbruder, spielte bei diesen internen Machtkämpfen kaum eine Rolle, da er die meiste Zeit außer Haus weilte. Von Nürnberg aus steuerte er das immer wichtiger werdende Ostgeschäft mit Polen und den Hansestädten.
Auch wenn er auf seinem Außenposten zweifellos eine wichtige Aufgabe

zu erfüllen hatte, spielte Georg im Trio der Brüder den unwichtigsten Part. Im Gegensatz zu Ulrich akzeptierte er den Führungsanspruch des Jüngsten, und er bewunderte dessen genialen Geschäftssinn. Der behäbige Ulrich aber sonnte sich im Glanz der Erfolge, welche die Firma zwar auch ihm, aber doch in weit erheblicherem Ausmaß Jakob zu verdanken hatte. Allem Anschein nach war er sozusagen der Frühstücksdirektor des Unternehmens, weniger aber die eigentliche Triebkraft. Stolz mag ihn erfüllt haben, daß es ihm als erstem Fugger gelang, sich mit einer leibhaftigen Adelsfamilie zu verschwägern. Im Jahr 1503 heiratete seine Tochter Ursula den Ritter Philipp von Stein zu Jettingen. Während Jakob von den Augsburger Patriziern die Aufnahme in die Geschlechterstube verwehrt wurde – obwohl er angeboten hatte, das Refugium der alten Familien auf seine Kosten von Grund auf renovieren zu lassen –, gelang der Familie Ulrichs der Einstieg in den mittleren Adel.
Der Vater des zukünftigen Schwiegersohns, Diepold von Stein, war Jagdherr des Königs in der Markgrafschaft Burgau, die Mutter, Anna von Rechberg, Mitglied einer weitverzweigten Grafensippe. Angesichts der blaublütigen Verwandtschaft tat Ulrich des Guten zuviel und stattete seine Tochter mit einer Mitgift aus, die etwa das Zehnfache dessen betrug, was in Kreisen des Landadels üblich war.
Die Hochzeit wurde zu einer Demonstration Fuggerschen Reichtums und des Anspruchs, endlich ganz der Oberschicht anzugehören. Der König selbst gab dem Fest die Ehre, und zwei seiner edelsten Höflinge, Graf Adolf von Nassau und Niklas van Firmian, führten die Braut zum Altar. Ursula Fugger trug ein prächtiges, perlenbesetztes Gewand und gleich vier schwere Goldketten.
Nach der Kirche wurde die Feier im städtischen Tanzhaus fortgesetzt, wozu die vornehmsten Familien Augsburgs geladen waren. Auch der Adel scheute sich nicht, auf der Hochzeit einer Bürgerlichen zu tanzen. Eigenartigerweise erwähnt die Chronik, welche so ausführlich das fröhliche Maskentreiben und den Mummenschanz mit den vielen berühmten Gästen schildert, nirgendwo das Ehepaar Jakob und Sybille Fugger. Daß beide dem Familienspektakel ferngeblieben waren, läßt sich kaum vorstellen, doch werden sie wohl amüsiert, vielleicht auch zynisch den Jahrmarkt der Eitelkeit aus dem Hintergrund beobachtet haben.
Georg und seine Frau Regina waren wohl anwesend, doch dürfte zumindest Georg das Fest kaum richtig genossen haben. Der mittlere der drei Fuggerbrüder, schon als Jüngling auffallend zart und sensibel, fühlte sich nämlich schon mit knapp 50 Jahren als alter Mann. Der permanente Streß in der Firma sowie die ständigen Reisen im zugigen Wagen durch unwegsames Gelände von den Tauern bis Polen und hinauf nach Riga und Reval hatten seine Gesundheit ruiniert. Im Jahr vor der Hochzeit Ursulas hatte

Georg den ständigen Platz in Nürnberg zugunsten des unermüdlichen und robusteren Jakobs aufgegeben und sich vor den Toren Augsburgs auf seinen Landsitz in Göggingen zurückgezogen.
Dort erging er sich in Gedanken über den Tod, er machte sein Testament und äußerte gegenüber seinen Brüdern den Wunsch, man möge in der Augsburger Sankt-Anna-Kirche die Familiengruft einrichten. Ein paar Jahre später, am 14. März 1506, schied er, so berichtet Clemens Sender, dreiundfünfzigjährig »mit einem sanften, in Gott gnädiglichen Ende aus dieser Welt«.

Eine »ehrbare Behausung« für die Witwe

Nach dem Gesellschaftsvertrag von 1502 hatten die Erben – die Frau und vier Kinder – nur Anspruch auf Georgs bescheidenes Privatvermögen, nicht aber auf seinen Anteil an der Firma. Erst fünf Jahre später schloß Jakob als »Gewalthaber« mit der Witwe seines Bruders einen Vermögensvertrag. Er sicherte ihr nun zu lebenslänglicher Nutzung »eine ehrbare ziemliche Behausung« in der Annastraße 19 zu und dazu »allen und jeglichen Hausrat und Silbergeschirr« sowie eine Barabfindung von 7000 Gulden. Der älteste Sohn Markus und seine Schwester Regina wurden ebenfalls abgefunden, die beiden jüngeren Söhne Raymund und Anton jedoch zu Haupterben Georgs erklärt.
Markus hatte sich, obwohl er der Älteste war, für den Beruf eines Geistlichen entschieden und war damit automatisch von der Erbfolge ausgeschlossen. Die Fuggerchronik berichtet über diesen nach Rom delegierten Sohn Georgs: »An dem päpstlichen Hof, nämlich bei Papst Julio dem anderen, war dieser Herr Markus Fugger allezeit in großem Ansehen, dann er wegen seiner gelehrten Geschicklichkeit fest gebraucht worden.« Doch auch dieser Markus starb jung, im Alter von 22 Jahren, am 26. Oktober 1511 zu Rom. Seine Schwester Regina heiratete 1512 in Augsburg den Kaiserlichen Geheimen Rat Hans Baumgartner, den ältesten Sohn jenes alten Fuggerrivalen, der Jakob in Tirol so schwer zu schaffen machte. Von den beiden Haupterben aber, von Raymund und Anton, wird später noch zu berichten sein.

12. Kapitel
Armer Max

Der Tod des Bruders fiel in jene Zeit, in der Jakob gerade dabei war, Weltpolitik zu machen. Im Jahr 1506 beschloß er nämlich, Maximilian endlich zum Kaisertitel zu verhelfen. Tat er dies nicht, bestand die akute Gefahr, daß der Franzosenkönig Ludwig XII. nach Rom zog, um sich die Krone des Heiligen Römischen Reiches aufzusetzen. Das hätte aber ein Ende der finanziellen Vorherrschaft der Fugger in Europa und eine langwierige Neuorientierung am französischen Hof bedeutet, und Jakob haßte vermeidbare Geldausgaben.

Nach dem mühsam zustande gekommenen Frieden von Blois im Jahr 1504 zwischen Habsburg und Frankreich hatte sich das europäische Machtgefüge wieder einmal gründlich verändert. Damals verbündeten sich die beiden Könige zusammen mit Papst Julius II. gegen Venedig, was freilich die Fugger nicht hinderte, ihre Position am Rialto mit einer Stützungsaktion für die größte Bank der Republik abzusichern. Jakob hielt ohnehin nicht sehr viel von diesem königlichen Bündnis, für das der Habsburger dem Franzosen Mailand überlassen hatte. Tatsächlich brach es schon ein Jahr später wieder auseinander, da die Rivalitäten zwischen den beiden beherrschenden Mächten Europas zu groß waren.

Ludwig XII. verbündete sich nun mit Franz von Aragon, der nach dem Habsburger Philipp dem Schönen zweitstärksten politischen Kraft auf der Iberischen Halbinsel, gegen Maximilian. Solange sein einziger Sohn Philipp die Stellung der Habsburger in Spanien hielt, konnte sich der Traum Maximilians von einem europäischen Reich, das vom Atlantik bis zum Bosporus reichen sollte, durchaus noch erfüllen.

Doch im September 1506 erreichte den König die Nachricht vom Tod des Sohnes. Schlagartig zerplatzten die Großmachtträume des Habsburgers, denn Philipps Witwe Johanna wurde wahnsinnig, und die beiden Kinder befanden sich noch im Knabenalter. Der Thronfolger Carlos war sechs, sein Bruder Ferdinand erst drei Jahre alt. Nur wenn es Maximilian jetzt glückte, in Rom die Kaiserkrone zu erlangen, durfte er hoffen, die Macht der Habsburger in Spanien zu verteidigen, bevor Ludwig VII. und Franz von Aragon die Schwäche des Erzhauses ausnützen konnten.

Angesichts der schweren Zeiten, denen das Reich entgegenging, empfand der König die Abhängigkeit von den Augsburger Kaufleuten um so schmerzlicher. Immer wieder wurde er von den Tiroler Gewerken sowie den Fuggerkonkurrenten Baumgartner, Herwart, Adler und Höchstätter auf die unhaltbaren Zustände im Erzhandel hingewiesen. Als er dann auch noch erfuhr, daß er selbst das Metall, das er für Kanonen und Helle-

barden dringend benötigte, teuer bei den Fuggern einkaufen mußte, platzte ihm der Kragen. »Wiewohl Wir das Kupfer aus den harten Felsen haben, und Uns gehört, so müssen Wir also, eurer Meinung nach, das Kupfer in allen Massen, als gehöre Uns das Kupfer nicht, und wie ein Fremder bezahlen, was doch ganz unbillig ist«, beschwerte er sich in einem Brief an Jakob Fugger.
Solange die Ausbeute der Erzgruben nur für Münzen, Schmuck und Hausgeräte verwendet wurde, hatte der »letzte Ritter« nichts gegen das Geschäft der Fugger, sobald aber die Möglichkeit, Kriege zu führen, vom Wohlwollen einfacher Bürger abhing, revoltierte sein Herrscherstolz. Deshalb klagte der über wirtschaftliche Zusammenhänge nur unzureichend informierte Monarch vor der Tiroler Raitkammer: »Denn von Unserem Hauskammeramt bis zu Unserem Zeughaus zu Innsbruck sind vielleicht dreißig Schritte. Und sollte das Kupfer Uns also in einem Kaufe zu Unserem Geschütze geantwortet werden, so hätte der Fugger in denselben dreißig Schritten unterwegs seinen Wechsel dafür.«
Das hatte er zweifellos richtig erkannt. Aber schlimmer noch erschien ihm die politische Abhängigkeit: »In Sonderheit wäre es Unserem guten Geschütz und Hauptstücken ein Schaden und Unehre, wo man das sagte, daß sie sich mit ihren Taten so kräftig und tapfer halten, und sollte in ihrer Macht nicht sein, daß sie das Kupfer frei hätten.« Nun plagte den Monarchen weniger die Sorge um den Ruf seiner Soldaten als die um sein eigenes Ansehen. Im ersten Zorn befahl er dem Hofmarschall Paul von Liechtenstein wieder einmal, die Metallverträge mit den Fuggern zu kündigen. Dabei übersah er, daß er dazu längst nicht mehr in der Lage war. Denn der Marschall hörte bereits mehr auf Jakob Fugger als auf seinen Dienstherrn, ebenso der Großschatzmeister des Königs, Jakob Villinger.
Jakob fuhr selbst nach Innsbruck, um die Situation zu bereinigen. Unmißverständlich machte er dem König klar, daß er nur dann Aussicht auf die Kaiserkrone habe, wenn sich die Fugger für ihn einsetzten. Der Hinweis auf seine Freundschaft mit so einflußreichen Kirchenfürsten wie Melchior von Meckau und Jakob von Trier verfehlten seine Wirkung nicht. Der König mußte erkennen, daß der Augsburger Kaufmann über Verbindungen verfügte, die er selbst nicht besaß, und daß dessen Organisation weiter reichte und besser funktionierte als sein Staatsapparat.
Niemand außer den Fuggern war in der Lage – das machte ihm Jakob klar –, die für das »Unternehmen Kaiserkrone« erforderlichen Summen aufzubringen. Der König des Deutschen Reiches konnte ja nicht wie ein Tourist nach Rom reisen, um sich vom Papst zum Kaiser krönen zu lassen. Er mußte vielmehr ein stattliches Heer aufbieten, um überhaupt den Durchgang zum Kirchenstaat zu erzwingen, hatte doch Venedig unmißverständlich erklärt, daß es sich einem solchen Vorhaben widersetzen werde.

Die letzte Erzgrube verpfändet

Maximilian hoffte immer noch, auf dem Reichstag zu Konstanz im Frühsommer des folgenden Jahres die Stände für seine Kaiserpolitik gewinnen zu können. Rund 120000 Gulden, so hatten seine Berater ausgerechnet, würde der Zug nach Rom mit wenigstens 30000 Soldaten kosten – eine Summe, die er allein nie aufbringen konnte. Und je näher der Reichstag rückte, desto deutlicher wurde die Zurückhaltung der Geistlichen, Fürsten und Städte, die ihre Gesandten nach Konstanz zu schicken hatten. Andere Themen als das ihrer Meinung nach eitle Kaisermanöver interessierten sie mehr: Da waren die immer bedrohlicher werdende Türkengefahr, der wachsende Zorn des Volkes über die hohen Abgaben an Kirche und König sowie die hier und dort aufflammenden Unruhen wie jene ersten Bauernaufstände unterm Zeichen des Bundschuhs.

Schon vor Beginn der Tagung nahm Maximilian deshalb über seinen Hofmarschall Paul von Liechtenstein mit den Fuggern Kontakt auf, um über neue Darlehen zu verhandeln. Als die Kaufleute nach den Sicherheiten fragten, verwies sie der Marschall wieder einmal auf britische Subsidiengelder, die dem König angeblich noch aus dem Krieg gegen Frankreich zustanden.

Kühl beschieden die Brüder, man sei längst darüber informiert, daß aus England nichts mehr zu erwarten ist. So blieben als einziges Pfand die letzten noch in Staatsbesitz befindlichen Silbergruben bei Rattenberg. Gerade die aber wollte Maximilian auf keinen Fall herausrücken, um wenigstens noch einen geringen Einfluß auf das Münzwesen in Tirol zu behalten. Nach stundenlangen Verhandlungen aber teilte ihm sein Hofmarschall mit, daß er entweder auf das dringend benötigte Geld oder auf das Erz verzichten müsse.

Maximilian entschied sich, wie von den Fuggern erwartet, fürs Geld, und am 15. Mai 1506 wurde ein Darlehensvertrag über 60000 Gulden unterzeichnet. Mehr wollte Jakob für die dreijährige Pacht der Anlagen in Rattenberg nicht herausrücken. Die Hälfte der für die Romfahrt benötigten Summe hatte der König somit sichergestellt – auch wenn er damit gegen die geltenden Antimonopolgesetze verstieß und dem Fugger die uneingeschränkte Ausbeute des Tiroler Erzes überließ. Erst hinterher sollte sich freilich herausstellen, daß keineswegs das volle Darlehen für das Romprojekt zur Verfügung stand, da ein erheblicher Teil davon für alte Schulden verwendet werden mußte.

Als der Reichstag bei brütender Hitze im Juni versammelt war, zeigte sich, daß die Stände noch viel knausriger waren, als der König angenommen hatte. Auch nach seiner mitreißenden Rede, in der er sein Vorhaben begründete, wollten sie ihm nicht mehr als ein Drittel der benötigten

Summe, also 40000 Gulden, zur Verfügung stellen. Damit schien der Traum von der Kaiserkrone endgültig ausgeträumt zu sein, und manche der Delegierten machten sich bereits über den verhinderten Imperator lustig.

Wagenladungen voll Gold

Am 3. Juli aber ging plötzlich ein Raunen durch die Stadt. Wie ein Lauffeuer verbreitete sich das Gerücht, der reiche Jakob Fugger sei mit ganzen Wagenladungen voll Gold eingetroffen, um dem König zu helfen. Die Sensation war perfekt, und die diplomatischen Vertreter der europäischen Regierungen wie zum Beispiel der Venezianer Vincenzo Querini sandten Sonderkuriere nach Hause.

Obwohl es sicher nicht nötig gewesen wäre, das Geld nach Konstanz zu befördern, versprach sich Jakob von einer solchen Demonstration seiner Macht den totalen Sieg über die Widersacher in Tirol. Denn wenn der Zusammenhang zwischen der hohen Politik und dem Augsburger Handelshaus so offensichtlich wurde, dann würde es niemand mehr wagen, ihn in kleinliche Prinzipienstreitereien zu verwickeln.

80000 Gulden ließ er nach Konstanz karren, und alle Welt rätselte, wie der König sich die Riesensumme beschafft habe. Maximilian, noch vor wenigen Tagen ein Bettler um die Gunst der Reichsstände, schwelgte nun plötzlich im Gold der Fugger. Auch die wichtigsten Berater des Königs, die hohen Würdenträger, wurden reichlich beschenkt. Am meisten aber verwöhnte Jakob die Königin Bianca Maria Sforza, die mit ihren 200 Gulden Monatsgeld allzu dürftig ausgestattet war.

Worauf die plötzliche Großzügigkeit des sonst so vorsichtigen Kaufmanns zurückzuführen war, erfuhr die Öffentlichkeit – das waren damals nur der Adel und das gehobene Bürgertum – erst einige Wochen später: Der Bürger Jakob Fugger hatte sich seinen Beitrag zur Finanzierung der Kaiserkrönung mit der Erhebung in den Adelsstand bezahlen lassen. Auf Befehl des Königs erhielt er den Grafentitel und die Herrschaft über ausgedehnte Ländereien vor den Toren der freien Reichsstadt Ulm.

Für eine Darlehenssumme von insgesamt 50000 Gulden überschrieb der König am 27. Juli 1507 Grafschaft und Schloß Kirchberg an der Iller sowie die Herrschaften Wullenstetten, Pfaffenhofen, Illerzell, Wiblingen, Weißenhorn, Marstetten und Buch an »Jakob Fugger und Erben«. Es war ein stattlicher Besitz mit zahlreichen Schlössern, Kirchen, Dörfern, ja sogar der ganzen Stadt Weißenhorn, die neben Ulm das Zentrum der Barchentweberei in Oberdeutschland war.

Die Fugger erhielten sämtliche Hoheitsrechte, Lehen, die Gerichtsbarkeit und auch noch die hohe Jagd, die sich der König für gewöhnlich selbst vorbehielt. Aus dem Kaufmann war über Nacht ein absolutistischer Fürst geworden. Zwar enthielt der Vertrag die Klausel, daß der König die Herrschaften nach Tilgung der Darlehen und Rückgabe der Kaufsumme wieder an sich nehmen könne, doch maß Jakob diesem Passus angesichts der permanenten Geldnot Maximilians nur theoretische Bedeutung zu, zumal ihm die Grafschaft Kirchberg für zwanzig Jahre fest überschrieben worden war. Zur Herrschaft Weißenhorn gehörten übrigens auch ein großer Bauernhof im benachbarten Dorf Babenhausen, von dem eine der beiden heute noch existierenden Linien der Fuggerdynastie ihren Namen ableitet.

Wie schon vor ihnen die Medici in Florenz, so hatten nun auch die Fugger in Augsburg dank ihrer kaufmännischen Tüchtigkeit den Aufstieg in die dünne Schicht des Adels geschafft. Doch es war beileibe nicht nur gesellschaftliches Prestigedenken, das Jakob zu dem überraschenden Geschäft veranlaßt hatte. In den letzten Jahren hatte das Unternehmen vor allem im Metallgeschäft erhebliche Summen verdient. Weitere Investitionen in den Bergbau erschienen kaum lohnend, da die vorhandenen Gruben ausreichten, den Bedarf zu decken. Auch das Bankgeschäft und der Textil- und Spezereienhandel brauchten keine dringende Kapitalspritze. So erschien es Jakob zweckmäßig, die Überschüsse möglichst krisenfest anzulegen, und die sicherste Geldanlage war seit jeher Grund und Boden.

Auf diese Art schlug er zwei Fliegen mit einem Schlag: Er kam preiswert zu einem großen Territorialbesitz und hatte sich zudem den künftigen Kaiser des Deutschen Reiches noch fester verpflichtet. Auch für Maximilian war das Geschäft in doppelter Hinsicht interessant: Abgesehen davon, daß er das dringend benötigte Darlehen erhielt, bedeutete die Festsetzung der Fugger im Gebiet zwischen Augsburg und Ulm einen politischen Schachzug gegen die bayerischen Rivalen der Habsburger, das Haus Wittelsbach.

Das Schloß Oberkirchberg stammte nämlich aus dem Besitz des Herzogs Georg von Bayern, der es im Landshuter Erbfolgekrieg anno 1504 an den Habsburger verloren hatte. Der Wittelsbacher wiederum hatte es 1481 von Wilhelm Graf zu Kirchberg für 31 000 Gulden gekauft. Deshalb beabsichtigte Maximilian ursprünglich, es dem Grafen wieder zurückzugeben, doch bot er es dann doch lieber dem Fugger als Pfand für das Darlehen an.

Wenn der König angenommen hatte, daß die Aussicht auf eine Grafschaft den Kaufmann zu Freudensprüngen veranlassen würde, so hatte er sich gründlich getäuscht. Jakob zeigte nicht die geringste Eile, Graf zu werden. Wenn er schon über ausgedehnten Grundbesitz verfügen sollte, ließ er wissen, dann wäre es zweckmäßig, wenn dieser Besitz möglichst nahe bei

Augsburg liege. Solche Einwände verblüfften die königlichen Unterhändler, die den Aufstieg des Augsburger Bürgers in ihre Schicht ohnedies mit gemischten Gefühlen betrachteten.
Immerhin erreichte Jakob durch sein Taktieren, daß ihm der König auf Kirchberg nur 25 000 Gulden anrechnete, obwohl der Besitz 28 Jahre vorher schon 31 000 gekostet hatte. Auch die Herrschaft über Weißenhorn ließ sich der Kaufmann förmlich aufdrängen, da er dort den Widerstand des bisherigen Lehnsherrn Adam von Frundsberg vermutete.
Der König war eindeutig in der schlechteren Verhandlungsposition, da er wegen der Romfahrt unter Zeitdruck stand. So nahm Jakob Fugger die hohe Auszeichnung eher huldvoll als beflissen entgegen. Und vermutlich wurden auch nur deshalb die vagen Rückkaufklauseln in den Vertrag aufgenommen, damit der Habsburger das Geschäft vor seinen adeligen Standesgenossen besser rechtfertigen konnte.
Was weniger feste Naturen unter den Kaufleuten zu überschwenglichen Dankesbezeigungen veranlaßt hätte, nötigte Jakob Fugger nur ein knappes »Einverstanden« ab, mit dem er den Text in der königlichen Urkunde anerkannte: »Ihre Majestät erkenne den Fugger-Namen aus den langwierigen, getreuen Diensten, den Herrn von Österreich erwiesen, des Adeligen getreuen Gemütes, auch solcher Ehren bereit, daß sie solche Graf- und Herrschaften besitzen, auch regieren und den Titel davon führen.« Jakob war also fortan Graf, sein Bruder und Seniorpartner Ulrich blieb weiterhin schlichter Bürger.

Die Bauern meutern

Doch ehe Jakob Fugger seine neu erworbenen Rechte ausüben und die stattlichen Besitztümer in Empfang nehmen konnte, gab es erst einmal ein heilloses Durcheinander. Als Adam von Frundsberg auf Befehl Seiner Majestät in Weißenhorn und den umliegenden Ortschaften erschien, um die bisherigen Pfleger und Amtsleute abzusetzen, kam es prompt zu Zwischenfällen. Denn bis dahin war das Geschäft zwischen dem König und dem Fugger streng geheimgehalten worden.
Die Bauern leisteten zwar anstandslos den Eid auf den König, als sie aber hörten, daß ihr neuer Herr Jakob Fugger hieß, fühlten sie sich verraten und verkauft. Bisher hatten sich die Barchentweber in Weißenhorn recht frei gefühlt, da die alten Lehnsherren nichts vom Textilgeschäft verstanden und lediglich an der landwirtschaftlichen Nutzung der Region interessiert waren. Nun aber bestand die Gefahr, daß sie zu Leibeigenen des mächtigsten deutschen Textilkaufmanns wurden, der ihnen jeden Preis für ihre Arbeit diktieren konnte.

»Wir sind Untertanen des Augsburger Domkapitels und des Ulmer Spitals und können deshalb keinen Eid auf den Fugger leisten«, entgegneten sie dem Abgesandten des Königs.
Wollte man die Widerspenstigen nicht mit Gewalt zum Gehorsam zwingen, so mußte man nachweisen, daß sie eben nicht zu Ulm oder Augsburg gehörten, sondern dem König beziehungsweise dem neuen Besitzer Jakob Fugger verpflichtet waren.
Boten wurden deshalb an den Hof nach Landshut geschickt, um die erforderlichen Urkunden beizubringen und die Rechtsverhältnisse zu klären. Das dauerte freilich ein paar Monate, während derer Adam von Frundsberg immer wieder versuchte, die aufgebrachten Weber und Bauern zu beruhigen. Da dies nicht so ganz gelingen wollte, schickte Jakob eine Delegation schwäbischer Edelleute, der auch der ehemalige Augsburger Bürgermeister und Fuggerverwandte Artzt angehörte, nach Weißenhorn, um seine künftigen Untertanen in einem öffentlichen Hearing doch noch umzustimmen. Schließlich gelang es mit Hilfe echter oder gefälschter Dokumente, die Rechtmäßigkeit des Besitzwechsels nachzuweisen und sogar den hartnäckigsten Fuggergegner, den Vogt von Wiblingen, zu beruhigen.
Jeder Einwohner des Herrschaftsbezirks mußte in den ersten Tagen des Jahres 1508 folgenden Eid leisten: »Ich gelobe und schwöre, daß ich dem ehrbaren und festen Herrn Jakoben Fuggern als meinem rechten Herrn und seinen Erben, auch seinen Pflegern, Amtleuten und wem er das an seiner statt befiehlt, gehorsam, getreulich und gewärtig zu sein, auch die Rente, Zins und Gült und anderes reichen, geben und bezahlen, ihren Nutz und Frommen fördern und Schaden wenden und warnen und alles das tun soll und will, das ein jeder Untertan seinem rechten Herrn schuldig und pflichtig und von all dem Herkommen ist, auch Inhalt des Kaufbriefs, so der benannte Herr Jakob Fugger von Römischer Königlicher Majestät, meinem allergnädigsten Herrn, hat, gebührt, getreulich und ungefährlich.«
Der Kaufmann war damit praktisch unumschränkter Herr über Leben und Tod sowie Hab und Gut seiner Untertanen. Bezeichnenderweise war der Eid auf ihn persönlich zu leisten. Ulrich taucht nirgendwo in den Urkunden über den Herrschaftsbesitz auf, so daß der Schluß naheliegt, daß ihn Jakob zu jener Zeit bereits völlig aus der Geschäftsleitung verdrängt hatte.
Noch komplizierter als in Weißenhorn war die Rechtslage in Kirchberg. Denn bald stellte sich heraus, daß der König die Grafschaft etwas vorschnell verkauft hatte. Seit dem 25. September 1504 gehörte sie nämlich dem Grafen Eitel Friedrich von Zollern, an den sie vom König für ein Darlehen von 20000 Gulden verpfändet worden war. Der Graf wollte Kirch-

berg deshalb nur gegen die Tilgung des Darlehens und eine zusätzliche Unkostenpauschale von 3000 Gulden herausrücken.
Jakob Fugger aber hatte keine Lust, für Kirchberg gleich zweimal zu bezahlen, und der König, der den Schlamassel angerichtet hatte, war natürlich nicht zur Verantwortung zu ziehen. Da bot sich durch Zufall eine ebenso elegante wie verwerfliche Lösung an: Für einen geistlichen Würdenträger sollte Jakob gerade einen hohen Betrag nach Rom überweisen, als der Eigentümer unerwartet verstarb. Ausgerechnet der Graf von Zollern erhob nun Anspruch auf die Auszahlung der Summe. Jakob erklärte sich dazu bereit, wenn der Graf dafür im Gegenzug Kirchberg herausrückte.
Weil das Geschäft rechtlich anfechtbar war, sollte der Bischof von Konstanz zusammen mit anderen kirchlichen Würdenträgern als Schiedsrichter fungieren. Nach mehrfacher Verzögerung kam der Handel am 25. Januar 1508 in Ulm zustande. Nun mußten auch die Einwohner Kirchbergs erst dem König und dann dem Fugger Treue schwören, ehe die Schlüssel und das Inventarverzeichnis übergeben wurden.

Einen Forstbeamten als Beute

Als kluger Kaufmann legte Jakob keinen Wert darauf, mit dem Grafentitel zu prunken. Wahrscheinlich hat er ihn sogar nie offiziell geführt. Trotzdem konnte er sich als alleiniger, unumschränkter Herr auf seinen Latifundien fühlen. Er ließ die Gebäude renovieren, setzte erfahrene, ihm treu ergebene Verwalter ein und brachte die abgewirtschafteten Güter wieder auf Vordermann. Trotzdem hatte er an seinem Großgrundbesitz keine rechte Freude.
Wenn er in seiner zwölfspännigen Kutsche, von mehreren Reitern begleitet, durch die Dörfer und den Schloßberg hinaufpreschte, drohten ihm die Bauern nicht selten mit der Faust. Auch der niedere Adel, der ihm nach dem Erlaß des Königs zum Lehen verpflichtet war, mochte sich mit der Herrschaft des bürgerlichen Kaufmanns nicht abfinden. Mehrfach mußte Maximilian eingreifen, um des Fuggers Rechte in der Grafschaft durchzusetzen.
Insbesondere der Burgauer Jagdaufseher Jörg Rott weigerte sich beharrlich, den »Pfeffersack«, der nie eine Flinte anrührte, als obersten Waidmann anzuerkennen. Auch der Abt von Roggenburg machte ständig Schwierigkeiten und ließ eines Tages sogar das Wasser der Roth bei Gannertshofen abzweigen, so daß die ganze Stadt Weißenhorn trocken lag. Damit hatte er aber nicht nur den Fugger, sondern auch die Handwerker der Stadt gegen sich. Zusammen mit dem Fuggerschen Amtmann zogen

sie aus, um auf dem Jahrmarkt von Ingstetten, das zum Bezirk Roggenburg gehörte, alles kurz und klein zu schlagen, den Galgen des Abtes umzulegen und sein Wasserwerk zu demolieren.
Dauernde Händel gab es mit der benachbarten Reichsstadt Ulm, die ihre Vormachtstellung auf dem Barchentmarkt bedroht sah. Als bekannt wurde, daß Jakob Fugger in Weißenhorn eine eigene Schaustelle (Messe) einrichten wolle, schritten die Ulmer zum Kampf. Sie ließen die Zollstelle in Unterkirchberg sperren, und bei einem Überfall war ausgerechnet ein kaiserlicher Forstbeamter ihre einzige Beute.

Der König will Steuern eintreiben

Während Jakob Fugger trotz aller Widerstände sein Ziel erreichte und fortan zu den Großgrundbesitzern Süddeutschlands zählte, hatte der König mit seinem Vorhaben erheblich größere Mühe. Denn bevor er noch den ersten Schritt in Richtung Rom tun konnte, war das von den Fuggern und den Reichsständen herbeigeschaffte Geld schon wieder in den tausend Löchern des Staatsapparates spurlos versickert. Teils wurde es zur Dekkung alter Schulden verwandt, teils gab es der König im wohligen Gefühl plötzlichen Reichtums für alle möglichen anderen Zwecke aus, und einen nicht geringen Teil schnappten sich die zahllosen Schmarotzer bei Hofe.
Das alte Spiel konnte also von neuem beginnen. Leicht irritiert beschloß nun der König, endlich Nägel mit Köpfen zu machen, und er verfügte – ohne Rücksicht auf die ganz anderen Verhältnisse in seinem Reich – eine Art Zwangsanleihe nach französischem Muster. Die reichen Handelsgesellschaften Oberdeutschlands, an der Spitze natürlich die Fugger, sollten erneut zur Kasse gebeten werden, um der Majestät auf den Kaiserthron zu verhelfen. Maximilians schlaue Ratgeber argumentierten, daß bisher lediglich die Unternehmer als Privatpersonen ihre Steuern an die Städte bezahlten, daß aber die Firmen als Körperschaften unbesteuert blieben. Deshalb sei es nur recht und billig, wenn sie jetzt das Versäumte nachholten und dem König ein ausreichendes Darlehen gewährten. Sollten sie sich widersetzen, drohte der König, werde er nicht zögern, ihre »Niederlegung« zu verlangen.
So abwegig, wie es zunächst erscheint, war die Idee nicht, denn tatsächlich zahlten die großen Unternehmen nur minimale Steuern. Der reichste Mann Deutschlands, Jakob Fugger, führte zum Beispiel pro Jahr kaum 1000 Gulden an den Fiskus ab. Nur hatte Seine Majestät eines übersehen: Sie verfügte weder über die Macht noch über die Fähigkeit, die weitverzweigten Geschäfte der großen Handelsgesellschaften exakt einzuschätzen und dadurch ihre Steuerschuld festzustellen. So endete auch dieses,

zweifellos nicht verkehrte Vorhaben des Herrschers wie so viele andere auch: mit einer Niederlage. Unter Führung der Fugger organisierten die sonst so heftig miteinander konkurrierenden Gesellschaften gemeinsam den Widerstand. Gewitzt, wie sie waren, traten sie nicht selbst gegen die Steuerpläne des Königs auf. Sie schickten vielmehr die Reichsstädte und befreundete Adelige wie zum Beispiel den Grafen Eitel Friedrich von Zollern ins Gefecht. Auf Anregung Jakobs heuerten sie wieder einmal die publizistische Vielzweckwaffe Konrad Peutinger an.

Obwohl es damals noch keine Wirtschaftsverbände im heutigen Sinne gab, besaß die von den Fuggern organisierte Industrielobby eine ähnliche Durchschlagskraft wie heute der BDI. Nichts zeigt deutlicher die Einstellung der geschäftstüchtigen Bosse des 16. Jahrhunderts wie die offizielle Stellungnahme der Fugger zur geplanten Körperschaftssteuer: »Wenn man sich umsehen will, zu welchem Vermögen der Kaufmannshandel viele Länder und Leute gebracht hat, täglich bringt und aufenthält – was keiner Erklärung bedarf, da es gar offenbar am Tag liegt –, so wird nicht unbillig der redliche Handelsmann wert, lieb und schön gehalten bei allen Geschlechtern und Ständen der Menschen, sondern auch mit bequemen Privilegien und Freiheiten gnädiglich versehen, wie es in viel mehr anderen Landen geschieht.« Wer erkennt da nicht die Verwandtschaft der Sprache der Unternehmerverbände und Gewerkschaften unserer Tage? Auch wenn dem König und seinen Räten solche Argumente einleuchten wollten, so war damit noch keineswegs der Zorn des Volkes über die immer reicher werdenden »Pfeffersäcke« besänftigt, denen es die Hauptschuld an den beispiellosen Preissteigerungen der letzten Jahre gab. Insbesondere die Gewürze, vor allem Safran, waren so teuer geworden, daß sie als reine Luxusartikel der Oberschicht galten. Geschickt lenkten die Fugger den Volkszorn deshalb auf den fernen König von Portugal, der angeblich an allem schuld war, weil er nämlich gegen den Herrscher der ostindischen Gewürzstadt Kalikut Krieg führte und deshalb zu wenig Ware nach Europa brachte.

Auch die Ursache der steigenden Preise für Seide und Silber schoben die Fugger fremden Lieferanten in die Schuhe. Wenn »also hier zu Lande an Seidengewand Gebrechen« auftraten, »dadurch es im Preis auch etwas hinauf gekommen ist«, so waren beileibe nicht etwa die ehrbaren Kaufleute, sondern die fernen Genuesen, Venezianer und Mailänder schuld oder vielleicht sogar der türkische Sultan, der in Fehde mit San Marco lag.

Obwohl es den Kaufleuten gelang, die Steuer abzublocken und den Zorn des Volkes ein wenig von sich abzulenken, gerieten insbesondere die Fugger allmählich in Bedrängnis. Zum ersten Mal wurden ihnen die goldenen Ketten, mit denen sie ihr Schicksal an das des Herrscherhauses geschmie-

det hatten, schmerzhaft bewußt. Die Riesensumme, die sie dem König geliehen hatten, war nutzlos vertan und dessen Kaiserkrone ferner denn je.
Konnte es sich ein Jakob Fugger leisten, ein Projekt, in das er so viel persönliches Prestige investiert hatte, einfach aufzugeben? Andererseits war er auch nicht bereit, die Finanzierung dieses Unternehmens anderen zu überlassen. Wenn seine bisherige Politik einen Sinn haben sollte, mußte er, der Fugger, dem König zur Krone verhelfen, sonst war alles umsonst gewesen. Aber bestand nicht die Gefahr, so viel Geld in das bodenlose römische Faß zu schütten, daß daran die Firma zugrunde ging?
Kühl wog der Kaufmann alle Möglichkeiten der Geldbeschaffung und der Kosten des Unternehmens gegeneinander ab, und dann entschloß er sich doch, das Wagnis einzugehen. Aus eigener Kraft freilich konnte er unmöglich die erforderlichen Summen aufbringen, deshalb ging er den Brixener Fürstbischof um eine weitere Einlage an. Seit dem Winter 1505 hatte Melchior von Meckau schon ganz erhebliche Summen in die Augsburger Firma gepumpt. Erneut war es ihm möglich, auf Jakobs Vorschlag hin noch einmal 25000 Gulden zu investieren. Ingesamt beliefen sich nunmehr seine geheimen Einlagen bei den Fuggern auf die Riesensumme von 150000 Gulden.
Die Gefahren, die mit einem derartig hohen Fremdkapitalanteil verbunden waren, mußte ein Kaufmann wie Jakob nur allzu gut kennen. Zog der Fürstbischof sein Geld von heute auf morgen zurück, dann drohte der Firma das Verhängnis. Schon dies genügte, daß die Fugger das größte Interesse daran hatten, die stille Teilhaberschaft Melchior von Meckaus unter keinen Umständen bekanntwerden zu lassen.

Hoher Besuch aus Rom

Bald tauchten in Italien Gerüchte über unvorstellbar große Beträge auf, die dem König nunmehr zur Verfügung stünden. Als der Habsburger, von dem in den nächsten Monaten eine Entscheidung über das künftige Schicksal Europas erwartet wurde, den Fuggern in Augsburg einen mehrtägigen Besuch abstattete, überschlugen sich an den europäischen Fürstenhöfen die Spekulationen. Auch der Staatsphilosoph Niccolo Machiavelli erfuhr in Genua von enormen Summen, welche die Fugger für die Kaiserkrönung zur Verfügung stellen wollten.
Der venezianische Gesandte Vincenzo Querini, den Maximilian vom Konstanzer Reichstag hatte vertreiben lassen, meldete sich am Augsburger Rindermarkt, um Näheres zu erfahren. Der Doge wollte den König nicht durch sein Hoheitsgebiet nach Rom ziehen lassen. Er war mit dem

Papst wieder einmal verfeindet und wurde somit automatisch zum Gegner des Habsburgers, solange Julius II. auf dessen Seite stand. Die Fugger wiederum wollten es auf keinen Fall mit Venedig verderben, da sie dort an der Metallbörse den größten Teil ihres Kupfers losschlugen. Wenn der Gesandte aber beabsichtigt hatte, Jakob zu erpressen, um so die Kaiserpläne Maximilians abzuwürgen, so mußte er nun in Augsburg eine empfindliche Niederlage hinnehmen. Denn die Fugger hatten eine solche Situation natürlich längst vorausgesehen und waren deshalb bestens vorbereitet. Falls Venedig seine Märkte für das Kupfer aus Tirol und Ungarn sperren sollte – nun, dann würde man eben das Metall vollständig nach Norden umleiten und über die Ostseehäfen der Hanse vertreiben.
Kaum war Querini indigniert abgereist, kam Weihnachten 1507 neuer Besuch das Lechtal herabgezogen. Bereits zum zweiten Mal sandte Papst Julius II. den Kardinal Bernardino Caravajal nach Augsburg, um Chancen und Zeitpunkt der Romfahrt Maximilians zu erkunden. Jakob nutzte die Gelegenheit, die Dreieinigkeit von Rom, Habsburg und Augsburg zu demonstrieren.
Zu Ehren des Kardinals gab er ein Festbankett, von dem man in Augsburg noch Jahre später sprach. Mindestens zwölf Gänge wurden aufgetragen, und alles, was in Augsburg Rang und Namen hatte, war eingeladen. Anschließend spielten im Haus am Rindermarkt die Musikanten zum Tanz, nachdem der Kirchenmann allen Teilnehmern huldvoll »Gnade und Ablaß für Schuld und Pein« gewährt hatte.
Gesprächsthema Nummer eins an der Tafel war jedoch nicht die Mission des Kardinals, sondern ein junges, hübsches Mädchen namens Anna Lanenit, das angeblich nur vom Abendmahl lebte und sonst keinerlei Nahrung zu sich nahm. Es hielt sich in der Stadt auf und wohnte beim Fuggerkonkurrenten Welser. Anton Welser, der Schwiegersohn Konrad Peutingers, hielt Anna für eine Heilige und verliebte sich unsterblich in das Mädchen.
Indessen stellte sich später heraus, daß die Lanenit eine raffinierte Betrügerin war. 1514 wurde sie aus Augsburg ausgewiesen und bald darauf im schweizerischen Freiburg zum Tod durch Ertränken verurteilt. Selbstverständlich glaubten schon die Gebildeten an Jakob Fuggers Tafel nicht an solche Wunder, und sie amüsierten sich köstlich über die Torheit Anton Welsers, der, wie es hieß, sogar der leibliche Vater des Babys war, das die Lanenit hatte. Derlei Geschichten kamen Jakob nicht ungelegen, um beim päpstlichen Legaten das Ansehen seines Konkurrenten zu unterminieren.
Durch das Geplänkel ließ sich Jakob jedoch nicht von der Hauptsache – der Kaiserkrönung – abbringen. Um das finanzielle Risiko des Unternehmens zu begrenzen, unterbreitete der Fugger dem päpstlichen Legaten ei-

nen neuen, kostengünstigeren Krönungsplan. Danach sollte Maximilian nicht mehr mit einem großen Heer durch das feindliche Gebiet Venedigs nach Rom ziehen, sondern bereits an der Reichsgrenze, in Südtirol, vom Papst gekrönt werden. Denn für Julius II. war es leichter, von Rom nach Norden zu kommen, als für Maximilian in umgekehrter Richtung.
Caravajal freilich winkte ab: Der Heilige Vater beabsichtige nicht, Rom zu verlassen. Nun war guter Rat teuer. Ohne Rücksicht auf Sentimentalitäten wog der Kaufmann die finanziellen Möglichkeiten ab, und er kam zu dem für den König demütigenden Schluß: Wenn Maximilian nicht bis Rom gelangen konnte, der Papst aber nicht nach Norden kommen wollte, dann mußte sich der Habsburger entweder selbst zum Kaiser proklamieren oder den Titel von einem Papstvertreter entgegennehmen. Der Kardinal wiegte bedenklich das Haupt, meinte aber dann, daß eine solche Lösung sicher besser sei als gar keine.

Eine lächerliche Zeremonie

Während dieser Verhandlungen am Augsburger Rindermarkt glaubte der König immer noch an eine feierliche Kaiserkrönung im römischen Weihrauchduft. Obwohl ihm seine Berater, allen voran Paul von Liechtenstein, unmißverständlich die Aussichtslosigkeit eines solchen Unternehmens klarmachten, startete Maximilian im Januar des Jahres 1508 mit kleinem Gefolge zu seiner italienischen Reise. Den königlichen Gesandten, die beim Schwäbischen Bund, bei den Reichsstädten und den Kirchenfürsten unverdrossen um Geld und Soldaten warben, gelang es nach und nach, einige tausend Mann aufzubringen. Die gesamte Streitmacht des Königs umfaßte aber nur knapp 10000 Söldner. Etwa zur selben Zeit, als Jakob Fugger in Ulm den Kaufpreis für Kirchberg hinterlegen ließ und seine Ländereien in Besitz nahm, traf Maximilian in der schönen oberitalienischen Stadt Trient ein. Hier mußte sich entscheiden, ob er den Krieg mit Venedig riskieren und nach Rom weiterziehen wollte. Nun, der König wollte, aber die Lage war aussichtslos. Erst mußte Venedig besiegt werden, ehe an einen Weitermarsch zu denken war.
Verärgert und enttäuscht zog sich Maximilian bei grimmiger Kälte auf die düstere, ungemütliche Burg Buonconsiglio zurück; er wußte nicht mehr ein noch aus. In der Kriegskasse befanden sich kaum noch 100 Gulden, die Soldaten begannen zu murren, und seine Ratgeber verlangten die sofortige Umkehr. Doch Maximilian war nicht der Mann, der sang- und klanglos aufgab. Eher wollte er sich sofort in einen Krieg mit Venedig stürzen und ruhmvoll untergehen, als demütig nach Hause reisen.
Einem seiner Diplomaten kam schließlich die rettende Idee: Der König

solle die Romfahrt verschieben, sich sofort in Trient von einem hohen kirchlichen Würdenträger zum Kaiser proklamieren lassen und anschließend mit verstärkten Truppen Venedig angreifen. Volle 24 Stunden überlegte Maximilian, dann stimmte er schließlich zu. Seine Bedingungen: Nicht der päpstliche Legat Caravajal, der in Bozen residierte, sollte ihn zum Kaiser krönen, sondern der Salzburger Erzbischof und Kardinal von Gurk, Matthäus Lang.

Das seltsame Schauspiel schildert Götz von Pölnitz: »In ehrwürdiger Prozession begab sich Maximilian, der die große Geste zu wahren suchte, am Nachmittag des 4. Februar 1508 unter Begleitung von Heiltümern, die nach alter Sitte mitgeführt wurden, zur Trientiner Kathedrale. Nichts von alledem, was der Großteil der Menge erwartete, geschah.

Dafür erhob sich Lang, der Fürstbischof von Gurk, um der Welt zu verkünden, Maximilian habe beschlossen, inskünftig nicht mehr König zu heißen, sondern den Titel eines Erwählten Römischen Kaisers zu führen. Ritterliche Zeremonien und Ernennungen folgten, die in bescheidenem Rahmen das Schauspiel einer Kaiserkrönung nachahmten.«

Um den Papst zu beruhigen und um zu verhindern, daß aus dem Trientiner Possenspiel noch ein weltpolitischer Skandal ersten Ranges wurde, reisten Melchior von Meckau und Matthäus Lang sofort nach Rom weiter. Sie versicherten Julius II., das Ganze sei nur ein Provisorium und die eigentliche Kaiserkrönung werde später in der Ewigen Stadt nachgeholt.

13. Kapitel
»Jählings nicht bei Gelde«

Es war kein Zufall, daß die eigentlichen Organisatoren der Kaiserproklamation die besten Beziehungen zu Jakob Fugger unterhielten. Sowohl Melchior von Meckau als auch Matthäus Lang und Paul von Liechtenstein hatten sich längst der Zustimmung des Augsburger Kaufmanns versichert, ohne den wahrscheinlich nicht einmal die spärliche Ersatzzeremonie zustande gekommen wäre. Zum ersten Mal durfte sich Jakob Fugger als »Kaisermacher« fühlen, auch wenn es ihm viel lieber gewesen wäre, wenn Maximilian auf das kostspielige Unternehmen verzichtet hätte.

Während der von ihm verachtete »gemeine Pöbel« hoffnungsvoll in die Kirchen strömte, um für den neuen deutschen Kaiser zu beten, beschäftigte sich der Kaufmann in der »Goldenen Schreibstube« vordringlich mit dem Problem, wie er wohl Maximilian vor weiteren Vorhaben dieser Art bewahren könne. Denn nun spürte er selbst, welch ungeheuren Sog die

hohe Politik auf die Kassen seiner Firma ausübte und wie schwer es war, ihm zu widerstehen.
Maximilian mußte aus politischen Gründen den bewaffneten Konflikt mit Venedig riskieren, die Fugger aber brauchten unbedingt den Markt am Rialto, um ihre Kupfer- und Silberladungen zu verkaufen. Die Verstrikkung von Wirtschaft und Politik hatte also nicht nur Vorteile, sondern konnte umgekehrt auch tödliche Gefahren für die Firma heraufbeschwören. Nur einem Unternehmer mit unbeugsamer Willenskraft und ausgeprägtem Scharfsinn konnte es gelingen, sich in dem komplizierten Kräftespiel der europäischen Großmächte zu behaupten.
Obwohl Sonderkuriere immer neue und dringlichere Geldgesuche von Oberitalien nach Augsburg brachten, spielte Jakob auf Zeit. Erst als ihn die Nachricht erreicht, das Heer des Kaisers habe ein größeres Aufgebot der Venezianer besiegt, gab er seinem Faktor Wendel Iphofer in Innsbruck die Genehmigung, eine erste Rate von 4000 Gulden nach Süden schicken zu lassen.
Bald kamen aber nur noch schlechte Nachrichten über den Brenner, denn des Kaisers unlustige Söldner mußten im Cadore eine Niederlage nach der anderen hinnehmen und liefen scharenweise davon. Die venezianischen Truppen stießen nach Norden bis zur Tiroler Landesgrenze vor. Eine Eliteeinheit marschierte noch weiter und überfiel völlig überraschend die Rüstungsfabriken von Fuggerau.
Der Industriekomplex war zwar befestigt, doch der Handstreich kam so plötzlich, daß die Soldaten des Dogen ohne allzu große Schwierigkeiten sogar die Geschütze auf den Zinnen der Burg erbeuten konnten. Der Schlag war wohlberechnet, denn aus dem Fuggerbetrieb stammten die 2000 Handbüchsen, mit denen Maximilian im Februar seine Infanterie ausgerüstet hatte.
Jakob verstand den Überfall als Warnung des Dogen, sich nicht übertrieben auf seiten des Habsburgers zu engagieren. Zwar bestand keine ernsthafte Gefahr, daß der Fuggersche Stützpunkt am Rialto geschlossen wurde, doch mußte man damit rechnen, daß die Signori einen Einfuhrstop für Fuggermetall verhängten. Sicherheitshalber ließ Jakob zunächst einmal den Export nach Süden unterbrechen.
Während sich in Fuggers Lagerhallen Kupfer- und Silberbarren auftürmten, verließ der Kaiser seine meuternden Truppen, um beim Schwäbischen Bund und den Reichsständen doch noch etwas Geld aufzutreiben. Im Habsburger-Lager war längst das Chaos ausgebrochen, und niemand wußte, was geschehen sollte. Flehentlich schrieb Paul von Liechtenstein nach Augsburg: »So helfe Gott dem Etschland. Ich weiß wahrlich nicht weiter!«
Eine totale Niederlage Maximilians konnte für die Fugger nur nachteilige

Folgen haben. Deshalb ließ Jakob in der Innsbrucker Münze 20000 Gulden ausprägen und dem kaiserlichen Hofschneider übergeben, der – wir sind in Österreich – zeitweilig die Geschäfte des Monarchen führte. Dafür mußte sich »Ihro Majestät« verpflichten, keine Anleihe bei den Fuggerkonkurrenten Welser, Höchstetter, Imhof und Baumgartner mehr aufzunehmen. Außerdem äußerte Jakob Fugger den dringlichen Wunsch, daß im Süden möglichst bald Frieden geschlossen werde.

Die Firma vor dem Abgrund

Am 6. Juni 1508 schlossen denn auch die beiden verfeindeten Mächte in Santa Maria di Grazia einen Waffenstillstand. Die Venezianer waren befriedigt, ihre Souveränität verteidigt zu haben, und Maximilian brauchte Zeit, um ein neues Heer aufzustellen und Verbündete zu gewinnen. Tatsächlich gelang es ihm, der bei aller finanziellen Ungeschicklichkeit doch ein politisches Naturtalent war, im Dezember ein neues Anti-Venedig-Bündnis, die Liga von Cambrai, zwischen Frankreich, Rom und Ungarn zustande zu bringen. Nun fehlte nur noch das nötige Geld, damit es in Oberitalien erneut losgehen konnte.

Um die Schmach der Niederlage zu tilgen, war Maximilian nun jedes Mittel recht. Im Oktober 1508 verpfändete er deshalb sein wertvollstes Hoheitsrecht, das Tiroler Bergregal, gegen den erbitterten Widerstand der Raitkammer für eine Summe von 300000 Gulden an die Fugger. Damit waren die Augsburger Kaufleute autorisiert, sämtliche Bodenschätze des erzreichsten europäischen Landes auf eigene Rechnung auszubeuten.

Weil Jakob die stolzen Tiroler zu genau kannte, um mit ihrer Willfährigkeit zu rechnen, drohte er den Unterhändlern des Kaisers, er werde sich an keinerlei Vertragsbindungen mehr halten, sobald er die geringsten Verstöße gegen sein Hoheitsrecht feststellen könne. Während er von der Regierung unbedingte Vertragstreue verlangte, dachte er selbst nicht im Traum daran, es mit seiner Kaisertreue allzu ernst zu nehmen. Kaum war das Geschäft besiegelt, schickte er deshalb in geheimer Mission Boten mit wertvollen Geschenken nach Venedig, damit dort das Geschäftsklima wieder besser wurde.

Der Platz am Rialto war ihm zu wichtig, um ihn den kurzsichtigen Kriegsplänen des Kaisers zu opfern. Jakobs unwiderstehliche Logik brachte schließlich selbst Maximilian dazu, die Vorteile eines flotten Metallverkaufs zu begreifen. So gewährte ihm der Herrscher das Sonderprivileg des uneingeschränkten Handels mit Venedig, obwohl er gerade dabei war, die Reichsacht über die Adria-Republik zu verhängen. Jedem anderen Unternehmen war es bei Strafe verboten, Waren nach Venedig auszuführen.

Ohne Zweifel waren die Fugger zu diesem Zeitpunkt bereits in den Rang einer europäischen Großmacht aufgerückt, und mancher scharfsichtige Politiker fragte sich, ob denn das Handelshaus noch der Habsburger Monarchie diene oder ob nicht in Wirklichkeit längst Jakob Fugger der Machthaber und Kaiser Maximilian sein Erfüllungsgehilfe sei. Während aber alle Welt das politische Geschick und den immensen Reichtum der Fugger bewunderte, stand die Firma in Wahrheit vor einem tödlichen Abgrund. Niemand außer Jakob Fugger selbst wußte, wie zerbrechlich seine wirtschaftliche Macht war und wie vergänglich sein Reichtum.

Die Firma lief Gefahr, an ihrem eigenen Erfolg zu ersticken. Obwohl Jakob dafür bekannt war, nie ein Geschäft zu riskieren, das keinen ausreichenden Gewinn versprach, reichten doch die selbstverdienten Erträge bei weitem nicht aus, die stürmische Expansion des Unternehmens zu finanzieren. Das Eigenkapital betrug im Jahr 1509 erst knapp 200000 Gulden, der Umsatz hingegen dürfte mindestens zehnmal so hoch gewesen sein. Ein solches Mißverhältnis würde auch heute vorsichtige Unternehmer beunruhigen, damals jedoch, als die Finanzierungs- und Absicherungstechniken noch recht simpel waren, mußte es geradezu als lebensgefährlich gelten.

Schon seit langem arbeitete Jakob Fugger mit Fremdkapital, und zwar vorzugsweise mit schwarzem Geld. So, wie heute Diktatoren, Ölscheichs und Mafiabosse ihre Beute den Stahlsafes und Nummernkonten Schweizer Banken anvertrauen, brachten damals viele, die etwas zu verbergen hatten, ihr Scherflein zu den Fuggern. Dazu gehörten insbesondere hohe kirchliche Würdenträger, denen das kanonische Zinsverbot alle Einkünfte aus Kapitalvermögen strikt untersagte.

Kaum jemand ahnte etwas von den Riesensummen, welche auf diese Weise unter größter Geheimhaltung in die Kassen der Fugger gelangten. Denn die Augsburger Firma war damals mindestens so diskret, wie es heute die Großbanken in Zürich und Genf sind. Wer sich dafür interessiert hätte, wäre vielleicht auf ein seltsames Indiz gestoßen: Seit Jakob dem rührigen Johannes Zink die Leitung der römischen Fuggerfiliale anvertraut hatte, überwies die Zweigstelle im Rione di Ponte im päpstlichen Auftrag viel größere Summen an den Vatikan, als sie selbst aus der Zentrale oder anderen Faktoreien erhielt. Also mußte sie irgendwie reichlich mit Geld gespeist werden.

Doch die obersten Finanzbeamten der Kurie zeigten an solchen Informationen bemerkenswert geringes Interesse, da nicht wenige genau wußten, woher die Beträge stammten, welche die Fugger über ihre Geheimkonten laufen ließen. Der einflußreiche römische Kardinal Alessandrino zum

Beispiel kannte den Eigentümer von mindestens 22 000 Dukaten, weil er sie selbst klammheimlich eingezahlt hatte. Sogar der oberste Finanzverwalter der Kirche, der päpstliche Datar Fazio Santorio, zählte zu den stillen Teilhabern der Fugger.

Größter Gläubiger aber war der Brixener Fürstbischof Melchior von Meckau. Jahrzehntelang hatte er sein Südtiroler Bistum nach Kräften geschröpft, und jeden Gulden, den er seinen Gläubigen, Priestern, Klöstern, Kirchengemeinden und Bergwerken abpreßte, steckte er in die dynamische Augsburger Firma. Nirgendwo wurde ihm eine bessere Rendite geboten, nirgendwo war er von einer Entdeckung seines heimlichen Schatzes sicherer.

Die Fugger schrieben ihm nicht nur pünktlich die Zinsen gut, sondern sie waren ihm auch sonst zu allerlei Diensten gefällig. Als zum Beispiel der Borgia-Papst Alexander VI. am 31. März 1503, also kurz vor seinem Tod, eine Reihe von verdienten Würdenträgern zu Kardinälen ernannte, durfte sich als einziger Deutscher Melchior von Meckau den begehrten roten Hut aufsetzen. Selbstverständlich war der Titel nicht umsonst – der übliche Preis betrug 20 000 Gulden. Trotzdem hätte der Alpenländer ohne die geschickte Diplomatie des Fuggerfaktors Zink kaum eine Chance gehabt, in die purpurrote Phalanx der Italiener einzubrechen.

Dank der Fugger bekam der Provinzbischof Einblick in die Geschäfte der internationalen Hochfinanz sowie in die Verflechtung von Politik, Wirtschaft und Kirche. Obwohl beide Seiten stets bestrebt waren, Art und Umfang ihrer Geschäftsverbindung geheimzuhalten, spielten sich Bischof und Kaufmann in Rom und am Hof Maximilians gegenseitig die Bälle zu. So war Melchior von Meckau, wenn auch nur ersatzweise, zur Ehre gekommen, den Habsburger zum deutschen Kaiser proklamieren zu dürfen. Der Kleriker aus Südtirol fand Gefallen an seiner Gastrolle in der internationalen Politik. Immer häufiger reiste er an den Tiber, um in der Umgebung des mächtigen Julius II. die Interessen der Habsburger wie der Fugger zu vertreten.

Und jedesmal, wenn er wieder die Koffer packen ließ, grämten sich die Domherren in Brixen. Denn inzwischen war auch ihnen nicht verborgen geblieben, daß die Kassen des reichen Bistums an einer unerklärlichen Schwindsucht litten. Deshalb verlangten sie, als der Kardinal wieder einmal Reisevorbereitungen traf, daß »Kleinodien, Barschaft und anderes, dem Stift zugehörendes, hierbliebe, dieweil man öffentlich und glaublich sage, Seine Fürstliche Gnaden räume alles und jegliches, so im Schlosse wäre, von dem meisten bis auf das wenigste auf, in der Meinung, es mit sich hinweg zu führen«. Melchior beschleunigte seine Abreise und beschloß, der peinlichen Neugier seiner Untergebenen zu entgehen, indem er sich in Rom einen zweiten Wohnsitz nahm.

Besonders erfreut über diesen Entschluß zeigten sich die Ordensbrüder vom Deutschen Nationalhospiz Sankt Anima. Sie hatten mit dem Tiroler Fürstbischof noch eine alte Rechnung zu begleichen, denn er war es gewesen, der ihnen den Zugang zum Erbe des in Viterbo verstorbenen Kardinals Peraudi versperrt hatte. Der päpstliche Legat hatte ein Drittel seiner Anteile aus dem Jubelablaß dem Nationalhospiz vermacht, doch hatten die Mönche keinen Gulden davon zu sehen bekommen. Den Löwenanteil des Peraudi-Erbes sicherten sich bekanntlich die Fugger, tatkräftig unterstützt vom Brixener Fürstbischof. Was dann noch übrigblieb, kassierte kurzerhand Seine Heiligkeit, Papst Julius II. Deshalb hatten die Brüder von Sankt Anima gehofft, sich einst am Erbe Meckaus schadlos halten zu können, der seit 1472 ihrer Bruderschaft angehörte und schließlich ihr ranghöchstes Mitglied war. Freilich hatten sie nie eine Ahnung, wie hoch das Erbe sein würde.
Dies wußte außer dem Kardinal selbst wahrscheinlich nur noch Jakob Fugger im fernen Augsburg. Der hatte aber allen Grund, dem Kardinal ein langes Leben zu wünschen. Meckaus Einlage betrug nämlich mehr als das gesamte Eigenkapital der Fuggerbrüder: Insgesamt waren es rund 300000 Gulden. Als dann eines Tages ein Sonderkurier schweißüberströmt aus Italien die Nachricht brachte, Melchior liege sterbenskrank in Rom darnieder, muß dies Jakob Fugger bis ins Mark getroffen haben. Die Firma war in Gefahr!
Wenn die Erben sofort die Auszahlung des Meckau-Kapitals verlangten, bedeutete dies praktisch den Bankrott, denn ein solcher Aderlaß war nicht zu verkraften. Zunächst blieb ihm die Hoffnung, daß niemand von den Einlagen des Fürstbischofs erfuhr, bis die Möglichkeit bestand, eventuell vorhandene belastende Papiere verschwinden zu lassen. Doch schon zwei Tage nach dem Tod des Kardinals liefen in Rom Gerüchte um, man habe in den Ärmeln seines Gewandes Quittungen der Fugger über Einlagen von 200000 Dukaten gefunden, die angeblich mit fünf Prozent verzinst werden sollten. Der Skandal war nicht mehr aufzuhalten.
Zwar existierte ein Testament, das der Fürstbischof am 2. März sterbenskrank unterzeichnet und in dem er das Hospiz Sankt Anima als Universalerbin eingesetzt hatte. Aber was zählte schon ein Stück Papier, wenn es um solche Summen ging! Papst Julius II., den Historiker wie der Oxford-Professor Cecil Grayson als die »dynamischste Figur der Renaissance« einschätzen, erhob sofort Anspruch auf den gesamten Nachlaß seines Kardinals. Deshalb ließ er den Leichnam, der ursprünglich in der Deutschen Nationalkirche beigesetzt werden sollte, in ein italienisches Gotteshaus überführen.

Für die Fugger war das ein harter Schlag, denn nun hatten sie es mit einem übermächtigen Gegner zu tun, der sich bestimmt nicht so leicht ausschalten ließ wie das Nationalhospiz. Aus Augsburg erhielt Johannes Zink Order, auf Zeit zu spielen und auf keinen Fall irgendwelche Forderungen gegen die Firma anzuerkennen. Der mit allen Wassern gewaschene Fuggerfaktor lieferte denn auch einen neuen Beweis seiner Tüchtigkeit. Planvoll ließ er die wildesten Gerüchte über die Hinterlassenschaft des Toten, angebliche weitere Testamente und Erbansprüche seiner Nachkommen ausstreuen.
Gleichzeitig bemühte sich Jakob nach Kräften, jeden Eindruck einer Liquiditätskrise zu vermeiden. Großzügig wie nie zuvor erfüllte er Kreditwünsche, er zahlte Rechnungen und prunkte mit seinem Reichtum. Daß dies allein nicht genügte, war Jakob indessen nur allzu klar. Er brauchte einen starken Bundesgenossen gegen den Papst, und das konnte naturgemäß nur der deutsche Kaiser sein. Da das Hochstift Brixen zweifellos zum Herrschaftsbereich Maximilians gehörte, waren auch in dieser Hinsicht gewisse Erbansprüche zu konstruieren. Und wenn es ums Erben ging, ließ sich ein Mann wie der Kaiser nicht lange bitten.
Um bei Hofe den Ernst der Lage anzudeuten, gestand Jakob, daß er »jählings nicht bei Gelde« sei. Da war es nur logisch, daß Paul von Liechtenstein ein paar Tage später den Fuggern offiziell jede Auszahlung des Meckau-Anteils verbot. Unterdessen hatte Julius II. bereits gehandelt und über seinen päpstlichen Datar immer größere Summen von der römischen Filiale abgerufen. Vermutlich wollte er seinen Beitrag zur Liga von Cambrai mit dem Erbe Meckaus finanzieren.
Der zähe Schwabe in der » Goldenen Schreibstube« aber dachte nicht im Traum daran, das, was einmal in seinen Taschen war, selbst einem Papst herauszugeben. Auf einen Wink Jakobs hin stellte der Kaiser den Antrag auf die Freigabe der Ablaßgelder, die von den Fuggern im Auftrag deutscher Kirchenfürsten nach Rom befördert werden sollten. Einen Teil davon erhielt der den Fuggern sehr verbundene Kardinal Matthäus Lang zur Renovierung der Wellenburg ausbezahlt, die ein paar Jahrzehnte später in den Besitz der Fugger überging.

Mit dem Kaiser den Papst besiegt

Durch die Einschaltung des Kaisers gelang es Jakob, den Abfluß des Meckau-Kapitals vorläufig zu stoppen. Trotzdem war damit die Krise noch lange nicht bewältigt, auch wenn ein Martin Luther dies annahm. Der Reformator schildert in seinen »Tischreden«, was er während seines Aufenthaltes in Rom erfahren hatte: »Daß ein Bischof von Brixen einmal zu Rom gestorben, welcher auch war ein Kardinal gewesen und sehr reich – und als er war tot gewesen, hatte man bei ihm kein Geld gefunden, denn allein ein Zettelin einen Finger lang, das in seinen Ärmel gesteckt war. Als nun Papst Julius denselbigen Zettel bekommen, hat er bald gedacht, es würde ein Geldzettel sein, schickt bald nach dem Fuggerfaktor und fraget ihn, ob er die Schrift nicht kenne? Derselbige spricht: Ja, es sei die Schuld, so der Fugger und seine Gesellschaft dem Kardinal schuldig wären und machte dreimal hunderttausend Gulden. Der Papst fragte: Wann er ihm solch Geld erlegen könnte? Des Fuggers Diener sprach: Alle Stunde. Da ordert der Papst zu sich den Kardinal aus Frankreich und England und fragte: Ob ihr König auch vermöchte drei Tonnen Goldes in einer Stunde zu erlegen? Sie sagten: Nein. Da sprach er: Das vermag ein Bürger zu Augsburg zu tun. Und hat Papst Julius dasselbige Geld bekommen.«

Nun, der Papst bekam es natürlich nicht. Denn zunächst einmal verschwand spurlos von Meckaus Testament. Dann tauchte plötzlich eine Abschrift auf, die von einem Bernhard Sculteti angefertigt wurde und aus der hervorging, daß die Brüder von Sankt Anima insgesamt nur 1500 Dukaten erben sollten. Auch sonst war da nur von relativ bescheidenen Summen die Rede, insgesamt sollten nämlich kaum 5000 Dukaten verteilt werden.

Natürlich wurde auch dieses Testament angefochten, doch es brachte den Fuggern erneuten Zeitgewinn. Und den brauchten sie dringend, um über die Runden zu kommen. Jakob verfolgte eine äußerst riskante Doppelstrategie: Einerseits mußte er das Geld zusammenhalten, andererseits durfte er nicht den Eindruck erwecken, wirklich pleite zu sein. Knausrig zeigte er sich gegenüber den Abgesandten Maximilians, Jakob Villinger und Paul von Liechtenstein, die ihn ständig wegen neuer Anleihen für den bevorstehenden Krieg gegen Venedig angingen. Gleichzeitig mußte er aber verhindern, daß seine Augsburger Konkurrenten mit dem Kaiser ins Geschäft kamen.

Deshalb pumpte sich Jakob direkt oder über Strohmänner so viel Geld bei den anderen Handelsgesellschaften, wie er nur bekommen konnte – und zwar noch ehe diese begriffen, welche Chance ihnen Meckaus Tod bescherte. Nun fiel es ihm leichter, die Geldforderungen des Papstes in Rom zu befriedigen und gleichzeitig seinen eigenen Wohlstand zu dokumentieren. In Rom kam Johannes Zink auf die Idee, daß sich die Forderungen des Heiligen Vaters vielleicht dadurch ermäßigen ließen, daß man ihm eine hübsche Summe bar auf die Hand auszahlte, ohne Quittungen und sonstige Belege. Tatsächlich erhielt der Rovere-Papst im Jahr 1509 von den Fuggern insgesamt 36680 Gulden zur persönlichen, beliebigen Verwendung. Das Meckau-Erbe blieb aber dafür in der Firma.

Um mißtrauisch gewordene Kunden zu beruhigen, entschloß sich Jakob zu einigen demonstrativen Geldausgaben. Während seine Kreditabsagen den »Weißkunig« Maximilian daran hinderten, endlich gegen Venedig loszumarschieren, legte der Kaufmann am 7. April 1509 in der Augsburger Sankt-Anna-Kirche den Grundstein zu einer bedeutenden Stiftung: In der 1490 neu erbauten Karmeliterkirche sollte die Familiengruft der Fugger entstehen.

Wenig später erfuhr die Öffentlichkeit, daß der reiche Kaufmann und Großgrundbesitzer sich für die weitläufige Hofmark Schmiechen zwischen Augsburg und Landsberg interessiere. Selten bekamen die Schwaben ihren prominenten Mitbürger so häufig zu sehen wie in jenen Tagen, da das Schicksal seines Konzerns auf des Messers Schneide stand.

Prächtig gekleidet, ließ sich der »Junker Jacopo« in einer von 25 Pferden gezogenen Kutsche durchs Land fahren. Er verteilte freigebig Geschenke an Bauern und Mägde, so daß niemand auf die Idee kommen konnte, dieser feudale Herr sei »jählings nicht bei Gelde«. Wahrscheinlich vollbrachte der Kaufmann im Krisenjahr 1509 die größte Leistung seiner Laufbahn, als er das Familienunternehmen vor dem Untergang bewahrte.

Mit gepumptem Geld finanzierte er den Kaufpreis von rund 8000 Gulden für Schloß, Hof und Ländereien in Schmiechen. Fein säuberlich notierte man im Augsburger Kontor am 17. Juli 1509 unter der Rubrik »Junker Jacopo gen Schmiechen geritten«: Zwei Gulden für die Bauern, drei Gulden für den Pfleger, zwei Gulden für die Frauen, zwanzig Kreuzer für Mägde und Knechte, fünfzehn Kreuzer für den Büttel und zwei Kreuzer für den Stallknecht.

Empfänger des Kaufpreises für die Ländereien war der Innsbrucker Hof, denn Schmiechen gehörte ebenfalls zur Habsburger Beute aus dem Landshuter Erbfolgekrieg. Maximilian hatte es 1507 an die Nürnberger Kaufmannssippe Holzschuher verkauft, sich allerdings das Rückkaufsrecht vorbehalten. Über seine bewährten Verbindungsleute fiel es Jakob Fugger nicht schwer, Seine Majestät zur Ausübung der Option und zur sofortigen Weiterveräußerung zu überreden, da bei dem Geschäft ein Zwischengewinn von gut 2000 Gulden bei Hofe hängenblieb.

Trotzdem mochten sich die kaiserlichen Beamten gewundert haben, wieso der Fugger seinen Grundbesitz arrondierte, während er gleichzeitig angab, kein Geld zu besitzen. Der Kaiser war in Oberitalien, um etwas verspätet doch noch in den Krieg gegen Venedig einzugreifen. Zunächst schien es, als würden sich die belagerten Signori mit dem Papst arrangieren, um so die Umzingelung durch die Liga von Cambrai aufzubrechen.

Als sie aber drohten, den türkischen Sultan zu Hilfe zu rufen, vergingen Julius II. die Friedensgelüste.
Während Franzosen und Schweizer nach ihrem Sieg in der Schlacht von Agnadello zufrieden heimzogen und auch die Spanier kehrtmachten, befand sich außer dem Papst nur noch der deutsche Kaiser auf dem Kriegspfad. Deshalb glaubte Julius, seinen Bundesgenossen dadurch anspornen zu müssen, daß er ihm die Restbestände des vermeintlichen Meckau-Erbes – die Rede war von rund 100000 Gulden – abtrat.
Nun brachten aber die Fugger wieder die Brixener Erben ins Spiel, um gegenüber dem Kaiser Ausflüchte zu haben. Im August 1509 setzte man sich dann in Innsbruck zu dritt an den Verhandlungstisch: Jakob Fugger, Paul von Liechtenstein als Vertreter des Kaisers und der neue Brixener Fürstbischof Christoph von Schrofenstein. Ein schöner Zufall fügte es, daß der Brixener Bischof ein Schwager Liechtensteins war. So hatte Jakob keine Mühe, die ursprüngliche Schuld von 94670 Gulden drastisch zu reduzieren und auf mehrere Raten zu verteilen.
Der Kaiser bekam anstelle von klingender Münze einige größere Restposten Wolldecken für seine Soldaten und wurde im übrigen damit vertröstet, daß der Papst angeblich bereits zuviel erhalten habe und seinerseits nun 26200 Dukaten schuldig sei. Dieser Betrag sollte der Habsburger Kasse zufließen. Der neue Brixener Bischof bekam zwar eine hübsche Summe ausbezahlt, mußte sich aber dann verpflichten, den größeren Teil dieses Meckau-Geldes weiterhin als Einlage bei den Fuggern stehenzulassen, wobei sich die günstige Gelegenheit bot, deren Wert gleich noch ein wenig nach unten zu korrigieren.

14. Kapitel
Vom Kaufmann zum Wirtschaftsdiktator

Als das düstere Jahr 1509 zu Ende ging, konnte Jakob zufrieden feststellen, daß das Schlimmste überstanden war. Wie sehr die vergangenen Monate an den Nerven der Fuggerbrüder gezehrt hatten, war allenfalls dem Älteren anzusehen. Ulrich verzehrte sich in der Sorge um das Unternehmen, während Jakob scheinbar kühl und leidenschaftslos die Abwehrschlacht organisierte. Zum Dank für die wundersame Rettung von dem Konkurs schenkte der achtundsechzigjährige Senior den Augsburger Dominikanermönchen 38 wertvolle Bücher, die den Grundstock der berühmten Fuggerschen Büchersammlungen bildeten. Der gebeugte, längst vom robusteren Jakob verdrängte Clan-Chef erholte sich von den Strapazen der Krisenmonate nicht mehr und starb am 19. April 1510 während des Augsburger Reichstags, an dem Jakob die Eisen für eine neue unternehmerische Offensive schmiedete. Auf seinem Sterbebett im Haus am Rindermarkt hörte der Greis von draußen das Lachen der Frauen, den Lärm der Turniere und die Beifallsrufe des Volkes.

Denn Jakob ließ es an nichts fehlen, um aus dem Reichstag eine Fuggerschau zu machen. Und da der Kaiser nichts mehr liebte als die alten Ritterspiele, mußten die Funken stieben, die Lanzen krachen und die Schwerter klirren. Höhepunkt des Rahmenprogramms – dem nicht nur Maximilian mehr Interesse widmete als den Debatten mit den Reichsständen – war das Lanzenduell zwischen dem Kaiser und dem sächsischen Kurfürsten Friedrich dem Weisen. Beide Kontrahenten zogen sich in den Fuggerhäusern um, galoppierten dann zur Turnierstätte und rasten schließlich mit gezückten Lanzen aufeinander los. Schon beim ersten Aufprall verloren beide Ritter ihre Schilder, sie blieben aber selbst im Sattel. Am meisten freute sich wahrscheinlich Jakob über diesen Ausgang. Vom Kaiser, dessen Augsburger Aufenthalt er sich insgesamt 3000 Gulden kosten ließ, erhoffte er sich weitere fette Anleihegeschäfte, vom sächsischen Kurfürsten hingegen Schutz für sein Hüttenwerk in Hohenkirchen und freies Geleit für die Metalltransporte zur Ostsee.

Die Diplomaten aller bedeutenden Mächte Europas, mit Ausnahme des türkischen Sultans, gaben sich in jenen Tagen bei den Fuggern die Türklinke in die Hand – sofern sie es nicht vorzogen, heimlich durch den Hintereingang zu kommen. Nach dem Reichstag ging Jakob sofort daran, im eigenen Haus reinen Tisch zu machen. Als letzter der sieben Brüder nahm er nun für sich das Recht auf Alleinherrschaft in Anspruch.

Die Bilanz vom 14. Februar 1511 ergab für die Gesellschaft ein Gesamtvermögen von rund einer Viertelmillion, genau 245 463 Gulden. Das war, der Fuggerschen Unternehmensphilosophie entsprechend, gewaltig tiefgestapelt. So veranschlagte Jakob zum Beispiel die jährlichen Gewinne seit 1502 pauschal mit 15 Prozent, obwohl sie sicher weit höher lagen. Die Gewinne aus dem »Gemeinen Ungarischen Handel« waren vorsichtshalber gar nicht berücksichtigt, sämtliche Immobilien und sonstiges Anlagevermögen wurde so niedrig wie möglich bewertet.

Selbstverständlich mußten die Erben Ulrichs und Georgs den größten Teil ihres Vermögens in der Firma lassen. Ausbezahlt wurden insgesamt nur etwa 60 000 Gulden, so daß danach noch ein Gesellschaftskapital von nicht ganz 200 000 Gulden übrigblieb. Dies verteilte sich wie folgt:

Jakob	80 999 Gulden
Ulrich d. J. und Hieronymus	60 659 Gulden
Raymund und Anton	57 257 Gulden

Aus den detaillierten Aufzeichnungen ergibt sich zum Beispiel, daß Jakob von den drei Brüdern mit Abstand der sparsamste war. Während seiner Junggesellenzeit hob er bis 1497 durchschnittlich pro Monat nur 19 Gulden zur Lebensführung ab. Nach der Heirat entnahm er pro Monat 54 Gulden, ab dem Jahr 1501 etwa 87 Gulden und ab 1505 annähernd 225 Gulden. Offenbar zwangen ihn zunehmende Repräsentationspflichten und die Ansprüche seiner verwöhnten Sybille in den späteren Jahren zu höheren Privatentnahmen.
Nach der Erbteilung verfügte also Jakob über das meiste Geschäftskapital und kraft des Gesellschaftsvertrages über die alleinige Entscheidungsbefugnis. Er nutzte sie rigoros wie ein Renaissance-Despot zur völligen Unterwerfung der übrigen Familienmitglieder.

Kronprinzen gedemütigt

Mit einem Eidschwur auf das Evangelium mußten sich seine Neffen zu absolutem Gehorsam verpflichten. Wunderte sich der Fuggerforscher Jakob Strieder: »Selten hat ein Herrscher einen Kronprinzen so tief gedemütigt, wie dieser König im Reiche des Geldes dies hier seinen Neffen und Nachfolgern gegenüber tat. Welche Häufung von synonymen Ausdrücken für Alleinherrschertum ließ er zur Bezeichnung seiner Allgewalt im Geschäft in den Urkunden aufführen!«
Doch es kam noch schlimmer. Der machtbewußte Finanzstratege wollte seinen Führungsanspruch auch juristisch noch deutlicher legitimieren. Deshalb berief er am 14. Februar 1512 die Familie zur neuerlichen Generalversammlung ein. Wieder wurde Bilanz gezogen, dann ließ er sämtliche Teilhaber – Familienmitglieder ebenso wie stille Teilhaber aus dem Kreis der Kleriker – auszahlen. Lediglich die Neffen Ulrich und Raymund durften als »Verwalter und Helfer« fungieren. Zu sagen hatten sie aber nichts.
Natürlich kam es darüber zu erheblichen Auseinandersetzungen innerhalb der Familie. Der Krach dauerte monatelang. Am 30. Dezember 1512 hob Jakob den Handelsverband, den er mit Ulrich und Georg abgeschlossen hatte, kurzerhand auf. Gleichzeitig »richtete er für sich selbst den Handel wieder auf« (Fuggerchronik) und nahm – auf deren Bitten, wie es heißt – seine Neffen Ulrich, Hieronymus, Raymund und Anton für die Dauer von sechs Jahren in sein Unternehmen auf. Die Firma hieß jetzt: »Jakob Fugger und Gebrüder Söhne«.
Diesen Zusatz mußten die Neffen teuer bezahlen. Ihr gesamtes, von den Vätern ererbtes Kapital einschließlich der Gewinne blieb zur alleinigen Verfügung des »Regierers« in der Firma. Jakob konnte das Unternehmen

nach Belieben auflösen, die Neffen auszahlen und alle Entscheidungen treffen, ohne sie zu fragen. Aus der einstigen bürgerlichen Handelsgesellschaft war eine absolutistische Finanzmonarchie geworden: »Die Neffen erscheinen dem allmächtigen Lenker des Fuggerschen Geschäfts gegenüber als mit vielen Pflichten, aber nur wenigen Rechten ausgestattete, zu unbedingtem Gehorsam verbundene Beauftragte«, stellte Jakob Strieder fest. »Keine Prokura steht ihnen zu. Für geschäftlichen Schaden, den sie anrichten, sind sie haftpflichtig. Für alle Handlungen Jakobs dagegen haben sie mit aufzukommen ... Jakob ist in jeder Weise der ›Hauptherr‹, der ›Regierer‹ des Handels.« Nicht der Kaufmann und Nachfahre armer Landweber spricht aus diesen Verträgen, sondern der Diktator.
Selbstverständlich bezog sich die Alleinherrschaft Jakobs auch auf den immer umfangreicher werdenden Grundbesitz. Er konnte hinzukaufen oder abstoßen, soviel er auch wollte, ohne je ein anderes Familienmitglied fragen zu müssen. Selten hat ein Kaufmann sich derart despotische Rechte verbriefen lassen wie dieser bisher so nüchterne, pragmatische Schwabe. Selbst die an Befehl und Gehorsam gewohnten Zeitgenossen Jakobs mußten sich fragen, ob ihn plötzlicher Größenwahn befallen habe. Der Fugger indes war weit davon entfernt, etwa aus kleinlicher Rachsucht an der lieben Verwandtschaft oder gar wegen irgendwelcher Minderwertigkeitskomplexe auftrumpfen zu müssen. Nichts als die Lust an der Macht und das Wissen um die Unzulänglichkeit der anderen bestimmten sein Handeln. Heute fällt es leicht, ein solches Urteil zu fällen, da Jakob Fugger in den folgenden 15 Jahren selbst die Beweise lieferte. Denn erst jetzt, da er nach Belieben schalten und walten konnte, ohne auf Brüder und Teilhaber Rücksicht nehmen zu müssen, begann die eigentliche Hoch-Zeit der Dynastie.

Der erste multinationale Konzern

Zäh und unerbittlich trieb der Wirtschaftsdiktator von der »Goldenen Schreibstube« aus die Expansion seines Unternehmens voran. Was Jakob vorschwebte, war eine weltumspannende Handelsorganisation ähnlich jenem Schema, dem die Kirche im Abendland ihr Monopol in Sachen Religion verdankte. Nationale Grenzen und die Hoheitsrechte der zahlreichen Landesherren im zersplitterten Europa waren für ihn nur lästige Handelshindernisse, die zu überwinden er seinen ganzen Scharfsinn und seine Energie einsetzte. Fugger plante nicht mehr und nicht weniger als den ersten multinationalen Konzern der Wirtschaftsgeschichte.
Zug um Zug errichtete er Außenposten an allen strategisch wichtigen Plätzen, um sie unverzüglich ins weitverzweigte Verkehrs- und Handels-

netz seiner Firma einzuspannen. Um 1510 verfügten die Fugger über Niederlassungen oder Hüttenwerke in Nürnberg, Frankfurt, Köln, Antwerpen, Hohenkirchen, Leipzig, Breslau, Wien, Fuggerau (Kärnten), Ofen (Budapest), Neusohl, Schwaz, Hall, Bozen, Venedig, Rom, Lyon und Madrid, um nur einige wichtige Orte zu nennen.

Gehandelt wurde praktisch mit allem, was Gewinn versprach. Fuggersche Fuhrleute brachten Gewürze aus Lissabon nach Augsburg, Seide von Venedig nach Antwerpen und Kupfer aus Ungarn nach London. Wichtiger als der Warenhandel waren jedoch der Erzbergbau und die Geldgeschäfte, die Jakobs geniales Organisationstalent kunstvoll aufeinander abzustimmen und miteinander zu kombinieren verstand. So bestand zum Beispiel die Abfindung der Ansprüche des deutschen Kaisers auf das Meckau-Erbe letztlich in Wolldecken und Uniformtüchern, die er Jahre zuvor preiswert in Lyon und London eingekauft hatte.

Obwohl nur die Zentrale in Augsburg über alle Geschäfte Bescheid wußte, hatten die Faktoren in den Außenstellen doch weitgehende Entscheidungsbefugnisse. Schon weil die Verkehrs- und Nachrichtenverbindungen schlecht funktionierten, mußten sie manches schnelle Geschäft auf eigene Verantwortung riskieren – oder absagen.

Planmäßig baute Jakob seine Stützpunkte aus. Als die Winkelzüge des Johannes Zink in Rom allzu undurchsichtig wurden, stellte ihm der Chef mit dem Nürnberger Engelhard Schauer einen Assistenten und Aufpasser zur Seite. Allerdings dauerte es nur ein paar Jahre, bis der aufrechte Franke im römischen Klima ebenfalls levantinische Eigenschaften annahm und bald mehr in die eigene Tasche als in die der Fugger wirtschaftete.

Selbst Familienmitglieder wie der früh verstorbene Markus Fugger der Jüngere, welcher nach Zink als einer der erfolgreichsten Pfründenjäger galt, vermochten den Verlockungen Roms nicht zu widerstehen. Auch wenn sich im schwäbisch-strengen Augsburg die mediterranen Bräuche recht eigenartig ausnahmen, duldete Jakob sie, sofern nur die Kasse stimmte. Und da bestand kein Grund zur Klage, besonders seit die päpstliche Münze ab 1508 wieder in der Hand der Firma war.

Nach Rom wurde Antwerpen, das damals noch Antorf hieß, zur bedeutendsten Außenstelle der Firma. Hier war der Hauptumschlagplatz im Handelsverkehr mit den Hansestädten, mit England, Spanien und Portugal. Schon frühzeitig erkannte Jakob die Bedeutung dieses ersten europäischen Börsenplatzes, und er sandte tüchtige Manager an die Schelde.

Wettlauf nach Lissabon

Bei all den komplizierten Transaktionen zwischen Kirche, Kaiser und Königen übersah Jakob Fugger keineswegs die neuen geschäftlichen Möglichkeiten, welche die Entdeckungen der Seefahrer und die Erfindungen der Techniker mit sich brachten. Seit der Nürnberger Martin Behaim 1485 mit dem portugiesischen Abenteurer Diego Cao am Kongo war, ließ sich die Augsburger Zentrale ständig über die Ergebnisse der Entdekkungsreisen unterrichten.

Im Kontor am Rindermarkt war man der Meinung, daß an den fremden Ländern auf dreierlei Art verdient werden könne: erstens durch Importe von Waren, vor allem von Gewürzen, zweitens durch den Handel mit billigen Arbeitskräften, also Sklaven, und drittens durch die Ausfuhr von Waren, speziell von Metallen, in jene Länder. Doch vorläufig blieben die »konventionellen« Geschäfte so umfangreich und lukrativ, daß man den neuen Möglichkeiten allenfalls zukünftige Bedeutung beimaß.

Wie eine Bombe schlug deshalb die Nachricht ein, daß die Welser mit Lukas Rem einen ihrer tüchtigsten Männer als ständigen Faktor nach Lissabon entsandt haben, um sich in den Gewürzhandel mit Indien einzuschalten. Sofort ließ Jakob unter seinen Angestellten nach einem Mann fahnden, der erstens portugiesisch sprach und zweitens clever genug erschien, um sich am Tejo gegen Lukas Rem zu behaupten.

Ein gewisser Markus Zimmermann reiste schließlich im Auftrag der Fugger nach Lissabon, doch war ihm dort kein großer Erfolg beschieden. Der Abgesandte Jakobs fiel durch seine zahlreichen Affären und wegen seines »unwürdigen, die Nation schädigenden Verhaltens« (Pölnitz) mehr auf als durch geschäftliche Tüchtigkeit. Spätestens ab 1511 ließ ihn sein Chef durch Hans von Schüren und Georg Herwart ablösen.

Immerhin war auch Fuggerkapital beteiligt, als die Portugiesen mit einer großen Flotte anno 1505 zu ihrer Molukken-Expedition in See stachen. Die Schiffe »San Hieronymo«, »Raffael« und »Lionardo« wurden ausschließlich von fremden Kaufleuten finanziert. Florentiner und Genueser Bankiers brachten 29400 Cruzados auf, die deutschen Finanziers sogar 36000. Mit Abstand den größten Anteil steuerten die Welser bei (20000 Cruzados), während die Fugger und Höchstetter nur je 4000 Cruzados gaben. Beteiligt waren ferner die Augsburger Imhof und Gossembrot (je 3000 Cruzados) und die Nürnberger Firma Hirschvogel (2000 Cruzados).

Sosehr ihn die horrenden Gewinne im Gewürzhandel lockten, so klar sah Jakob Fugger auch die Risiken dieses abenteuerlichen Geschäfts. Er hielt sich deshalb im Gegensatz zu den Welsern bei allen künftigen Entdekkungsreisen und Kolonialplänen auffallend zurück. Vernünftiger schien ihm abzuwarten, was die Schiffe nach Hause brachten, um dann die ganzen Gewürzladungen an der Antorfer Börse aufzukaufen. Für Gewürze wie Pfeffer, Zimt und Nelken konnte man damals phantastische Preise erzielen.

Die Methode, mit welcher sich die Fugger in neue Branchen und fremde Städte drängten, war immer wieder dieselbe: Erst machte man einen alteingesessenen Geschäftsmann ausfindig, der nach Möglichkeit ein wenig knapp bei Kasse war. Dem bot man dann großzügigen Kredit gegen stille Teilhaberschaft an, um so alles Wissenswerte über das Geschäft zu erfahren. Sobald man der Meinung war, die Sache selbst in die Hand nehmen zu können, kaufte man den Partner auf oder ließ ihn pleite gehen. Nun brauchte man nur noch einen tüchtigen Faktor, und der Gulden konnte rollen.

Diese Taktik wandte Jakob auch in Antorf an. Sein Strohmann war der angesehene Handelsherr Nicol van Rechterghem, dem ein schönes Haus an der Steenhouervest gehörte. Die Verbindung kam zustande, als der Niederländer als erster in Antorf portugiesische Gewürze aufkaufte, um sie nach Oberdeutschland zu exportieren. Die Fugger kamen dahinter, daß der Pfeffer entweder gefälscht oder erheblich gestreckt war.

Mit diesem Wissen fiel es ihnen nicht schwer, dem Kaufmann ihre Kredite aufzunötigen, denn auf Gewürzfälschung standen damals hohe Strafen.

Es dauerte etwa vier Jahre, bis die Fugger Nicol van Rechterghems prächtiges Haus kauften und dann Onofrius Varnbühl als ersten Faktor nach Antorf sandten. Als später einmal Albrecht Dürer an die Schelde kam, war er vom Fuggerhaus so beeindruckt, daß er es in einem Brief anschaulich als »gar köstlich mit einem sondern Turm, weit und groß mit einem schönen Garten gebaut« beschrieb. Auf die gleiche Weise wie in Antwerpen hatten die Fugger über Kilian Auer in Breslau, die Firma Mattstedt in Leipzig, die Prechters in Straßburg und das Handelshaus der Jungen in Frankfurt Fuß gefaßt.

Die Welser engagierten sich, nachdem sie schon den ersten Wettlauf nach Portugal gewonnen hatten, viel stärker im Kolonialgeschäft als die vorsichtigeren Fugger. Hier sahen sie ihre einmalige Chance, im Konkurrenzkampf mit dem übermächtigen Jakob Boden zu gewinnen. Seit sie im Jahr 1497 mit dem Memminger Bankhaus Vöhlin eine gemeinsame Gesellschaft gegründet hatten, verfügten sie über genug Kapital, um sowohl ihre Finanzgeschäfte mit dem Vatikan auszubauen als auch die spanischen und portugiesischen Seefahrer mitzufinanzieren.

Das Motiv für die weltweiten Entdeckungen war kaum der reine Wissensdurst, sondern vor allem das Streben nach Profit. Hinter all den tollkühnen Unternehmungen eines Kolumbus, Vasco da Gama und Magal-

hāes standen die Interessen spanischer, portugiesischer, italienischer und deutscher Kaufleute.
Wie gut Jakob Fugger beraten war, als er den Run nach Indien, der schließlich zur Entdeckung Amerikas führte, eher skeptisch betrachtete, zeigte sich erst lange nach seinem Tod. Zunächst schien es, als hätten die Brüder Anton und Christoph Welser mit ihren Übersee-Engagements das längere Ende der Wurst erwischt. Begeistert schrieb der gelehrte Konrad Peutinger: »Uns Augsburgern ain groß Lob ist, als für die ersten Deutschen die India suechen.«

Kampf gegen die Hanse

Jakob bevorzugte weniger spektakuläre, dafür aber sichere und dennoch gewinnträchtige Unternehmungen. Die bloße Spekulation auf Supergewinne war nicht sein Metier; er war kein Spieler, sondern ein exakt rechnender Kaufmann. Während andere nach den Sternen griffen und sich dabei die Finger verbrannten, knüpfte der Webersohn langsam, beharrlich und zielstrebig an dem Netz, das er über die europäische Wirtschaft geworfen hatte. Und wenn sich wirklich einmal ein Konkurrent nicht einfangen lassen wollte, wurde er ohne Mitleid ruiniert.
Ein beinahe natürlicher Gegner des süddeutschen Monopolisten war die norddeutsche Hanse. Jahrhundertelang beherrschten »die Stede von der dudischen Hense« den gesamten Seeverkehr an der deutschen Nord- und Ostseeküste. Jakob Fugger aber brauchte für sein ungarisches Kupfer unbedingt den freien Zugang zu den Weltmeeren, ganz abgesehen davon, daß dem Augsburger die überhebliche Art, mit der die Norddeutschen seine Faktoren und Fuhrleute behandelten, überhaupt nicht behagte.
Kontakte zu Hansestädten bestanden schon seit 1491, als Fuggerangestellte auf der Posener Messe ihre Waren feilgeboten hatten – vornehmlich Barchent und andere Stoffe. 1497 vertrat der Domherr Johann Voltze in Lübeck die Interessen der Fugger, als er vor dem Rat der Stadt einen Wechsel einklagte. Zunächst merkten die Hanseaten nicht, welche Laus sich da in ihren Pelz gesetzt hatte, denn alle Fuggerschen Geschäfte im Hanseraum liefen zunächst in bewährter Manier unter Deckadressen. Als Strohmänner fungierten angesehene Lübecker Bürger, vor allem Godert Wiggeringk.
In Stettin war der Kaufherr Paul Goldbeke insgeheim ein Fuggeragent, im pommerschen Stolp der aus der reichen Handelsstadt Thorn stammende Wolf Rupprecht. In seinem Buch »Die Hanse« beschreibt Dieter Zimmerling die Strategie der Fugger: »Die Tarnung war perfekt. Geräuschlos etablierten sie sich in Lübeck wie anderswo. Nie traten die Han-

delsherren selbst in Erscheinung, stets besorgte ein Strohmann ihre Geschäfte. Schien es taktisch sinnvoll, auch einmal auf einen lukrativen Abschluß zu verzichten, etwa um keinen Verdacht aufkommen zu lassen – die Fugger taten es. Lübecks schlitzohrige Kaufmannschaft, sonst immer mit empfindlichen Sensoren für heraufziehende Gefahren ausgestattet, nahm das Trojanische Pferd in seinen Mauern nicht wahr. Man hielt die Fugger in erster Linie für Banker des Papstes, sonst aber für verhältnismäßig harmlos. Ein verhängnisvoller Irrtum.« Der Konflikt war programmiert: Als die ersten Frachtkähne mit Fuggerschem Kupfer über Oder und Weichsel herabzogen, um in Danzig und Stettin zu löschen, da wurden sie von den Spähern der Hanse keinen Augenblick aus den Augen gelassen.

Zwar hatte der schwäbische Magnat vorgesorgt und mit dem Herzog von Pommern sowie den eigenbrötlerischen Danziger Kaufleuten Handelsabkommen getroffen. Doch den selbstbewußten Hanseaten konnte es nicht gleichgültig sein, wenn der mächtigste Kaufmann Oberdeutschlands in ihrem Herrschaftsbereich seine Fäden spann. Zu Recht befürchteten sie, der Fugger könne mit seinen weitreichenden Beziehungen ihre Vorherrschaft in den Ostseehäfen brechen. Immerhin sickerte durch, daß die Augsburger im Auftrag des Papstes umfangreiche Geldgeschäfte mit Dänemark und Schweden abwickelten und daß auch bereits im fernen Nowgorod Fuggers Abgesandte aufgetaucht waren, um größere Posten Felle aufzukaufen.

Einen passenden Vorwand, gegen den Fugger loszuschlagen, lieferte den Hansestädten, unter denen Lübeck den Ton angab, der Seekrieg gegen Dänemark. An einem nebelverhangenen Novembertag des Jahres 1510 kaperten sie vor der Halbinsel Hela eine Flotte holländischer Handelsschiffe, die auch über 200 Tonnen Fuggersches Kupfer geladen hatten. Den Verlust konnte Jakob zwar leicht verkraften, doch sah er in dem Piratenstück eine Kriegserklärung der Hansestädte, und dagegen mußte etwas unternommen werden.

Zweifellos hätte er es sich leisten können, eine Flotte auszurüsten und mit ihr die Seestädte anzugreifen. Doch solches Kriegsspiel war ihm zu teuer und zu uneffektiv. Seine Operationsbasis war das Kontor, sein Schlachtfeld waren der Handel und die Politik. Zunächst wandte sich Jakob über Johannes Zink an den Papst, da dieser wegen der Unterbrechung des Geld- und Warenverkehrs nach Skandinavien direkt betroffen war. Aber keine noch so ernst gemeinte Ermahnung aus dem fernen Rom vermochte die standhaften Hanseaten zur Rückgabe des Kupfers zu bewegen. Da mußte – dachte Jakob – eben der Kaiser einspringen! Über Jakob Villinger erwirkte der Fugger tatsächlich ein Dekret Seiner Majestät, aus dem hervorging, daß der Kaiser alle hanseatischen Waren im Reich beschlagnahmen lassen werde, wenn Lübeck sich weiterhin weigere, die erbeutete Kupferladung herauszugeben. Aber auch diese Drohung verfing nicht, denn die Hanseaten wußten ganz genau, daß das Reich auf sie angewiesen war. Statt dessen konterten sie mit dem Vorwurf, der Augsburger sei ein Monopolist übelster Sorte und habe nichts anderes im Sinn, als die kleineren Firmen zu ruinieren.

Das war zweifellos ein geschickter Schachzug, denn so zwangen sie die über die Großkonzerne schon lange erbosten mittelständischen Firmen auf ihre Seite. Nun war Fugger plötzlich nicht mehr der Bestohlene, sondern der Bösewicht. Doch wozu bezahlt man schließlich Leute wie Paul von Liechtenstein und Jakob Villinger, mag sich der Tycoon in Augsburg gedacht haben, und er verlangte über seine Mittelsmänner vom kaiserlichen Hof umgehend die nötige Rückendeckung gegen den unverschämten Angriff aus dem Norden.

Des Kaisers Antwort fiel auch ganz nach Jakobs Wunsch aus. Der Herrscher wies den Vorwurf des Monopolismus zurück und behauptete treuherzig, Fugger betreibe »außer diesen Bergwerken keinen Handel mit niemands auf Erden«. Wenn dennoch hier und dort gelegentlich die Rede vom Fuggerschen Handel sei, dann könne es sich nur um eine Verwechslung mit den Geschäften der Neffen Jakobs handeln. Das war nun zweifellos starker Tobak! Doch es kam noch besser: Weil die Familie – so hieß es – ausschließlich mit eigenem Vermögen arbeite, halte der Kaiser ihre Geschäfte für »göttlich, billig und redlich und nicht für Monopolium«. Kaum zwei Jahre nach der Meckau-Krise mußten Eingeweihten solche Argumente wie purer Hohn erscheinen.

Der Sieg steht fest

Jakob täuschte sich nicht über die Gefährlichkeit des Monopolvorwurfs. Er wußte, daß er mehr Gegner als Bewunderer hatte und daß ihm eine öffentliche Diskussion über Monopole nur schaden konnte. Clever wie sie waren, hatten die Hanseaten ihre Anklage auch nach Nürnberg gesandt, wo sich schon vor dem streitlustigen Schuster Hans Sachs viele kleinere und mittlere Geschäftsleute über die Großkonzerne aufregten. Auch auf dem Kölner Reichstag machte sich eine Stimmung gegen die Monopolgesellschaften breit, denen man in erster Linie die Schuld für die ungeheuren Preissteigerungen und die systematische Verknappung des Warenangebots in die Schuhe schob.

Jakob lenkte deshalb ein. Er ließ sich – um sein Gesicht zu wahren – vom Kaiser zu einem Vergleich drängen und kaufte schließlich für 8000 Gulden die Kupferladungen zurück. Spontane Aktionen aus gekränkter Eitel-

keit oder persönlicher Rachsucht waren von diesem kalten Rechner ohnehin nicht zu erwarten. Aber daß er den Angriff der Lübecker so leicht schluckte, überraschte selbst die Bekannten und Freunde der Fugger.
In den folgenden Jahren zeigte es sich jedoch, daß Jakobs Strategie und seine geschäftliche Konzeption dem Vorgehen der Hansestädte weit überlegen war. Systematisch unterwanderte er die stärksten Bastionen der Seestädte, drang bis Nowgorod und Moskau vor, schleuste seine Mittelsmänner in Hamburg ein und sorgte auf unauffällige, aber höchst wirksame Weise für einen ungehinderten Seeverkehr zwischen Danzig und Amsterdam.
In der niederländischen Hafenstadt saß einer seiner fähigsten Faktoren, Pompejus Occo, der zugleich auch Beauftragter des dänischen Königs war. Jakob beorderte ihn später nach Kopenhagen, von wo aus er für den reibungslosen Ablauf der nordischen Geschäfte zu sorgen hatte. Nachdem schon Danzig auf der Seite der Augsburger stand, gelang es der beharrlichen Diplomatie Occos und anderen Faktoren, nach und nach weitere Hansestädte vom Vorteil der Fuggerschen Geschäfte für ihre eigenen Finanzen zu überzeugen.
Der Hanse-Kenner Zimmerling glaubt sogar, daß das beinahe geräuschlose Eindringen der Fugger in den niederdeutschen Handel einer der entscheidenden Gründe für den Niedergang der Hansestädte war: »Überall erwiesen Europas Potentaten dem mächtigen Mann aus Augsburg ihre Referenzen, der ein dichtes Gespinst von Bank- und Warengeschäften von Rom bis Kopenhagen, von London, Lissabon bis hin nach Rußland gewoben hatte. Die Hanse stand diesem Phänomen einigermaßen hilflos gegenüber. Denn anders ist es nicht zu erklären, daß sie noch nicht einmal die wenigen Möglichkeiten nutzte, dem gerissenen Schwaben Einhalt zu gebieten. Fugger hatte die Hanse überrannt.«
Bald sahen sich die streitbaren Lübecker von allen Seiten eingekreist. Ihr Erzfeind Dänemark paktierte schon lange mit den Süddeutschen, Rußland war brennend interessiert am Warenaustausch mit den Augsburgern, der polnische König stand längst auf ihrer Seite, Litauen hatte ihnen Tür und Tor geöffnet, der Hochmeister des Deutschen Ordens stellte sich auf Weisung Roms hinter den Fugger – und schließlich sahen selbst die Hansestädte die Widersinnigkeit einer Anti-Fugger-Blockade ein.
Schon 1513 gestanden zumindest Riga, Reval und Dorpat die Ergebnislosigkeit des Handelskrieges ein, und wenige Jahre danach wurden im Hamburger Hafen Fuggersche Waren umgeschlagen: Der Sieg des zähen Schwaben über die Seestädte war unumstößlich.

Den Lohn der Angst kassiert

Die Bereitschaft, mit der Kaiser und Papst den leisesten Wünschen des Augsburger Kaufmanns nachkamen, hatte natürlich ihre politischen Hintergründe. Denn jeder der beiden mächtigsten Männer Europas trachtete, ihn auf seine Seite zu ziehen. Das Einvernehmen zwischen Kaiser und Papst war seit der mißglückten Krönung im Jahr 1508 merklich gestört. Als dann Julius II. auch noch Frieden mit dem von Maximilian befehdeten Venedig schloß, kam es zum offenen Bruch zwischen Rom und Innsbruck.

Für die Augsburger Kaufleute bedeutete dies, daß sie einmal mehr zur Schaukelpolitik gezwungen waren, weil sie es mit keinem von beiden verderben wollten. Dabei war die Tarnung in Rom wichtiger, denn der als Choleriker bekannte Rovere-Papst hätte vermutlich nicht gezögert, die Schwaben zum Teufel zu jagen, wenn es ihm gerade in den Kram paßte. Bei Maximilian war eine solche Reaktion nicht zu erwarten, da er die Fugger mehr brauchte als diese ihn.

Daß sich die Situation zwischen den europäischen Großmächten wieder dramatisch zuspitzte, ließ sich bereits in den Auftragsbüchern des Kontors am Rindermarkt ablesen. Kriegsmaterial war gefragt wie selten zuvor, und die Fugger lieferten Streitäxte (das Stück zu 24 Kreuzer), Hellebarden (20 Kreuzer), Spieße (3 Kreuzer), ferner Handbüchsen und Kanonen jeden Kalibers. Gerüstet wurde in Österreich, Frankreich und Italien. Der Papst selbst verließ die Engelsburg und marschierte mit einem Heer nach Norden, um die Franzosen aus dem Land zu vertreiben.

Da lag es nahe, daß Maximilian und Frankreichs Ludwig XII. in der zweiten Novemberhälfte des Jahres 1510 zu Blois ihr Bündnis erneuerten. Konferenzen und Staatsbesuche häuften sich. Aus Ungarn kam eine königliche Gesandtschaft nach Augsburg, um des Kaisers Hilfe gegen die Türken zu erbitten. Für Jakob Fugger und Georg Thurzo brachte man sechs prächtig aufgezäumte Rassepferde mit. Der reiche Kaufmann gab deshalb zu Ehren seiner Gäste einen Empfang, der sogar den des Kaisers in den Schatten stellte, und er ließ die Ungarn bei ihrer Abreise von 25 Reitern bis Regensburg begleiten.

Ein paar Monate später, im März 1511, trafen sich die verfeindeten europäischen Herrscher in Mantua, um auf dem Weg einer Konferenz den Krieg zu verhindern. Jakob entsandte seinen jungen Neffen Raymund zu den Gesprächen ins Gonzaga-Schloß. Das Treffen der Staatsmänner endete wie so oft mit einem Mißerfolg. Der Krieg schien unvermeidlich. Fast zu auffällig mühten sich nun der Habsburger wie der Rovere um die Gunst des schwäbischen Finanzmannes. Maximilian stellte Jakob am 8. Mai 1511 den Adelsbrief aus, auf den er schon seit dem Kauf von Kirchberg und Weißenhorn ein Anrecht hatte. Obwohl der Handelsherr den Titel nie führte, brauchte er ihn doch gegenüber seinen schwäbischen Lehensleuten, die immer wieder seine Herrschaft anzweifelten. Insbesondere der aufsässige Jörg Rott machte beträchtliche Schwierigkeiten, weshalb ihn der Kaiser höchstselbst nach Augsburg beorderte, damit er dem Fugger Gehorsam gelobe.

Zudem sandte Maximilian seinen Getreuen Fuchs von Fuchsberg nach Weißenhorn, um den Unbotmäßigkeiten der Bevölkerung ein Ende zu bereiten und die Grenzstreitigkeiten mit der Reichsstadt Ulm zu schlichten. Auch verzichtete der Kaiser auf sein vertraglich verbrieftes Rückkaufsrecht, und er sicherte seinem Geldgeber die Stadt Weißenhorn zunächst bis 1517 zu.

Bei so viel kaiserlicher Huld mochte der Papst nicht zurückstehen, und er beauftragte die schwäbische Firma mit dem Einzug der Ablaßgelder für Sankt Peter, an dem natürlich wiederum ganz nett zu verdienen war. In Schlesien, Ungarn und Polen begleiteten Fuggerangestellte die Ablaßprediger auf ihren Bettelzügen und verwalteten die Schlüssel zu den eisernen Truhen, in welche die Gläubigen ihren Obolus warfen, damit sie ein paar Jährchen weniger im Fegefeuer schmoren mußten. Kühl und geschäftsmäßig, wie Bankangestellte nun mal zu sein pflegen, kassierten die »Fuggerer« den Lohn der Angst und brachten ihn nach Augsburg. Selbst Fuggerfreund von Pölnitz gesteht: »Daß hierbei Zwischenfälle sich ereigneten, die das religiöse Feingefühl der Gläubigen aus übertriebener Geschäftsbeflissenheit untergeordneter Organe verletzten, ist durchaus denkbar.« Daß solche »Geschäftsbeflissenheit« wenig später die Reformation auslösen sollte, ahnten weder Jakob noch sein Kaiser. Beide hatten sich zu weit von den Sorgen und Nöten der Bevölkerung entfernt, als daß sie noch ein Gespür für die Brisanz dieses Geschäfts besaßen. Als typischer Renaissance-Herrscher sah der Habsburger seinem römischen Gegenspieler darin sehr ähnlich – in der Kirche vornehmlich eine leistungsfähige Organisation und im Glauben ein Machtmittel erster Qualität.

15. Kapitel
Zu Hause ein Fremder

Als im Sommer 1511 Maximilians Diplomaten die Nachricht überbrachten, Julius II. sei todkrank und liege im Sterben, faßte der Kaiser blitzschnell den tollkühnsten Plan seiner Laufbahn: Er selbst wollte sich zum

Papst krönen lassen! Regierte er in Rom, dann war Habsburg die Herrschaft über ganz Italien sicher und sein Enkel, der junge Carlos, konnte sich eines Tages zum Imperator von Europa aufschwingen. Schon deshalb, so glaubte der ruhelose Pläneschmied, seien ihm die Stimmen der spanischen Kardinäle sicher.
Eilends ließ er seinen bewährten Unterhändler Jakob Villinger alias Matthäus Lang herbeirufen. Der Salzburger Erzbischof sollte schleunigst nach Rom reisen und dort die Papstwahl des Habsburgers vorbereiten. Er erhielt den Auftrag, noch zu Lebzeiten Julius' II. die Ernennung Maximilians zum Koadjutor durchzusetzen.
Nun, spekulierte der Kaiser, brauchte er nur noch eins, um sich die Tiara aufzusetzen: Geld. Seine Berater errechneten, daß die Bestechung des Konklaves 200000 bis 300000 Dukaten kosten dürfte. Also wurde wieder einmal Paul von Liechtenstein nach Augsburg gesandt, um dem Fugger die geniale Idee Seiner Majestät zu erläutern.
Man kann sich den verwunderten, leicht amüsierten Ausdruck auf dem zerfurchten Gesicht des großen Kaufmanns vorstellen, als ihm der Kaiserliche Rat den Plan unterbreitete. Es muß ihm reichlich grotesk vorgekommen sein, daß sein bester Kunde Geld verlangte, um sich bei seinem zweitbesten Kunden, nämlich der Römischen Kirche, einzukaufen.
Bei allem Dilettantismus, der das Vorhaben Maximilians auszeichnete, erkannte Jakob sofort, daß er sich auf ein gefährliches Spiel einließ, wenn er sich allzu deutlich von des Kaisers Plänen distanzierte. Denn der Kaiser meinte es offenbar ernst: Er verlangte für Paul von Liechtenstein unverzüglich 10000 Gulden Reisegeld, damit dieser in Rom die Weichen stellen konnte. Außerdem bot er als Pfand für die benötigte Riesensumme »die besten vier Truhen mit Unseren Kleinodien, mitsamt Unserem Lehengewand«. Das hieß nichts anderes, als daß Maximilian auf den kaiserlichen Ornat verzichten wollte, weil er darauf hoffte, künftig das päpstliche Prunkgewand zu tragen.
Als Jakob zu bedenken gab, daß er beim Burgunderschatz erfahren habe, wie schwer sich derartig wertvolle Juwelen zu Geld machen ließen, sicherte ihm der Hofmarschall den Rückkauf der Schmuckstücke zum Preis von 100000 Dukaten zu. Außerdem sollten den Fuggern für die errechnete Gesamtschuld sämtliche Steuereinnahmen der habsburgischen Erblande einschließlich der spanischen Subsidien zufließen.
Da der Kaufmann wußte, wie spärlich die Steuern im Reich eingingen, winkte er ab. Sofort versicherte ihm der Unterhändler Maximilians, nach der Krönung werde der Papst den Mann zum Verwalter des Kirchenschatzes machen, den Fugger ihm vorschlage. Paul von Liechtenstein war in keiner beneidenswerten Lage, denn sein Herr hatte ihm aufgetragen, den Fugger zu überreden und auf keinen Fall lockerzulassen: »Und bist

darin nicht säumig oder lässig, sondern brauch also Fleiß, wie Wir Unser Vertrauen zu Dir setzen und auch die Eil und Notdurft dieser Zeit erfordert.«

Die Medicis erobern den Vatikan

Es spricht für den ungetrübten Realitätssinn des Schwaben, daß er die Offerte zwar zur Kenntnis, aber nicht ernst nahm, so verlockend sie auch klingen mochte und so dringend sie vorgetragen wurde. Tatsächlich erledigte sich das Problem von selbst, als nämlich einige Tage später neue Nachrichten aus der Ewigen Stadt eintrafen. Sie besagten, der Rovere-Papst befinde sich dank seiner robusten Konstitution wieder auf dem Weg der Genesung. Wie verhängnisvoll hätte sich eingedenk des cholerischen Temperaments des Papstes ein voreiliger Schritt für die Fugger ausgewirkt!

Mit untrüglichem Instinkt witterte Jakob, daß die morbide, korrupte und korrumpierte Kirche immer noch vital genug war, derartige Angriffe zu überstehen. So unternahm er auch nichts, seinen alten Vertrauten, den ehemaligen Legaten Carajaval, zu unterstützen, der sich inzwischen zum Gegenpapst hatte ausrufen lassen und mit seinem »Wanderkonzil« durch ganz Europa zog.

Julius II., der sich im Oktober 1511 von der Liga von Cambrai trennte, um sich mit Ferdinand dem Katholischen von Spanien und der Republik Venedig gegen Frankreich zu verbünden, hatte also allen Grund, mit seinem schwäbischen Geschäftspartner zufrieden zu sein. Allerdings währte das gute Einvernehmen zwischen Rom und Augsburg nur anderthalb Jahre.

Im Januar 1513 erkrankte Julius II. erneut, und diesmal bestand keine Aussicht auf Erholung. Als erster in Deutschland erfuhr natürlich wieder Jakob Fugger davon. So konnte er schon am Nachmittag des 30. Januar Paul von Liechtenstein über das zu erwartende Ableben des Papstes informieren. Doch erst am Morgen des 21. Februar verschied der Rovere-Papst, den die Historiker den Gewaltigen nennen.

Ein Sonderkurier der Fugger brachte die Nachricht von Rom umgehend nach Verona zum kaiserlichen Statthalter. Am Innsbrucker Hof allerdings erfuhr man erst sechs Tage später davon – ein neuerlicher Beweis für den Qualitätsunterschied zwischen dem Fuggerschen und dem kaiserlichen Nachrichtendienst.

Der abenteuerliche Papstplan Maximilians war längst in der Versenkung verschwunden und von der Geschichte überholt, als in Rom das Konklave zusammentrat. Es wählte den erst siebenunddreißigjährigen Giovanni

de'Medici zum neuen Papst Leo X. Der zweitälteste Sohn Lorenzos des Prächtigen war bereits im frühen Alter von 19 Jahren Kardinal und bisher eher durch kostspielige Hobbys und einen außergewöhnlichen Verschleiß an hübschen Mädchen aufgefallen als durch übergroße Frömmigkeit.
Jakob Fugger betrachtete den neuen katholischen Oberhirten aus anderen Gründen mit gemischten Gefühlen, war doch nun zu befürchten, daß die mit der italienischen Hochfinanz versippten Medicis wieder ihre Landsleute anstelle der fremden Schwaben mit den Geldgeschäften der Kirche beauftragten. Zink erhielt deshalb Weisung, sofort das beste Einvernehmen mit dem jungen Papst herzustellen und dessen finanzpolitische Absichten genau zu ergründen.
Als der prunkliebende Leo X. dann am 11. April zu seinem Triumphzug vom Vatikan zum Lateranpalast aufbrach, war kein Gebäude in Rom prächtiger geschmückt als die Fuggerbank. Der »üppigste Festzug der Renaissance« – so der Kunsthistoriker Aloys Schulte – machte vor dem Triumphbogen halt, den Zink zu Ehren des neuen Papstes hatte errichten lassen: »Die Blüte kirchlicher Prozessionskunst war mit dem an den antiken Denkmälern wieder erlernten Luxus vereinigt.«

In Augsburg dominiert der rechte Winkel

In schroffem Gegensatz zur Lebens- und Baulust der italienischen Renaissance stand der nüchterne, auf Soll und Haben ausgerichtete Erwerbssinn in der schwäbischen Zentrale. Südlich der Alpen schwelgten Maler, Bildhauer und Architekten in einem beispiellosen Formen- und Farbenrausch – in Augsburg dominierte der schlichte rechte Winkel. Schon lange war die Zentrale am Rindermarkt für die immer ausgedehnteren Geschäfte zu eng geworden. Niemand hätte in dem Komplex aus bescheidenen Fachwerkhäusern die Zentrale eines weltumspannenden Konzerns vermutet. Deshalb hielt es Jakob nach dem Tod seines älteren Bruders für angebracht, der Firma einen ihrer Bedeutung angemessenen Sitz zu verschaffen. Den Grundstock dazu legte er am 21. Januar 1511, als er von seiner Schwiegermutter Sybille Sultzer-Artzt für 3573 Gulden das Haus am Weinmarkt kaufte, in dem er mit seiner Frau schon bisher gewohnt hatte. Neun Monate später erwarb er von Thomas Ehinger das Nachbarhaus für 2400 Gulden und zwei Jahre später weitere, rückwärtig angrenzende Gebäude.
Den ausgedehnten Häuserkomplex ließ er dann von dem Augsburger Stadtwerkmeister Jakob Zwitzel und anderen führenden Architekten völlig neu aufbauen. In der Familienchronik heißt es: Jakob Fugger »hat erstlich das Fuggerisch Haus auf dem Weinmarkt von seiner Schwieger

Wilhalm Arczetin an sich gebracht und nachmalen ein Gastgebenhaus unten daran erkauft und ganz köstlich von neuem auferbaut, also daß der Häuser zwei in einem worden sein. Wie solches inwendig geziert, wissen alle, so darinnen gewesen.«

Daß der Handelsherr einen bemerkenswert guten Blick für optische Wirkungen besaß, bestätigt auch der Chronist und Stadtschreiber Clemens Sender. Er spricht von einer »kostlichen Behausung, nit allein sich selbst zu einem Lust, sunder auch armen Leuten zu Aufenthaltung und Nutz, die daran arwaitten, sich das derbas ernähren migen«.

Sicher hat der Fuggerfreund gewaltig übertrieben, als er den philanthropischen Zweck des neuen Hauses so betonte. Bestimmt handelte es sich nicht um eine luxuriöse Wärmstube für Penner, sondern um die Schaltzentrale der bedeutendsten Firma des Abendlandes. Noch heute stehen an derselben Stelle die berühmten Fuggerhäuser und das Hotel »Drei Mohren«, und zwar fast in derselben Form, in der Jakob vor 450 Jahren die Gebäude errichten ließ.

Vor allem der Damenhof, der wahrscheinlich auf besonderen Wunsch der Ehefrau Sybille angelegt wurde, besticht durch seine ausgewogene Architektur. Er gilt als eines der ersten Bauwerke der Renaissance auf deutschem Boden. Die späteren Fuggergenerationen haben den mit aristokratischer Großzügigkeit angelegten Gebäudekomplex noch beträchtlich erweitert und ausgebaut.

Jakob ließ es an nichts fehlen, was schon allein die Tatsache beweist, daß er für das Dach seiner neuen Häuser 400 Zentner Kupfer aus den ungarischen Gruben herbeischaffen ließ. Der italienische Architekt Antonio de Beatis, der 1517 nach Augsburg kam, beschreibt in seinem Reisetagebuch seinen Eindruck von dem an der Straßenfront 68 Meter langen Gebäudekomplex: »Der Palast gehört zu den schönsten in Deutschland. Er ist mit buntfarbigen Marmosteinen verziert. Die Straßenfassade zeigt Geschichtsbilder mit vielem Gold und vollkommensten Farben. Das Dach ist ganz von Kupfer. Außer den nach deutscher Art eingerichteten Räumen erblickt man auch einige nach italienischem Geschmack, sehr schön und mit gutem Verständnis hergestellt.«

Über den Damenhof urteilt der Kunsthistoriker Norbert Lieb: »Der Italien nachempfundene, musisch-lebensfrohen Gesamtstimmung des Hofes gesellt sich in den Wandbildern das selbstbewußte Eigengefühl der deutschen Maximilians-Zeit, in dem lebendige Gegenwart und geschichtliche Bedeutsamkeit ineinander übergehen. Immer noch spürt man am Damenhof am meisten von der ursprünglichen Atmosphäre des Hauses Jakob Fuggers.«

Der Freund als Liebhaber

Doch so heiter und elegant, wie dieser von Säulenbogen eingefaßte Innenhof anmutet, ging es in den Wohn- und Büroräumen der Fugger keineswegs immer zu. Quer durch die Familie zog sich ein tiefer Riß, der nicht nur mit dem Generationenkonflikt zu erklären ist. Vielleicht war es der Gram über seine eigene Kinderlosigkeit, welcher Jakob mit den Söhnen seiner Brüder eher wie mit Knechten als mit Verwandten umspringen ließ. Die Neffen mußten sich jeden Anpfiff gefallen lassen, da der patriarchalische Onkel keinen Widerspruch duldete.
Ulrich Fugger hielt das nicht mehr aus und zog nach Schwaz in Tirol, um dem Bannkreis des Familiendespoten zu entkommen. Sein Bruder Hieronymus, dem Jakob jegliches Geschäftstalent absprach, ging nach Köln. Übrig blieben die beiden Söhne Georgs, Raymund und Anton. Raymund galt lange Zeit als der härtere, denn er wagte es als einziger, dem Onkel gelegentlich zu widersprechen. Der jüngere Anton dagegen war zwar außerordentlich intelligent, aber doch nachgiebiger, und wurde deshalb von seinem Onkel als verweichlicht angesehen.
Das kaufmännische Genie und die Erfolge Jakobs haben den Neffen sicher imponiert, so daß zwischen ihnen und dem Onkel immerhin eine Verständigungsbasis gegeben war. Unversöhnlich aber reagierten sie auf die mitunter herrischen, ja überheblichen Zurechtweisungen ihrer Tante Sybille. Die verwöhnte, leidenschaftliche Frau versammelte im Hause am Weinmarkt stets eine Schar von Bewunderern um sich. Mehr aus gesellschaftlichem Prestigedenken als aus intellektuellem Antrieb diskutierte man über italienische Kunst und humanistische Philosophie. Für das banale Geldverdienen eines Jakob Fugger blieb allenfalls ein spöttisches Achselzucken übrig.
Der Einfluß dieses Kreises wurde so stark, daß Jakob den entscheidenden Gesellschaftsvertrag vom 30. Dezember 1512 ausschließlich von Freunden seiner Frau als Zeugen unterzeichnen ließ. Dazu zählten unter anderem Ulrich Sultzer, den Jakob in Innsbruck vor dem Henker bewahrt hatte, weil er dort 200 Gulden gestohlen haben soll, und Konrad Rehlinger, den auch Jakob zu seinen Freunden zählte; ferner Matthäus Langenmantel sowie Mitglieder der schwerreichen Familie Öhem. Freunde Jakobs wie der Mönch und Stadtschreiber Clemens Sender bemerkten bald, daß »Konrad Rehlinger heimlich um die Fuggerin gebuhlet, dem doch Herr Jakob Fugger über Leib und Gut vertraut hat, viel Freundschaft bewiesen und stets ob seinem Tisch gehabt hat zu Gast«.
Insbesondere der temperamentvolle, geradlinige Raymund nahm Anstoß am lockeren Lebenswandel der Frau seines heimlich bewunderten Onkels. Die Langenmantel-Chronik berichtet sogar, Raymund habe die beiden

»mit Gewalt und gewaffneter Hand durch seine Diener genotdrungt und bezwungen, daß sie einander nehmen müssen durch dasselbe Nehmen die Frau geschädigt, daß sie 20000 Gulden verloren«. Daß dergleichen nicht aus der Luft gegriffen war, sollte sich nach dem Tod Jakobs zeigen, doch davon später.

Wahrscheinlich hatte es Raymund der unversöhnlichen Feindschaft Sybilles zu verdanken, daß er in der Firma von seinem Onkel kaltgestellt wurde. Während er anfangs noch zu Missionen wie der Beobachtung des Kongresses in Mantua eingesetzt wurde, ließ ihn Jakob später zunehmend links liegen. Nur die Tatsache, daß er mit Katharina Thurzo verheiratet war, bewahrte ihn wohl vor dem endgültigen Rausschmiß. Anton dagegen vermochte seine Gefühle besser zu verbergen und arrangierte sich beizeiten mit der ungeliebten Tante.

Sybille Artzt war praktisch mit der gesamten Augsburger Hautevolee versippt und verschwägert. Eine ihrer Basen war die Schwester des berühmten Kardinals von Gurk, Matthäus Lang, und – nebenbei – die Geliebte des Herzogs Georg von Bayern. Zum Clan der Artzts, Sultzers und Öhems zählten Bürgermeister, Geschäftsleute, Ritter und Großgrundbesitzer. In den Kreisen dieser alten Patrizierfamilien galt ein Jakob Fugger immer noch als Neureicher, als zwar tüchtiger, aber eben nicht besonders feiner Mensch.

Der Tycoon war in der Tat bei aller unternehmerischen und politischen Raffinesse im Grunde seines Wesens ein relativ unkomplizierter Schwabe geblieben. Der zynische Machtpolitiker hing an den althergebrachten Werten, glaubte an Gott, an Sünde und Vergebung, fürchtete sich vor den Strafen der Hölle und war sich der Vergänglichkeit alles Irdischen bewußt. Seine Kinderlosigkeit und die Vereinsamung in der eigenen Familie mochten seine latente Religiosität gefördert haben.

Ein Konto für den Heiligen

Der Mann, der sich nicht scheute, Tausende Soldaten in den Tod zu schikken, wenn es seinen Zielen dienlich war, und der kaltblütig jeden geschäftlichen Gegner vernichten konnte, kniete sich mindestens einmal am Tag in der düsteren Sankt-Anna-Kapelle nieder, um in Demut den Segen seines Herrgotts zu erbitten. Und noch im Glauben wußte er seine Schlitzohrigkeit nahtlos mit aufrichtiger Nächstenliebe zu verbinden. So häufte er auf einem für den schon 993 heiliggesprochenen Sankt Ulrich eingerichteten Konto nach und nach 15000 Gulden an, um sie einerseits dem Zugriff der Steuer und des Kaisers zu entziehen, um aber andererseits damit auch gelegentlich wohltätige Werke zu finanzieren.

Als nutzbringende »Zukunftsinvestition« mag er auch seine Ausgaben für die Gebete und Messen betrachtet haben, die er sich bei den Nonnen eines benachbarten Klosters kaufte. Während andere reiche Gläubige in ihren Häusern Reliquien und andere »Heiltümer« anhäuften, um sich damit im Jenseits Gnade zu erwerben, wählte der kaufmännisch denkende Fugger den Verrechnungsweg: So wie er Wechsel und Schuldverschreibungen aufkaufte, so führte er in seinen Büchern auch »Gebetsansprüche« als »himmlisches Vermögen« auf der Aktivseite der Bilanz. Im Nonnenkloster versammelten sich inzwischen die Armen der Gemeinde, um für ein Almosen des reichen Kaufmanns bei Opferkerzen und Seelenmessen zu beten. Auch Regina Fugger-Imhof, Georgs Witwe, stiftete für ihren in Rom verstorbenen Sohn Markus der Kirche Sankt Peter am Augsburger Perlach Meßkleider, Perlen für die Monstranz, Altartücher, Fahnen, Rauchfässer und anderes Meßgerät, damit der als skrupelloser Pfründenjäger bekannte Zink-Schüler dem Fegefeuer entkomme.

16. Kapitel
Das Geschäft mit dem Glauben

Die für das Mittelalter typische Verquickung von Geschäft und Glauben stürzte die Kirche in ihre schwerste Krise und führte schließlich zur Reformation und Kirchenspaltung. Nirgendwo zeigte sich die Schizophrenie der abgewirtschafteten Glaubenslehre so deutlich wie bei Jakob Fugger, der dank seines Geldes und seiner politischen Beziehungen zur stärksten Stütze des päpstlichen Imperiums nördlich der Alpen wurde. Der Kaufmann, der an der Kommerzialisierung der Religion mehr verdiente als jeder andere Konkurrent im Abendland, war selbst ein Gefangener der herkömmlichen Denkweise.
Während sein Faktor Zink in Rom immer skurpellosere Geschäfte anleierte und die perfekt funktionierende Handelsorganisation der Fugger den Gläubigen ihre letzten Gulden aus den Taschen zog, glaubte der Mann, der das alles initiierte und der daraus den größten Nutzen zog, selbst an die befreiende Wirkung des Ablasses. Für sich und seine Frau Sybille kaufte er viele Ablaßjahre, und er ließ sich mit ihr sogar in die Bruderschaft der Mönche bei Sankt Ulrich aufnehmen, um so die Vorteile des »Gebetes, Singens, Lesens, Fastens und aller Guttat, so durch uns in Dienst und Lob des Allmächtigen Gottes und alles himmlischen Heeres vollbracht« zu gelangen.
Offenbar sah Jakob Fugger in der Kirche eine Art Versicherungskonzern,

bei dem man seine Prämien in Form von Geld oder Gebeten einzahlte, um dafür nach dem Tod, wenn es ganz schlimm kommen sollte, wenigstens eine teilweise Deckung des Schadens erwarten zu dürfen. Doch wurde diese nüchterne, geschäftsmäßige Vorstellung etwa seit dem Krisenjahr 1509 stets von einer latenten Todesangst überlagert. Nur so ist die frühe Einrichtung seiner Grabstätte in der Dominikanerkirche Sankt Anna und Jakobs ständige Beschäftigung mit religiösen Problemen zu erklären.

Die Auseinandersetzung mit Glaubensfragen geschah, seiner Natur entsprechend, nicht auf theoretische, sondern höchst pragmatische Weise. Bestes Beispiel dafür ist sein aus heutiger Sicht – und wahrscheinlich auch für die meisten Zeitgenossen – unerklärlicher Streit mit den Geistlichen seiner Hauskirche Sankt Moritz. Die Angelegenheit zog sich jahrelang hin und brachte ihm nichts ein als Verdruß. Das Engagement, mit dem sich der Magnat neben seinen großkalibrigen Geschäften dem vergleichsweise unbedeutenden Problem widmete, wie der religiöse Service einer Ausburger Kirche verbessert werden konnte, läßt sich wohl nur vor dem Hintergrund der heraufdämmernden Reformation erklären.

Der Streit begann damit, daß sich die Kirchgänger – und dazu zählten viele der vornehmsten Bürger Augsburgs – von den Geistlichen vernachlässigt fühlten. Ob zu Recht oder Unrecht, läßt sich heute nicht mehr feststellen. Jedenfalls beschwerten sie sich, weil angeblich die Jahrtage nicht mehr gehalten wurden, zu wenig Messen stattfanden und minderwertige Kerzen Verwendung fanden. Mit dem Selbstverständnis eines erfolgreichen Unternehmers setzte sich Jakob an die Spitze der Protestbewegung und ließ eines Tages ohne Genehmigung der Kapitulare neben der Kirchensakristei eine eigene Mesnerwohnung einrichten. Wenn schon die Geistlichen nicht in der Lage waren, für einen geordneten Ablauf der religiösen Veranstaltungen zu sorgen, dann mußten die Bürger eben zur Selbsthilfe greifen.

Weil kirchliche Statussymbole damals mehr galten als aller weltlicher Prunk, darf man getrost voraussetzen, daß bei Jakobs Eingreifen auch ein gewisses Maß an Überheblichkeit im Spiel war. Ein eigener Mesner bei Sankt Moritz – das war schon etwas, das die Mitbürger zum Staunen brachte und mit Neid erfüllte. Jakob ließ durch seinen Meßdiener sogar den Altar absperren, damit die Geistlichen gezwungen waren, im Chor die Jahrtage abzuhalten.

Bald darauf beschwerte er sich über die seiner Meinung nach zu dümmlichen Predigten der Priester in Sankt Moritz, und er verlangte eine Pfründe für einen Magister der Theologie oder Doktor der Rechte, der ihm auf angemessenem Niveau die Leviten lesen konnte. Der scheinbar belanglose, in Wirklichkeit aber die Unzufriedenheit vieler Gläubigen wi-

derspiegelnde Streit eskalierte immer mehr, bis Jakob über seine römische Filiale bei Papst Leo X. vorsprechen ließ, um die nächste freie Chorherrnstelle mit einem Mann seiner Wahl zu besetzen. Selbstverständlich wurde seinem Wunsch entsprochen, da man der ganzen Angelegenheit im Vatikan wenig Bedeutung beimaß und Jakob überdies angeboten hatte, alle entstehenden Kosten großzügig zu entgelten. Doch die nicht minder starrsinnigen Augsburger Kanoniker mißachteten den Befehl aus Rom und warfen ihrerseits dem Kaufmann vor, er habe selbstherrlich in die Belange der Kirche eingegriffen. Der Fugger fühlte sich indessen den Provinzklerikern haushoch überlegen und ließ sie dies auch fühlen.
Während er sich gegenüber dem Kardinal Ludwig von Aragon unverblümt rühmte, bei der Besetzung »sämtlicher deutscher Bistümer, bei manchen sogar zwei- und dreimal mitgewirkt und daran verdient« zu haben, warf er den »eigenmächtigen Pfaffen, die gern Krieg und Unglück sehen«, vor, sie würden ihre Pflichten sträflich vernachlässigen.
Über den Pfarrherrn von Sankt Moritz schrieb Jakob in seinen Briefen, er sei »weder zum Predigen, Beichten noch anderem gut, sondern ein schwerer, verdrossener Mann, der sein eigen Nutz gesucht«. Daß der Brief ausgerechnet an Johannes Zink gerichtet war, macht Jakobs Klage vollends unglaubwürdig.
In seinem eigenen Privatbereich mißfiel ihm der moralische Verfall der Kirche, an dem er in großem Maßstab nach Kräften mitwirkte. So ereiferte er sich über den Dechanten von Sankt Moritz, Bartholomäus Riedler: »Der wird jetzt seine reiterischen Pfaffen lassen die Pfarre versehen... Ich glaube, der Teufel reitet in solchem alles.« Schließlich schwante ihm sogar, daß »Mord und Unglück« drohe, wenn da nicht bald Abhilfe geschaffen werde.
Der Kaufmann gab keine Ruhe und scheute keine Mühe, bis er nicht endlich einen Vertrauensmann auf den Predigerstuhl bei Sankt Moritz gesetzt hatte. Da die päpstliche Anordnung nichts nützte, bemühte er den Herzog von Bayern und schließlich sogar den deutschen Kaiser, um seinen Willen durchzusetzen. Da sein Favorit Johannes Speiser inzwischen genug von den Händeln hatte, wollte Jakob zunächst den Professor Johannes Eck, der an der Universität Ingolstadt lehrte und als einer der spitzfindigsten Theologen seiner Zeit galt, nach Sankt Moritz beordern.
Doch der glänzende Rhetoriker wurde laufend für Sonderaufgaben benötigt, wenn es darum ging, lästige Angriffe der Humanisten auf Monopolunternehmen und Wucherzinsen abzuwehren. Deshalb durfte schließlich doch Johannes Speiser den Posten eines Dechanten in Sankt Moritz einnehmen, und es war eine Ironie des Schicksals, daß ausgerechnet dieser Geistliche, in dessen Berufung Jakob so viel Zeit, Geld und Nerven investiert hatte, wenig später zu den Lutheranern überlief.

Blieb Jakobs privater Glaubenskrieg, der sich bis ins Jahr 1520 hinzog, letztlich auch erfolglos, so durfte der Fugger bei seinen rein geschäftlichen Beziehungen zur Kirche um so erfreulichere Ergebnisse registrieren. Zunächst aber sah es unterm Pontifikat des Medici-Sprößlings nicht so aus, als könne die Vorherrschaft der Augsburger im Finanzwesen der Kurie fortbestehen. Leo X. widerrief nicht nur alle Ablässe seines Vorgängers, sondern er kündigte auch den auf 15 Jahre abgeschlossenen Pachtvertrag der Fugger über die päpstliche Münze.

Als Gründe führte der Papst den Tod Julius' II. und die Neugestaltung der Firma Fugger an, die ja jetzt nicht mehr dieselbe sei wie jene, die den Vertrag abgeschlossen hatte. Obwohl Zink geltend machte, daß er für die Münze extra einen stattlichen Neubau habe errichten lassen, übergab Leo das lukrative Prägeprivileg Florentiner Bankiers. Erst am 3. März 1518 wurden die Fugger wieder Münzpächter.

Günstiger entwickelte sich das Ablaßgeschäft, da auch der Medici-Papst den Verlockungen der ebenso bequem zu erschließenden wie reichhaltig sprudelnden Einnahmequellen aus den diversen Ablässen nicht zu widerstehen vermochte. So erklärte er bald alle für den Bau des Petersdoms bestimmten Ablässe wieder für gültig, und er ließ auch nach und nach die meisten anderen Ablässe, die er zuvor widerrufen hatte, wieder zu. Die Fugger begriffen den Sinneswandel sofort und ließen keine Gelegenheit aus, neue Anlässe für einen Ablaß zu präsentieren – und notfalls auch zu konstruieren.

Als zum Beispiel im Herbst 1511 ein Brand große Teile des Konstanzer Münsters zerstörte, war das für Zink eine willkommene Gelegenheit, die Kassen klingeln zu lassen. Für die Bistümer Konstanz, Chur, Augsburg, Straßburg, Mainz, Bamberg, Salzburg, Passau und Würzburg erwirkte er den sogenannten Konstanzer-Münster-Ablaß. Bezeichnenderweise gelangte die päpstliche Bulle zuerst nach Augsburg. Jakob wollte sie nur dann herausgeben, wenn ihm die Domherren zusicherten, wenigstens die Hälfte der Erträge den Fuggern zu überlassen.

Weil damit beträchtlich weniger in die Kassen der Domerbauer geflossen wäre, entschloß man sich, über Zink in Rom auch noch die Ausdehnung auf das Bistum Magdeburg zu erreichen, was prompt genehmigt wurde, so daß sich der Münster-Ablaß schließlich auf einen großen Teil des Deutschen Reiches erstreckte. Weil das so gut geklappt hatte und zum Ausgleich für die entgangenen Münzgewinne, kurbelten Johannes Zink und sein Adlatus Engelhard Schauer das Ablaßgeschäft kräftig an. In Rom erwirkten sie immer neue Ablaßbullen für den Bau von Hospitälern, Kirchen und Klöstern in Wittenberg, Straßburg, Nürnberg, Wien, Annaberg, Trier, Ingolstadt sowie vielen anderen Orten. Die Angst der Gläubigen vor dem Fegefeuer ließ zwischen Etsch und Belt, Maas und Memel überall die Kassen klingeln. Da brauchte es nur noch des berühmten Tropfens, der das Faß zum Überlaufen brachte.

Das verhängnisvolle Geschäft, das die Reformation auslöste und die anderthalb Jahrtausende alte Kirche sprengte, begann am 30. August 1513. An diesem schönen Hochsommertag wurde der erst 23 Jahre alte Hohenzollernsproß Albrecht von Brandenburg zum Magdeburger Erzbischof gekürt. Bereits eine Woche später ließ sich Albrecht, ein Bruder des Brandenburger Kurfürsten Joachim, auch noch zum Administrator des sächsischen Bistums Halberstadt ernennen.

Dieser klare Punktsieg der Hohenzollern im Machtkampf mit dem sächsischen Fürstenhaus Wettin bedurfte jedoch noch der Bestätigung durch den Papst. Und das war diesmal mehr als eine Formsache, denn erstens galt es, die Zusammenlegung zweier Bistümer zu rechtfertigen und zweitens das jugendliche Alter des neuen Doppelbischofs. Deshalb stellten die Hohenzollern eine Kommission aus hohen Würdenträgern zusammen, die in Rom mit dem Prokurator des Deutschen Ordens, Doktor Johann Blankenfeld, zusammentreffen und dann beim Papst vorsprechen sollten.

Johann Blankenfeld stand im Ruf, ein äußerst gerissener Jurist zu sein und beste Beziehungen zum Vatikan zu besitzen. Überdies war er entfernt mit den Fuggern verwandt. Seine Schwester Elisabeth hatte nämlich 1499 Sigmund Fugger vom Reh geheiratet, der damals als Faktor der Höchstetter in Joachimstal arbeitete. Diese Beziehung war für die Abgesandten des Brandenburgers nicht unwichtig, denn nur mit Untersützung der Fugger konnten sie hoffen, im verwirrenden Kräftespiel am päpstlichen Hof ihre Interessen durchzusetzen.

Tatsächlich gelang es, Papst Leo X., von dem ein Gesandter in Rom behauptete, »er sei zu dick und zu faul gewesen, um selbst zu sündigen, darum habe er sich dies auf dem Theater vorführen lassen«, stufenweise die Zustimmung zu der ungewöhnlichen Ämterhäufung des jungen Albrecht abzuschwatzen. Zink regelte im Namen der Fugger das Finanzielle und zahlte beim päpstlichen Kämmerer 1079 Dukaten bar ein. Bis hierher verlief der Handel, wenn auch nicht ganz koscher, so doch im Rahmen der damaligen (Un-)Sitten.

Die Gesandten waren gerade – mit den üblichen Gnadenbeweisen Seiner Heiligkeit versehen – auf der Rückreise nach Deutschland, als der Zufall dem jungen Erzbischof die Chance einer weiteren Ausdehnung seines Herrschaftsgebietes in die Hände spielte. Denn am 9. Februar verstarb der Chef des ausgedehnten Mainzer Erzbistums. Dies eröffnete nun ganz neue Perspektiven; falls genug Geld aufzutreiben war, hatte der Hohen-

zoller reelle Aussichten, sich auch noch das Herzstück der deutschen Kirchenprovinz einzuverleiben.
Schon der Verblichene hatte sich den Mainzer Bischofsstab im Jahr 1508 die nette Summe von 21 000 Gulden kosten lassen, die selbstverständlich später die Gläubigen aufzubringen hatten. Das Kirchenvolk war in den letzten zehn Jahren gründlich geschröpft worden, da der Bischofsring in diesem Zeitraum dreimal den Besitzer gewechselt hatte. Der expansionslüsterne Brandenburger mußte also davon ausgehen, daß er aus dem hochverschuldeten »Goldenen Mainz« nicht genügend Geld herauspressen konnte, um den begehrten Titel zu finanzieren.
Trotzdem ließ er nichts unversucht, seinen Mitbewerber, einen Bruder des Kurfürsten Ludwig von der Pfalz, beim Kaiser und bei den Domherren madig zu machen – nach dem Motto: Mainz bleibt meins. Als das Domkapitel dann am 9. März zur Bischofswahl zusammentrat, war das Rennen praktisch schon gelaufen. Der Brandenburger versprach, die erforderlichen Palliengelder aus eigener Tasche zu bezahlen, ferner die an Hessen verpfändete Stadt Gernsheim auszulösen und drittens das Hochstift gegen alle äußeren Feinde auf eigene Kosten zu verteidigen. Tatsächlich wurde er einstimmig gewählt.
Nun hatte Albrecht nur noch das kleine Problem zu lösen, wie er den Wahlerfolg seinem Papst beibringen sollte. Er war sich darüber im klaren, daß ihm nur die Fugger helfen konnten. Sein älterer Bruder, Kurfürst Joachim, schrieb deshalb nach Augsburg, man solle schleunigst die beigefügten Empfehlungsbriefe an Doktor Blankenfeld nach Rom schicken und sich auf die Auszahlung einer größeren Summe in Rom vorbereiten.

Ein höflicher Ausdruck für Bestechung

Doch so glatt, wie es sich der Kurfürst vorstellte, ging das natürlich nicht. »Es war noch niemals in Deutschland vorgekommen, daß zwei Erzbistümer von solcher Bedeutung in der Hand eines noch dazu fünfundzwanzigjährigen Mannes vereinigt worden waren; der Kaiser wie der Papst mußten außergewöhnlich nachsichtig sein, um das zu dulden, ja zu genehmigen«, kommentiert der Fuggerforscher Aloys Schulte diesen Vorgang.
In der Tat: Obwohl Jakob Fugger vom 15. Mai an die Summe von 29 000 Gulden gegen den Schuldbrief Albrechts in Rom zur Auszahlung bereitstellte, tauchten nun für den Brandenburger ungeahnte Hindernisse beim Heiligen Stuhl auf. Einflußreiche Kirchenfürsten wie der für seinen prächtigen Palast berühmte Kardinal Raffaele Riario und der päpstliche Datar Silvius de Passerinis gaben zu verstehen, daß man Seine Heiligkeit

mit dieser völlig absurden Geschichte nicht belästigen dürfe. Dann sikkerte durch, daß der Kardinal von Gurk, Matthäus Lang, insgeheim gegen den Preußen intrigiere, weil ihm angeblich der verstorbene Mainzer Erzbischof alle Prälaturen und Benefizien im Bistum versprochen habe, und daß im übrigen auch Kaiser Maximilian keine derartige Ämterhäufung in den Händen eines solch jungen Mannes wünsche.
Die Chancen standen denkbar schlecht für den Hohenzollern, als sich ein mysteriöser Unbekannter in das Geschäft einschaltete, dessen Identität von allen Beteiligten sorgfältig verschwiegen wurde. Delegationschef Johann Blankenfeld schrieb am 3. Juli seinem Erzbischof, ihm sei »unterwegs einer entgegengekommen, so stattlich und glaubhaft, der sagte, wenn wir gedächten, unsere Sache nach unserem Willen auszurichten, daß wir dann mit dem Papst uns einer Komposition von 10000 Dukaten wegen einigen sollten«. Daß diese Komposition nichts anderes war als ein höflicher Ausdruck für Bestechungsgeld, bestätigte der Briefschreiber ein paar Zeilen später: »Das geht uns zu Herzen; wir sind dessen doch nicht so sehr erschrocken, weil wir unsere Sache und Absicht so durch Geld erlangen, hoffen aber, daß es geringer wird und wir die Stiege nur halb hinunterfallen werden.«
Wenn aber die Abgesandten des Hohenzollern geglaubt hatten, mit dem großen Unbekannten wegen der Komposition handeln zu können, so hatten sie sich gründlich getäuscht. Zwar versuchten sie zunächst, über einen nahen Verwandten des Papstes, den mächtigen Kardinal Giulio de Medici (der später zum Papst Clemens VII. gewählt wurde), doch noch zum Zuge zu kommen, die Antwort des Medici freilich ließ erkennen, daß die Hohenzollern in Rom pure Stümper waren. Kühl beschied der stolze Italiener, »des Papstes Gemüt wäre nicht, für eine solche Konfirmation Geld zu nehmen«.
Nun war guter Rat teuer, sehr teuer sogar, denn der Unbekannte blieb unnachgiebig. Und er allein schien über die Mittel und Möglichkeiten zu verfügen, den päpstlichen Segen für die ungeheure Ämterhäufung zu erlangen. Als ihm die Gesandten vorjammerten, die Mittel ihres Herrn seien keineswegs unerschöpflich, entgegnete der anonyme Drahtzieher trocken, die 10000 Dukaten seien ohnehin ein Vorzugspreis, und im übrigen hätte es auch zwölf Apostel und nicht bloß zehn gegeben. Schlagfertig konterte Delegationsmitglied Uso von Alvensleben, es gebe auch nicht mehr als sieben Todsünden. Schmunzelnd versprach der Unbekannte, er werde sich der Sache annehmen.

»Darum jubiliere Eure Fürstliche Gnaden«

Wer dieser seltsame Pfründenhändler war, der in Rom über außerordentliche Macht verfügen mußte, ist mit letzter Sicherheit nie geklärt worden. Viele Anzeichen sprechen jedoch dafür, daß es sich um niemand anderen handelte als um den Fuggerfaktor Johannes Zink. Von Anfang an waren die Fugger in die Pfründenjagd Albrecht von Brandenburgs eingeweiht. Hohe Kurialbeamte oder einflußreiche Kardinäle wären vielleicht ebenfalls in der Lage gewesen, dem Hohenzollern für Geld die Bistümer zu verschaffen. Aber sie hatten bestimmt keine so präzisen Kenntnisse über die finanziellen Möglichkeiten der deutschen Kirchenprovinzen, wie sie für die weitere Abwicklung des Projekts unerläßlich waren.

Der Unbekannte pokerte nämlich den Preis systematisch weiter hoch. Erst hieß es, der Papst plane nun, das Bistum Halberstadt doch wieder aus dem Pfründenpaket des Brandenburgers herauszunehmen. Dann erfuhren die Gesandten, Leo X. wolle dem Erzbischof nur den nichtssagenden Titel eines Ökonomen von Halberstadt zugestehen. Erst nach neuen finanziellen Zugeständnissen wurde aus dem Ökonomen ein respektabler Administrator von Halberstadt. Der Handel zog sich über den ganzen Juli hin, und erst am 18. August ernannte Leo X. im Konsistorium den Brandenburger zum Erzbischof von Mainz und Magdeburg sowie zum Administrator des Stifts Halberstadt. Erleichtert schrieb Blankenfeld nach Hause: »Darum jubiliere Eure Fürstliche Gnaden in Domino.«

Während Albrecht von Brandenburg am 6. November feierlich in Mainz Einzug hielt und sich von Tausenden von Gläubigen umjubeln ließ, zog Jakob Fugger im Augsburger Kontor Bilanz. Das Unternehmen hatte einschließlich sämtlicher Schmiergelder, Botenlöhne, Unkosten und Zinsen die Riesensumme von 48 236 Gulden verschluckt. Das Geld war größtenteils schon ausbezahlt, nun galt es, die Finanzierung sicherzustellen.

Selbstverständlich hatte man vorgesorgt und schon vor Abschluß des Geschäfts einen genauen Plan zur Geldbeschaffung ausgeheckt. Aus den ausgezehrten Bistümern waren solche Beträge nicht herauszupressen, das stand von vornherein fest. Ebensowenig war das Haus Brandenburg flüssig genug, derartige Summen aufzubringen. Nur eine Großbank wie die der Fugger konnte also die Finanzierung übernehmen. Um das Geld wieder hereinzubekommen und möglichst noch erklecklich daran zu verdienen, mußte man sich etwas einfallen lassen. Um solche Einfälle war gerade Johannes Zink noch nie verlegen gewesen. Deshalb hatte er das Pfründengeschäft von Anfang an mit einem zweiten gekoppelt: Nur wenn der Papst einen großzügigen Ablaß genehmige, so hatte er die Finanzverwalter der Kurie wissen lassen, sei ein hoher Preis für die drei Bistümer zu erzielen. Da der Ablaß der Kirche nicht mehr kostete als Leos

Unterschrift auf einer Rolle Pergament, andererseits aber ganz erhebliche Einnahmen zu erwarten waren, gestalteten sich die Verhandlungen für beide Seiten durchaus erfreulich. Denn genauso geschickt, wie der Unbekannte den Preis bei den Gesandten Albrechts hochtrieb, feilschte der Fuggerfaktor am Vatikan um Ausmaß und Dauer des geplanten Ablasses.

Das Tauziehen erforderte den ganzen Herbst, denn erst am 2. Dezember trafen Albrechts Gesandte wieder in Mainz ein. Das Ergebnis des Kuhhandels wurde zunächst strikt geheimgehalten, so ungeheuerlich erschien es selbst den abgebrühten Kurialbeamten. Denn Leo X. räumte dem Brandenburger das Recht ein, in einem Gebiet, das fast die Hälfte des Deutschen Reiches bedeckte, acht Jahre lang die Gläubigen zu schröpfen. Der Kirchenhistoriker Aloys Schulte versuchte die Motive für das ungewöhnliche Geschäft zu ergründen: »Die Kurie mochte sich entschuldigen mit dem Gedanken, daß die Bitte um drei Bistümer exorbitant sei; welches Interesse konnte sie auch an einer solchen Erhöhung des Brandenburgers haben? Wenn man schon in die Wünsche, die auf die glänzende Ausstattung eines jungen deutschen Prinzen hinausliefen, willigte, so wollte die Datarie auch eine Erhöhung der päpstlichen Einnahmen. Und die deutschen Gesandten redeten sich wiederum ein, daß das Haus des Datars sowieso ein Markt sei, daß ohne die Einwilligung in den geforderten Preis das Ziel nicht zu erreichen sei.«

So kam es, daß bald darauf die berüchtigten Ablaßprediger durch die deutschen Lande zogen, um den Gläubigen einen ordentlichen Schrecken vor dem Fegefeuer einzujagen. Offiziell wurde die Aktion als »Jubelablaß für den Bau der Sankt-Peters-Kirche zu Rom« deklariert, in Wahrheit aber sollte der Ertrag zur Finanzierung des dubiosen Pfründengeschäfts mit dem Brandenburger dienen.

Die Details des Geschäfts verraten die kundige Hand eines Meisters. Geschickt wurde zum Beispiel der Beginn des Ablasses auf den 1. August 1514 gelegt, jenen Tag, an dem der Papst in Rom den berühmten Raffaello Santi zum Architekten des Riesenbaus ernannte. Empörte sich Aloys Schulte: »Wir haben gesehen, daß oft genug der Ablaß nicht deutlich den Zweck angab, den der Antragsteller dabei verfolgte. Aber daß ein Ablaß auf Sankt Peter lautete, um einem Kirchenfürsten das Beschaffen der zur Simonie erforderlichen Gelder und das Kumulieren von Bistümern zu erleichtern, steht doch ohne Beispiel da. Für alle Beteiligten ist dieser Ablaß unehrenhaft.«

Er war in Wirklichkeit noch viel mehr als unehrenhaft, er war der Tropfen, der das Faß der Unzufriedenheit zum Überlaufen brachte. Mit diesem Superablaß verschaffte der Papst den Fuggern das Monopol zur Ausbeutung der Seelenängste nahezu aller deutschen Gläubigen. Denn sobald er

in Kraft trat, waren alle anderen Ablässe in den betroffenen Gebieten automatisch aufgehoben. Ausgespart von diesem seltsamen Jubelablaß blieben typischerweise jene Gegenden, in denen die Fugger vorher schon exklusiv Ablaßgelder einsammelten, sei es für den Bau des Konstanzer Münsters oder das Augsburger Dominikanerkloster.
Alle Kirchenfürsten, die sich ohne Mitwirkung der Fugger Sonderablässe gesichert hatten, mußten nun plötzlich auf die gewohnten Einnahmen verzichten. »Albrecht«, charakterisiert Schulte, »jagte durch diese Bulle allen, die von ihren Bullen Spenden und Erträge erhofft hatten, das Geld ab und brachte es in seine Hände.« Damit dabei nichts schiefgehen konnte, hatte Zink in Rom das päpstliche Dekret gegen jeden Versuch einer Zurücknahme absichern lassen. Der Ablaß war vor Ablauf von acht Jahren unter keinen Umständen kündbar.
Gleichzeitig verschaffte sich der tüchtige Dr. Johann Blankenfeld mit Zinks Hilfe einen Sonderablaß für Skandinavien sowie Litauen und ließ sich obendrein zum zuständigen Kommissar bestellen. Lange rätselten die geprellten Kirchenfürsten und die italienischen Großbankiers, wie es den Fuggern und ihren brandenburgischen Auftraggebern gelungen war, praktisch ganz Mittel- und Nordeuropa unter ihre Fittiche zu nehmen. Des Rätsels Lösung ist simpel genug: mit Geld natürlich. Johannes Zink versprach dem Papst die Hälfte der Ablaßerträge und nicht, wie allgemein üblich, nur ein Drittel.

Wenn das Geld im Kasten klingt...

Da aber auch der stets an Geld interessierte Maximilian einen Anteil an den Erträgen haben wollte und deshalb mit der kaiserlichen Genehmigung noch zögerte, wurde das so sorgfältig geplante Unternehmen allmählich zum kaufmännischen Risiko, ließ sich doch schwer abschätzen, wieviel die Gläubigen in ihr Seelenheil zu investieren bereit waren. Deshalb fackelte der junge Doppel-Erzbischof nicht lange und begann bald nach seiner Amtsübernahme bei allen Kirchen, Klöstern und Priestern noch eine Sondersteuer in Höhe von vier Zehntel ihrer Einnahmen einzutreiben.
Damit ließen sich vielleicht gerade die »normalen« Jahrgelder begleichen, jene Konfirmation hingegen sollte aus den Ablaßerträgen finanziert werden. Bevor der Tanz ums Goldene Kalb beginnen konnte, mußten freilich erst noch die jeweiligen Landesherren zufriedengestellt werden, die selbstverständlich ebenfalls von dem zu erwartenden Geldsegen profitieren wollten. Nur wenige widerstanden der Versuchung und verboten das zweifelhafte Geschäft mit dem Fegefeuer in ihrem Hoheitsgebiet. Einer

von diesen war Herzog Georg von Sachsen, der am 1. April an die Leipziger Dominikaner schrieb: »Wir werden berichtet, daß sich Herr Tetzel und etliche seines Anhangs in eurem Kloster Gnadenbriefe auszugeben unterstehen und unsere Untertanen in ihren Predigten, dieselben zu lösen, fast reizen sollen. Dieweil wir denn auf Befehl Kaiserlicher Majestät diese und andere Gnaden in unseren Landen zuzulassen bisher abgeschlagen.«

Der Dominikaner Johann Tetzel aus Pirna war zweifellos der lauteste unter den zahlreichen Ablaßpredigern, die Albrecht von Brandenburg durch die Lande schickte. Beredsam und clever wie ein IOS-Vertreter lockte er die Gläubigen zur dreifach verschlossenen Ablaßtruhe: »Wenn das Geld im Kasten klingt, die Seele aus dem Fegefeuer springt!« Während die frommen Kirchgänger ihre letzten Kreuzer zusammenkratzten, um sich für ein paar Tage oder Wochen von den gefürchteten Reinigungsqualen freizukaufen, regten sich unter den Gebildeten die ersten Kritiker des schamlosen Geschäfts.

Männer wie der Ritter Ulrich von Hutten und der Augsburger Domherr Bernhard Adelmann von Adelmannsfelden empörten sich über den »wucherischen Zweck« der Kollekte. Doch erst als der vierunddreißigjährige Theologe Martin Luther am 31. Oktober 1517 an die Tür der Schloßkirche zu Wittenberg ein gedrucktes Plakat mit 95 lateinisch abgefaßten Thesen über die Kraft des Ablasses heftete, wurde aus dem allgemeinen Unbehagen über die Geschäftstüchtigkeit der Kirche eine zielgerichtete Massenbewegung.

Dank der neuen Buchdruckerkunst wurden Luthers Thesen schnell zu einem Bestseller. Von seinem ersten Erfolg ermutigt, brachte der sächsische Doktor der Theologie vier Monate später seine erste in Deutsch abgefaßte Schrift unters Volk, den »Sermon von Ablaß und Gnade«. Darin nahm Luther den Papst gegen die Ablaßprediger und Geschäftemacher in Schutz, weil er ja keine neue Kirche gründen wollte, sondern die alte von ihren schlimmen Auswüchsen befreien.

Als Jakob Fugger in Augsburg von seinem Leipziger Faktor Andreas Mattstedt erstmals über die aufmüpfigen Ansichten Luthers und die Resonanz, die diese im Volk fanden, informiert wurde, blieb der Kaufmann gleichgültig. Er hatte Wichtigeres zu tun, als sich mit den theologischen Haarspaltereien eines unbedeutenden Mönchs auseinanderzusetzen. Wichtiger erschien ihm zum Beispiel die Tatsache, daß der Ablaß offensichtlich weniger einbrachte, als die Finanzberater des Erzbischofs angenommen hatten. Die Organisation des Geschäfts hingegen kostete erheblich mehr, als zunächst kalkuliert worden war.

Erfolgreiche Ablaßprediger wie der berüchtigte Tetzel verdienten immerhin bis zu 300 Gulden monatlich, und jedermann wollte bei dem scheinbar

mühelosen Geschäft mitverdienen. Der Personalaufwand war beträchtlich. Hinter jedem Prediger mußte ein verläßlicher Fuggerangestellter herlaufen, um die Einzahlungen zu überwachen und sorgfältig Buch zu führen. Stets bestand Gefahr, daß die Kommissare oder Subkommissare sich mehr unter den Nagel rissen, als ihnen zustand.
Im September 1518, als die Religionshändel schon voll im Gange waren, wurde abgerechnet. Die gesamten Einnahmen beliefen sich auf 42043 Gulden, das waren genau 6192 Gulden weniger als die Ausgaben. Mit dem Fehlbetrag wurde das Konto Albrechts von Brandenburg belastet, der seine Schuld tatsächlich auch beglich. Hätten die Fugger allein die fünf Prozent Zinsen verdient, die sie in ihren Büchern auswiesen, dann wäre der Ablaß in der Tat für sie ein schlechtes Geschäft gewesen. Getrost darf man deshalb annehmen, daß da nicht alles so verbucht wurde, wie es in die Kasse floß. Und mit Sicherheit wurde auch an der in Rom entrichteten Konfirmation eine hübsche Summe verdient. Trotzdem war das Geschäft, alles in allem, einen Religionskrieg nicht wert.

17. Kapitel
Die Fuggerei

Dem folgenschweren Ablaßhandel, dessen religionspolitische Bedeutung er völlig verkannte, widmete Jakob in jenen Jahren nicht mehr Zeit, als es seinen Erträgen entsprach. Wichtiger, weil lukrativer, waren für ihn die Anleihegeschäfte mit Kaiser und Königen sowie der immer umfangreicher werdende Erzbergbau. Als sein wertvollster Verbündeter, der Tiroler Marschall Paul von Liechtenstein, im Sommer 1513 nach kurzer schwerer Krankheit in Augsburg verstarb, sah Jakob seine Vormachtstellung am Innsbrucker Hof bedroht. Denn der Großschatzmeister des Kaisers, Jakob Villinger, hatte erst kürzlich seine Tochter mit Philipp Adler verheiratet, dem Sohn eines der schärfsten Fuggerkonkurrenten.
Auch der von Jakob mehrfach geschlagene Kufsteiner Hans Baumgartner witterte Morgenluft und stachelte die Tiroler Gewerken erneut gegen den schwäbischen Monopolisten auf. Tatsächlich verzeichneten die Fuggerschen Geschäftsbücher plötzlich einen erheblichen Rückgang der Tiroler Geschäfte. Doch Jakob war um eine rasche Antwort nicht verlegen. Sofort ließ er seine umfangreichen Kupfertransporte nach Venedig nicht mehr quer durch Tirol, sondern um das Alpenland herumleiten. Den Innsbrukker Ratsherren entgingen so täglich beträchtliche Zolleinnahmen. Die Verluste addierten sich, als Jakob seinen großen Konkurrenten, den ehe-

maligen Gewandschneider Ambrosius Höchstetter, überredete, ihr Kupfer gemeinsam und dadurch kostengünstiger nach Venedig zu transportieren.

Es dauerte nicht lange, bis der Tiroler Widerstand gegen den allmächtigen Kaufmann zusammenbrach – zumal der Kaiser nicht zulassen konnte, daß seine ergiebigste Geldquelle verstopft wurde. Als Maximilians Unterhändler um erneuten Kredit nachfragten, zeigte sich Jakob verständlicherweise zugeknöpft. Er hatte bereits so ziemlich alle Pfänder, über die Maximilian verfügte, in der Tasche – und nur auf vage Versprechungen hin hat ein Fugger noch niemals Geld gegeben. Das einzige, das ihm der Kaiser noch anbieten konnte, war Grundbesitz. Doch auch da war Jakob sehr wählerisch. In Frage kam nur ein Gebiet, das entweder nahe bei Augsburg lag oder aber an Kirchberg und Weißenhorn angrenzte. Er entschied sich schließlich für Schloß und Markt Biberach. Das umfangreiche Areal, zu dem eine Reihe von Dörfern gehörte, befand sich seit dem 13. Jahrhundert im Besitz der Adelsfamilie von Pappenheim.

Das Geschäft lief folgendermaßen ab: Maximilian kaufte den Pappenheims Biberach ab und drückte dabei den Kaufpreis von 34000 auf 32000 Gulden. Dann gab er die Herrschaft an Jakob Fugger weiter, der ihm dafür 20000 Gulden in bar bezahlte und den Rest auf ein Darlehen anrechnete, das mit jährlich 600 Gulden zu verzinsen war. Welchen Vorteil der Kaiser aus dem seltsamen Handel zog, ist nicht ganz ersichtlich. Vermutlich blieb er den Pappenheims zumindest einen Teil des Kaufpreises schuldig, da diese kaum über die Möglichkeiten verfügten, den deutschen Kaiser zur Rechenschaft zu ziehen. Jakob Fugger jedenfalls kam preiswert zu einem neuen Herrschaftsbezirk.

Da Maximilian hartnäckig seinen Handelskrieg gegen die unbotmäßige Republik Venedig fortsetzte, mußte er sich immer höher verschulden. So gelangte Jakob unversehens zum Ehrentitel eines Kaiserlichen Rates und am 17. Juli 1514 gar zu dem eines Reichsgrafen. Die Unfähigkeit des Monarchen und die Schlamperei bei Hofe zwangen den größten Gläubiger Seiner Majestät immer mehr in die Rolle eines Verwalters der kaiserlichen Finanzen.

Die meisten Einnahmen und Ausgaben des Kaisers liefen über die Bücher der Fugger, und Jakob wurde in zunehmendem Maß in die damit zusammenhängenden Geschäfte und Affären verstrickt – meist gegen seinen Willen. Einmal mußte er der Reichsstadt Nürnberg zur Arrondierung ihres Besitzes verhelfen, dann wieder den Schwäbischen Bund mit Soldaten ausstatten. Die Zustände bei der kaiserlichen Finanzverwaltung spotteten jeder Beschreibung. Es kam so weit, daß Maximilian vom Fuggerkonkurrenten Höchstetter sein eigenes Kupfer teuer zurückkaufen mußte, um damit fällige Schulden bei Jakob bezahlen zu können. Gelegentlich mußte der Kaiser sogar selbst beim Kaufmann vorsprechen, um eine Verlängerung der fälligen Wechsel zu erbitten. Einen Höhepunkt erreichte die Demütigung des deutschen Kaisers im Sommer 1515 beim ersten Wiener Kongreß. Schon rund 300 Jahre vor dem denkwürdigen Balanceakt des Fürsten Metternich war die Donaumetropole Schauplatz eines glanzvollen Fürstentreffens.

Die Initiative dazu ging von dem Augsburger Kaufmann aus, der seine osteuropäischen Unternehmungen politisch absichern wollte. Jakob investierte in den ungarischen Bergbau Riesensummen. Klammheimlich hatte er über Mittelsmänner weitere Gruben und Lagerstätten aufkaufen, Hüttenwerke errichten, Straßen bauen und Vorratsplätze anlegen lassen. Unaufhaltsam dehnte er seinen Einfluß aus, indem er souverän die Landesgrenzen zwischen Ungarn, Böhmen, Polen, Sachsen und dem restlichen Reich übersprang.

Am 17. Oktober 1514 zum Beispiel übergab sein Neffe Anton dem Faktor Hans Süß im Namen der Firma die Stadt Freiwaldau nebst dem dazugehörigen Schloß im Sudetenland. Offenbar sollte Süß als Strohmann fungieren und südlich des Reichensteiner Gebirges unweit der wertvollen Goldminen ein zweites Fuggerau errichten. In den Reichensteiner Goldbergbau war Jakob nach bewährter Manier bereits über Strohmänner eingedrungen, die ihm nach und nach gegen großzügige Kredite ihre Kuxe abtraten. Vorbesitzer waren die Herzöge von Münsterberg-Öls, die sich bei den Fuggern hoch verschuldeten, sowie die Gewerken Rußwurm, Starzedel, Högner, Feldner und Langer. Höchstwahrscheinlich zählte auch der Nürnberger Bildhauer und Holzschnitzer Veit Stoß dazu, dem wegen Urkundenfälschung im Jahr 1503 vom Henker beide Backen mit glühenden Eisen durchbohrt wurden.

»Nachteil, Schimpf und Spott« für die Krone

Insbesondere in Ungarn wuchs der Haß auf die allgegenwärtige Handelsgesellschaft, die überall ihre Finger im Spiel zu haben schien. Man gab ihr die Schuld für die horrenden Preissteigerungen und für die rapide Verschlechterung des Geldwertes. Jakob baute seine Verteidigung zunächst über diplomatische Kanäle auf. Über Johannes Zink erwirkte er in Rom eine Aufforderung an den ungarischen Klerus, bei den Gläubigen keinen Haß gegen die schwäbische Firma zu schüren. Der ungarische Adel indes war nicht so leicht zu besänftigen und zwang den schwächlichen König Wladislaw zu hochnotpeinlichen Untersuchungen über die Ursachen der Geldentwertung und den Monopolcharakter der Fuggerschen Unternehmungen. Eine einflußreiche Finanzgruppe um den Ofener Un-

ternehmer Sigismund Wenzeslai forderte sogar die sofortige Kündigung der Fuggerschen Münzpacht.
Obwohl es der Augsburger Lobby mit dem zum Kammergrafen geadelten Alexej Thurzo an der Spitze gelang, mit Hilfe großzügiger Geschenke an das Herrscherpaar und die wichtigsten Höflinge den Angriff abzublocken, hielt der Stratege am Augsburger Weinmarkt diese Sicherung für unzureichend. Jakob dachte in großen Zusammenhängen und langen Zeiträumen und trachtete deshalb nach einer dauerhaften Lösung des Ungarnproblems.
Am zweckmäßigsten schien es ihm, wenn das bisher selbständige Königreich ganz dem Machtbereich Habsburgs zugeschlagen würde, damit ein für allemal Ruhe sei. Der Geldfürst betrachtete offenbar bereits das ganze Deutsche Reich als sein Privatunternehmen. Der Plan für die Eingliederung Ungarns in die Habsburger Monarchie war zwar nicht neu, aber Maximilian hatte ihn bisher eher halbherzig verfolgt. Jakob machte deshalb im Frühjahr 1515 neue Kredite davon abhängig, daß die deutsch-ungarischen Verhandlungen wieder aufgenommen wurden.
Sein Ziel war es, einen der beiden Enkel des Kaisers mit der ungarischen Königstocher zu vermählen, damit nach dem Tod des greisen Wladislaw die Stephanskrone endgültig an einen Habsburger fiel. Da der ungarische König ein Bruder des polnischen Königs Sigismund war und der Kaiser wie der Fugger Ruhe auch im Nordosten haben wollten, bot sich ein Dreier-Gipfel förmlich an. Bevor es soweit war, mußte Maximilian freilich erst einmal seine Räte in Innsbruck beruhigen, die »nicht wenig Schrecken« bekommen hatten, als sie von dem jüngsten Abkommen ihres Herrschers mit der Firma Fugger erfuhren.
Unbekümmert hatte der Habsburger nämlich ein Hüttenwerk verpfändet, das bereits Ambrosius Höchstetter verschrieben war. Die Beamten beschworen den Kaiser, den Vertrag sofort rückgängig zu machen, da sie »Nachteil, Schimpf und Spott« für die Krone befürchteten. Jakob pochte aber auf den Vertrag und zwang den Kaiser, sich mit Höchstetter auseinanderzusetzen. Der Hilferuf, den Maximilian an seine Beamten richtete, mutet schon fast komisch an: »Verlaßt Uns in solcher Not nicht; denn alle Unsere Wohlfahrt daran gelegen ist.«

Der Kongreß nimmt

Wie sehr die Wohlfahrt des Kaisers von seinem Kaufmann abhing, zeigte sich in aller Deutlichkeit beim Kongreß. Der bettelarme Monarch, der seine letzten Besitztümer schon zwei- und dreimal verpfändet hatte, prunkte mit kostbaren Gewändern, Tafelsilber und Schmuck, daß den Ja-

gellonen-Königen die Augen übergingen. Selbstverständlich war all der Glitzerkram gepumpt. Jakob hatte seine Schatztruhen geöffnet, »damit Kaiserliche Majestät vor den Königen, auch den jungen Königinnen und anderen großen Fürsten und Herren seinen Reichtum und Vermögen erzeigen« konnte.
Sofort nach der Beendigung des Kongresses ließ der Kaufmann seine Pretiosen wieder fein säuberlich einsammeln und verschließen. Während der von Jakob Villinger arrangierten Tagung weilte Jakob selbst in der Donaumetropole, und nicht nur seine großzügigen Geschenke wiesen ihn als den eigentlichen Herrscher Europas aus. Bewundernd vermerkt von Pölnitz: »Hochstehende Herren empfingen goldene Ringe mit Rubinen, Diamanten, Saphiren, Türkisen und sonstigen Edelsteinen. Frauen erhielten Halsbänder oder Ketten, Perlen, seidene Gewandung, Samt, Damast, Brokat und kostbare Pelze. Sogar die polnische Königstocher entzog sich solcher Einflußnahme nicht.«
Mit dem politischen Ergebnis des Dreiergespächs konnte Jakob zufrieden sein, da die habsburgische Heiratsstrategie auch diesmal zum Tragen kam. Maximilian adoptierte zum Schein den ungarischen Thronfolger Ludwig, der so Aussicht auf die römische Kaiserkrone haben sollte. In Wahrheit aber diente die Adoption der Besiegelung des habsburgischen Anspruchs auf die Stephanskrone, die spätestens nach dem Tod Ludwigs an Maximilians Enkel Erzherzog Ferdinand fallen sollte. Gleichzeitig ließ der Monarch den Erzherzog mit der erst zwölf Jahre alten Prinzessin Anna vermählen, um den Pakt doppelt abzusichern. Fugger indes mochte sich nicht allein auf derart dubiose Heiratspolitik verlassen und ging noch während des Kongresses eine enge Geschäftsverbindung mit dem mächtigen Erzbischof von Gran ein. Der reiche ungarische Kirchenfürst brachte ähnlich wie früher der Brixener Erzbischof Melchior von Meckau eine ansehnliche Summe als verzinsliche Einlage in die Firma ein. Der politische Beistand des einflußreichen Klerikers war Jakob somit sicher.
Jakob Fugger befand sich auf dem Höhepunkt seiner Macht, als er den Entschluß zu jenem Werk faßte, das mehr als jedes andere zum Renommee seiner Dynastie beitrug: der Fuggerei. Nach dem Testament Jakobs wurde der Plan dazu bereits zu Lebzeiten seiner Brüder Ulrich und Georg gefaßt, doch erst, als Jakob allen Grund hatte, die sogenannte öffentliche Meinung für sich einzunehmen, wurde das Projekt in die Tat umgesetzt.
Unmittelbarer Anlaß für die wohl genialste Public-Relations-Leistung eines Wirtschaftsunternehmens waren die zunehmend schärferen Angriffe von Intellektuellen, Geistlichen und Politikern gegen die wirtschaftliche und finanzielle Übermacht des Augsburger Kaufmanns. Der unverhüllte Reichtum Fuggers schien Leuten wie dem Ritter Ulrich von Hutten, dem Domherrn Bernhard Adelmann von Adelmannsfelden oder dem Huma-

nisten Christoph Scheurl unerträglich in Zeiten, da der Großteil der Bevölkerung im Reich Hunger litt.
Zweifellos war die Masse der Bevölkerung bettelarm, und selbst unter den privilegierten Adeligen gab es nur wenige, die im Luxus schwelgten. Um so mysteriöser mußte da den Zeitgenossen Jakobs Reichtum erscheinen, den sie sich, da sie von wirtschaftlichen Zusammenhängen so gut wie nichts verstanden, unmöglich erklären konnten. So entzündete sich die öffentliche Diskussion allein an Reizworten wie »Wucher«, »Zins« und »Monopol«. Der Kaufmann spürte die Gefahr, die ihm von dieser Seite drohte und schickte deshalb einige der gewandtesten Rhetoriker in die Redeschlacht gegen die »linken« Volksaufklärer.
Gelehrte Schützenhilfe kaufte er sich unter anderem bei den Humanisten Konrad Peutinger und Sebastian Ilsung. Als beweglichster Verfechter des freien Unternehmertums und des »angemessenen Zinses« erwies sich jedoch der Ingolstädter Professor Johann Eck, der in Augsburg und Bologna für die Fugger focht. Mit dem Dominikanerprior Johann Faber und dessen Sekundanten, Johann Dobeneck-Cochlaeus, führte er ebenso elegante wie irrelevante Scheindialoge, um die Maxime vom größtmöglichen Profit zu rechtfertigen.
Der geringe Preis, zu dem die Meinung der hochberühmten Intellektuellen zu haben war, förderte Jakobs Mißachtung aller Literaten und Theoretiker. Schließlich wußte keiner besser als er selbst, wie ungerecht das Wirtschaftssystem in der Tat war.
Jakobs untrügliches Gespür für Realitäten ließ sich vom scheinbaren Erfolg seiner rhetorischen Hilfstruppen nicht blenden. Den schönen Worten mußten Taten folgen, sonst war der Ansturm der Neider und Versager nicht aufzuhalten.
Was dem schwäbischen Kaufmann vorschwebte, war eine neue, nützliche Art des Mäzenatentums. Der Krösus, der seine Frau mit den teuersten Juwelen der Welt verwöhnte, hielt nichts von der Förderung elitärer Kunstwerke im Stil der Strozzis, Medicis oder Grimaldis. Er war zu sehr Bürger und Kaufmann, um Geld allein für die Schönheit auszugeben. Er wollte etwas Handfestes, für andere Nützliches schaffen.

Jakob Fugger ist »des Willens und Fürnehmens«

Die Art und der Stil, in dem er sein Vorhaben verwirklichte, sprechen für sein Format: Die Fuggerei wurde zur ersten Sozialsiedlung der neueren Geschichte. Es begann damit, daß Jakob am 26. Februar 1514 von Anna Streußlin, der Witwe des Bürgermeisters Hieronymus Welser, vier »Häuser, Hof, Sach und Gesäß« in der Jakober Vorstadt Augsburgs für

900 Gulden kaufte. Nach und nach erweiterte er dies Areal durch Zukäufe zu einem stattlichen Häuserkomplex.
Als er am 6. Juni mit dem Rat der Stadt ein Abkommen wegen der Besteuerung dieser Häuser traf, wurde auch der Zweck der Anlage definiert: Jakob Fugger ist »des Willens und Fürnehmens... zur Förderung ewiger Freude« eine Stiftung zu machen, »damit doch etlich armdürftige Bürger und Inwohner zu Augsburg... Handwerker, Taglöhner und andere, so öffentlich das Almosen nicht suchen,... ohn sonder merklich beschwert der Hauszins zum Teil ergötzt werde« und sie ihr »Gemach und Behausung bequemlicher gehaben und bewohnen mögen...«
Der reiche Fugger wollte also eine Wohnstätte für unverschuldet in Not geratene Mitbürger schaffen. Mit dem Bau der ersten Häuser wurde noch 1516 begonnen, und jedes Jahr kamen dann neue hinzu. Dem Ganzen lag ein einheitlicher Bauplan zugrunde, an dem Jakob selbst mitgewirkt hatte und der vom Maurermeister Thoman Krebs ausgearbeitet wurde.
Bis 1523 entstanden 106 Dreizimmerwohnungen in 53 sauberen, für damalige Verhältnisse außerordentlich komfortablen Reihenhäusern. Es spricht für den noblen Charakter der Stiftung, daß alles vermieden wurde, was den Beschenkten als Almosen erscheinen mußte. Niemand sollte das Gefühl haben, einem reichen Bürger als Aushängeschild für seine Großmütigkeit zu dienen. Deshalb verlangte Jakob von jedem Bewohner der Fuggerei die symbolische Jahresmiete von einem Rheinischen Gulden.
Nach den Satzungen der Stiftung durften nur Augsburger Bürger aufgenommen werden, die als »rechtschaffen, fleißig und ehrlich« galten. Finanziert wurde das Sozialwerk zunächst mit jenen 15000 Gulden, die Jakob vorsorglich auf das Konto des heiligen Ulrich eingezahlt hatte. Später legte der Firmenchef noch einmal 10000 Gulden dazu, so daß ihn die Fuggerei also nicht mehr als 25000 Gulden kostete.
Mit Sicherheit war dies die beste Investition, die Jakob je tätigte. Der Kaufmann, der etwa zur gleichen Zeit dieselbe Summe für den wunderschönen Stirndiamanten des Sultans von Kairo ausgab, sicherte sich mit der architektonisch geglückten Siedlung in der Jakober Vorstadt für alle Zeiten einen Platz in den Geschichts- und Schulbüchern der Nation. Die karitative Idee der Fuggerei rückte die Dynastie ins günstigste Licht und verschaffte ihr bis heute einen Goodwill-Kredit, während die mitunter rüden Transaktionen, welche die Einrichtung dieser Siedlung ermöglichten, längst vergessen und vergeben sind.
Noch heute zahlen die »Mieter« der 143 Wohnungen in der Fuggerei nicht mehr als den einen Rheinischen Gulden, den Jakob vor 450 Jahren festgelegt hat. Eigentlich liegt die Gebühr sogar niedriger, denn die 1,72 Mark, die an die Verwaltung der Fuggerstiftung abgeführt werden müssen, entsprechen dem Umrechnungskurs des Jahres 1870.

Über dem Haupteingang der Fuggerei steht lateinisch in Stein gemeißelt: »1519. Ulrich, Georg und Jakob Fugger aus Augsburg, leibliche Brüder, fest davon überzeugt, daß sie zum besten der Stadt geboren sind und daß sie ihr gewaltiges Vermögen vor allem dem allerhöchsten und allgütigen Gott verdanken, haben aus Frömmigkeit und zum Vorbild besonderer Freigebigkeit 106 Wohnungen mit Baulichkeiten und Einrichtung denjenigen ihrer Mitbürger, die rechtschaffen, aber von Armut heimgesucht sind, geschenkt, übergeben und gewidmet.«

Hauptbuchhalter Matthäus Schwarz

Für die damalige Zeit war Jakobs Stiftungsidee ebenso ungewöhnlich wie es die meisten seiner Geschäfte und seine Management-Methoden waren. Als zum Beispiel wegen der gewaltig gestiegenen Kupferproduktion die Preise in den Keller fielen, hortete er binnen weniger Monate die riesige Menge von 300000 Zentnern des Metalls, um den Kupferpreis wieder hochzutreiben. Nie mehr hat ein einziger Mann in einem solchen Ausmaß den wichtigsten Metallmarkt Europas beherrscht wie dieser stets kurz angebundene Schwabe, der kaum etwas anderes kannte als seine Arbeit. Die immer ausgedehnteren Unternehmungen, welche er oft bis ins letzte Detail selbst plante und überwachte, ließen ihn früh altern. Mit 55 glich er einem Fünfundsiebzigjährigen: Tiefe Falten gruben sich in die hohe Stirn, zogen sich von den Nasenflügeln zu den Mundwinkeln herab und machten sein Gesicht hart, fremdartig und abweisend.
Obwohl von Natur aus mit einer robusten Gesundheit ausgestattet, spürte er allmählich, wie seine physischen Kräfte nachließen. Der enormen Beanspruchung regelmäßiger 16-Stunden-Arbeitstage waren sie nicht mehr ohne weiteres gewachsen. Deshalb sah er sich nach einem Generaldirektor um, der ihm wenigstens die Routinearbeit abnehmen konnte. Seine Wahl fiel schließlich auf den jungen Matthäus Schwarz, Sohn eines Augsburger Weinhändlers und Neffe jenes Bürgermeisters Ulrich Schwarz, der 1477 wegen seiner gegen die Fernhandelsgesellschaften gerichteten Politik gehängt worden war.
Der 1497 geborene, gutaussehende Weinhändlersohn wollte ursprünglich Maler und Bildhauer werden, entschloß sich aber dann zu einer kaufmännischen Ausbildung in Italien, wo er in Venedig bei Antonio Mariasior die hohe Kunst der Buchführung lernte. Im Herbst 1516 trat er zunächst auf Probe bei den Fuggern als Buchhalter ein. Jakob fand Gefallen an dem aufgeweckten jungen Mann, der seine Kollegen an Intellekt, Auftreten und Gewandtheit weit übertraf. Am 5. Januar 1517 engagierte er ihn fest, und bald darauf ernannte er ihn zu seinem Hauptbuchhalter.

Den Titel behielt Matthäus Schwarz, solange er der Firma diente, obwohl seine Befugnisse bald viel weiter reichten und ihn praktisch zum Stellvertreter des Chefs machten.
Der stets elegant gekleidete Manager – er hielt sich selbst für einen »Kleidernarren« und begann ab 1514 ein viel bewundertes Kostümbuch zu zeichnen – pflegte sich über weniger gut ausgebildete Konkurrenten lustig zu machen: »Etliche Kaufleute, zu träge und hinlässig, wollen es im Kopf tragen, trauen ihnen selbst zu viel, zeichnen ihre Handlungen in schlechten Recordanzen und auf Zettel, kleben es an die Wand und halten Rechnung am Fensterbrett. Ehe daß sie wollen einen schlechten Fleiß, Mühe und Arbeit brauchen, ehe schlagen sie die Handlung in den Wind und können ihre Sache nicht mehr zusammenreimen, müssen dafür am letzten entlaufen, wissen auch nicht, worin sie stecken, verderben also, wissen nicht, wie ihnen geschehen ist.«
Solche Schlamperei konnte ihm, dem in Italien ausgebildeten Hauptbuchhalter, natürlich nicht passieren. Von den üblichen Kaufleuten des 16. Jahrhunderts unterschied sich dieser wissenschaftlich trainierte Manager wie der Finanzchef eines multinationalen Konzerns der Gegenwart vom Besitzer einer Würstchenbude. Seinen Mitarbeitern im Augsburger Kontor erläuterte er hin und wieder die Hohe Schule von Soll und Haben: »Das Buchhalten vergleicht sich einem Sparhafen, ist eine wirkliche, artliche, ordentliche, richtige, kurzweilige, schöne und kurz erdachte Kunst.« Daß diese Kunst freilich einen höchst realen Zweck verfolgte, wußte der schlaue Schwabe nur allzu gut. Von ihm stammt das Scherzwort, daß Zins Gewinn »höflich gewuchert« und »höflich gestohlen« sei.
Doch so tief der intelligente Hauptbuchhalter auch in die Geheimnisse der Betriebswirtschaft eingedrungen war, in Jakob Fugger fand er allemal seinen Meister. Als er, aus Italien kommend, glaubte, seine biederen Landsleute leicht in die Tasche stecken zu können, merkte er schon nach wenigen Wochen im Fuggerschen Kontor, daß er nur »ein wenig mehr konnte als gar nichts«. Mit Erstaunen registrierte der Weinhändlersohn, der sich für den Größten hielt, daß die besten Management-Methoden nicht bei den älteren italienischen Firmen, sondern beim Fuggerkonzern entwickelt und angewandt wurden. Matthäus Schwarz schrieb in sein Tagebuch: »Das verdroß mich im Herzen und schämte mich vor mir selbst, daß ich dem Buchhalten all so weit nachgezogen und hätte es besser zu Augsburg gelernt.«
Was er dort sah, faßte er in seiner »Muster-Buchhaltung« zusammen, einem der ersten systematischen kaufmännischen Lehrbücher, das jahrhundertelang zur Standardlektüre der Gebildeten unter den Kaufleuten zählte. In der 1520 erschienenen »Kostüm-Biographie« von Schwarz ist das berühmte, aus vielen Geschichts- und Schulbüchern bekannte Bild

enthalten, welches den Hauptbuchhalter zusammen mit Jakob Fugger in der Schreibstube zeigt.
Als Folge des immensen Reichtums der Fugger, der unerhörten Machtfülle des Senior-Chefs und des hohen Intelligenzniveaus, auf dem sich seine Geschäfte abspielten, entwickelte sich in den Kontoren am Augsburger Weinmarkt ein Elitebewußtsein, das nicht selten in einer schwer erträglichen Arroganz seinen Ausdruck fand. Sybille Fugger hatte längst den Lebensstil der Hocharistokratie angenommenen, und auch Jakob neigte, wenn auch aus diplomatischen Motiven, zur opulenten Selbstdarstellung. Politiker der europäischen Großmächte, darunter Herzöge, Kardinäle und Könige, empfing er in seinem Augsburger Haus mit der Nonchalance eines Gleichgestellten.
Was in den Prunkräumen der Fuggerhäuser ausgeheckt wurde, beeinflußte nicht selten die Weltpolitik und damit das Schicksal der Völker Europas. Als zum Beispiel die Abgesandten des englischen Königs Heinrich VIII., Robert Wingfield und Richard Pace, bei Jakob vorsprachen, ging es um die Frage, mit wieviel Geld England den deutschen Kaiser gegen Frankreich unterstützen solle. Um den ebenso machtbewußten wie heiratslustigen Tudor als Verbündeten zu gewinnen, bot ihm der resignierende Habsburger sogar seine Nachfolge als römisch-deutscher Kaiser an. Heinrich VIII. durchschaute indessen die Finte und zeigte wenig Interesse.
Die Diskussion um die Nachfolge des kränklichen Monarchen kam jedoch dadurch erst richtig in Schwung. Auch Jakob Fugger hatte sich natürlich schon lange Gedanken gemacht, wer wohl nach dem Tod Maximilians dessen Schulden zurückzahlen werde. Als Kanzler Cyprian von Serntein in den Jahren 1515 und 1516 mehrfach größere Summen für den Krieg gegen Venedig anforderte, das bereits Verona erobert hatte und nun die Südflanke des Reichs bedrohte, befürchtete der Fugger »von Ihrer Majestät Nachkommen merkliche Irrung und Verhinderung an der Bezahlung«. Immerhin stand das Haus Habsburg in Augsburg mit rund 350000 Gulden in der Kreide.

18. Kapitel
Kauf dir einen Kaiser

Aussichtsreichster Bewerber um die Kaiserkrone des Heiligen Römischen Reiches Deutscher Nation schien zunächst der französische König Franz I. aus dem Haus Valois zu sein. Der Schwiegersohn und Nachfolger

Ludwigs XII. verfügte dank der zentralistischen Organisation und des hochentwickelten Steuerwesens seines Landes über beträchtliche Einnahmen. Er verkörperte nach Maximilian die stärkste politische und militärische Macht des Kontinents. Seine Jahreseinkünfte schätzten Experten auf drei Millionen Livres, und mindestens die Hälfte davon, so sickerte durch, wolle er zur Finanzierung seines »Wahlkampfes« verwenden.
Habsburg hatte dem nicht allzu viel entgegenzusetzen. Maximilians Enkel waren zu jung und unerfahren, um mehr zu sein als Schachfiguren, die andere bewegten. Carlos, der 1516 von den Niederlanden nach Spanien übersiedelte, um seinem Großvater Ferdinand dem Katholischen auf dem Königsthron nachzufolgen, war noch nicht 17 Jahre alt; sein Bruder Ferdinand gar erst 14. Und der von Krankheiten geplagte Senior des Erzhauses war so bettelarm, daß er ohne den Beistand der Fugger buchstäblich »nichts zu essen« gehabt hätte.
Wenn letztlich trotzdem die Habsburger ihre europäische Vorherrschaft verteidigen und sogar noch festigen konnten, haben sie dies in erster Linie dem schwäbischen Kaufmann zu verdanken. Nüchtern konstatiert der Wirtschaftshistoriker Richard Ehrenberg: »Die Wahl Karls von Spanien zum Römischen Kaiser ist ohne Frage dasjenige Ereignis des Zeitalters, welches die damalige Macht des Geldes am deutlichsten zum Ausdruck gebracht hat, es ist ein Ereignis, das allein schon hinreicht, um die Bezeichnung ›Zeitalter der Fugger‹ zu rechtfertigen.«
Der bühnenreife Machtkampf um die Führungsrolle in Europa begann im August 1517, als Carlos, der stolze, von frühester Kindheit an zum Herrschen erzogene Sohn Philipps des Schönen, seine Kandidatur zur Kaiserwahl anmeldete. Der introvertierte, kluge Jüngling war nun seit einem Jahr König von Spanien, aber seine Aussichten, den an Alter und politischem Gewicht überlegenen Franzosenkönig auszustechen, standen nicht besonders gut. Die deutschen Kurfürsten, deren Stimmen den Ausschlag gaben, hatten nämlich offenbar keine allzu große Meinung von der Zahlungsfähigkeit des Hauses Habsburg.
Um seine Finanzkraft unter Beweis zu stellen, schickte Karl seinen Kammerherrn mit Wechseln über 100000 Gulden nach Innsbruck. In der Tiroler Landeshauptstadt war man jedoch besser über die Ansprüche der Fürsten informiert, und der Schatzmeister machte dem spanischen Gesandten klar, daß die Summe bei weitem nicht ausreichen werde. Erst nach langem, peinlichem Drängen des Schatzmeisters gab der Kammerherr zu, daß er notfalls die doppelte Summe zusagen könne. Sie dürfe allerdings erst nach der Wahl ausbezahlt werden, da sein Herr auf keinen Fall die Kaiserkrone erkaufen wolle.
Als Jakob Fugger in seinem Augsburger Kontor davon hörte, mag er sich ein amüsiertes Lächeln gestattet haben. Der Kaufmann kannte die wahren

Triebkräfte des Jahrhunderts besser als der spanische König. Obwohl er mit dem idealistischen Knaben auf dem Königsthron persönlich nicht viel anzufangen wußte, wog er leidenschaftslos die Vor- und Nachteile von dessen Wahl zum römisch-deutschen Kaiser ab. Relativ lange Zeit schien er sich nicht entscheiden zu können, welcher der beiden Kandidaten der sicherere Garant für politische Stabilität und wirtschaftlichen Aufschwung sein würde – der spanische Karl oder der französische Franz. Vorsichtshalber polierte er den Verbindungsdraht zu beiden Rivalen auf Hochglanz. Seine Kontaktperson bei Karl war der Antwerpener Faktor Wolff Haller, der den jungen Monarchen noch von dessen Ausbildungszeit in den Niederlanden her kannte. Wie sehr der kühle König der Spanier den als angenehmen Gesellschafter und scharfsinnigen Geschäftsmann bekannten Fuggerfakor schätzte, zeigt schon der Umstand, daß er ihn noch viele Jahre später »unseren Rath von Jugend auf« nannte. Auch Jakob sorgte für gute Beziehungen zum spanischen Hof, als er den Kardinal Ludwig von Aragon in Augsburg mit rauschenden Festen, Tanz und Wasserspielen wie einen regierenden Fürsten empfing, obwohl der Spanier im Verdacht stand, einer der Hintermänner des – fehlgeschlagenen – Attentats auf Papst Leo X. zu sein. Jakob selbst blieb übrigens von den Auswirkungen der edlen Kunst des Giftmischens, die sich auch bei den Borgias großer Beliebtheit erfreute, ebenfalls nicht verschont. Während eines Besuchs beim mächtigen Fürstbischof Christoph von Stadion in Dillingen, mit dem er sich in den letzten Monaten nicht mehr so gut verstanden hatte, wurden Jakob und sein Begleiter plötzlich von heftigen Bauchschmerzen geplagt. Offenbar schwebte der Kaufmann in Lebensgefahr, während er von seinen Leuten in fliegender Hast nach Augsburg zurückgefahren wurde. Die besten Ärzte bemühten sich um den Konzernchef, der sich dann auch schnell wieder erholte. Doch für die meisten seiner Freunde war es sonnenklar, daß nur ein heimtückischer Giftanschlag diese plötzliche, rätselhafte Erkrankung bewirkt haben konnte.

Von dem spanischen Kardinal aber hatte Jakob nichts zu befürchten. Er bewirtete ihn aufs köstlichste und sparte nicht mit Hinweisen auf die Leistungsfähigkeit seiner Firma. An die 10000 Bergleute würden für ihn arbeiten, erklärte er während des Festmahls beiläufig, und eine Summe von 500000 Gulden könne er von heute auf morgen entrichten. Es war klar, worauf der sonst so zurückhaltende Kaufmann abzielte: Der Kardinal sollte seinem König klarmachen, daß niemand außer den Fuggern dessen Wahl zum römisch-deutschen Kaiser garantieren könne.

Weniger offen verliefen die Kanäle, die von Augsburg über Lyon nach Paris führten. Als Hausbank der Habsburger konnten es sich die Fugger nicht leisten, allzu sichtbar auf die französische Karte zu setzen. Doch vielerlei Indizien deuten darauf hin, daß Jakob in aller Stille auch im Reich jenseits des Rheins ausgedehnte Geschäfte machte. Doch bediente er sich dort stets unverdächtiger Strohmänner, ob es nun um die Finanzierung stattlicher Anleihen oder um schlichte Warengeschäfte ging. Gesichert ist nur, daß die Fugger im französischen Pfründenwesen eine bedeutende Rolle spielten und an der Lyoner Seidenbörse über verschiedene Maklerfirmen vertreten waren.

»Für und für um Geld ersucht«

Die Entscheidung im Duell zwischen Habsburg und Valois sollte auf dem Augsburger Reichstag des Frühsommers 1518 fallen. Doch während sich die Agenten beider Herrscher um die deutschen Kurfürsten bemühten und sich so gegenseitig die Preise »verdarben«, war noch nicht einmal klar, ob der Reichstag überhaupt zusammentreten konnte. Denn zu seiner Finanzierung fehlte dem alternden Kaiser, um dessen Nachfolge es letztlich ging, wieder einmal das Geld. Jeder, der am Innsbrucker Hof um Audienz nachsuchte, wurde »für und für um Geld ersucht, und nicht einmal am Tage, sondern schier alle Stund«. Seine Räte ließ der Kaiser wissen, er habe »nicht einen Vierer mehr«. Deshalb mußte der stolze Großschatzmeister erneut zur Bettelfahrt nach Augsburg aufbrechen.
Selbstverständlich nutzte Jakob die Gelegenheit mit unerbittlicher Konsequenz. Da der Kaiser nichts mehr zum Verpfänden hatte, mußte Jakob Villinger mit seinem Privatvermögen für die Schulden Seiner Majestät einstehen. Gleichzeitig erwartete der Bankier, daß das lästige Geschrei wegen seiner angeblichen Monopolherrschaft in Innsbruck und anderswo endgültig zum Schweigen gebracht werde. Geld rückte Jakob stets nur in kleinen Summen heraus, so daß sich die kaiserlichen Finanzbeamten immer aufs neue seinen Wünschen beugen mußten. Oft ließ er sie nicht einmal mit Geld, sondern mit – meist minderwertigen oder sogar illegal erworbenen – Waren zurückfahren, und die Gesandten waren froh, nicht mit völlig leeren Händen heimzukehren. Als der Reichstag dann dank der Firma Fugger doch eröffnet wurde, zeigte es sich bald, daß die meisten Kurfürsten den französischen König favorisierten. Die rheinischen Länder zwischen Köln und Trier waren traditionell nach Westen orientiert, und auch die Brandenburger schienen eher auf die Zahlungsfähigkeit des Franzosen zu vertrauen. Hinter den Kulissen des Reichstags begann nun ein zähes Feilschen um Geld und Stimmen.
Kaum jemals zuvor bestimmten in der europäischen Geschichte kaufmännische Überlegungen und pure Habsucht so sehr den Gang der Geschichte wie in den Monaten vor der Krönung des mächtigsten Imperators seit dem Niedergang des Römischen Reiches. Die allein wahlberechtigten

Kurfürsten und Fürstbischöfe ließen sich ihre Stimmen so teuer wie nur möglich bezahlen. Und da zwei etwa gleich starke Rivalen um die Krone kämpften, mußten letztlich allein die finanziellen Reserven den Ausschlag geben.
Die Allerchristlichste Majestät aus dem Hause Valois verfügte sicher über ungeheure Reichtümer, doch hatte sie – und das war in den Augen der Kurfürsten eine Todsünde – nur wenig Bargeld flüssig. So versprach Franz dem geldgierigsten unter den Kaiserwählern, dem Kurfürsten Joachim von Brandenburg, eine wohlhabende französische Prinzessin als Schwiegertochter, wenn er für ihn stimme. Ehe der Handel abgeschlossen war, flüchtete sich die edle Dame aber in die Arme des Herzogs von Savoyen, um der königlichen Verkuppelung zu entgehen.
Das war die Chance, auf die der Habsburger gewartet hatte. Sofort offerierte der spanische König dem Brandenburger die Hand seiner Schwester, der Infantin Catharina, die angeblich eine Mitgift von rund 300 000 Gulden an Schmuck und Bargeld in die Ehe bringen sollte. Karls Unterhändler wollten das Geschäft gleich besiegeln und Jakob Fugger zur Auszahlung einer ersten Rate über 100 000 Gulden an den Brandenburger bewegen. Aber so leicht gab Jakob kein Geld aus der Hand, schien ihm doch das Risiko unübersehbar. Noch gab es keinen gültigen Ehevertrag, und noch war die Wahl nicht entschieden. Nicht einmal der Termin dafür stand endgültig fest.
In der Nacht zum 22. August 1518 versuchte der Großschatzmeister Maximilians, den Fugger doch noch zur Bereitstellung der riesigen Summe zu überreden. Schließlich gab der Kaufmann nach und machte zur Bedingung, daß die Wahl bis spätestens 1. März 1519 stattfinden müsse. Wenn bis dahin nicht gewählt wurde, war seine Zusage hinfällig. Außerdem mußten sich Maximilian und Karls Kammerherr de Courteville verpflichten, ihm alle entstehenden Unkosten zu ersetzen. Am nächsten Tag fand tatsächlich eine provisorische Trauung des Kurfürsten Joachim mit der spanischen Infantin statt.
Die Verbindung der beiden mächtigen Fürstenhäuser Habsburg und Hohenzollern wurde drei Tage lang gefeiert. Der berühmteste deutsche Künstler jener Tage, Albrecht Dürer, porträtierte während der Trauung den Kaiser, die Kurfürsten und auch Jakob Fugger. Später malte er nach jenen Skizzen sein berühmtes Bild des Handelsherrn. Jakob lud die feudale Hochzeitsgesellschaft in seine Häuser am Weinmarkt ein, wo er zu Ehren der Brautpaare eine rauschende Ballnacht veranstaltete. Maximilian wäre nicht der »letzte Ritter« gewesen, wenn er nicht anderntags auf einem Turnier nach alter Sitte bestanden hätte, das insgesamt vier Stunden dauerte und mit all seinen chevaleresken Regeln nicht zu dem knallharten Geschäft passen wollte, das sich hinter den Kulissen abspielte.

Denn auch das prunkvolle Fest konnte nicht darüber hinwegtäuschen, daß noch viel zuwenig Geld in den Kassen der Habsburger klingelte, um die Stimmen der Kurfürsten zu kaufen. Notgedrungen ließ Karl aus Madrid Wechsel über weitere 200000 Gulden anweisen. Die Hälfte davon sollte von Jakob Fugger, die andere Hälfte von Anton Welser ausbezahlt werden. Als die Kurfürsten davon erfuhren, waren sie dennoch keineswegs hellauf begeistert. Handfeste Bürgschaften der schwäbischen Kaufleute waren ihnen lieber als vage Zahlungsversprechen des fernen Monarchen.

Der alte Kaiser wollte die verfahrene Situation nun endgültig bereinigen und lud deshalb am 27. August die Erzbischöfe von Mainz und Köln, die Kurfürsten von Brandenburg und der Pfalz sowie die Delegierten aus Polen und Böhmen zu einem exklusiven Treffen ein, an dem auch Jakob Fugger teilnahm. Das Ergebnis des Herrenabends wurde vier Tage später verbrieft und besiegelt: Sechs deutsche Kurfürsten verpflichteten sich schriftlich, Seine Katholische Majestät, König Karl von Spanien, zum römisch-deutschen Kaiser zu wählen. Sobald der Reichstag abgeschlossen war, sollten Kaiser und Kurfürsten umgehend nach Frankfurt ziehen, um dort traditionsgemäß die Wahl abzuhalten.

Für Jakob Fugger bedeutete die Übereinkunft, daß er nun schnellstens beträchtliche Summen zur Auszahlung bereitstellen mußte. In schwerbewaffneten Konvois ließ er prall mit Gold gefüllte, versiegelte Leinensäcke an den Main karren, wo sie beim Rat der Stadt Frankfurt deponiert wurden. Da er nicht wußte, wie hoch seine endgültigen Verpflichtungen sein würden, sah sich der vorsichtige Kaufmann frühzeitig nach weiteren Geldquellen um, denn er hatte nicht die Absicht, wegen der immer noch ungewissen Kaiserwahl seine Liquidität zu opfern. Deshalb nahm er heimlich mit einem der reichsten deutschen Adeligen, dem Herzog Georg von Sachsen aus dem Hause Wettin, Verhandlungen über eine verzinsliche Einlage auf. Einen Anknüpfungspunkt boten jene 200000 Gulden, die der Sachse noch vom Haus Habsburg zu bekommen hatte. Herzog Georg war Realist genug, um zu wissen, daß er ohne den Beistand der Fugger sein Geld kaum jemals wiedersehen würde.

Sein Spiel hieß »Alles oder Nichts«

Obwohl Jakob also offenbar fest damit rechnete, die Finanzierung der Wahl zum größten Teil übernehmen zu können, sah es zunächst gar nicht danach aus. Denn der junge Kandidat im fernen Spanien hielt immer noch nicht allzuviel von der schwäbischen Geldmacht. Vielleicht hatte er aber auch nur die wenig vorteilhaften Folgen der Finanz-Allianz zwischen seinem Großvater und Jakob Fugger vor Augen, als er sich entschloß, den Florentiner Bankier Filippo Gualterotti, den Augsburger Fuggerkonkurrenten Anton Welser sowie einige Genueser Bankhäuser mit der Finanzierung seiner Wahl zu beauftragen. Zwischen den stärksten Geldmächten Europas entbrannte nun ein Machtkampf wie zwischen den Königen von Spanien und Frankreich, nur wurde er diskreter geführt. Brüsk lehnte Jakob Fugger jede Kooperation mit anderen Banken ab, da er sich allen haushoch überlegen fühlte. Sein Spiel hieß »Alles oder Nichts«, und der mindestens ebenso stolze Spanier schien zunächst mit dem »Nichts« durchaus einverstanden zu sein. Nachdem Jakob einen detaillierten Finanzierungsplan ausarbeiten ließ, der durch einen Mittelsmann, den Propst von Leuven, dem spanischen König persönlich übergeben wurde, wartete er vergeblich auf ein Signal von jenseits der Pyrenäen. Ohne bindende Zusage des Kandidaten jedoch wollte Jakob von sich aus keine Schritte unternehmen.

Den französischen Diplomaten blieb die Funkstille zwischen dem spanischen Hof und Augsburg natürlich nicht verborgen, und Jakob tat auch nichts, um sie geheimzuhalten. Franz I. aus dem Hause Valois witterte Morgenluft und ließ über die mit ihm verwandten Medicis in Rom Kontakte mit den Fuggern aufnehmen. In der Filiale am Tiber leitete seit kurzem einer der drei Söhne Georgs, der junge Anton Fugger, die diplomatischen Geschäfte, da der alte Zink an Podagra litt und wegen seines zweifelhaften Rufs allmählich zu einer immer größeren Belastung für die Firma wurde. Der junge Neffe erwies sich als gelehriger Schüler Zinks: Obwohl sich der Medici-Papst ziemlich eindeutig auf eine Kandidatur des Franzosenkönigs festlegte, tat dies der Kumpanei zwischen Kaufmann und Kurie keinen Abbruch. Anton wurde trotz seiner Jugend sogar zum päpstlichen Ritter und lateranischen Pfalzgrafen ernannt.

Der Konzernchef in der »Goldenen Schreibstube« verlor in diesen Monaten der totalen Konfusion und der Unsicherheit über die künftige Unternehmenspolitik nicht einen Augenblick die Übersicht. Da sich der ihm wesensmäßig fremde Spanier zurückzog, gefiel es ihm nicht schlecht, vom König der Franzosen hofiert zu werden. Ob er freilich ernsthaft daran dachte, die Fronten zu wechseln, wußten wahrscheinlich nicht einmal seine engsten Mitarbeiter. Der alte Kaiser jedenfalls tat alles, damit »die Kaufleute lustig erhalten« wurden, wenigstens bis »die Elektion für und hindurch« war. Maximilian wußte besser als sein unerfahrener Enkel, daß allein die Zahlungsbereitschaft der großen Unternehmen dem Hause Habsburg die Kaiserkrone sichern konnte.

Während der hektischen Verhandlungen vor und hinter den Kulissen, bei denen um die Zukunft Europas wie um einen Rettich auf dem Wochenmarkt gefeilscht wurde, entschied sich in Augsburg so nebenbei das

Schicksal der Reformation. Martin Luther, von Fuggers Lohnschreiber Johann Eck als »Hussit und Ketzer« verdammt, wurde zur selben Zeit, als in Augsburg der Reichstag stattfand, in Rom der Prozeß gemacht. Der Augustinermönch freilich blieb wohlweislich in Deutschland, wo er den Schutz seines Landesherrn genoß, des sächsischen Kurfürsten Friedrich des Weisen. Trotzdem hätte Luther an das Inquisitionsgericht ausgeliefert werden müssen – Kaiser Maximilian war ohne weiteres dazu bereit –, wenn nicht des Kurfürsten Stimme bei der bevorstehenden Wahl von beiden Seiten gebraucht worden wäre. So aber hoffte der Medici-Papst in Rom, durch nachsichtige Behandlung des »Falles Luther«, eine Stimme für Franz I. zu gewinnen. Er schickte deshalb den Kardinal Cajetanus mit der Weisung nach Augsburg, den rebellischen Mönch gründlich, aber nicht allzu grob zu verhören.

Mit großem Gefolge zog der päpstliche Legat in Augsburg ein. Jakob Fugger hieß ihn wie einen Fürsten willkommen und nahm ihn mitsamt seinem Hofstaat für die Dauer des Aufenthaltes im Fuggerhaus am Weinmarkt auf. Etwas später und erheblich bescheidener kam aus Wittenberg der Angeklagte angefahren. Er stieg bei den Karmelitermönchen von Sankt Anna ab. Beraten von Freunden wie dem sächsisch-thüringischen Generalvikar Johann von Staupitz und dem Straßburger Prediger Martin Bucer, einem Vorfahren des Hamburger Großverlegers Gerd Bucerius, weigerte sich Martin Luther beharrlich, seine Schriften zu widerrufen. Bei Nacht und Nebel floh er aus Augsburg, um einer Verhandlung zu entgehen.

Jakob Fugger widmete dem Streit der Theologen wenig Aufmerksamkeit. Er hielt Luther immer noch für einen unbedeutenden Ketzer, der weder ihm noch der Kirche gefährlich werden konnte. Wichtiger erschien es ihm, über Cajetanus seine Beziehungen zum Papst zu festigen und im übrigen die Kaiserwahl so zu steuern, wie er es für richtig hielt. Daß das Problem allmählich dringlich wurde, merkte er vor allem daran, daß in den Tagesabrechnungen für den Innsbrucker Hof immer häufiger Ausgaben für Ärzte und Sänftenträger erschienen.

Der Kaiser, auf den Monat gleich alt wie Jakob Fugger, konnte nicht mehr wie früher hoch zu Roß durch die Lande reiten, sondern mußte sich seiner angegriffenen Gesundheit wegen tragen lassen. Ihn bedrückten die Unsicherheit über den Fortbestand der Monarchie und die ihm unverständliche Politik seines Enkels. Um den Anspruch der Habsburger auf die Kaiserkrone nochmals mit Nachdruck zu dokumentieren, faßte er in den letzten Tagen des Jahres 1518 den tollkühnen Plan, sich in Trient doch noch vom Papst ordentlich krönen zu lassen. Leo X. aber, längst dem Hause Valois verpflichtet, lehnte ab.

Das Leben des Kaisers schien auf merkwürdige Weise mit dem seines Hofbankiers verknüpft. So wie sie im gleichen Monat geboren wurden, wären beide um ein Haar zur gleichen Zeit gestorben. In der Christnacht des Jahres 1518 erkältete sich Jakob Fugger nach der Mette so schwer, daß er wochenlang das Bett hüten mußte. Während die Ärzte um sein Leben fürchteten, legte sich der Kaiser zum Sterben nieder. Am 12. Januar 1519 schloß Maximilian in Wels zwischen drei und vier Uhr morgens, noch keine 60 Jahre alt, die Augen.

Nun waren die Abmachungen vom Reichstag hinfällig geworden, und das Tauziehen um die Nachfolge begann aufs neue. Vom Krankenbett aus eröffnete Jakob Fugger die nächste Partie. Über seinen Nachrichtendienst ließ er den französischen König vom Ableben Maximilians informieren. Damit konnte er Karl seine Unabhängigkeit demonstrieren – und der stolze Spanier begriff schnell. Schon wenig später traf sein Gesandter mit Wechseln über 300000 Gulden in Augsburg ein. Doch bald stellte sich heraus, daß der Kampf für die Fugger noch keineswegs gewonnen war. Jakob sollte zwar das Geld auszahlen, aber eingelöst konnten die Papiere nur bei italienischen Banken und bei den Welsern werden. Die Konkurrenz ließ sich offenbar nicht so leicht ausschalten. Zu diesem Zeitpunkt hatte sich der Kaufmann in der »Goldenen Schreibstube« aber schon endgültig entschieden. Nach dem Tode Maximilians mußten die Habsburger an der Macht bleiben, sonst waren ihre Schuldscheine nicht das Papier wert, auf dem sie geschrieben waren. Außerdem mußte Jakob befürchten, daß ihm die langfristigen Tiroler Erzkontrakte, die er mit Maximilian abgeschlossen hatte, gekündigt wurden. Beide Faustpfänder aber wollte er nicht aufs Spiel setzen, und so zog er alle Register, um sich zum alleinigen Kaisermacher aufzuschwingen.

Wenn schon der junge Monarch keine Anstalten machte, ihm die Finanzierung seiner Wahl anzuvertrauen – nun, dann mußte man eben bei den Kurfürsten einhaken. Tatsächlich fragte kurz darauf Joachim von Brandenburg, der Fugger bekanntlich das große Ablaßgeschäft zu verdanken hatte, in Augsburg an, ob das Wahlgeld des Spaniers endlich einbezahlt sei. Selbstverständlich ließ Jakob sofort den Gesandten des spanischen Königs benachrichtigen. Erst jetzt erklärte sich der Vertraute Karls bereit, Fugger die Wechsel zu übergeben. Immer dringlicher wurden nun die Forderungen der Kurfürsten. Joachim von Brandenburg wünschte unmißverständlich eine Bürgschaft Fuggers für das Heiratsgut seiner ihm bereits provisorisch angetrauten Frau, der Infantin Catharina.

Auch der Erzbischof von Mainz und andere Stimmberechtigte verlangten Jakobs Zusage. Sie wollten das Bestechungsgeld vom Fugger garantiert

bekommen und nicht vom künftigen Kaiser. Vorsichtig ließen sie anfragen, ob Jakob nicht auch im Fall einer Wahl des Franzosenkönigs die Garantien für die Auszahlung übernehmen könne. Erst jetzt begann Karl, der es nicht für nötig hielt, nach Deutschland zu kommen, die wahre Macht der Fugger zu begreifen.
Während die italienischen Bankiers und die Welser vergeblich versuchten, die Fugger aus dem Geschäft zu drängen, schwang sich die Tante des jungen Königs, die Erzherzogin Margarete, zur Fürsprecherin der Augsburger Kaufleute auf. Sie überzeugte schließlich auch Karls engsten Ratgeber Zevenbergen, der über den Fugger dann nach Hause schrieb: »Er leistet täglich dem König so viele Gefälligkeiten und Dienste auf unser Ersuchen gegenüber den Kurfürsten und allen Seiten hin, daß der König verpflichtet ist, sich ihm eines Tages erkenntlich zu zeigen.«
Je länger der Kuhhandelt dauerte, desto teurer wurden die Stimmen der Kurfürsten. Der Mainzer Erzbischof zum Beispiel wollte seinen Preis sogar auf 220000 Gulden verdoppeln, und auch die anderen Fürsten verlangten immer mehr. War der Preis für die Kaiserkrone Anfang März noch auf etwa 500000 Gulden taxiert worden, so mußte Karls Gesandter wenige Wochen später nach Hause berichten, die Summe habe sich inzwischen auf 720000 Gulden erhöht.
Weitere beträchtliche Ausgaben kamen durch den »Württembergischen Krieg« hinzu, an dem sich die Habsburger über die Fugger auf seiten des Schwäbischen Bundes beteiligten. Herzog Ulrich von Württemberg, dessen harte Steuerpolitik schon 1514 den Bauernaufstand des »Armen Konrad« provoziert hatte, überfiel später die Freie Reichsstadt Reutlingen und gab damit den Habsburgern die Gelegenheit, im Südwesten des Reichs reinen Tisch zu machen, das heißt, das Territorium zwischen ihren Besitzungen in Tirol, Vorarlberg und am Rhein zu erobern. Die Strafexpedition des Schwäbischen Bundes, die schließlich zur Vertreibung des Herzogs führte, kostete insgesamt 300 000 Gulden und wurde größtenteils von den Fuggern finanziert. Fein säuberlich stellte Jakob dies dem künftigen Kaiser in Rechnung. Das Schachern um die Stimmen der Kurfürsten dauerte bis zum Tag der Wahl, dem 28. März 1519. Noch im letzten Augenblick trat der habgierigste von allen, Joachim von Brandenburg, trotz außergewöhnlicher Zusagen Karls ins französische Lager über. Dennoch hatte die von Jakob Fugger unaufhörlich mit Geld gespeiste Bestechungsmaschinerie Habsburgs gute Arbeit geleistet. Die Abstimmung in der Frankfurter Wahlkapelle brachte eine klare Mehrheit für den spanischen König, der sich künftig Kaiser Karl V. nannte und der ein Reich regieren sollte, in dem »die Sonne nicht unterging«.
Schon am nächsten Tag brachte ein reitender Bote die Siegesmeldung nach Augsburg. Selbst Jakob Fugger zeigte nun eine Gemütsbewegung.

Er befahl seinen Angestellten, sofort Freudenfeuer zu entzünden und ein riesiges Feuerwerk zu veranstalten. Die vornehmen Augsburger Stadträte mochten sich jedoch nicht von ihrem reichsten Bürger die Schau stehlen lassen und übernahmen deshalb – gegen ihre sonstigen Gepflogenheiten – die Kosten für alle Festivitäten.
Stadtschreiber Clemens Sender berichtet: »Es waren viele verborgene Büchsen darin, die schossen im Feuer ab; es war hübsch zugerichtet und kostete viel Geld.«
Ungleich größer waren freilich die Summen, die inzwischen die Buchhalter im Fuggerschen Kontor abrechneten. In einer Kladde mit der Überschrift »Was Kaiser Carolus dem V. die römische Königswahl kostete« listeten sie fein säuberlich jeden einzelnen Ausgabeposten auf. Neben den Geldern für die Kurfürsten waren es Zuwendungen an die Reichsstädte, an Beamte des Kammergerichts, an die spanischen Kommissare und vieles andere mehr. Insgesamt wurden nach der Fuggerschen Endabrechnung 851 918 Gulden ausgegeben. Davon kamen 543 585 Gulden aus der Tasche Jakob Fuggers, rund 143 000 Gulden von den Welsern und weitere 165 000 Gulden von den Bankiers aus Genua und Florenz.

»In Hispania steht es nicht wohl«

Fürs erste konnte Jakob Fugger zufrieden sein. Vor aller Welt hatte er die Macht seines Geldes bewiesen, indem er dem spanischen König die römisch-deutsche Kaiserkrone kaufte und ihn damit zum Beherrscher Europas machte. So eindeutig hat niemals zuvor in der abendländischen Geschichte ein Kaufmann den Gang der Politik beeinflußt. Man stelle sich vor: Ein Konzern wie beispielsweise Daimler-Benz oder Siemens würde sich einen Bundeskanzler »kaufen«! Vor der Geschichte gilt Karl V. als mächtigster Monarch der Epoche, und doch war er nur ein Kaiser von Fuggers Gnaden.
Der junge Spanier war indes alles andere als eine Marionette. Er besaß ein ausgeprägteres Selbstbewußtsein als sein Großvater Maximilian und versuchte zunächst mit allen Mitteln, das lästige Augsburger Joch abzuschütteln. Als Schuldner war er gegenüber seinem Gläubiger im Vorteil, denn wie sollte wohl ein Kaufmann, auch wenn er Jakob Fugger hieß, den Kaiser zur Rechenschaft ziehen? Für den Augsburger, der sich diese Frage oft gestellt hatte, begannen deshalb die eigentlichen Probleme erst nach dem Sieg.
Der finanzielle Kraftakt hatte ihn zwar zum heimlichen Herrscher Europas gemacht, aber vom Gipfel der Macht führten alle Wege nur noch in eine Richtung: nach unten. Unwiderruflich war von nun an das Schicksal

seiner Dynastie an das der Habsburger gekettet. Auch wenn Jakobs eiserner Wille zunächst noch das Gesetz des Handelns bestimmte, schien es nur noch eine Frage der Zeit, bis schwächere Nachfolger im Strudel der europäischen Großmachtpolitik versanken. Der Niedergang des ersten multinationalen Konzerns der Geschichte war bereits zu dem Zeitpunkt vorprogrammiert, als eine breitere Öffentlichkeit staunend seinen Aufstieg registrierte. Denn die Verfilzung von Staat und Wirtschaft, deren Problematik in den spätmarxistischen Stamokap-Theorien der Gegenwart brisant nachgewiesen wird, erwies sich schon zu Beginn des modernen Kapitalismus als gefährliches Experiment. Den Staat führte die Abhängigkeit von einem privaten Unternehmer in den Bankrott, den Unternehmer kostete die Herrschaft über die Staatsfinanzen den größten Teil seines Vermögens. Nur in einem war dieser »politisch-wirtschaftliche Komplex« schon damals erfolgreich: Er verhinderte überfällige Sozialreformen.

Karl, der schon während des Wahlkampfes hatte erkennen lassen, daß die Fugger für ihn nicht mehr waren als gewöhnliche Kaufleute, stellte auch nach der Wahl seine Unabhängigkeit in den Vordergrund. Obwohl er im Reich sehnlichst erwartet wurde, blieb er zunächst seelenruhig in Spanien. Sein teuer erkaufter Sieg über Franz I. bescherte ihm nämlich zwei diffizile Probleme: erstens die Todfeindschaft des Franzosenkönigs und zweitens die Rebellion der spanischen Granden. Mit dem Valois mußte er zwischen 1521 und 1544 insgesamt vier Kriege austragen, in denen es um die Vorherrschaft in Burgund und in Italien ging. Mit den spanischen Adeligen bekam er Ärger, weil sie keine Lust verspürten, die immensen Kosten seiner Wahl zum deutschen Kaiser zu übernehmen.

Als Karl dann im Mai 1520 doch nach Norden aufbrach, um sich die Kaiserkrone aufsetzen zu lassen, kam es sofort zu blutigen Unruhen in Madrid und anderen großen Städten. Besorgt meldeten Fuggers Nachrichtenleute nach Augsburg: »In Hispania steht es nicht wohl.« In der »Goldenen Schreibstube« war man genauer und früher über alle Vorgänge am spanischen Hof unterrichtet als in allen deutschen Fürstenschlössern. Faktor Wolff Haller diente dem Kaiser als einer seiner engsten Ratgeber, und auch zahlreiche andere Agenten berichteten laufend nach Augsburg. Jakob nutzte seinen Informationsvorsprung, um Freunde zu gewinnen. Mit gedruckten Depeschen, den später so berühmt gewordenen »Fuggerzeitungen«, ließ er seine Geschäftspartner über wichtige Neuigkeiten informieren – etwa über die Tatsache, daß der Konvoi des Kaisers gerade die Niederlande erreicht habe.

Karl sollte mit großem Pomp in der alten Kaiserstadt Aachen gekrönt werden, an derselben Stelle, an der Karl der Große die Königskrone erhalten hatte. Jakob blieb dem Spektakel fern und schickte lediglich seinen

Neffen Ulrich nach Aachen. Er hoffte, seinen teuren Kunden spätestens beim nächsten Reichstag im Frühjahr 1521 persönlich kennenzulernen, der in Augsburg stattfinden sollte. Auf Wunsch des Kaisers und einiger Fürsten aber wurde dieser statt dessen in Worms abgehalten, und so kam es, daß Jakob Fugger nie mit jenem Mann zusammentraf, dem er zur römisch-deutschen Kaiserkrone verholfen hatte.

Der zweiundsechzigjährige Kaufmann stellte sich auf den Standpunkt: Wenn der alte Kaiser Maximilian immer zu ihm gekommen war, warum sollte jetzt er dem jungen Karl seine Aufwartung machen? Er hielt es nicht für der Mühe wert, seine gewohnte Augsburger Umgebung zu verlassen, um den jungen Herrn an die Bezahlung seiner Schulden zu erinnern. Karl gab sich von Anfang an kühler und reservierter als sein Großvater, und zwischen ihm und dem um zwei Generationen älteren Kaufmann wollte sich nie das bei aller Verschiedenheit der Charaktere doch persönliche, beinahe herzliche Verhältnis einstellen, daß Maximilian und Jakob verbunden hatte.

Karl sah eben im Fugger allezeit »nur« einen Kaufmann, ein mitunter recht lästiges Mittel zum hohen politischen Zweck. Der Fugger indes ließ sich davon nicht irritieren und drängte über seine Abgesandten immer nachhaltiger auf Begleichung der Außenstände. Am 4. Mai 1521 kam es dann zu einem ersten Vertrag über die Tilgung der habsburgischen Schulden. Sie betrugen insgesamt 600 000 Gulden, von denen der Kaiser allerdings nur 355 000 Gulden als »eigentliche Schulden« anerkennen wollte. Schließlich aber akzeptierte er nach zähen Verhandlungen 400 000 Gulden »zum Zeichen seiner besonderen Gnade« und als Ersatz für entgangene Zinsen sowie wegen der verspäteten Rückzahlung.

Zur Tilgung der Summe erhielt Jakob Fugger Schuldverschreibungen auf die Salzbergwerke in Hall, ferner auf Kupfer- und Silberkäufe. Die restlichen 200 000 bekam der Kaiser natürlich nicht geschenkt. Jakob ließ sich dafür die Verhüttungsbetriebe in Rattenberg einschließlich sämtlicher Vorräte und des Schmelzhandels überschreiben. Außerdem mußte der Kaiser nunmehr einen um drei auf insgesamt acht Prozent erhöhten Zinssatz akzeptieren.

Im Endeffekt führte die Abmachung zu einer radikalen Ausbeutung Tirols, die noch härter ausfallen mußte als zu den schlimmsten Zeiten Maximilians. Nebenbei ließ sich Jakob in Worms zum Aufseher über die Augsburger Buchdrucker ernennen und damit praktisch zum Zensor über alles Gedruckte. Er konnte nun anordnen, daß die Buchdrucker in den »Irrungen, die sich halten zwischen den Geistlichen und Doktoren der Heiligen Schrift, desgleichen in Schmähungen und Verletzungen der Ehrensachen ohne Wissen und wider Willen eines Ehrbaren nichts ferner drucken sollen«.

Nachdem eine erste Einigung mit dem Kaiser erzielt war, mochte sich Jakob neuen Kreditwünschen nicht verschließen. Karl brauchte Geld für den unmittelbar bevorstehenden Krieg gegen Frankreich, zur Niederwerfung seiner rebellischen Adeligen und zur Abwehr der sein Reich bedrohenden Türken. Bald stand auf seinem Konto wieder eine Schuldsumme von mehreren hunderttausend Gulden, und wieder begann Jakob auf Rückzahlung seines Geldes zu drängen.
Von Anfang an befand sich der junge Kaiser in noch schlimmeren Finanzschwierigkeiten als sein Großvater, und auch die politischen Probleme in dem Riesenreich, das der erst Zwanzigjährige regierte, nahmen gigantische Formen an. Auch ein erfahrenerer Regent wäre kaum in der Lage gewesen, an allen Fronten die Situation zu beherrschen. In Mittel- und Südamerika eroberten spanische Conquistadores die ersten Kolonien, in Oberitalien tobte der Krieg mit Frankreich, im Osten rüstete der Sultan des Osmanischen Reiches zu einem erneuten Vorstoß gegen Ungarn und Österreich. Wie sollte Karl noch Zeit finden, sich mit den spezifisch deutschen Problemen zu beschäftigen?
Dem Kaiser, der selbst nur spanisch und französisch sprach, blieben seine teutonischen Untertanen zeitlebens fremd und auch ein wenig unheimlich. Anders als sein viele Sprachen beherrschender Großvater (Italienisch, Französisch, Tschechisch, Lateinisch und Deutsch), fand er nie den direkten Kontakt zum Charakter der Deutschen.
Im Reich machte praktisch jeder, was er wollte. Die regierenden Fürsten hatten nichts anderes im Sinn, als ihre Erbhöfe zu erweitern und sich an ihren Untertanen zu bereichern. Zusammen mit der alleinseligmachenden Kirche und den großen Handelsgesellschaften beherrschten sie das Land.
Das »gemeine« Volk aber, rund 16 Millionen Menschen, litt bittere Not. Pestseuchen zogen über das Land, Hungersnöte rafften ganze Familien dahin – es gab ja keine Sozialversicherung und keine Krankenkasse. Leiden, Siechtum und Tod waren stets allgegenwärtig. Für die meisten Deutschen war der Glaube an Gott der einzige Luxus, den sie sich leisten konnten. Um so heftiger reagierten sie auf die zynische Geschäftigkeit und die skrupellose Machtpolitik der römisch-katholischen Kirche.
Martin Luthers mutiger Auftritt in Worms machte aus der bisher eher akademisch geführten Diskussion um den rechten Glauben eine Massenbewegung. Als der Kaiser auf Betreiben des päpstlichen Nuntius Aleander den Reformator mit der Vollstreckung der Reichsacht und der Verbrennung seiner Bücher mundtot machen wollte, warnten ihn die Delegierten des Reichstags: Das Volk werde solches nicht dulden und zur offenen Re-

volution übergehen. Erschrocken meldete Aleander nach Rom: »Neun Zehntel von Deutschland erheben das Feldgeschrei ›Luther‹!«
Am 17. April 1521 stand der Mönch aus Wittenberg in der niedrigen Hofstube der bischöflichen Residenz zu Worms dem jungen Kaiser gegenüber. Er fing sich nicht in den kunstvoll ausgelegten Fallstricken der römischen Diplomaten, sondern redete Tacheles: »Da Eure Majestät und Eure Herrlichkeit eine schlichte Antwort begehren, so will ich eine ohne Hörner und Zähne geben. Es sei denn, daß ich durch Zeugnisse der Schrift oder klare Vernunftgründe überwunden werde – denn ich glaube weder dem Papst noch den Konzilien allein, weil es am Tage ist, daß sie zu mehreren Malen geirrt und sich selbst widersprochen haben –, so bin ich überwunden durch die Stellen der Heiligen Schrift, die ich angeführt habe, und Gefangener in meinem Gewissen an dem Wort Gottes. Deshalb kann und will ich nichts widerrufen, weil wider das Gewissen zu handeln beschwerlich, nicht ratsam und gefährlich ist. Gott helfe mir, Amen.«
Für den Kaiser war die Sache klar: Dieser starrköpfige Bursche war ein Ketzer übelster Sorte, dem man schleunigst den Garaus machen mußte. Luther hatte drei Wochen Zeit, bis der Reichstag zu Ende ging, um sich in Sicherheit zu bringen. Die Reformation nahm ihren Lauf.

19. Kapitel
Konzerne am Pranger

Der Aufstand gegen die Kirche wurde von den zum Himmel schreienden sozialen Ungerechtigkeiten und der tiefen Verzweiflung, die weite Teile der Bevölkerung erfaßt hatte, genährt. Drei Viertel aller Deutschen waren geplagte, geknechtete und ausgebeutete Bauern. Seit 1476, dem Jahr, in dem der Schafhirte Hans Böheim, genannt das »Pfeiferhänslein«, den ersten Bauernaufstand organisiert hatte, gärte es im unterdrückten Volk. Die Regenten erwiesen sich als unfähig, die Not zu lindern, und wählten statt dessen den bequemeren Weg brutaler Unterdrückung.
Mit dem Geld, das sie ihren Untertanen abpreßten – oder bei Bedarf von Kaufleuten wie Jakob Fugger pumpten –, heuerten sie Söldnerhaufen an, um jeden Volksaufstand blutig niederzuschlagen. Am 22. April des Jahres 1502 versammelte der Bauernführer Joß Fritz aus Untergrombach bei Bruchsal 7000 Männer, um der Schreckensherrschaft der Bischöfe von Speyer und Straßburg ein Ende zu machen. Sie trugen eine Fahne mit sich, auf der ein Bundschuh aufgenäht war, die traditionelle Fußbekleidung einfacher Leute.

Das Unternehmen wurde von einem Bauern im Beichtstuhl unwillentlich verraten, und die Bischöfe nahmen fürchterliche Rache. Über hundert Mitglieder des bäuerlichen Geheimbundes wurden gefangengenommen und bestialisch gefoltert, zehn davon enthauptet. Joß Fritz entkam dem Strafgericht und rüstete gut zehn Jahre später erneut zum Sturm auf die Burgen der Ausbeuter. Doch auch der zweite Bundschuhaufstand scheiterte 1513 durch Verrat.
Den Schergen der Bischöfe war es gelungen, einen der engsten Vertrauten des Bauernführers, Hans Manz, gefangenzunehmen. Unter der Folter verriet er den geplanten Aufmarsch. Sofort stürmten die Söldner der Bischöfe in die Dörfer und machten Jagd auf alle Bundschuhleute. Wer nicht gefangengenommen wurde, versuchte, in die »neutrale« Schweiz zu fliehen. Die Eidgenossen lösten das lästige Flüchtlingsproblem auf ihre Weise, indem sie in Basel und Schaffhausen Dutzende der zerlumpten Emigranten aufhängen ließen. Die Unterführer Jakob Hauser und Kilian Mayer wurden – als Zeichen besonderer Großmütigkeit – enthauptet. Der als Staatsfeind Nummer eins gesuchte Joß Fritz aber entfloh wieder einmal seinen Häschern.
1517 plante er den dritten Bundschuhaufstand. Auch dieser endete genauso wie die beiden anderen, nur daß der Verrat diesmal nicht unter der Folter, sondern gegen Bezahlung geschah. Den Bauern fehlten offensichtlich militärisches Know-how, Disziplin und politisches Geschick. Joß Fritz, ein ehemaliger Landsknecht mit Charme und Charisma, verfügte über zuwenig Waffen, Geld und geschulte Helfer, um aus seinen ungelenken Bauern eine schlagkräftige Truppe zu schmieden.
Aus den gleichen Gründen scheiterte auch der »Arme Konrad«, jener Geheimbund schwäbischer Bauern, der 1514 gegen Herzog Ulrich von Württemberg losmarschierte, um die Landbevölkerung von der drückenden Steuerlast zu befreien. Der Aufstand wurde blutig niedergeschlagen, doch konnte sich der junge Herzog seines Sieges nicht lange erfreuen, da er vier Jahre später von den mit Fuggerschem Geld bezahlten Truppen des Schwäbischen Bundes aus dem Land gejagt wurde. Etwa gleichzeitig mit den Bauern entdeckte der gehobene Mittelstand der Ritter und Intellektuellen seine Unzufriedenheit mit den sozialen Verhältnissen. Viele der einst ob ihrer Tapferkeit bewunderten »Rittersleut« nagten am Hungertuch, denn die stolzen Burgherren waren, seit die Kriege von der Infanterie gewonnen wurden, seit der Sold der Landsknechte den Treueschwur überflüssig machte und seit die Feuerwaffen der Kavallerie immer empfindlichere Verluste beibrachten, weitgehend entbehrlich geworden.
Viele von ihnen nahmen sich deshalb als Raubritter mit Gewalt, was ihnen die Landesherren, die Kaufleute und die Bauern verweigerten. Wer aber nicht zum Verbrecher werden wollte, dem blieben praktisch nur zwei

Möglichkeiten: Entweder er begab sich als Söldnerführer in den Dienst streitlustiger Fürsten, wie es Georg von Frundsberg, Georg Truchseß von Waldburg und zeitweilig auch Götz von Berlichingen taten, oder aber er versuchte den Aufstand, um die sozialen Voraussetzungen zu ändern. Die Ritter verfügten über jene militärischen Tugenden, die den Bauern fehlten, aber sie hatten zu wenig Rückhalt beim Volk und waren zahlenmäßig den Söldnerheeren der Landesherren weit unterlegen. Nur wenn sich die aufständischen Ritter mit den Bauern solidarisierten, war ein Sieg der Revolution möglich.

Die alte Ordnung bricht zusammen

Zwei Männer hatten es in der Hand, das verhaßte herkömmliche System auf den Scheiterhaufen der Geschichte zu werfen. Der eine war der Theologe Martin Luther, der andere der Reichsritter Franz von Sickingen. Beide waren im Grunde jedoch viel zu konservativ und elitär, um mit den Bauern gemeinsame Sache zu machen. Franz von Sickingen kämpfte als Symbolfigur der Reichsritter zwar gegen die Willkürherrschaft der Fürsten im Rheinland, er träumte aber eher von einer Wiederherstellung der alten Ritterherrlichkeit als von einem Staat, in dem alle gleich sein sollten.

Auf seinen Burgen Landstuhl und Ebernburg scharte der bärenstarke, von einem leidenschaftlichen Gerechtigkeitssinn beseelte Ritter einige der klügsten Köpfe der Nation um sich. Zu seinen Freunden zählten der bedeutende Humanist Johannes Reuchlin, der reformistische Prediger Martin Bucer und der hitzköpfige Schriftsteller Ulrich von Hutten. Als eine Art deutscher Robin Hood kämpfte der Ritter für das Recht der Unterdrückten, wo immer sich dazu Gelegenheit bot.

Er führte Krieg gegen die reiche Stadt Worms, die seinem Sekretär Balthasar Schlör Unrecht zugefügt hatte, schlug sich mit dem Herzog von Lothringen und den Patriziern der Stadt Metz. Nach dem Possenspiel der Kaiserwahl und unter dem Eindruck der Glaubenserneuerung faßte er, vom Freund Hutten ermutigt, den Plan, das politisch und moralisch verkommene Deutsche Reich gründlich zu reformieren. Den Anfang wollte er dort machen, wo Politik, Kirche und Kommerz die engste Allianz eingegangen waren: im Erzbistum Trier.

Nachdem er dem Erzbischof von Greiffenklau artig einen Fehdebrief geschickt hatte, zog er im September 1522 mit 5000 Mann Fußvolk und 1500 Berittenen in die rheinische Kirchenprovinz ein. Zwar konnte er einige Burgen und kleinere Städte einnehmen, aber die stark befestigten Mauern Triers widerstanden seinem Angriff. Der Erzbischof rief seine Freunde zu

Hilfe, und Sickingen mußte die Belagerung abbrechen. Er zog sich nach Landstuhl zurück, wo ihn am 8. Oktober die Kunde erreichte, daß der Kaiser gegen ihn die Reichsacht verhängt hatte. Der Mann, über den sein Freund Ulrich von Hutten schrieb: »Wahrlich, eine größere Seele gibt es nicht in Deutschland«, war nun ein Verbrecher – vogelfrei und zum Abschuß freigegeben. Das Heer des Schwäbischen Bundes, zum großen Teil von Jakob Fugger finanziert und von dem gnadenlosen Bauernschreck Georg Truchseß von Waldburg geführt, machte Jagd auf den rebellischen Reichsritter. Im April vereinigten sich die Streitmächte der Fürsten vor der Feste Landstuhl, um kurz darauf das Feuer zu eröffnen. Eine Kanonenkugel schlug in einen Balken. Die Splitter zerfetzten Sickingens Bein, und er starb nach sieben qualvollen Tagen am 7. Mai 1523.
Sickingens Freunde flohen – wie Ulrich von Hutten – in die Schweiz oder zogen sich resigniert auf ihre Burgen zurück. Der Aufstand des Adels brach mit dem Tod des Ritters, den seine Feinde als »Afterkaiser« verleumdeten, zusammen. Nur die Revolte der Bauern hielt an. In die gedämpfte Atmosphäre der »Goldenen Schreibstube« drangen die Schreie der Gefolterten, der Donner der Kanonen und das Röcheln der Sterbenden nicht. Und doch tobte auch hier ein lautloser, verbissen geführter Kampf. Mit einem Mal sah sich Jakob Fugger von allen Seiten bedroht; die Welt schien verrückt zu spielen. Die alte Ordnung, die seiner Familie den Aufstieg aus einer Bauernstube in Graben am Lech an die Spitze der Weltwirtschaft ermöglicht hatte, brach unter den Donnerschlägen sozialer, politischer, religiöser und wirtschaftlicher Umwälzungen zusammen wie ein morscher Chorstuhl.
Der Kaufherr, der sich noch vor kurzem in dem Gefühl sonnen durfte, den Herrscher der Welt »gemacht« zu haben, sah sich von allen Seiten als Bösewicht, Ausbeuter und Wucherer diffamiert. Selbst der Kaiser, der ihm seine Krone verdankte, versuchte ihn mit einem Trick auszumanövrieren. Noch während des Wormser Reichstags übergab er nämlich seine deutschen Hoheitsgebiete einschließlich der gefürsteten Grafschaft Tirol seinem Bruder, dem Erzherzog Ferdinand. Jakob Fugger wurde mit der Tatsache konfrontiert, daß für die Rückzahlung seiner Forderungen nun plötzlich ein Fürst zuständig war, den er kaum kannte und der ihm persönlich nichts schuldete.
Der Kaiser selbst hielt sich längst wieder im Westen auf, um den Krieg gegen Frankreich zu organisieren. Inzwischen drohten in Innsbruck die Ratsherren mit Demission, weil sie keine Chance mehr sahen, das ehedem so reiche Land Tirol vor dem Bankrott zu bewahren. Sämtliche bedeutenden Bodenschätze des Landes waren auf Jahre hinaus an Jakob Fugger verpfändet, und die Schuldenlast, die bereits über eine Million Gulden betrug, wuchs ständig weiter an.

Selbst in Augsburg wurde das Klima für die Fugger spürbar kälter. Luthers Gedanken waren hier auf fruchtbaren Boden gefallen, und eines Tages lief sogar der Domprediger Urbanus Rhegius zu den Reformierten über. Bald folgten ihm die Karmelitermönche von Sankt Anna. Jakob empfand es wie einen Hohn des Schicksals, daß ausgerechnet »seine« beiden Hauskirchen, Sankt Moritz und Sankt Anna, zu Keimzellen der Augsburger Reformation wurden.
Der Konzernherr unterschätzte nach wie vor die Bedeutung der Anti-Kirchenbewegung und die moralische Kraft Martin Luthers. Ebenso verkannte er die gesellschafts- und sozialpolitischen Beweggründe der Reformation. Ohne die Mißwirtschaft der Landesherren, die durch die großen Handelsgesellschaften mitverursachten Preissteigerungen, die Hungersnöte, Pestseuchen und das krasse Vermögensgefälle zwischen Arm und Reich wäre die Kirchenrevolution sicher zum Scheitern verurteilt gewesen. So aber sprach Martin Luther den Leuten aus der Seele, als er in seiner Streitschrift »Großer Sermon vom Wucher« die Handelsgesellschaften als die eigentlichen Urheber der Wirtschaftsmisere entlarvte. Geld- und Zinsgeschäfte erschienen dem Wirtschaftslaien Luther als »das größte Unglück der deutschen Nation« und gar »vom Teufel erdacht«. Der Mönch vermochte nicht zu begreifen, »wie man mit 100 Gulden mag des Jahres erwerben 20, ja ein Gulden den anderen und das alles nicht aus der Erden oder von dem Vieh«.
Angesichts des Fuggerschen Reichtums klagte Luther: »Das sollte göttlich und recht zugehen, daß bei einem Menschenleben sollten auf einen Haufen so große, königliche Güter gebracht werden. Deshalb«, polterte der Reformator, »muß man wirklich dem Fugger und dergleichen Gesellschaft einen Zaum ins Maul legen.« Nur, wie dieser Zaum aussehen sollte und wer ihn dem Wirtschaftsmoloch anlegen sollte, das wußte auch der Prediger nicht zu sagen.
Noch deutlicher wurde der temperamentvolle Reichsritter, Humanist und Dichter Ulrich von Hutten, der auf seinen ausgedehnten Reisen eine Ahnung von der Macht der Augsburger Kaufleute bekommen hatte. Im Frühjahr 1521 veröffentlichte der Freund Franz von Sickingens und begeisterte Anhänger Martin Luthers den satirischen Dialog »Die Räuber«. Die zweifelhaften Titelhelden waren natürlich niemand anders als die reichen Großkaufleute. Hutten schilderte sie als beutegierige Verbrecher, die Deutschland ausplündern, mit ihrem Gold die Sitten verderben, seriöse Geschäftsleute ruinieren, die Preise hochtreiben, die Kirche korrumpieren und an der Not des Volkes die größte Schuld tragen.
Gezielt warf der wortmächtige Ritter dem Reichsgrafen bürgerlicher Herkunft, Jakob Fugger, vor, er habe sich den Adelsbrief nicht erkämpft, sondern erkauft und sollte deshalb besser ans Kreuz als zum Ritter ge-

schlagen werden. Im Hinblick auf die mitunter dubiosen Geschäfte der römischen Fuggerfiliale ernannte er die Augsburger Kaufleute zu »Fürsten der Kurtisanen«. In seinem Pamphlet »Bullentöter« behauptete der Literat sogar, die Fugger hätten ihn bestechen wollen. »Auch für Fuggers Geld werde ich nicht schweigen«, beteuerte von Hutten, »da es um die deutsche Freiheit geht.«
Die publizistischen Tiefschläge blieben nicht ohne Wirkung. Wie heute die multinationalen Konzerne vom Schlag der ITT, Exxon und General Motors im Kreuzfeuer der Kritik stehen, so wurden schon damals die großen Handelsgesellschaften für wirtschaftliche Fehlentwicklungen verantwortlich gemacht. Jakob Fugger traute man einfach alles zu.

Todesahnungen

Die schlechten Nachrichten wollten kein Ende nehmen. Im Frühjahr 1521 war in Augsburg Georg, der fähigere der beiden Söhne des alten Thurzo, gestorben. Sein Bruder Alexej schien nicht in der Lage, die Partnerschaft aufrechtzuerhalten und die Sicherheit der ungarischen Investitionen zu gewährleisten. Klagte Jakob seinem Faktor Jörg Högel über den Nachwuchs der Thurzo-Sippe: »Die jungen Herren haben überall darein gegriffen, sind ungeschickt mit dem Geld – dem Handel und mir großes Geld schuldig.« Vorsichtshalber ließ er Alexej das Konto sperren und die Auflösung der gemeinsamen Firma vorbereiten. Eine weitere Todesanzeige erreichte ihn aus Rom. Am 1. Dezember 1521 starb Papst Leo X. und hinterließ in den Büchern der Fugger einen Schuldenberg von 14970 Kammerdukaten. Zum Glück für die deutschen Kaufleute – und wahrscheinlich nicht ohne ihr Zutun – wählte das Konklave den langjährigen Erzieher Karls V., Adriaan Floriszoon Dedel, zum Nachfolger. Der schlichte, sittenstrenge Sohn eines niederländischen Schiffszimmermanns schien den Kardinälen der richtige Mann, mit der Verschwendungssucht des Medici aufzuräumen.
Der neue Papst – der letzte, der kein Italiener war – nannte sich Hadrian VI. und startete mit dem Vorsatz, dem moralischen Niedergang der Kirche durch persönliches Beispiel Einhalt zu gebieten. Doch der spröde, allen weltlichen Vergnügungen abholde »Barbar« blieb in der kreglen Kirchenmetropole ein Fremder. Italienern gegenüber war er äußerst mißtrauisch, weshalb er drei Landsleute zu seinen engsten Beratern machte: Wilhelm Enckenvoirt, der seit langem in Geschäftsverbindung mit den Fuggern stand, wurde päpstlicher Datar; Theodericus Hezius avancierte zum Sekretär des Papstes und Johannes Ingenwinkel wurde zum einflußreichsten deutschen Kurialen.

Wenn die römischen Statthalter Jakob Fuggers zunächst befürchteten, der niederländische Moralapostel würde ihre einträglichen Kirchengeschäfte durchkreuzen, so erwiesen sich derlei Besorgnisse bald als grundlos. Dank der guten Beziehungen zum neuen Datar und unter Hinweis auf die landsmannschaftliche Verbundenheit gelang es Anton Fugger, die päpstliche Münze, die Zecca, auf die Dauer von 15 Jahren zu pachten und das Münzgebiet über die Stadt Rom hinaus beträchtlich auszuweiten. Der dreiundsechzigjährige Papst aber erkannte bald, daß alle seine Reformbestrebungen zum Scheitern verurteilt waren: »Der kranke Körper verträgt das Heilmittel nicht mehr«, klagte er des öfteren seinen Kardinälen.
Jakob Fugger indessen, fast gleich alt wie der resignierende Papst, unterzeichnete während seiner depressiven Phase den Stiftungsbrief für die von Albrecht Dürer entworfene und von Adolf Daucher mit prächtigen Skulpturen geschmückte Fuggerkapelle in Sankt Anna sowie für die Fuggerei und die Prädikatur an der Kirche Sankt Moritz.
Der von Todesahnungen geplagte Konzernchef ließ in jenen trüben Monaten auch sein erstes Testament aufsetzen, in dem er die vier Neffen als Haupterben deklarierte und seiner Frau Sybille eine hohe Entschädigung vermachte. Gleichzeitig kümmerte er sich auch um sein »Seelgerät«: Von den Karmelitermönchen in Sankt Anna, die einst Martin Luther während seiner Vernehmung durch den päpstlichen Legaten Cajetanus aufgenommen hatten und sich zur Reformation bekannten, verlangte er, sie sollten täglich eine Heilige Messe für ihn lesen. Zur Belohnung versprach er ihnen dafür jedes Jahre »ein Faß Neckarwein«.
Exakt legte er fest, an welchen Tagen welche Nonnen und Mönche nach seinem Tode wie viele Lieder zu singen und Gebete zu sprechen hätten. Jeder Arme, der an den Totenfeiern teilnahm, sollte dafür bezahlt werden. Einen Monat lang nach seinem Ableben sollte in jeder Kirche und jedem Kloster Augsburgs seiner gedacht werden. Dafür wollte er reichlich Geld für Kirchenneubauten lockermachen. Selbst die Insassen der Siechen- und Blatternhäuser hatten für die Sünden des Geldfürsten zu beten, wenn sie in den Genuß seiner Spenden kommen wollten. Wie im Geschäftsleben mochte Jakob Fugger auch nach seinem Tode nichts dem Zufall überlassen.

Das Anti-Monopol-Verfahren

Die penibel organisierte Jenseitsvorsorge gab dem angeschlagenen Unternehmer wieder Kraft und Selbstvertrauen. Nachdem das Wesentliche geregelt war, konnte nun kommen, was da wollte. Umsichtig und tatkräftig wie eh und je nahm der Senior den Kampf um den Fortbestand seines

Lebenswerks auf. Zug um Zug erwiderte er die Angriffe mit der kühlen Überlegenheit eines Mannes ohne Leidenschaften, der eigentlich mit dem Leben schon abgeschlossen hat und nur noch gewinnen will, »dieweil er könne«.

Er eröffnete seine letzte große Partie am 12. Mai 1521 mit einem festlichen Empfang für Erzherzog Ferdinand, den Bruder des Kaisers, der in Worms mit der Verwaltung der deutschen Reichsgebiete beauftragt worden war. Bei einem opulenten Festmahl, das nicht weniger als 20 Gänge umfaßte, gab der Kaufmann dem Habsburger eine Lektion in Nationalökonomie. Bereits ein Jahr später durfte er befriedigt feststellen, daß er den Erzherzog, der vorher nicht viel von dem Augsburger Handelsherrn hielt, für sich gewonnen hatte.

Wie er einst Paul von Liechtenstein zu seinem Verbündeten gemacht hatte, so umwarb er nun Ferdinands Finanzberater Gabriel von Salamanca-Ortenburg, um bei Hofe zu erreichen, was er wollte. Obwohl die Innsbrucker Räte ihren neuen Herrn warnten, wenn er sich mit dem Fugger einlasse, gerate die gesamte Wirtschaft durcheinander und er selbst habe dann bald »kein Einkommen mehr«, erlag auch Ferdinand den Verlockungen des scheinbar mühelos zu erschließenden Geldstroms aus Augsburg.

Erst wenn er einmal den neuen Regenten ebenso von sich abhängig gemacht hatte wie den Vorgänger, kalkulierte der Kaufmann, war die weitere Ausbeutung Tiroler Bodenschätze gesichert. Als deshalb der kaiserliche Rat Blasius Höltzl in Augsburg wegen weiterer Kreditwünsche des Erzhauses vorsprach, durfte er sicher sein, daß seiner Mission ein Erfolg beschieden sein würde. Geschmeichelt schrieb er nach Hause, die Finanzleute, darunter auch Fuggers Konkurrent Philipp Adler, meinten, »ich wäre ein anhebiges Finanzerli, ich zapfet ihn in allen Wegen an«. Daß sich die Kaufleute nur dann »anzapfen« ließen, wenn der Staat dafür blutete, mag dem rührigen Finanzagenten des Erzherzogs entgangen sein.

Nachdem sich die Dinge in Tirol besser anließen, als er erwartet hatte – die Hütte Rattenberg wurde vereinbarungsgemäß seinem Faktor Hans Stöckl übergeben, und die gewinnträchtige Salzpfanne von Hall war größtenteils ebenfalls in seiner Hand –, hielt Jakob es für angebracht, nun auch mit dem Kaiser Fraktur zu reden. Die Tilgung der Wahlschulden stand immer noch aus, und über den Wert der von Karl offerierten spanischen Sicherheiten bestanden zwischen Schuldner und Gläubiger erhebliche Meinungsverschiedenheiten.

Der Kaiser befand sich offensichtlich in Geldverlegenheit. Denn gleichzeitig mit Jakob Fugger forderten der Herzog von Sachsen, die Kurfürsten von Mainz und der Pfalz sowie Herzog Friedrich von Bayern teilweise recht erhebliche Beträge zurück. Der Krieg gegen Frankreich aber ver-

schlang riesige Summen, und im Osten drohte unausweichlich eine Auseinandersetzung mit den Türken. Nach dem Tod des 1520 verstorbenen Sultans Selim I. hatte der expansionslüsterne Suleiman II. die Macht im Osmanischen Reich übernommen, der später den Beinamen »der Prächtige« erhalten sollte und schon mehrfach den Vorstoß nach Westen angekündigt hatte.
Der dringende Geldbedarf des Kaisers kam Jakob Fugger sehr zustatten, als sich der Nürnberger Reichstag im März 1522 der Geschäftspraktiken deutscher Großkonzerne annahm. Was die Mitglieder beider Untersuchungsausschüsse vorbrachten, würde ohne weiteres ins Vokabular eines Juso-Vorsitzenden passen. Bis aufs Detail glichen die Vorwürfe der mittelalterlichen Ratsherren gegen die großen Handelsgesellschaften den Argumenten in modernen Anti-Trust-Verfahren. Unverblümt wetterte beispielsweise ein Mitglied des Kleinen Nürnberger Untersuchungsausschusses, die großen Firmen würden der Volkswirtschaft mehr Schaden zufügen »als alle anderen Straßenräuber und Diebe zusammen« – womit nicht zufällig ein Bezug zur modernen Wirtschaftskriminalität hergestellt ist.
Als Beweis für den kriminellen Charakter der großen Unternehmungen betrachteten die ehrbaren Untersuchungsrichter – wie ähneln sich die Zeiten – die ungleiche Verteilung des Wohlstands, wie das der Reichen »und ihrer Diener Köstlichkeit, Pracht und überschwenglicher Reichtum öffentlich anzeige«. Daß es bei der Anhäufung des Wohlstandes der Kaufleute nicht mit rechten Dingen zugehen konnte, sahen sie seit dem Fall Rehm für erwiesen an. Bartholomäus Rehm aus der bekannten Augsburger Unternehmerdynastie hatte ein paar Monate vorher Warentransporte seines Konkurrenten Ambrosius Höchstetter überfallen. Rehm wurde in Worms verhaftet, konnte mit Hilfe bestochener Wärter fliehen, fiel aber wenig später erneut seinen Häschern in die Hände.
Der Fall erregte in ganz Deutschland großes Aufsehen, da er den Leuten für die Art, wie die Kaufleute ihr Geld »verdienten«, als typisch erschien. Um das gesellschaftspolitische Klima zu entschärfen, ließen die betroffenen Augsburger das Gerücht ausstreuen, Bartholomäus Rehm sei geistesgestört. Doch mehr als der medizinische Befund interessierte die Nürnberger Untersuchungsrichter die Frage, wie ein junger Kaufmann vom Schlag Rehms binnen weniger Jahre aus 800 Gulden rund 33000 Gulden machen konnte. Soviel besaß der in seinen Mitteln wenig wählerische Unternehmer nämlich bei seiner Festnahme.
Die Großkonzerne, wetterten die Nürnberger Ankläger, würden »allenthalben den Kern für sich ziehen und die Spreu den anderen lassen«. Man müsse deshalb den verbotenen Monopolgeschäften »ein Deckel und Hütlein aufsetzen«. Denn nur »viele Verkäufer bringen guten Kauf und

wohlfeile Waren«. Beim großen Anti-Trust-Verfahren gegen John D. Rockefellers Standard Oil um die Jahrhundertwende in den Vereinigten Staaten klangen die Argumente nicht viel anders, und noch heute ließe sich mit ihnen manches Verfahren vor dem Bundeskartellamt in Berlin motivieren.
Gleich der Anklage klang auch die Verteidigung der großen Konzerne überraschend zeitgemäß. Jakob Fugger schickte einmal mehr seinen Hausintellektuellen Konrad Peutinger an die Monopolfront. Was der berühmte Humanist vorbrachte, hörte sich an wie die Verteidigungsrede eines Generaldirektors von Esso, Shell oder BP: Nur hohe Preise, beispielsweise für Kupfer, erlaubten es den Unternehmen, die Bodenschätze auszubeuten. Peutinger über die Metalle: »Je teurer sie verkauft und je höher sie im Preise gehalten werden, um so besser können die Bergwerke als eine große und einzige Gottesgabe instand gehalten werden.« Man könne deshalb getrost »die reichen Gesellschaften preisen, anstatt sich über sie zu beschweren.«

»Ungöttlich und wucherisch«

Um das Übel der Monopolherrschaft weniger Großunternehmen zu beseitigen, forderte der Kleine Nürnberger Ausschuß folgende Maßnahmen: Keine Gesellschaft sollte mehr als 50000 Gulden Kapital besitzen und über mehr als drei auswärtige Lager verfügen (damit sich die Warenhortung in Grenzen hielt). Anleihen, die gegen Zinsen ausgegeben werden, seien ihrem Wesen nach »ungöttlich und wucherisch«. Zur Bekämpfung der Inflation – neben den Preisen für Lebensmittel waren insbesondere die für Grundstücke explodiert – sollte ein allgemeiner Preisstop verfügt werden. Den Manipulationen der Fernhandelsgesellschaften wollte man mit kategorischen Handelssperren einen Riegel vorschieben, wie auch heute die Regierungen aller Industriestaaten versuchen, die multinationalen Konzerne unter Kontrolle zu bekommen.
Jakob Fugger blieb dem Nürnberger Tribunal fern und schickte lediglich seinen Neffen Raymund zur Beobachtung. Das geschah aber nicht, weil er die Gefährlichkeit der Angriffe unterschätzte, sondern eher aus persönlicher Bequemlichkeit. Er dirigierte die Abwehrschlacht von seinem Kontor aus. Das rhetorische Sperrfeuer Konrad Peutingers, darüber war sich der Konzernchef von vornherein im klaren, mußte durch handfeste politische Maßnahmen ergänzt werden.
Zu seiner Verteidigung bot er deshalb die ihm verpflichteten großen Reichsstädte und den Kaiser auf. Selbst die Stadt Nürnberg stimmte deshalb ebenso wie Köln, Frankfurt und die anderen großen Handelsmetro-

polen gegen die Zerschlagung und Entflechtung der Gesellschaften. Und hinter den Kulissen sorgten die Habsburger Diplomaten dafür, daß es auf dem Reichstag bei den verbalen Angriffen blieb.
Jakobs Druckmittel auf den Kaiser war ebenso simpel wie wirkungsvoll: Nur wenn endlich die ungerechtfertigten Vorwürfe gegen die großen Unternehmen aufhörten, seien diese bereit, das 4000 Mann starke Heer, das zum Schutz der Ostgrenze gegen die Türken benötigt wurde, mit Waffen und Lebensmitteln auszurüsten. Damit die Bitte des Kaufmanns bei Hofe wohlgeneigte Ohren fand, ließ Jakob einige kostbare Teppiche niederländischer Meister mitschicken. Seinen Augsburger Konkurrenten machte er inzwischen klar, daß in diesen schweren Zeiten alle persönlichen und geschäftlichen Rivalitäten zurückstehen müßten. Nur gemeinsam könne man die Gegner der Wirtschaft bezwingen.
Tatsächlich verlief der Nürnberger Reichstag ohne allzu ernste Folgen für die Konzerne. Dank der Intervention der Reichsstädte und des Herrscherhauses wurden keine gravierenden Beschlüsse gefaßt. Doch so leicht gaben sich die Gegner der Großunternehmen nicht geschlagen, zumal sie die Mehrheit des Volkes hinter sich wußten. Schon ein Jahr später kam das gleiche Thema an derselben Stelle erneut aufs Tapet. Und diesmal gingen die Reichsstände etwas pfiffiger vor. Da der Angriff auf die Gesellschaften keinen Erfolg behabt hatte, versuchten sie es nun mit juristischen Sanktionen gegen deren Inhaber.
Reichsfiskal Caspar Marth lud die Chefs der Firmen Fugger, Welser, Höchstetter, Herwart, Grander und Rehm wegen Vergehens gegen die Monopolbestimmungen persönlich vors Gericht. Peinlicherweise wurde die Vorladung nicht nur den Angeklagten zugestellt, sondern auch am Augsburger Rathaus angeschlagen. Jakob Fugger war empört. Vor aller Öffentlichkeit stand er, dem der Kaiser seine Krone verdankte, wie ein gewöhnlicher Verbrecher da. Das konnte er sich auf keinen Fall gefallen lassen.
Nun, da er sich persönlich herausgefordert fühlte, wich die leidenschaftslose Sachlichkeit, mit der er vorher das Geplänkel in Nürnberg behandelt hatte, einem tiefen Zorn. Wütend schrieb er dem Kaiser einen Mahnbrief, der als eines der erstaunlichsten Dokumente der Wirtschaftsgeschichte gilt. Unverblümt forderte der Augsburger Bürger darin vom mächtigsten Mann der Erde das, was ihm seiner Meinung nach zustand:

Allerdurchlauchtigster, Großmächtigster Römischer Kaiser, allergnädigster Herr!
Eure Kaiserliche Majestät tragen ungezweifelt gut Wissen, wie ich und meine Neffen bisher dem Haus Österreich zu dessen Wohlfahrt und Aufstieg in aller Untertänigkeit zu dienen geneigt gewesen sind. Deshalb wir

uns auch mit weiland Kaiser Maximilian, Eurer Kaiserlichen Majestät Ahnherrn, eingelassen und Seiner Majestät zu untertänigem Gefallen zur Erlangung der Römischen Krone für Eure Kaiserliche Majestät uns gegen etliche Fürsten verschrieben, die ihr Trauen und Glauben auf mich und vielleicht auf sonst niemanden setzen wollten. Auch haben wir nachmals auf Eurer Kaiserlichen Majestät verordneten Kommissarien Verhandlungen zur Vollziehung obgemelter fürgenommener Sachen eine treffliche Summa Gelds dargestreckt, die ich nicht allein bei mir und meinen Neffen, sondern auch bei den anderen meinen guten Freunden mit großem Schaden aufgebracht, damit solch löbliches Fürnehmen Eurer Kaiserlichen Majestät zu hohen Ehren und Wohlfahrt Fortgang gewinne.

Es ist auch wissentlich und liegt am Tag, daß Eure Majestät die Römische Krone ohne mich nicht hätte erlangen mögen, wie ich dann solches mit aller Euer Kaiserlichen Majestät Kommissarien Handschriften anzeigen kann. So hab ich auch hierin meinen eigenen Nutzen nicht angesehen. Dann wo ich von dem Hause Österreich abstehen und Frankreich fördern hätte wollen, würde ich groß Gut und Geld, wie mir dann angeboten worden, erlangt haben. Was aber Eurer Kaiserlichen Majestät und dem Hause Österreich für Nachteil daraus entstanden wäre, das haben Eure Majestät aus hohem Verstande wohl zu erwägen.

Dem allen nach, so ist an Eure Kaiserliche Majestät mein untertäniges Bitten, die wolle solche meine getreuen, untertänigen Dienste, die Eurer Majestät zu hoher Wohlfahrt erschlossen sind, gnädiglich bedenken und verordnen, daß mir solch mein ausliegend Summa Geld samt dem Interesse ohne längeren Verzug entrichtet und bezahlt werde. Das um Eure Kaiserliche Majestät zu verdienen, will ich in aller Untertänigkeit erfunden werden und tue mich hiermit allzeit Eurer Kaiserlichen Majestät untertänig befehlen.

Eurer Kaiserlichen Majestät
untertänigster Jakob Fugger

In diesem Ton war bis dahin in Deutschland noch kein Kaufmann mit seinem obersten Herrn umgesprungen. Obwohl der Brief bei Hofe als unverschämt empfunden wurde, schadete er – soweit bekannt – dem Absender keineswegs. Im Gegenteil: Selbst Fuggers Konkurrenten freuten sich, daß endlich einmal einer das liederliche Finanzgebaren des Herrscherhauses bloßstellte. Der Historiker Jakob Strieder urteilt: »Außerordentlich war sein Ansehen unter der internationalen Kaufmannschaft seit dem noch immer gewachsen... In dem letzten Jahrfünft seines Lebens steht der geschäftliche Ruf Jakob Fuggers einzig da. Sein Kredit kannte kaum noch Grenzen.«

Der Konzernchef indes wußte ganz genau, wie weit er den Bogen spannen durfte, ohne daß dieser brach. An eine schnelle Tilgung der kaiserlichen Schulden war ohnehin nicht zu denken, da in der Staatskasse Ebbe herrschte. Der Brief sollte also in Wahrheit Karl V. nur ermuntern, sich ein wenig mehr um den Schutz seines wichtigsten Finanziers zu kümmern.

Nach der bewährten Zuckerbrot-und-Peitsche-Taktik gab Jakob dem Kaiser denn auch gleich wieder zu verstehen, daß er an einer weiteren Geschäftsverbindung interessiert sei. So investierte er rund 10000 Dukaten in die Ausrüstung der aus acht Schiffen bestehenden zweiten spanischen Molukkenflotte. Zusammen mit dem spanischen Edelmann Diego de Haro wurde der Schwabe dafür zum Leiter dieses vielversprechenden Entwicklungsprojekts ernannt, mit dem die Spanier das portugiesische Monopol im Gewürzhandel zu brechen hofften. Auch dem wichtigsten Finanzberater Karls war der Kaufmann gefällig. Zu seiner Hochzeit mit der Gräfin Eberstein bekam Gabriel von Salamanca-Ortenburg im Juli 1523 von Jakob Fugger die österreichische Herrschaft Ehrenberg und 1000 Mark Silber geschenkt, nachdem kurz zuvor der Fuggerkonkurrent Philipp Adler von Salamanca aus der Liste der kaiserlichen Bankiers gestrichen worden war.

»Wer den Salamanca finge und Jakob Fugger hinge«

Beweise für die kaiserliche Huld ließen ebenfalls nicht lange auf sich warten. Mitte September schickte Karl V. aus Burgos an den Reichsfikal einen geharnischten Brief, in dem er schrieb, er wolle »aus etlichen trefflichen und wohlbegründeten Ursachen keineswegs zusehen und gestatten, daß dermaßen wider die obgemeldeten Kaufleute gehandelt und procediert sollte werden«. Caspar Marth erhielt Befehl, die Untersuchungen gegen die Konzerne bis auf weiteres einzustellen und sämtliche Prozeßakten sofort an den spanischen Hof abzusenden. Waren die Unterlagen erst einmal außer Reichweite des Reichstags, konnte es Jahre dauern, bis das Verfahren wieder in Gang kam. Jakob Fugger gab sich jedoch damit noch nicht zufrieden. Bei Karls Bruder, dem Erzherzog Ferdinand, insistierte er, man möge allen Gerichtsbehörden untersagen, ein Urteil gegen seine Firma zu fällen.

Der greise Konzernchef, der in seinem Leben ungezählte Male die Erfahrung machte, daß jeder Mensch seinen Preis hatte, glaubte nicht an idealistische oder soziale Beweggründe des Widerstands gegen die Großunternehmen. Für ihn war das eine gesteuerte Kampagne seiner geschäftlichen Gegner, die er hauptsächlich in den Hansestädten vermutete. Er begriff auch nicht, daß dank der Erfindung des Buchdrucks die öffentliche Meinung erstmals zu einem politischen Faktor geworden war.

Nur mit Hilfe der gedruckten Literatur, der Schriften Martin Luthers, Ulrich von Huttens und anderer Humanisten, war es zu einer Allianz zwischen Rittern, Bürgern, Intellektuellen und Geistlichen gegen das Großkapital gekommen. Diese »linke« Opposition war freilich noch viel zu schwach, um es mit dem Kaiser und Jakob Fugger aufnehmen zu können. Die aufgestaute Wut der Bevölkerung entlud sich gern in harmlosen Spottversen, kaum aber in wirksamen politischen Manövern. So mußte eines Tages der Erzherzog an seiner Burgmauer die Worte lesen:

»Wer den Salamanca finge
und Jakob Fugger hinge,
zerbräche der großen Hansen List.
So würde Ferdinandus größer, denn er ist.«

In Nürnberg nahm inzwischen das von Jakob Fugger und Kaiser Karl ausgeheckte Possenspiel seinen Lauf. Während sich die Delegierten der Reichsstände den Kopf darüber zerbrachen, wie die heimische Wirtschaft am besten und gerechtesten zu organisieren sei, operierte der kaiserliche Beauftragte Jean Hannart im Hintergrund, um das Verfahren niederzuschlagen. Der von Ulrich Fugger dem Jüngeren im Auftrag seines Onkels reichlich mit Geschenken bedachte kaiserliche Rat schlug dem Reichstag schließlich ein groteskes Geschäft vor: Wenn die angeklagten Unternehmen sämtliche Spesen und Kosten des Reichsregiments sowie des Kammergerichts übernähmen, die er großzügig mit 18000 Gulden ansetzte, sollten diese Behörden auf alle weiteren Maßnahmen verzichten.

Klar, daß die Firmen keinen Augenblick zögerten, ihren Obolus zu entrichten. Klar auch, daß der Kaiser damit seinen Beitrag zur Finanzierung des Reichstags einsparte. Blieb nur noch das kleine Problem zu lösen, wie die Stände ihr Gesicht wahren konnten. Also wurde nach außen hin die ganze Angelegenheit zunächst wieder einmal vertagt, intern aber in der von Hannart vorgeschlagenen Weise geregelt. Darüber mokiert sich selbst der den Fuggern wohlgesonnene Historiker von Pönitz: »Welchen moralischen Schaden die deutsche Justiz und das Ansehen des Reichs durch ein derartiges Verfahren erlitten, und die Unverantwortlichkeit, womit die Krone volkswirtschaftliche Probleme zu Nötigungen und Privatgeschäften benützte, kümmerten niemanden.«

Während das erste große Monopolverfahren gegen deutsche Unternehmen ausging wie das Hornberger Schießen, bahnten sich für Jakob Fugger weitere große Erfolge an. Zunächst gelang es ihm im Bund mit dem Herzog Georg von Sachsen, die geplanten Gesetze zur Bekämpfung der

Kapitalflucht und Eindämmung der Münzverschlechterung abzuschmettern. Weil das Geld zunehmend aus minderen Metallen geprägt wurde, wollte das inzwischen nach Esslingen am Neckar verlegte Reichsregiment ein absolutes Ausfuhrverbot für Silber verfügen. Das ging natürlich dem über alle Grenzen hinweg operierenden Kaufmann ebenso gegen den Strich wie dem sächsischen Herzog, der auch über reichliche Silbervorkommen verfügte.
Was kümmerte den reichen Fugger der Verfall der deutschen Volkswirtschaft, wenn er daran klotzig verdiente und im übrigen seine Geschäfte mit der ganzen Welt machte! Der stetige Geldbedarf der Habsburger Brüder führte in den folgenden Monaten zu einer beträchtlichen Ausdehnung seines Geschäftsbereichs. 1524 lieh er dem Erzherzog 25000 Gulden und 20000 Dukaten. Weil in ganz Tirol keine geeigneten Pfänder mehr verfügbar waren, auf denen nicht schon des Fuggers Hand lastete, bot Ferdinand als Sicherheit Einkünfte aus dem Königreich Neapel an, das seit 1503 zum Machtbereich der spanischen Krone gehörte. Bald konnte Jakob in Neapel einen eigenen Stützpunkt gründen, da seine süditalienischen Besitztümer infolge der steigenden Verschuldung des Erzherzogs rasch zunahmen.

Das große Quecksilbergeschäft

Um viel größere Beträge ging es bei den Finanzgeschäften mit dem Kaiser. Seit seiner Krönung befand sich Karl V. auf dem Kriegspfad. Seine Heere fochten in Oberitalien und Südfrankreich mit wechselndem Glück gegen die Streitmacht des Franzosenkönigs. In den ersten Monaten des Jahres 1524 schien es so, als ob der Krieg wegen Geldmangels des Kaisers bald beendet werden müßte. Nirgendwo in Europa mochte ihm noch jemand Kredit einräumen.
Im Frühsommer aber erhielten seine Soldaten plötzlich wieder ihren Sold. Es wurden wieder Waffen eingekauft, Uniformen bestellt und Söldner geworben. Das Geld konnte nur aus Augsburg gekommen sein. Ende August war es freilich schon wieder ausgegeben, und die Kriegsknechte des Kaisers nagten vor Marseille erneut am Hungertuch. König Blaubart, Heinrich VIII. von England, hatte zwar wieder einmal umfangreiche Subsidien zugesagt, weil er seinem französischen Nachbarn eins auswischen wollte, aber wie schon der alte Maximilian, mußte nun auch Karl V. die Erfahrung machen, daß Versprechungen des Tudors mit Vorsicht zu genießen waren. Die sehnlichst erwarteten britischen Pfunde blieben aus. Franz I. von Valois nutzte seine Chance und wagte einen Ausfall nach Oberitalien, um Mailand zu erobern. Die am Po stationierten kaiserlichen

Truppen befanden sich in einer schlimmen Lage. Seit drei Monaten hatten die Mannschaften keinen Sold mehr erhalten, es fehlte an Nahrungsmitteln und an Futter für die Pferde. Vor allem aber fehlten klare Befehle des obersten Kriegsherrn.

In dieser verzweifelten Situation faßte der kaiserliche Feldherr Ferrante Pescara den Entschluß, alles auf eine Karte zu setzen. Mit dem Mut der Verlorenen griffen seine Soldaten im Februar 1525 bei Pavia das französische Heer an – und siegten. Franz I. wurde gefangengenommen: Karl V. war ohne sein Zutun der Herrscher über Europa. Nun flossen plötzlich auch die britischen Subsidien, aus den Republiken Genua und Venedig kam Geld, und selbst der Papst sowie der Herzog von Mailand erwiesen dem Sieger finanziell Reverenz.

Diesen Triumph verdankte Karl V. natürlich in erster Linie der mutigen Entscheidung seines Feldherrn, zu einem erheblichen Teil aber auch den Finanzspritzen Jakob Fuggers. Ohne das Geld aus Augsburg hätte Karl schon früher den Waffengang abbrechen müssen. Nicht nur seine französischen Gegner stellten sich die Frage, was der hochverschuldete Habsburger denn nun verpfändet haben mochte. Denn daß ein Jakob Fugger Geld ohne erstklassige Sicherheiten herausrückte, hielt jedermann für ausgeschlossen.

Tatsächlich kam im Krisenjahr 1524 eines der bedeutendsten Geschäfte der Fuggerschen Firmengeschichte zustande. Eingeleitet wurde es von Karls ehemaligem Erzieher, Papst Hadrian VI., der für Habsburg und gegen Frankreich Partei ergriff. Zum Zeichen seines Beistands überließ er dem Kaiser die Herrschaft über die drei spanischen Ritterorden Santiago, Alcantara und Calatrava, die nicht nur über ausgedehnte Ländereien in ganz Spanien verfügten, sondern auch die kostbaren Quecksilbergruben von Almaden und die Silberminen von Guadalcanal besaßen. Damit hielt Karl V. wieder Pfänder in der Hand, nach denen sich die Bankiers in ganz Europa die Finger leckten.

Wer zum Beispiel die Gruben von Almaden ausbeuten durfte, besaß praktisch das spanische Quecksilbermonopol. Nur im krainischen Idria – zwischen Ljubljana und Udine – gab es ähnlich reichhaltige Vorkommen. Pächter der Almadener Bergrechte, der sogenannten Maestrazgos, war seit 1516 der spanische Großkaufmann Alfonso Gutierrez, aber sein Vertrag lief Ende 1524 aus.

Als größter Gläubiger Karls war der Fugger kaum von der Futterkrippe zu drängen, dafür sorgte schon der gut geschmierte Gabriel von Salamanca-Ortenburg. Ende 1524 wurde der Pachtvertrag abgeschlossen. Er galt für drei Jahre und kostete Jakob Fugger die Riesensumme von 400 000 Dukaten. Allerdings wurde die Hälfte davon gleich zur Tilgung der noch ausstehenden Wahlschulden Karls abgezogen, so daß der Kaufmann nur noch 200000 Dukaten zu entrichten hatte, mit denen der Kaiser sofort seine Kriegskasse auffüllte.

Damit sich der hohe Einstandspreis möglichst bald amortisierte, schickte Jakob einige Topmanager nach Spanien, die unter Leitung Wolff Hallers den Ertrag der Maestrazgos steigern sollten. Mit schwäbischer Gründlichkeit begannen sie, die ausgedehnten Landgüter der Ritterorden auf Vordermann zu bringen. Um den Ertrag der Quecksilbergruben und Silberminen zu steigern, forderten sie aus Tirol und Ungarn Techniker, Ingenieure und Knappen an. Tatsächlich gelang es dem erprobten Montan-Management der Fugger, trotz der hohen Pacht in drei Jahren aus den Maestrazgos einen Gewinn von 2,2 Millionen Maravedis zu erwirtschaften – rund 20000 Gulden.

Obwohl der Ertrag, an Fuggermaßstäben gemessen, keineswegs außergewöhnlich war, entwickelten sich die spanischen Einkünfte im Laufe der nächsten Jahrzehnte zu einer der ergiebigsten und sichersten Einnahmequellen der Dynastie. Das Quecksilber wurde aus Zinnobererzen herausgeröstet und zum Scheiden vieler Metalle sowie zur Goldgewinnung dringend benötigt.

Ein Freibrief für die Zukunft

Kaiser und Kaufmann waren nun aber noch mehr aufeinander angewiesen. Die neuen Pachtobjekte der Fugger lagen im unmittelbaren Einflußbereich Karls. Er konnte den Augsburgern dort jederzeit die größten Schwierigkeiten machen – oder ihnen zu außerordentlichen Gewinnen verhelfen. Schließlich brauchte er mehr denn je die finanzielle Unterstützung des schwäbischen Konzernchefs, weshalb Jakob auch in Zukunft mit dem Beistand des Monarchen gegen alle innenpolitischen Gegner im Reich rechnen durfte. Noch immer traute aber keiner dem anderen so recht über den Weg, denn nichts verband die beiden so ungleichen Männer – außer dem Nutzen, den sie voneinander hatten.

Jakob fühlte sich in seinem Mißtrauen gegenüber den Habsburgern bestärkt, als er davon erfuhr, daß zur gleichen Zeit, in der er den Maestrazgo-Vertrag abschloß, sein schärfster Konkurrent Ambrosius Höchstetter die Pacht der Quecksilbergruben in Idria zugeschlagen bekam. Die unerwartete Konkurrenz auf dem Markt für das flüssige Metall hatte allerdings auch ihr Gutes: Den Monopolgegnern war damit wieder einmal der Wind aus den Segeln genommen – und im übrigen konnte man sich mit dem ebenfalls nicht zum Wohltäter geborenen Ambrosius ja arrangieren.

Der Bergbau, dem die Fugger ihren Aufstieg zur größten Geldmacht Europas verdankten, blieb auch weiterhin ihre Haupteinnahmequelle. Die Energie und die Organisationsgabe, mit der Jakob die Bodenschätze ausbeuten ließ, machten die Montan-»Industrie« bereits zu Beginn der Neuzeit zu einem der wichtigsten Zweige der deutschen Volkswirtschaft. Stolz schrieb der Konzernherr an Herzog Georg von Sachsen, er habe »einige zehntausend Mann« im Bergbau beschäftigt. Im gleichen Atemzug beklagte er sich darüber, daß das Reichsregiment die Grubenbarone so wenig achtete: »Mich bedünkt, daß vom Regiment die Bergwerke wenig bedacht werden, aus welchen Bergwerken in einem Jahr mehr, als ich achten mag, Metall erbaut wird, Gold, Silber, Kupfer, Zinn, Blei, Quecksilber etc. um zwanzig- bis fünfundzwanzigmal hunderttausend Gulden.«

Jakob Fugger schätzte also den Ertrag der deutschen Bergbauindustrie auf etwa 2,5 Millionen Gulden pro Jahr. Eine deutsche Durchschnittsfamilie aus dem Bauern- und Handwerkerstand verdiente damals höchstens 100 Gulden pro Jahr. Mit dem Bergbauertrag hätten also rund 25 000 Familien ernährt werden können – mehr, als die damals größte Stadt, Köln, Einwohner besaß.

Jakob Fugger hatte also allen Grund, seine Bergschätze gegen die Angriffe des Reichsregiments und anderer Revoluzzer zu verteidigen. Der Kaiser half ihm nach Kräften dabei: Am gleichen Tag, an dem er in Madrid die Nachricht vom Sieg bei Pavia erhielt, unterzeichnete der gerade erst 25 Jahre alt gewordene Monarch das »Monopoledikt«, in dem die großen Bergbaugesellschaften mit Lob bedacht und ihre Preismachenschaften sanktioniert wurden.

Die Metallmonopole, welche von den Wirtschaftssachverständigen des Reichsregiments als eine wesentliche Ursache der Inflation und der Wirtschaftskrise angesehen wurden, waren damit von höchster Stelle legalisiert worden. Dem Stil nach hätte das kaiserliche Dekret durchaus der Feder Jakob Fuggers entstammen können. Die Historiker Aloys Schulte und Jakob Strieder vermuten indes, daß der eigentliche Verfasser Jakobs Freund Konrad Peutinger war, der sich die wesentlichen Passagen vermutlich vom Konzernchef hatte diktieren lassen.

Das Plädoyer für die Monopolkonzerne war so geschickt formuliert, daß es praktisch einer staatlichen Absegnung aller Fuggergeschäfte gleichkam. »Damit besaß Jakob Fugger«, urteilt Götz von Pölnitz, »was er brauchte, um mindestens juristisch vor Fiskal, Regiment und Reichstag zu bestehen: Die klare Amnestie für seine früheren Geschäfte und einen sicheren Freibrief für die Zukunft.«

Der Kaiser hatte sich endgültig fürs »Big Business« und gegen sein eigenes Reichsregiment entschieden. Und damit es auch jeder erfuhr, drängte Wolff Haller im Namen Fuggers darauf, das Edikt zu veröffentlichen. Wie sehr der Machtpolitiker Fugger an den Wert solcher formaljuristischer Legitimationen glaubte, dürfte selbst seine Freunde und Mitarbeiter erstaunt haben. Doch der mit zunehmendem Alter immer starrsinniger werdende Senior wollte eben die hochoffizielle Bestätigung, daß er kein Verbrecher, sondern ein Ehrenmann sei. Aus demselben Grund ließ er sich von seinem Schuldner ein noch merkwürdigeres Dokument ausstellen: Zum Schutz gegen das – für ihn doch gewiß völlig ungefährliche – Wormser Edikt bestätigte ihm Karl V. am 18. März 1525, daß die Familie Fugger ein »ehrlich, aufrichtig christliches und gottesfürchtiges Leben« führe und »daß sie der lutherischen Ketzerei, Sekte und Irrsal« nicht anhänge.

20. Kapitel
Ein Meer voll Blut und Tränen

Vielleicht rechnete der umsichtige Kaufmann in jenen Tagen bereits mit einem fürchterlichen Strafgericht gegen die Reformer, vielleicht wußte er von Plänen des Kaisers, mit Waffengewalt die Einheit der Kirche wiederherzustellen. Denn nur so erhielte dieser seltsame Freibrief einen Sinn.

Zunächst allerdings bekam Jakob Fugger die Macht der Ideen Martin Luthers am eigenen Leib zu spüren. Weil er in den Predigten des Augsburger Paters Johann Schilling allzu große Sympathie für die Ideen der Ketzer entdeckte, bat Jakob den Abt des Barfüßerordens um die stillschweigende Versetzung des aufsässigen Mönchs. Durch eine Indiskretion wurde die Absicht jedoch vorzeitig bekannt, und an einem Augusttag des Jahres 1524 demonstrierten 1800 erregte Augsburger vor dem Rathaus für den liberalen Mönch und gegen den Fugger.

Eine zwölfköpfige Abordnung der Demonstranten, angeführt vom Patriziersohn Christoph Herwart, bat das im Rathaus versammelte Gemeinde-Establishment, man solle den Mönch »lassen bleiben, mit großem Lobe, daß er gut evangelisch predigen tät«, wie Jakob Fugger in einer Notiz vermerkte. Da keine der beiden Seiten nachgeben wollte, spitzte sich die Situation in den nächsten Tagen so zu, daß es der stolze Kaufmann vorzog, klammheimlich die Stadt zu verlassen und auf seinem stark befestigten Schloß Biberach den weiteren Gang der Dinge abzuwarten.

Erst nachdem der von den Großkaufleuten beherrschte Rat der Stadt die Anführer der Demonstranten hinrichten ließ, kehrte der erste (Gulden-) Millionär Deutschlands in seine Konzernzentrale am Weinmarkt zurück.

Kurioserweise mußte er in den Geschäften mit der Kirche gerade in jenen Monaten, während der er sich so stark für sie exponierte, empfindliche Einbußen hinnehmen. Papst Hadrian VI. war nach kaum einjährigem Pontifikat im September 1523 gestorben, und unter seinem Nachfolger Giulio de'Medici, genannt Clemens VII., gingen die Geschäfte der römischen Fuggerfiliale merklich zurück. Der Medici-Papst favorisierte wieder die Florentiner Bankleute und kündigte sogar im Herbst 1524 den Pachtvertrag der päpstlichen Münze, den sein Vorgänger mit den Fuggern auf 15 Jahre abgeschlossen hatte. Die Geschäfte am Tiber waren zwar immer noch recht einträglich, aber die Fugger besaßen jetzt nicht mehr jene Vormachtstellung wie zu Zeiten des Johannes Zink. Der Altmeister der Korruption war vom jungen Anton Fugger praktisch kaltgestellt worden und kehrte krank, verbittert und überschuldet nach Augsburg zurück. Trotz seiner unbestreitbaren Cleverness hatte der Pfründenjäger nämlich in seinen privaten Geschäften wenig Glück. Er hatte beträchtliche Summen in gewagten Spekulationen verloren und war der Firma noch 800 Gulden schuldig.

Unnachsichtig bestand Jakob Fugger auf Rückzahlung, und er ließ eines Tages sogar die Chorherren- und Totenpfründen seines verdienten Faktors bei der Augsburger Sankt-Moritz-Kirche pfänden. Der Kaufmann zeigte nicht einen Funken Mitleid mit seinem sterbenskranken Angestellten, der einst als gerissenster Geschäftemacher Roms galt.

Noch auf dem Sterbebett versuchte Johannes Zink, sich mit einem Trick von seinen Schulden zu befreien. Bei einem Besuch seines Chefs wollte er ihm »Leib und Gut« übergeben, denn wenn der Fugger seinen Leib besaß, dann gehörten ihm ja auch die Schulden dieses Leibs. Jakob erkannte sofort die Falle und wies die Hausschlüssel, die ihm sein Faktor hinstreckte, höflich zurück.

Er verhielt sich sogar so höflich, daß Zink und seine Nachkommen trotzdem glaubten, der Fugger sei mit diesem Geschäft einverstanden. Das war freilich ein Irrtum, wie sich wenige Tage nach dem Tod des Faktors zeigte. Über ihre Rechtsanwälte drängte die Firma unerbittlich auf Rückzahlung der Schulden. Obwohl Zinks Schwester das Bischofsgericht anrief, mußte sie schließlich Fuggers Forderungen anerkennen und ihm die eigentlich ihren Söhnen zustehenden Pfründen überlassen. Jakob stellte sich auf den Standpunkt: Wer sich in Geschäfte einläßt, muß auch selbst das Risiko tragen.

Während er gegenüber Geistlichen, Künstlern und anderen Wirtschaftslaien mitunter großzügig sein konnte – wenn diese genügend Respekt bekundeten –, durften Geschäftspartner niemals auf Nachsicht hoffen. Seine peinliche Korrektheit, die fast immer zum Nachteil derer ausschlug, welche die Tragweite ihrer Geschäfte nicht genügend bedachten, hatte mitunter etwas Unmenschliches. Da er selbst stets allen seinen Verpflichtungen nachkam, erwartete er mit größter Selbstverständlichkeit von allen anderen, daß sie dies auch taten, selbst wenn sie dazu nicht mehr in der Lage waren. Dieser Mann war niemals wirklich böse, ebensowenig wie er wirklich gut sein konnte – sein ganzer Ehrgeiz bestand darin, nur lästig empfundene Gefühlsmomente zu überwinden und allein der klaren Logik von Soll und Haben zu gehorchen.

Mit Schneckenhäuschen fing es an

Bei aller Gesetzestreue, die er sich so eifrig bescheinigen ließ, konnte der Rechner im Olymp der »Goldenen Schreibstube« nicht verhindern, daß sein Lebenswerk immer mehr zum Ärgernis geriet. Auch wenn er seine Geschäfte noch so sorgfältig tarnte und alle Mitarbeiter zu strengstem Stillschweigen verpflichtete, drang doch immer noch genug von den finsteren Geheimnissen seiner Aktenschränke nach draußen, um die wildesten Spekulationen zu nähren. Gerade weil so wenig greifbare Fakten über den sagenhaften Fugger bekannt waren, wurde er zur verhaßten Phantasiegestalt, zur negativen Symbolfigur des Fürstenstaats. »Fuggern« hieß im Sprachgebrauch des Volkes soviel wie betrügen, und ein »Fuggerer« war so etwas wie eine Mischung aus Taschendieb, Geizhals und Raubritter.

Der Aufstand der Bauern, die bisher bedeutendste Sozialrevolution auf deutschem Boden, richtete sich zwar in erster Linie gegen die Unterdrükkung und Ausbeutung durch die Fürsten, gleichzeitig aber auch gegen die Preistreiberei, die künstliche Warenverknappung und das Monopolstreben der großen Handelsgesellschaften. In ihrer Naivität durchschauten die Bauernführer nicht das geheime Zusammenspiel zwischen Kaiser und Konzernen. Sie kämpften gegen die Willkürherrschaft einzelner Landesherren, glaubten aber an die Gerechtigkeit des obersten Regenten.

Der Bauernkrieg begann nach den verschiedenen gescheiterten Bundschuhaufständen im Sommer 1524 in der kleinen Grafschaft Stühlingen nahe der Schweizer Grenze. Als die Gräfin dort mitten in der Erntezeit verlangte, die Bauern sollten ihre Felder verlassen und im Wald nach Schneckenhäusern suchen, war für die seit Jahrzehnten bis aufs Hemd ausgebeuteten Untertanen das Maß voll. Sie versammelten sich in den Dörfern und verlangten die sofortige Befreiung von der Leibeigenschaft.

Vermutlich wäre auch dieser »Streik« sang- und klanglos beendet worden, wenn die Stühlinger Bauern nicht in Hans Müller von Bulgenbach einen zur Begeisterung hinreißenden Anführer gefunden hätten. Der ehemalige Söldner war des Lesens und Schreibens mächtig und faßte die

Forderungen der Bauern zu einem schlüssigen Programm zusammen. Er verbündete sich mit den unzufriedenen Bürgern der nahen Stadt Waldshut, die sich größtenteils zur Reformation bekannten. Die Allianz zwischen Bürgern und Bauern sprach sich auf den umliegenden Dörfern schnell herum, und immer mehr Bauern verließen ihre Felder, um sich Hans Müller anzuschließen. Sie brachten ihre Sensen, Äxte und Dreschflegel mit, die sie in Hieb- und Stichwaffen umfunktionierten. Der »Schwarzwälder Haufe« Hans Müllers zählte bald 6000 Mann und stellte eine recht stattliche Streitmacht dar, die dem Landgrafen von Stühlingen einen gehörigen Schrecken einjagte.

Fast gleichzeitig rotteten sich wie auf ein geheimes Kommando Bauern in vielen Gegenden Süddeutschlands zusammen. Bei Ulm versammelte sich der 9000 Mann starke »Baltringer Haufe« unter dem Kommando des Hufschmieds Ulrich Schmid, im Voralpengebiet entstanden zwei »Allgäuer Haufen«, am Bodensee der »Seehaufe«, an der Donau der »Leipheimer Haufe« und bei Rothenburg der »Taubertaler Haufe«. So sehr sich die lokalen Bauernaufstände auch glichen – ihnen fehlte doch eine gemeinsame Führung und ein verbindliches politisches Programm. Die klügsten unter den Bauernführern waren sich dessen wohl bewußt, und so trafen sich die Anführer und jeweils vier gewählte Räte der Bauernhaufen am 27. Februar 1525 in der oberschwäbischen Stadt Memmingen, um die Ziele der Volkserhebung festzulegen. In den »Zwölf Memminger Artikeln« forderten sie vor allem die Abschaffung der Leibeigenschaft, die Befreiung von den harten Dienstverpflichtungen durch die jeweiligen Landesherren, freie Jagd und freien Fischfang, Senkung oder Abschaffung der Steuern und Kirchenabgaben sowie die freie Wahl der Pfarrer durch die Gemeinden.

Im zwölften und letzten Artikel aber verlangte der Bauerntag die »Beseitigung der Fugger, Welser und Höchstetter« sowie die Beschränkung des Geschäftskapitals aller Unternehmen auf bestimmte Höchstgrenzen. Im Grunde wiederholten die Bauern damit die Forderungen der Stände auf dem Nürnberger Reichstag.

Zweifellos hatte den Bauern Martin Luthers Kirchenkampf Mut gemacht, aber sie begriffen die Reformation eher sozial als religiös. Abtrünnige Geistliche zählten in vielen Bauernhaufen zu den Wortführern. Vertrauensvoll schickten sie aus Memmingen die »Zwölf Artikel« an den Mann, von dem sie sich die moralische Legitimation zum Aufstand erhofften. Martin Luther schien zunächst auch Sympathie fürs aufständische Volk zu empfinden und antwortete mit der begütigenden Schrift »Ermahnung zum Frieden auf die Zwölf Artikel der Bauern«.

Die Fürsten indessen, von der sich wie ein Lauffeuer ausbreitenden Bauernrebellion überrascht, versuchten, Zeit zu gewinnen. Während sie scheinbar auf die Verhandlungsangebote der Bauern eingingen, rüsteten sie eilig in aller Stille auf. Unter der Führung des gerissenen Taktikers und erbarmungslosen Haudegens Georg Truchseß von Waldburg und mit dem Geld Jakob Fuggers stellte der Schwäbische Bund eine gewaltige Streitmacht auf, um den Bauern Gehorsam beizubringen.

Unter den Bauernführern profilierten sich insbesondere der Häuptling des »Neckartaler und Odenwälder Haufens«, der ehemalige Gastwirt Georg Metzler, und sein »Kanzler« Wendel Hipler sowie der als Raufbold berüchtigte Schwabe Jäcklein Rohrbach nebst seiner Geliebten, der »Schwarzen Hofmännin«. Chefstratege der Volksstreitmacht war der fünfunddreißigjährige Ritter und Schloßbesitzer Florian Geyer, der sich mit seiner »Schwarzen Schar« aus purem Idealismus und Gerechtigkeitssinn den Bauern anschloß.

Weil die »Schwarze Hofmännin«, die in Wirklichkeit Margarete Renner hieß und aus dem Heilbronner Vorort Böckingen stammte, einen unbändigen Haß auf die Bürger ihrer Heimatstadt verspürte, schlug der von Jäcklein Rohrbach geführte »Neckartaler Haufe« zuerst los. Im April berannten 8000 Mann Schloß Neuenstein, auf dem die beiden Brüder Albrecht und Georg von Hohenlohe residierten. Die Grafen ergaben sich, um ihr Leben zu retten, und durften sich dafür als »Bruder Albrecht« und »Bruder Georg« dem Bauernheer anschließen. Siegestrunken marschierte der Haufen weiter. Er plünderte Klöster, Städte und Schlösser, bis am Ostersonntag die mächtige Festung Weinsberg in der Nähe Heilbronns erreicht war. Noch bevor die Bauern aber zum Angriff übergehen konnten, wehten auf dem Burgfried bereits ihre Fahnen, denn Florian Geyer hatte sich mit einer Elitetruppe von rückwärts angeschlichen und die Festung im Sturm genommen. Obwohl er und Georg Metzler alles versuchten, ein Blutvergießen zu verhindern, ließen sich die beutegierigen Bauern nicht zurückhalten. Empört über das arrogante Benehmen der Schloßbewohner und von der »Schwarzen Hofmännin« angestachelt, ließen sie die Gefangenen Spießruten laufen, obwohl die junge Gräfin Helfenstein, eine Tochter des verstorbenen Kaisers Maximilian, vor Jäcklein Rohrbach auf die Knie fiel und um das Leben ihres Mannes flehte. Nur die Gräfin und ihr Sohn blieben am Leben. Die Bauern zogen ihr die Kleider aus, warfen sie auf einen Mistwagen und grölten: »In einer goldenen Kutsche bist du gekommen, auf einem Mistwagen verschwindest du wieder!«

»Jetzt muß jedermann zum Schwert greifen«

Die Weinsberger Exzesse boten den Fürsten eine günstige Gelegenheit zum Gegenschlag. Die Bürger in den Städten waren beunruhigt, und selbst Martin Luther, auf den die Bauern so große Hoffnungen gesetzt hatten, wandte sich nun endgültig von ihnen ab. In seiner Kampfschrift »Wider die räuberischen und mörderischen Rotten der Bauern« zürnte er zur Freude der Fürsten: »... jetzt muß jedermann zum Schwert greifen, um die Mordpropheten und Rottengeister niederzuschlagen! Hundertmal soll ein frommer Christ den Tod leiden, ehe er in die Sache der Bauern einwilligt! Die Obrigkeit soll kein Erbarmen haben! Die Zeit des Zorns und des Schwerts ist gekommen!«

Sie war in der Tat gekommen. Was bei den Bauern eine von ihren Anführern ungewollte Entgleisung war, wurde unterm Schreckensregiment des »Bauernschlächters« Georg von Waldburg zum systematischen Kriegshandwerk: Unbarmherzig trieben seine Söldner die Landbevölkerung in den Dörfern zusammen. Sie ließen alle Bauern, die im Verdacht standen, mit den Aufrührern zu sympathisieren, reihenweise aufhängen, erpreßten mit brutalen Foltermethoden Geständnisse, brannten Höfe nieder, verwüsteten die Felder und erlegten den Überlebenden drakonische Zwangssteuern auf.

Obwohl Jakob Fugger die Mißwirtschaft der Fürsten nur allzugut kannte, hatte er für die unbotmäßigen Bauern nicht das geringste Verständnis. Der Nachfahre Lechtaler Landwirte hielt die Rebellen für arbeitsscheues und anmaßendes Gesindel, das am Ende nichts anderes wollte, als ihm und seinesgleichen die so mühsam erworbenen Reichtümer wegnehmen. Zynisch kommentierte er den Memminger Bauerntag: »Wohl hat man allenthalben mit dem Glauben viel zu schaffen, daß der gemeine Pöbel gern reich wollte werden und niemand arbeiten. Die Bauern wollten zinsfrei sein.«

Auch sein eigener »Pöbel« äußerte solch unfromme Wünsche. Seit der Pfarrer von Leipheim zu den Lutheranern übergelaufen war, verlangten immer mehr Bürger und Bauern in Fuggers schwäbischen Herrschaftsbesitzungen Glaubensfreiheit. Eines Tages schickten die Bürger von Weißenhorn eine Abordnung zum Bundeshauptmann Walther von Hirnheim, den Jakob als Pfleger seiner Herrschaft eingesetzt hatte. Die Abgeordneten forderten Mitsprache bei der Auswahl der Stadträte, und wenig später verlangten die Bauern die Aufhebung der Leibeigenschaft. Vorsorglich sandte der geadelte Kaufherr 300 Soldaten in die Barchentweberstadt, aber erst nach stundenlangen Verhandlungen öffneten die Weißenhorner Bürger das Stadttor für Fuggers Söldner. Es roch nach Krieg, und der Kaufmann in der »Goldenen Schreibstube« machte sich

keine Illusionen über die Härte der zu erwartenden Auseinandersetzungen. Deshalb ließ er heimlich alles Geld und die wertvollsten Warenvorräte bei Nacht und Nebel aus Augsburg wegschaffen und auf weniger gefährdete Faktoreien verteilen.
Tatsächlich marschierte wenig später ein großer Heerhaufen von Leipheim in Richtung Weißenhorn. Die Bauern schickten Parlamentäre voraus und verlangten den sofortigen Abzug der 300 Fuggersoldaten; andernfalls wollten sie die Stadt im Sturm nehmen. Jakob zog zwar pro forma ein paar Kriegsknechte ab, um sie zum Heer des Schwäbischen Bundes zu beordern, in Wahrheit aber ließ er gerade die kampfstärksten Soldaten in der Stadt, und er sandte ihnen sogar heimlich Waffen und Munition. Die Bauern, erfreut über ihren scheinbaren Erfolg, dachten nicht daran, nun einfach sang- und klanglos abzuziehen. Sie verlangten, die Weißenhorner Bürger sollten sich ihnen anschließen, vorher aber selbstverständlich die Stadttore öffnen. Außerdem sollte man doch das Vermögen des ebenso verhaßten wie reichen Abts von Roggenburg herausrücken, der sich hinter die Mauern Weißenhorns geflüchtet hatte.
Dank der militärischen Vorsorge Jakobs fühlten sich die Fuggerschen Untertanen stark genug, den unzureichend bewaffneten Bauern Widerstand zu leisten. Der stümperhaft vorbereitete Angriff wurde dann auch tatsächlich abgeschlagen. Dafür hielten sich die Bauern am Kloster Roggenburg schadlos. Jakob wußte, daß es nur eine Frage der Zeit war, bis das Heer des Schwäbischen Bundes eintraf und dem Spuk ein Ende machte. Bis dahin mußte man aber den Aufrührern standhalten. Georg Truchseß von Waldburg nahm denn auch furchtbare Rache. Seine gut gedrillten und bewaffneten Söldner räumten unter den Bauern gründlich auf. In kurzer Zeit eroberten sie die von den Aufständischen besetzten Ortschaften Leipheim und Günzburg zurück. Sie hängten die »Rädelsführer« auf – darunter den lutherischen Pfarrer von Leipheim – und steckten mehrere Höfe in Brand. Die nach wie vor leibeigenen, durch des Truchseß' Truppen drastisch dezimierten Bauern mußten nun auch noch hohe sogenannte Brandsteuern an ihren reichen Grundherrn in Augsburg abführen. Dörfer oder einzelne Gehöfte, die sich weigerten, die zusätzliche Abgabe zu entrichten, wurden rücksichtslos ausgeräuchert.

Aufstand der Knappen

Mit der Niederwerfung der süddeutschen Bauern war der Volksaufstand aber noch keineswegs beendet. Die Ideen von Freiheit und Gerechtigkeit hatten überall dort gezündet, wo Unterdrückung und Ausbeutung an der Tagesordnung waren. Und dazu gehörten in erster Linie die finsteren

Gruben und Stollen des größten Montan-Konzerns der Welt. In den Fuggerschen Bergwerken zwischen Almaden in Spanien und Villach in Kärnten schufteten Zehntausende schlechtbezahlter Arbeiter – das erste Proletariat der neueren Geschichte. Und hier begann, lange vor dem von Karl Marx geschmähten Manchester-Kapitalismus, der Klassenkampf.

Angestachelt von der anfangs erfolgreichen Bauernrevolution, meuterten zuerst die Knappen im Bergbaugebiet zwischen Bautzen und Görlitz. Auf dem Platz vor Fuggers Hüttenwerk in Hochkirch versammelten sich einige hundert Bergarbeiter, um für bessere Arbeitsbedingungen und höhere Löhne zu demonstrieren. Faktor Matthäus Lachenbeck verhinderte durch geschicktes Taktieren und allerlei Versprechungen, daß die aufgebrachten Proletarier die Bergwerke besetzten. Aber die erste Arbeiterbewegung auf deutschem Boden war nicht mehr aufzuhalten. Überall in den Bergbaugebieten, wo Hauer und Knappen in Fuggers Diensten standen, kam es zu Streiks, Demonstrationen und blutigen Auseinandersetzungen.

Als die Erzschürfer in den Salzburger Gruben zwischen Rauris und Schladming mehr Lohn forderten, trieben sie Söldner des Erzbischofs und Fuggerfreundes Matthäus Lang in die Stollen zurück. Wo immer die Knappen meuterten, stets wurden sie vom langen Arm der Augsburger Gesellschaft gepackt – in Hall, Schwaz, Rattenberg, Gossensaß, Sterzing, Klausen, Kitzbühel, Lienz und Fuggerau.

Die Bergarbeiter waren alles andere als blindwütige Rebellen. Ihnen ging es um die konkrete Verbesserung der Arbeitsbedingungen. Ihr Wortführer war Michael Gaismaier, der Sohn eines Bergwerksbesitzers aus Sterzing. Der ehemalige Zollbeamte und Sekretär des Erzbischofs von Brixen war weit herumgekommen und kannte die ausgedehnten Metallgeschäfte der Fugger. Er predigte einen religiös verbrämten Staatssozialismus, ähnlich wie ihn ein paar hundert Kilometer weiter nördlich der sächsische Pastor Thomas Münzer verkündete. Was heute die Gewerkschaften fordern, nämlich mehr Mitbestimmung und Vermögensbildung in Arbeitnehmerhand, wollte schon jener Tiroler Volkstribun zu Beginn des 16. Jahrhunderts für die Bergleute erkämpfen.

Obwohl Jakob Fuggers privater Nachrichtendienst ihn bald als bezahlten Agenten der Republik Venedig denunzierte und ihm auch konkrete Kontakte zu venezianischen Mittelsleuten nachwies, blieb er bis zu seiner Ermordung im Jahr 1532 der anerkannte Sprecher der Tiroler Arbeiter und Bauern. Unter Gaismaiers Regie plünderten die Knappen das Fuggerhaus in Hall, und sie blockierten sämtliche Handelsstraßen nach dem Süden, womit der Bergbau größtenteils lahmgelegt wurde.

Wie zu erwarten war, dauerte es nicht lange, bis die Kriegsknechte des Schwäbischen Bundes unter dem Haudegen Georg von Frundsberg mit brutaler Gewalt wieder für Unrecht und Ordnung sorgten. Der Knappenaufstand hatte allerdings inzwischen auch die Bürger ermutigt, die verhaßte Fremdherrschaft des schwäbischen Finanzbarons abzuschütteln. Die Reichsstände boten Erzherzog Ferdinand die für ihre Verhältnisse gewaltige Summe von 138000 Gulden an, damit er seine Schulden zurückzahlen und sich so aus der Abhängigkeit von Jakob Fugger befreien konnte.

Sie hatten damit auf andere Weise ausgedrückt, was die Bauern und Bergarbeiter in Meran mit ihren 106 Artikeln proklamierten: »Fugger muß verschwinden!« Doch die vielfältigen Bande zwischen Habsburg und Augsburg waren schon so eng und fest geknüpft, daß sie auch dieser Belastung standhielten. 138000 Gulden waren schlicht zu wenig, um den Erzherzog freizukaufen, der bei Fugger mit weit höheren Summen in der Kreide stand. Außerdem banden ihn langfristige Verträge an die Firma, ganz abgesehen von dem Interesse des Kaisers am Fortbestand der Allianz.

So endeten die Arbeitskämpfe wie schon vorher der Bauernaufstand: in einem Meer aus Blut und Tränen. Jakob Fugger selbst schätzte, daß während der Volkserhebung rund 50000 rebellierende Bauern, Bürger und Arbeiter den Tod fanden. Der ökonomisch denkende Konzernherr hatte dies sicher nicht gewollt – der Krieg erschien ihm als sinnlose Vernichtung von Gütern und Arbeitskräften –, aber er trug zweifellos einen erheblichen Teil der Verantwortung für den Aufstand und seine brutale Niederwerfung.

In einer schwachen Stunde kamen selbst diesem selbstbewußten Wirtschaftscäsaren Zweifel, ob das Ganze unvermeidlich war: »Ich weiß nicht, was daraus werden will«, schrieb er resigniert am 16. Oktober 1525 seinem Faktor Jörg Högel nach Krakau. Der Urheber des Schlamassels aber stand für ihn ein für allemal fest: Martin Luther. Ohne diesen Reformator, klagte er mehrfach seinen Mitarbeitern, hätten die Bauern nie den Mut zur Rebellion gefunden. Luthers Anhänger erschienen ihm einfach als »Buben« und »unverständige Leute«, als Volksverhetzer und Aufwiegler, kurz, nach heutiger Definition, als Kommunisten: »Das machen nun die neuen Prediger, die da predigen, man solle auf Menschengebot nicht achten. Das haben die Bauern gewollt, haben auf ihre Herren nicht mehr achten wollen«, erboste sich Jakob in seinen Briefen. Die Schuld von Kaiser, Kirche und Kapital, jener unheiligen Dreifaltigkeit der Epoche, sah er nicht.

Um so mehr muß den Fugger deshalb der Aufstand seiner ungarischen Knappen überrascht haben, die von des reformatorischen Gedankens Blässe gewiß noch nicht angekränkelt waren. Die Rebellion im Osten, die zu Jakobs letztem Gefecht werden sollte, begann noch mitten im deutschen Bauernkrieg. Im Janur 1525 legten die Arbeiter in den Neusohler Fuggergruben ihre Spitzhacken weg. Sie wollten so lange streiken, bis ihnen höhere Löhne gewährt wurden.
Die Forderungen, daß mußte selbst der Faktor Hans Ploss einsehen, waren nicht unberechtigt, denn in den letzten Jahren hatte das Geld rapide an Wert verloren. Der Gulden verdiente kaum mehr seinen Namen, und die Pfennige bestanden aus mehr Eisen als aus Silber. Früher ergaben 120 Pfennige einen Goldgulden, bald aber waren es 150, und schließlich gar 240 Pfennige. Das hieß: Der Gulden hatte seinen Wert halbiert. So war es nur logisch, daß die Bergarbeiter entweder doppelten Lohn oder aber die Bezahlung mit altem, gutem Geld verlangten.
Erst als sie damit drohten, die Hüttenwerke zu plündern und die Gruben absaufen zu lassen, ritt der Fuggerfaktor mit einem Troß aus Richtern und Gemeinderäten ins Barackenlager seiner Arbeiter, um die Tarifverhandlungen aufzunehmen. Auf beiden Seiten wurde nicht weniger zäh gekämpft als bei den Lohnrunden unserer Tage. Nach einwöchiger Debatte einigte man sich auf einen Kompromiß, der in Wirklichkeit gar keiner war; denn die Forderungen der Arbeiter wurden von der Geschäftsführung voll akzeptiert. Hans Ploss hatte gut daran getan – anderntags zeigten die Knappen ihre Macht: Mit 500 Gewehren bewaffnet, veranstalteten sie unterm dumpfen Dröhnen ihrer Pauken einen Triumphzug durch die Stadt.
Hauptursache der ungarischen Wirtschaftsmisere, der dann auch prompt eine politische Krise folgte, war wie im übrigen Europa die liederliche Finanzverwaltung der regierenden Fürsten. Auf dem Thron saß der schwächliche Jagellonen-Sproß Ludwig II., aber die stärkste politische Kraft war zweifellos der Woiwode von Siebenbürgen, Johann Zapolya. Er hatte sich zum Anführer der Nationalpartei aufgeschwungen, deren Ziel es war, die vom König geduldete Fremdherrschaft der Habsburger und Fugger abzuschütteln. Ihm kam deshalb die Empörung des Volkes über die Münzverschlechterung und die Warenverknappung gerade recht, denn der ehrgeizige Adelige aus dem Geschlecht der Grafen von Zips gedachte mit Hilfe des »Pöbels« den Jagellonen vom Thron zu stoßen.
Auf dem Reichstag im Mai 1525, der auf dem Rakosyfeld stattfand, geißelte er in einer zündenden Rolle die Korruption bei Hofe und die Zustände im Finanzwesen. Erzbischof Zalkanus, obwohl Anhänger Zapo-

lyas, wurde zum Sündenbock gestempelt, und er mußte abdanken. Mit ihm stürzten eine ganze Reihe anderer hoher Würdenträger, die als Anhänger der habsburgfreundlichen Politik des Königs galten. Der neue Schatzmeister aber wurde festgenommen und zwei Wochen lang eingesperrt.

Während dieser Zeit organisierten Zapolyas Anhänger zwischen dem 22. und 24. Juni den Volksaufstand. Ein Haufe »gemeinen Pöbels« zog ins feine Villenviertel der Hauptstadt, um den Palast des inhaftierten Münzverderbers zu plündern. Noch während die Randalierer die wertvollen Möbel, Kunstwerke und Seidengewänder des Kaufmanns auf die Straße warfen, stürmte eine andere Gruppe, angeführt von einem Diener Zapolyas, in den daneben stehenden Palast des gestürzten Erzbischofs, und bald darauf schlugen Flammen aus dem prächtigen Gebäude.

Nur drei Häuser weiter befand sich die Residenz des Fuggerfaktors, und es stand zu befürchten, daß nach und nach das ganze Viertel ausgeplündert werde. In aller Eile versorgten sich die Bewohner der umliegenden Villen mit Waffen; einige stellten sogar Kanonen auf. Nun schalteten sich Johann Zapolya und sein Bruder Georg von Trenchin selbst ins Geschehen ein. Um ein großes Blutvergießen zu verhindern, überredeten sie die Demonstranten, nach Hause zu gehen, indem sie ihnen versprachen, für eine schnelle Veränderung der Verhältnisse zu sorgen.

Am dritten Tag nach der Plünderung wurde der aus München stammende Fuggerfaktor von einer bewaffneten Eskorte auf die Ofener Burg geleitet. Ansatt zu fliehen, folgte der eingeschüchterte Statthalter Jakobs – und kam nie mehr zurück. Nun wurde es ernst für die Fugger, denn das gesamte ungarische Metallgeschäft stand auf dem Spiel. Daß Hans Alber kein Mann von großer Standhaftigkeit war, wußten auch seine Mitarbeiter. Nun kam es ganz auf den Stellvertreter an, einen Schwaben namens Hans Riedmüller, der sich Dernschwamm nannte.

Durch die Hintertür entwischt

Schon als die Plünderer durch die Straßen zogen, hatte er umsichtig die Verteidigung organisiert, Pulver besorgt und Musketenschützen postiert. Jetzt ließ er heimlich alle Wertgegenstände aus der Ofener Faktorei zusammenpacken und bei Nacht nach Neusohl abtransportieren, während der Gefangene Hans Alber auf der Burg bereits die Urkunde über die freiwillige Abtretung der Kemnitzer Gold- und Silberbetriebe unterschrieb. Der eingeschüchterte Faktor vermochte dem Druck seiner Häscher nicht zu widerstehen und erklärte wenig später in Jakob Fuggers Namen auch den Verzicht auf den Neusohler Bergbau.

Unterdessen wickelte sein Stellvertreter in fliegender Hast die letzten Geschäfte ab. Sämtliches Bargeld, rund 33 000 Gulden und 5 000 Golddukaten, ließ er gegen Quittung an den päpstlichen Nuntius auszahlen, bei dem es sicherer war als auf irgendeinem Pferdefuhrwerk, von dem man nicht wußte, ob es je nach Neusohl durchkommen würde. Die Vorderfront der Faktorei wurde von Zapolyas Leuten ständig beobachtet. Boten und Transportwagen konnten das Fuggerhaus also nur nach Einbruch der Dunkelheit durch den Hinterausgang verlassen. Der Angestellte Hans Reitschuh, der als besonders guter Reiter galt, erhielt den Befehl, dafür zu sorgen, daß der Neusohler Faktor Hans Ploss sofort alles Bargeld und die Warenvorräte über die polnische Grenze nach Krakau schaffen ließ. Schließlich floh auch Dernschwamm nachts mit den letzten Getreuen aus der belagerten Faktorei, die schon am nächsten Tag geplündert wurde.
Durch die von Alber unterzeichneten Dokumente legitimiert, sollte nun Münzmeister Bernhard Behaim im Auftrag des ungarischen Königs die Fuggerschen Bergwerke übernehmen. Doch Hans Dernschwamm hatte vorgesorgt und seine besten Leute längst nach Polen oder Sachsen beordert. Den verbliebenen Grubenarbeitern schilderte er, unter welch miserablen Bedingungen sie künftig zu schuften hätten und wie gering der Lohn sei, der sie bei Behaim erwartete. Die letzte Möglichkeit, nämlich die Gruben absaufen zu lassen, verwarf er allerdings wieder, da er damit rechnete, daß die Fugger in absehbarer Zeit »ihre« Minen wieder in Betrieb nehmen würden.

21. Kapitel
Das letzte Gefecht

Er sollte sich nicht getäuscht haben. In der Augsburger Zentrale rüstete der vom Tod gezeichnete Konzernchef am 6. Juli zu seinem letzten Gefecht. Schon seit einiger Zeit litt Jakob, wie das Fuggersche Ehrenbuch meldete, an »einem Gewächs an seinem Leib unterhalb des Nabels«. Sein Leibarzt Adolf Occo wollte die Geschwulst unbedingt operieren, aber der Patient lehnte ab, weil sein Bruder Ulrich nach einer Blasenoperation gestorben war. Ob Jakob an einem relativ harmlosen Prostatageschwür oder eventuell an Krebs litt, wußte Occo vermutlich ebensowenig wie die heutige Geschichtsschreibung.
Im vollen Bewußtsein seines nahen Todes entfaltete der Konzernchef nun noch einmal das ganze Repertoire seiner unternehmerischen und politischen Intelligenz, um den kalten Krieg an der Ostfront zu gewinnen. Wie

schon bei der Auseinandersetzung mit den Hansestädten setzte er nun seine internationalen Beziehungen ein. Der alte Mann in der »Goldenen Schreibstube« plante nichts Geringeres als einen totalen Handelsboykott gegen das Königreich Ungarn. Nur so konnte er den König, aber auch seinen Widersacher Zapolya dazu zwingen, sein beschlagnahmtes Eigentum wieder herauszurücken und den verursachten Schaden zu ersetzen.
Noch einmal zeigte der Kaufmann, daß er mehr ausrichten konnte als die meisten Großmächte Europas. Zuerst mobilisierte er seinen engsten Vertrauten unter den deutschen Fürsten, Herzog Georg von Sachsen. In einem langen Brief schilderte er die ungarischen Verhältnisse auf seine Weise: Geschäftlich sei das Engagement in den Neusohler Erzgruben ein Reinfall gewesen. Er habe das alles nur aus philanthropischen Motiven unternommen. Selbstverständlich habe er den ungarischen König laufend finanziert, und nur weil ihm dieser noch 50000 Gulden schulde, müsse es wohl zu der gemeinen Plünderung gekommen sein. An der Münzverschlechterung und der desolaten Wirtschaft sei er völlig unbeteiligt. Wörtlich schrieb der Magnat, der nach anderer Rechnung aus dem »Gemeinen Ungarischen Handel« wenigstens anderthalb Millionen Gulden gezogen hatte: »Wer das genossen hat, das weiß Gott.«
Nach dem Sachsenherzog ging er die Habsburger um Beistand an. Vom Erzherzog Ferdinand verlangte er, der Schwäbische Bund solle ihm notfalls mit Waffengewalt helfen. Tatsächlich schrieb wenig später der Bundeshauptmann und Fuggerverwandte Ulrich Artzt einen geharnischten Brief an König Ludwig II., in dem er die sofortige Herausgabe aller Besitztümer der schwäbischen Kaufleute forderte. Bald darauf wurden die Herzöge von Bayern und der pfälzische Kurfürst in Ofen wegen Fugger vorstellig. Selbst Ludwigs Onkel, der polnische König Sigismund, setzte sich nachdrücklich für den schwäbischen Konzern ein.
Schließlich ergriff auch Kaiser Karl V. Partei. Am 24. Oktober schrieb er an alle Reichsstände, sie sollten offen für die Verteidigung der Fugger in Ungarn eintreten. Zwei Wochen später erreichte den ob der weltpolitischen Konsequenzen dieser lästigen Angelegenheit höchst überraschten Jagellonen ein Brief aus Rom. Papst Clemens VII. empfahl ihm die Fugger als ehrbare und rechtschaffene Kaufleute. Der von dem todkranken Alten in der »Goldenen Schreibstube« geschmiedete Blockadering legte sich immer enger um das kleine Königreich Ungarn. Nach dem Willen Jakob Fuggers sollte ab sofort niemand mehr ungarisches Kupfer und Silber kaufen. Mit Hilfe seiner Fürstenlobby ließ er ein Reichsgesetz vorbereiten, das jedem Deutschen den Ankauf ungarischen Metalls untersagte.
Das Regime König Ludwigs II. kam in Bedrängnis, da sich die Übernahme der Fuggerschen Bergwerke durch Bernhard Behaim als Riesenpleite erwies. Der Münzmeister kam ohne geeignetes Management mit den stör-

rischen Knappen und der komplizierten Bergtechnik nicht zurecht. Anstatt der erhofften Mehreinnahmen erwirtschaftete er nur Verluste. Die verbliebenen Fuggerangestellten taten alles, um die Geschäfte zu sabotieren. Während sie scheinbar auf die Anweisungen Behaims eingingen, folgten sie insgeheim den Befehlen Hans Dernschwamms aus Krakau.
Um vor der Weltöffentlichkeit die Enteignung der Fugger zu rechtfertigen, ließen die Herren auf der Ofener Burg den Gefangenen Hans Alber und zwei andere Fuggerfaktoren Ende August einen seltsamen Vertrag unterzeichnen. Darin wurde die Beschlagnahmung rechtsgültig anerkannt und die Tilgung sämtlicher Schulden des Königspaares bei den Fuggern erklärt. Außerdem hatten die Fugger insgesamt noch 200000 Gulden als Entschädigung für die Verluste der Krone zu zahlen. Sämtliche noch vorhandenen Wertsachen, mit Ausnahme der Erzgruben und der darin installierten Maschinen, sollten ihnen jedoch zurückgegeben werden.
Nur wenn Jakob diese Bedingungen akzeptiere, ließ König Ludwig mitteilen, sei er bereit, mit der Firma einen neuen Kontrakt abzuschließen. Die Reaktion des Konzernchefs war ebenso kurz wie eindeutig: »Dieser Brief ist kein Nutz und ist gar tod.«

»Herr Alexej, der hat gutzumachen«

Trotz aller Beistandsbeteuerungen der ihm verbundenen Herrscher zweifelte Jakob indessen, daß auch nur einer von ihnen bereit gewesen wäre, sich ernstlich für ihn zu engagieren. Deshalb griff er wieder einmal zur Doppelstrategie: Während er den außenpolitischen Druck auf Ungarn verstärkte, versuchte er gleichzeitig, sich die innenpolitischen Probleme des Landes zunutze zu machen. So sandte er Johann Zapolya einen wertvollen Diamantring und erkundigte sich höflich nach den Wünschen der Gattin und der Tochter des Woiwoden. Er suchte auch wieder den direkten Kontakt zum ungarischen König, um auf dem Verhandlungsweg einen akzeptablen Kompromiß zu erzielen. Zum Zeichen dafür, daß er den König als Verhandlungspartner akzeptieren würde, schob er Alexej Thurzo alle Schuld in die Schuhe: »Herr Alexej, der an aller Sache selbst Schuld hat, der hat gutzumachen.«
Am 25. November sprachen die Vertreter des deutschen Kaisers, des Papstes, des Kurfürsten von der Pfalz und der Herzöge von Bayern in Ofen vor. Die Antwort des ungarischen Königs aber war, wie Jakob Fugger bitter registrierte, »stumpf«. Ludwig beharrte auf der Rechtmäßigkeit der von den Fuggerfaktoren unterschriebenen Verträge.
Nun schaltete auch Jakob Fugger auf stur. Brüsk lehnte er alle weiteren Kompromißvorschläge österreichischer Diplomaten ab, die aus verständ-

lichen Gründen daran interessiert waren, die ungarischen Einnahmequellen Fuggers für sich zu erschließen. Deshalb brachte auch der Generallandtag, den Erzherzog Ferdinand eigens wegen Jakobs Erkrankung nach Augsburg einberief, keine Ergebnisse.
Der Konzernchef, der seine Kräfte schwinden fühlte, war über das Scheitern der Verhandlungen zutiefst enttäuscht. Er hatte einfach keine Lust mehr, weitere Kompromisse einzugehen, da er ahnte, daß seine Gegner lediglich auf Zeit spielten. Und er, das spürte er jeden Tag deutlicher, hatte nicht mehr viel Zeit. Darum schien es ihm klüger, das Haus zu bestellen, anstatt die restlichen Tage mit nutzlosem Streit zu vergeuden. In seinem letzten Brief, den er am 18. Dezember 1525 an Herzog Georg von Sachsen schrieb, machte er seinem Ärger über die fruchtlosen Verhandlungen noch einmal Luft, als er über den »schimpflichen« Vorschlag des ungarischen Königs lamentierte.
Am nächsten Tag ritt der Erzherzog in Begleitung des Kardinals Matthäus Lang mit großem Gefolge in Augsburg ein. Zum einen kam er, um dem Landtag zu präsidieren, zum anderen, um beim todkranken Fugger ein letztes Mal Geld lockerzumachen. Als der Trupp sich mit viel Getöse und Tschinderassassa den Fuggerhäusern am Weinmarkt näherte, befahl Ferdinand seinen Posaunisten und Trommlern, die Instrumente abzusetzen. In der Augsburger Stadtchronik heißt es dazu: »Denn er hatte vernommen, daß jener tödlich krank sei und wollte ihm keine Beschwernis verursachen, und er zog aufs stillste mit allem seinem Volke vorbei.«

Wer wird neuer »Regierer«?

Jakob Fugger war bereits zu schwach, das Bett zu verlassen. Der Körper des Siebenundsechzigjährigen, abgemagert bis auf die Knochen, hatte keine Widerstandskraft mehr, aber sein Verstand war klar wie eh und je. Drei Probleme hatte er noch zu lösen – das Ungarngeschäft, die Nachfolgerfrage sowie den Ort seiner letzten Ruhestätte –, und jedem widmete er sich in voller Konzentration. Da er nicht mehr aufstehen konnte, mußten seine Neffen, die Mitarbeiter, Notare, Diplomaten und Schreiber eben zu ihm kommen. Vom Bett aus diktierte er die letzten Anweisungen.
Seine erste Sorge galt noch einmal der Ungarnfrage. Er wollte seinen Nachfolgern wenigstens einen Weg vorzeichnen, auf dem eine Lösung zu erzielen war. Unnachsichtig bestand er auf der Rückgabe seines beschlagnahmten Eigentums. Werde diese Forderung erfüllt, ließ er seine diplomatischen Vertreter in Ofen wissen, seien die Fugger bereit, über die Konditionen einer neuerlichen Pacht der Bergwerke zu verhandeln. Die Beschäftigung mit dem leidigen Ungarnproblem hatte den Greis so mit-

genommen, daß er sich zwei Tage vor Heiligabend vormittags Punkt neun Uhr vom Büro in den als Austragkammer hergerichteten Raum neben der Hauskapelle im hinteren Teil des Gebäudekomplexes tragen ließ. Dort verlasen zwei Notare in Anwesenheit der beiden als Haupterben vorgesehenen Neffen Raymund und Anton sowie zahlreicher Zeugen und Freunde Jakobs zweites Testament.

Aus dem gewaltigen Vermögen, das auf über zwei Millionen Gulden angewachsen war, sollten nach seinem Tod insgesamt rund 100000 Gulden an die Hinterbliebenen sowie an einzelne Kirchen, Stiftungen, Angestellte und Freunde ausbezahlt werden. Das war immerhin fast um die Hälfte mehr, als das gesamte Steueraufkommen der Stadt Augsburg betrug. Seiner Frau, der er sich in den letzten Jahren immer mehr entfremdet hatte und die auch während dieser Tage nicht bei ihm war, vermachte er neben kostbarem Schmuck und Silbergeschirr eine jährliche Rente von 2000 Gulden.

Mit Bitterkeit vermerkte der Mann, der – fast – alles bekommen hatte, was er haben wollte, seine Kinderlosigkeit. Deshalb erhielten nun seine Neffen die Chance, das mit Abstand größte Privatvermögen und den bedeutendsten Konzern der Welt zu verwalten. Ein Triumvirat allerdings sollte es nicht geben, denn Jakob hielt nur einen einzigen der drei Junioren für fähig, seine Nachfolge als »Regierer« anzutreten.

Einer kam nicht einmal als Teilhaber in Betracht: »In Ansehung, daß mein Vetter Hieronymus Fugger bisher im Handel nicht besonders brauchsam gewesen, noch sich des Handels selbst viel angenommen hat«, und da zu vermuten war, »daß solches hinfür also auch geschehen möchte«, verfügte der Millionär die Auszahlung dieses ungeratenen Verwandten. Wie recht er wohl hatte, zeigte sich schon bald. Zehn Monate nach dem Tod des ersten deutschen Wirtschaftscäsaren leistete sich Hieronymus Fugger anläßlich einer Augsburger Bürgerhochzeit einen derben Spaß. Stockbetrunken schnitt der leichtsinnige Fuggersproß einer Haushälterin des reichen Christoph Herwart in aller Öffentlichkeit die Haare ab, und dann tanzte er, den Zopf in der Hand, mit Herwarts Tochter kreuzfidel »über die Bänke«. Prompt wurde er zu einer deftigen Geldbuße verurteilt.

Seine Brüder waren aus anderem Holz geschnitzt. Jakob zögerte deshalb nicht, seine »zwei Vettern Raymundus und Antonius als denjenigen, so mir bisher im Handel behilflich gewesen sind, auch hinfür ... die Last, Mühe und Arbeit auf ihnen liegen wird« als seine Haupterben einzusetzen. Lange Zeit hatte der ältere Raymund als Favorit gegolten. Doch das Temperament ging dem als Choleriker gefürchteten und als Kunstsammler geschätzten Sohn Georg Fuggers öfter durch, als dem kühlen Firmenchef recht war. Raymund fehlte nach Ansicht seines Onkels der scharf se-

zierende Intellekt, die leidenschaftslose Durchtriebenheit und die durch nichts zu erschütternde Nervenstärke, die der Platz an der Spitze des Konzerns erforderte. Er bekam deshalb die Lehen übertragen und damit die Herrschaft über den riesigen Grundbesitz der Fugger.
Den Konzern hingegen sollte allein jener stille, schwarzgelockte Jüngling mit den großen, verträumten Augen führen, der nach außen hin bisher kaum in Erscheinung getreten war: Anton Fugger. Am 10. Juni 1493 in Augsburg geboren, hatte er sich unter anderem in den Außenstellen Breslau und Rom als unabhängiger Kopf, phantasievoller Unternehmer sowie als geschickter Diplomat erwiesen und sich allmählich das Vertrauen des Konzernchefs erworben. Noch während der letzten Tage vor der Testamentseröffnung führte ihn Jakob in stundenlangen Gesprächen unter vier Augen in die Problematik der Ungarnfrage ein, um ihn auf die Übernahme des Chefpostens vorzubereiten. Obwohl der Senior den Neffen, der eher einem italienischen Tenor als einem schwäbischen Unternehmer glich, lange Zeit als zu weich und harmlos fürs Geschäft betrachtet hatte, übertrug er ihm nun ohne Bedenken die wohl schwerste Aufgabe der damaligen Weltwirtschaft. Geschickt hatte es Anton verstanden, unter den einflußreichen Freunden Jakobs Fürsprecher zu finden. Dr. Othmar Nachtigall, der Pfarrer von St. Moritz, setzte sich ebenso für ihn ein wie Faktor Georg Hörmann und, last not least, Sybille Fugger.
Also stand im Vermächtnis des sterbenden Diktators: »Daß nach meinem Tode solche andere meine und meiner Vettern Hantierungen, Gewerbe, Handlungen und Geschäfte mein Vetter Antonius allein, doch mit Rat seines Bruders Raymundus und seines Vetters Hieronymus brauchen, verwalten und üben, auch dergleichen tun und lassen, dazu Ordnungen und Maß indem allen allein und einzig nach seinem Gefallen und Gutdünken vorzunehmen, Macht und Gewalt haben solle in allem dermaßen, wie ich das meinem Leben allein zu tun Gewalt und Macht gehabt habe und noch, so lange mir Gott das Leben verleiht, haben will.«
Nachdem die Nachfolge geregelt war, blieb für den Sterbenden nur noch eines zu tun, nämlich den Ort seiner letzten Ruhe zu bestimmen. Während alle Welt sich den Kopf zerbrach, welche Auswirkungen der Tod des mächtigen Kaufmanns auf das Reich der Habsburger und damit auf ganz Europa haben würde, beschäftigte sich Jakob Fugger mit seiner Grabstätte.
Schon vor vielen Jahren hatte er die prächtig ausstaffierte Fuggerkapelle in St. Anna zu seiner Ruhestatt erkoren, aber die rebellischen Karmelitermönche durchkreuzten seine Pläne. Auf keinen Fall, so schärfte er seinen Erben ein, wolle er »bei den Lutherischen« begraben werden. Die Neffen hatten andere Sorgen und versicherten ihm pflichtschuldigst, St. Anna

werde gewiß beim rechten Glauben bleiben – hätte doch der starrsinnige Alte sonst womöglich die Augen nicht geschlossen.
Es war ohnehin erstaunlich, welch klarer Verstand und eiserner Wille noch in dem ausgemergelten Körper wohnten, der schon seit Tagen keine Nahrung mehr aufnahm. Erst als Jakob gewiß sein durfte, daß sein Leichnam nicht den Reformierten in die Hände fallen und jeder Rechtgläubige in der ganzen Umgebung nach seinem Tod für ihn beten würde, zeigte er endgültige Erschöpfungserscheinungen.

Der Tod war nur noch eine Formsache

Der 28. Dezember war Jakobs letzter Arbeitstag. Erzherzog Ferdinand hatte, wie vorauszusehen war, seinen Pfennigmeister Johann Löble ans Sterbelager geschickt, um nochmals einen Kredit zu erwirken.
Nachdem er Löble seinen Standpunkt in der Ungarnfrage zum wiederholten Male dargelegt hatte, stimmte Jakob Fugger dem Kreditansuchen zu. Das war seine allerletzte Amtshandlung. Knapp zwei Tage später, am 30. Dezember 1525, schloß er um vier Uhr morgens für immer die Augen. Nur Pfarrer Othmar Nachtigall und eine Pflegerin waren bei ihm. Der große Mann starb so, wie er gelebt hatte: einsam. Stadtschreiber Clemens Sender widmete dem Verschiedenen folgenden Nachruf: »Jakob Fuggers und seiner Bruder Söhne Namen sind in allen Königreichen und Landen, auch in der Heidenschaft bekannt gewesen. Kaiser, Könige, Fürsten und Herren haben zu ihm ihre Botschaft geschickt, der Papst hat ihn als seinen lieben Sohn begrüßt und umfangen, die Kardinäle sind vor ihm aufgestanden. Alle Kaufleute der Welt haben ihn einen erleuchteten Mann genannt und die Heiden sich ob ihm verwundert. Er ist eine Zierde des ganzen deutschen Landes gewesen.«
Für die Fugger aber, dieses harte und vitale Kaufmannsgeschlecht, war der Tod ihres erfolgreichsten Mitglieds nur noch eine längst erwartete Formsache. Die meisten Familienmitglieder fühlten sich erleichtert, von der Herrschaft des ungeliebten, bewunderten und beneideten Mannes befreit zu sein. Sein Tod gab anderen die Chance zum Aufstieg. Jetzt, da der Stamm gefallen war, konnten neue Triebe sprießen. Raymund war längst aufs Land gefahren, um seine Herrschaften in Augenschein zu nehmen, Anton dagegen saß nächtelang über den Geschäftsbüchern oder konferierte pausenlos mit Matthäus Schwarz und den anderen Managern. Witwe Sybille aber verließ noch vor Ablauf des ersten Trauermonats das Haus am Weinmarkt, in dem sie nie richtig glücklich gewesen war: Sie zog zu ihrem langjährigen Liebhaber Konrad Rehlinger.

Was diese Angelegenheit für die ob ihres Katholizismus in Augsburg vielgeschmähten Fugger noch erheblich schlimmer machte, war die Tatsache, daß sich die Witwe des reichen Jakob nun offen zum Protestantismus bekannte und sich am 18. Februar 1526, sieben Wochen nach dem Tod ihres Mannes, evangelisch trauen ließ. Schäumte Jakobs Bewunderer Clemens Sender: Die schöne Sybille habe »heimlich ein altes Männlein, Konrad Rehlinger, mit acht Kindern zur Ehe genommen und ist... heimlich allein mit einer Magd aus ihres Mannes selig, Herrn Jakob Fuggers, Haus gegangen in Konrad Rehlingers Haus. Da hat sie auf denselben Tag mit ihm Hochzeit gehabt auf die lutherische Art; doch hat sie ihrer köstlichen Kleinodien hinter ihr nit vergessen. Für diese Kleinod, Silbergeschirr und Barschaft alle hat Konrad Rehlinger dieser Artztin und ihren Erben vermacht für alles, wenn sie miteinander kein Kind überkommen, 18000 Gulden.«

Wenn Jakob von dem Verhältnis seiner Frau gewußt hatte, dann ließ er sich nichts anmerken. Konrad Rehlinger, Teilhaber einer florierenden Handelsgesellschaft, war in seinem Haus ein gerngesehener Gast und unterschrieb sogar als Zeuge am 22. Dezember Jakobs zweites Testament. Daß er durchaus kein unscheinbares »altes Männlein« war, beweist ein Porträt des Augsburger Malers Bernhard Striegel. Und ein Mann ohne Format hätte gewiß nicht das Vertrauen von Jakob Fugger gefunden.

Im einzelnen hinterließ der gehörnte Kaufmann seiner Witwe 40000 Gulden, die als Einlage in der Firma bleiben sollten und aus denen die 2000 Gulden Jahresrente bezahlt wurden. Ferner erhielt sie ihre 5000 Gulden Heiratsgut zurück, die sie einst in die Ehe eingebracht hatte, dazu das an den Fuggerpalast am Weinmarkt angrenzende Haus mitsamt dem »ziemlichen und notdürftigen Hausrat«.

Nach Sybilles Wiederverheiratung wollten die Neffen Jakobs das Erbe der Witwe nicht herausrücken. Anton merkte jedoch rasch, daß der Familienkrach die Firma dem Gespött der Neider aussetzte. Am 1. August 1526 schlossen die verfeindeten Parteien deshalb einen Vergleich. Der große Tote aber war zu diesem Zeitpunkt fast schon vergessen. Der Mann, der zu Lebzeiten seine Umwelt beherrscht hatte wie kaum ein zweiter, wurde nach seinem Tod zur Unperson. Fast schien es, als ob die Überlebenden jeden Gedanken an den Giganten scheuten, um nicht mit seinen Maßstäben gemessen zu werden. Von den vielen tausend Briefen, die Jakob im Laufe seines Lebens schrieb, ist kaum einer erhalten geblieben. Fast alle Geschäftsbücher, Rechnungen, Wechsel und sonstigen Belege seines Wirkens verschwanden spurlos im Staub der Geschichte.

Nicht einmal sein Leichnam blieb erhalten. Bis heute ist nicht geklärt, ob

tatsächlich eines der drei Skelette in der Gruft unter der St.-Anna-Kirche das seine ist. Mit einiger Wahrscheinlichkeit nehmen die Historiker allerdings an, daß die Knochenreste in dem Sarg auf der linken Seite der Gruft, die auf einen 1,73 Meter großen Körper schließen lassen, von Jakob Fugger stammen. »Es ist, als ob in unermüdlichem Zertrennen die Zeit vorsätzlich das hätte auflösen wollen, was dieses Leben einmal und einzigartig, in vielem als Vorbild für sein Geschlecht, seinen Stand, seine Stadt und sein Volk, für eine Welt von Kaufleuten und Handelsherren beispielhaft geschaffen hatte«, bedauert Götz von Pölnitz.
Jakob Fugger war gewiß kein besonders liebenswerter Mensch. Wer ihm persönlich gegenüberstand, dürfte sich meist ziemlich unbehaglich gefühlt haben. Vielen schien er als ein Monument der Habgier, des unersättlichen Strebens nach Besitz und Macht. Nur wenige ahnten die Last der Verantwortung, die er auf seine Schultern geladen hatte.
Freunde hatte dieser Mann gewiß schwerlich. Niemandem konnte er deutlich machen, wie illusionslos er die Menschen, ihre Triebkräfte und ihre Verhaltensweisen sah. Das bißchen Bewunderung der anderen, um derentwillen er vielleicht einst begonnen hatte, Besitz anzuhäufen, war ihm im Alter gewiß nur noch ein spöttisches Lächeln wert. Daß ihm niemand eine Träne nachweinen würde, wußte dieser religiöse Zyniker ganz sicher.

IV. Buch
Anton und die anderen

22. Kapitel
Im Schatten des Onkels

Mit 32 Jahren stand Anton Fugger, schlank und blaß, vor der beinahe unlösbaren Aufgabe, aus dem Schatten des übermächtigen Toten zu treten. Er war klug, ehrgeizig und außerordentlich diszipliniert. Jahrelang hatte er ohne aufzumucken Jakobs herrisches Wesen ertragen und war doch kein Duckmäuser geworden. Er wußte, daß man jede seiner Entscheidungen sofort an dem großen Alten messen würde. Vermutlich ahnte er zudem, daß es ein großer Zufall wäre, wenn nach drei erfolgreichen Fuggergenerationen auch die vierte Glück hätte.

Sein bereits stark strapaziertes Selbstbewußtsein überwand indes bald alle derartigen Zweifel. Zum Nachdenken hatte er auch nicht allzuviel Zeit, denn die Ereignisse stürzten auf ihn ein. Anton war für seine neue Aufgabe keineswegs schlecht vorbereitet, auch wenn er, solange Jakob lebte, nie die Rolle des Kronprinzen spielen durfte. Der Alte war stets der Meinung gewesen, die künftigen Erben sollten sich gefälligst mit Hilfe ihrer eigenen Ellenbogen vordrängen, wenn sie einen Platz an der Spitze einnehmen wollten. In der Augsburger Zentrale hätten sie aber praktisch »unter Naturschutz« gestanden und niemals gelernt, selbständig zu entscheiden. Anton Fuggers Lehrjahre waren deshalb Wanderjahre.

Wie ein gewöhnlicher Angestellter hatte er seinen Dienst in den Faktoreien von Nürnberg, Breslau, Krakau, Wien und Ofen versehen, ehe er auf Weisung des Chefs nach Rom versetzt wurde. Als er im Herbst 1514 aus Breslau nach Augsburg schrieb, er sei dafür, Schloß und Stadt Freiwaldau aus politischen Gründen zum Schein an den Faktor Hans Süß zu verkaufen, ließ ihn Jakob ohne direkten Befehl. Anton verkaufte. Als Einundzwanzigjähriger entdeckte er in der ungarischen Metropole, daß Faktoren und Angestellte in die eigene Tasche wirtschafteten. Ohne zu zögern stellte er die Übeltäter bloß und sorgte für ihren sofortigen Rausschmiß. Auch dies hatte der Chef in der »Goldenen Schreibstube« mit Wohlwollen beobachtet, ohne den Neffen jedoch besonders zu loben.

Die entscheidende Station auf Antons Weg nach oben aber wurde Rom. Wie schon Jahrzehnte vor ihm Jakob, so fühlte sich nun auch Anton von der Pracht und dem Reichtum, der intellektuellen Raffinesse und der unermüdlichen Geschäftigkeit der Weltstadt am Tiber fasziniert. Schlagartig wurde er sich seiner Provinzialität bewußt, als er die eleganten römischen Playboys sah. Im Nu begriff er auch, daß Augsburg offenbar doch nicht der Nabel der Welt war und daß am Tiber Dinge, die am Weinmarkt vielleicht erhebliche Bedeutung besaßen, nicht das geringste Interesse erregten.

Der junge Schwabe, kaum der dumpfen Atmosphäre der Fuggerkontore entronnen, stürzte sich Hals über Kopf ins Dolce vita. Augsburg war weit und der Onkel nur noch ein alter Mann. Was Anton während seiner römischen Sturm-und-Drang-Zeit alles anstellte – ob er sich kostspielige Freundinnen hielt, ob er spielte oder auf eigene Rechnung dunkle Geschäfte machte –, davon erfuhr nicht einmal der Onkel etwas. Sicher ist nur, daß der junge Herr bald 700 Dukaten Privatschulden hatte – nach heutigem Geld etwa eine Viertelmillion. In seiner Not wandte sich Anton, da Jakob um keinen Preis davon erfahren durfte, an seinen Schwager Hans Baumgartner den Jüngeren. Ihm hatte er als einzigem schon früher seine Wut und Enttäuschung über den unduldsamen Oheim anvertraut, und Baumgartner hatte geschwiegen. Auch diesmal erwies er sich als guter Freund. Obwohl ihm dies bestimmt nicht leichtfiel, trieb er als Mitinhaber einer gutgehenden Handelsgesellschaft das Geld auf, das er über einen vertrauenswürdigen Mittelsmann nach Rom schickte. Baumgartner bot Anton – freilich vergebens – sogar an, als sein Teilhaber nach Augsburg zu kommen. Sorgfältig vermieden die beiden Konspiranten in ihrem Briefwechsel jeden Hinweis auf das heimliche Geschäft: »Es will sich nicht fügen zu schreiben«, hatte Anton den Freund gewarnt.

Fortan kümmerte sich der Fugger immerhin mehr ums Geschäft als ums römische Nachtleben. Chef der Filiale im Rione di Ponte war nominell immer noch der alte Zink, aber die laufenden Geschäfte erledigte der aus Nürnberg stammende Faktor Engelhard Schauer und der Augsburger Patriziersproß Christoph Muelich. Nun aber, daran ließ Jakobs Neffe keinen Zweifel, würde nur noch einer das Sagen haben – er selbst.

In dem Bestreben, seine finanziellen Eskapaden wiedergutzumachen, zeigte der Juniorchef eine Härte, die ihm seine Angestellten bestimmt nicht zugetraut hatten. Von Zink und den beiden anderen Faktoren ließ er sich in die mitunter recht verschlungenen Wege der vatikanischen Diplomatie einweihen, und auch dieser Fugger begriff beinahe instinktiv das verwirrende Spiel um Geld und Macht in den päpstlichen Wandelgängen und Geheimkabinetten. Dank seiner natürlichen Intelligenz und der in den letzten Monaten vervollkommneten Umgangsformen gelang es ihm bald, Kontakte mit bedeutenden Kirchenfürsten, Kurialbeamten, Diplomaten und Finanziers aufzunehmen.

Während er hellwach die Hohe Schule der vatikanischen Diplomatie zu erlernen trachtete, erreichten ihn immer häufiger mahnende Briefe aus Augsburg, in denen der greise Konzernchef darauf drängte, in dem für ihn offenbar so wichtigen Streit um die Pfarrei St. Moritz den Beistand des Papstes zu erwirken. Anton hatte Mühe, seine Erheiterung zu unterdrücken. Der große Jakob Fugger stritt sich monatelang mit einem völlig unbedeutenden Pfarrer herum und glaubte, mit seinen Provinzhändeln den Papst belästigen zu müssen. Das war vermutlich der Augenblick, in dem sich der Neffe aus der geistigen Abhängigkeit von seinem bewunderten Onkel befreite.

Wie Schuppen mag es ihm von den Augen gefallen sein, daß auch der geniale Jakob nur ein Mensch mit all seinen Schwächen und Eitelkeiten war. Mit beinahe verletzender Kälte beschied er dem Konzernchef: »Was Ihr sonst schreibt in causa praedicaturae, tut nicht not zu antworten. Damit seid Gott befohlen.«

Der ungewohnte Ton machte den Alten stutzig. Sofort diktierte er einen geharnischten Brief nach Rom, in dem er den Neffen zu mehr Fleiß ermunterte. Anton begriff, daß er zu weit gegangen war, und bemühte sich deshalb, da der Alte keine Ruhe gab, notgedrungen den Segen des Heiligen Vaters einzuholen. Er war zu jener Zeit mit den Schleichpfaden durch den Dschungel der römischen Bürokratie schon so vertraut, daß er tatsächlich bis zu Leo X. vordrang und mit Hilfe des Kardinals und Papstverwandten Giulio d'Medici, des späteren Clemens VII., die Prädikatur für Jakobs Favoriten Johann Eck durchsetzte.

Sein Draht zu den Medicis war so gut, daß er sogar die Zustimmung des Papstes zur Wahl Karls V. erwirkte und die italienischen Bankiers nach und nach aus den großen Anleihegeschäften mit der Kirche verdrängen konnte. Da der junge Neffe des Konzernchefs die Leitung der römischen Geschäfte so energisch an sich gerissen hatte, gab es für den an Gicht leidenden Johannes Zink nicht mehr viel zu tun. Konsequent bereitete Anton dessen Abschuß vor. »Herrn Hans Zink halber«, schrieb er nach Hause, wäre es gut, wenn Jakob »sein Konto mit ihm hätte klargemacht, denn er auch alt ist und täglich schwach.« Nicht zuletzt dürfte diese wenig sentimentale Art, mit der sich Anton in Rom durchsetzte, beim Alten den Ausschlag gegeben haben, ihn zum Nachfolger zu machen.

Der erste Härtetest

Ein weniger kluger Erbe als Anton Fugger wäre wahrscheinlich versucht gewesen, sich sofort mit aufsehenerregenden Entscheidungen zu profilieren. Anton aber ließ zunächst einmal alles beim alten, das heißt, er ver-

suchte nach besten Kräften, die laufenden Transaktionen im Rahmen der vorgegebenen Direktiven abzuwickeln.
Etwa vier Wochen nach seiner Amtsübernahme begann er, sich ganz auf das ungelöste Ungarnproblem zu konzentrieren. Am 10. Februar 1526 fuhr er selbst nach Wien, um die festgefahrenen Verhandlungen wieder in Gang zu bringen. Über seine Gesandten ließ er das ungarische Königspaar wissen, daß er als der Jüngere allein aus Ehrerbietung die beschwerliche Reise auf sich genommen habe und »daß er nicht der Ursache halber herabgezogen, daß ihm so not nach dem Bergwerk und Handel sei«.
Doch seine ungarischen Gegenspieler ahnten, daß der junge Fugger auf einen schnellen Erfolg aus war und verschleppten die Verhandlungen. Als nach drei Wochen immer noch keine Einigung in Aussicht war, zeigte Anton, den viele als weichlich einschätzten, die Zähne. Brüsk drohte er mit seiner Abreise; der Effekt war, daß ihn die Königin selbst um eine Verlängerung der Verhandlungsfrist bat. Kurz darauf erfuhr er jedoch, Bernhard Behaim fühle im Auftrag des Königspaares bei Nürnberger Fuggerkonkurrenten wegen einer Übernahme der Neusohler Gruben vor. Anton hielt solches Doppelspiel für sinnlos, da der türkische Sultan Suleiman mit einem riesigen Heer, gegen das König Ludwig allein nicht die geringste Chance hatte, der ungarischen Grenze näherrückte. Dieser Nervenkrieg in Wien mußte also über kurz oder lang zu Ende gehen.
Der erste Härtetest des jungen Kaufmanns endete denn auch mit seinem totalen Sieg. Das ungarische Königspaar schickte Anfang April Alexej Thurzo als seinen Beauftragten mit außerordentlichen Vollmachten nach Wien. Anton rächte sich für die lange Wartezeit, indem er nun seine Forderungen voll durchdrückte. Am 4. April wurde der Vorvertrag über eine neue Pacht der ungarischen Bergwerke abgeschlossen. Zehn Tage später widerriefen König Ludwig und die Königin in Gran alle Anschuldigungen gegen den Fuggerkonzern, und sie versprachen sogar die Entschädigung für die entstandenen Verluste.
Der Preis, mit dem sich Anton die volle Rehabilitierung erkauft hatte, war ein Kredit über 50000 Dukaten. Damit sollten Truppen angeworben werden. Daß der Betrag bei weitem nicht ausreichte, ein den Türken ebenbürtiges Heer aufzustellen, wußte zumindest Anton Fugger recht gut. Suleiman der Prächtige schlug denn auch in der Schlacht bei Mohacs am 29. August das zwar tapfere, aber zahlenmäßig weit unterlegene Häuflein der Ungarn entscheidend. Ludwig II., der König von Ungarn und Böhmen, verlor im Kampf sein Leben, und Anton Fugger war clever genug, dies sofort propagandistisch auszuschlachten. So erfuhren englische Diplomaten von Fuggerfaktoren, daß 150000 Dukaten an Stelle der nur 50000 ausgereicht hätten, die Türken aufzuhalten – aber wer seinen Kredit bei Anton Fugger verspiele, der sei eben nicht mehr zu retten.

Als das Reiterheer des Sultans allerdings nach Ofen vorstürmte, hatte auch der junge Herr in den Kontoren am Augsburger Weinmark Grund zum Zittern. Denn was nützten ihm noch seine wertvollen Bergwerke, die Hans Dernschwamm mit großer Mühe eben wieder in Gang gesetzt hatte, wenn über ganz Ungarn die Flagge des Halbmondes wehte?
Unversehens sah sich der junge »Regierer« an allen Fronten seines Wirtschaftsimperiums in Konflikte verstrickt: In Ungarn ging es nach dem Tod des Jagellonen darum, wer sich die verwaiste Stephanskrone aufsetzen und den Vormarsch der Türken stoppen würde. In Italien war der Krieg zwischen Frankreich und dem Heiligen Römischen Reich Deutscher Nation erneut entbrannt. In Rom eröffneten die inzwischen vom Papst protegierten italienischen Finanziers ihre Offensive gegen die Fugger. In Tirol kam es immer wieder zu Streiks, Demonstrationen und Übergriffen der unzufriedenen Bergarbeiter. Sogar in Innsbruck versuchten die schwäbischen Konkurrenten Welser, Höchstetter, Baumgartner und Pimmel die Vormachtstellung der Fugger zu untergraben.
Die Gefahr war groß, daß sich der neue Konzernchef in eines der vielen Probleme verbiß und dabei die anderen aus den Augen verlor. Anton spürte nun zum ersten Mal die Einsamkeit des Machthabers. Nur er allein hatte zu entscheiden, wie sich die Firma angesichts der vielfältigen Fragen, die beinahe gleichzeitig nach einer Antwort verlangten, zu verhalten hatte. Obwohl die Versuchung stark war, die Rivalitäten der Fürsten durch eine Schaukelpolitik für sich auszunutzen, hielt Anton an der von Jakob vorgegebenen Generallinie fest: Unterstützung der Habsburger, ohne in deren Abhängigkeit zu geraten.
Erzherzog Ferdinand beanspruchte sofort nach dem Tode Ludwigs II. die Stephanskrone, die ihm nach den Verträgen Maximilians aus dem Jahre 1515 rechtlich zustand. Gegen den Widerstand der national gesinnten Magyaren um Johann Zapolya und des Bayernherzogs Wilhelm IV. ließ er sich denn auch sogleich mit Unterstützung seiner Schwester, der Königinwitwe Maria, zum Doppelkönig von Ungarn und Böhmen ausrufen. Zapolya, der Woiwode von Siebenbürgen, war darauf so erbost, daß er trotz seiner militärischen Unterlegenheit mit einem kleinen Heer losmarschierte, um den Habsburger zu verjagen. Prompt wurde er bei dem Weinbauernstädtchen Tokay besiegt. Er entkam jedoch unverletzt und ließ sich von den magyarischen Magnaten am 10. November in Stuhlweißenburg zum ungarischen Gegenkönig krönen. So gab es nun in dem kleinen Pußtaland zwei schwache Könige und – mit dem türkischen Sultan – eine starke Besatzungsmacht.

Ähnlich verworren war die Lage in Italien. Nach der siegreichen Schlacht von Pavia hatte Kaiser Karl den gefangenen Franzosenkönig nach Madrid bringen lassen. Er wollte ihn jedoch keinesfalls töten, sondern gegen ein möglichst hohes Lösegeld wieder freilassen. Nach langwierigen, zähen Verhandlungen einigte man sich schließlich am 14. Januar 1526 im Frieden von Madrid auf den Preis: Franz I. verzichtete auf Mailand, Genua, Neapel, Flandern sowie Artois und erkannte die Herrschaft des Kaisers über das Herzogtum Burgund an. Außerdem versprach er, 200000 Sonnenkronen zum Feldzug gegen die Türken beizusteuern.

Natürlich war allen Beteiligten klar, daß solche Beteuerungen keinen Wert mehr hatten, sobald sich der König wieder in Freiheit befand. Deshalb wurde die künftige »Freundschaft« noch schnell mit einer Ehe zwischen Franz und Karls älterer Schwester, der Königinwitwe Eleonore von Portugal, besiegelt. Der mißtrauische Habsburger war damit aber noch nicht ganz zufrieden. Er verlangte, Franz solle seine beiden Söhne als Geiseln so lange in Madrid lassen, bis alle Bedingungen erfüllt seien. Der schlitzohrige König war auch damit einverstanden, da er darauf spekulierte, daß sich der deutsche Kaiser keinen Mord an zwei unschuldigen Kindern leisten konnte.

Kaum wieder in Freiheit, erklärte Franz I. sofort alle unter Zwang abgegebenen Versprechungen für hinfällig, und er rüstete erneut zum Kampf gegen den verhaßten Habsburger. Dank der festen Hand seiner Mutter Luise befand sich der französische Staat zwar in guter Verfassung, aber allein hatte er keine Chance gegen Karls Riesenreich. Franz sah sich also nach geeigneten Verbündeten um – und die waren nicht schwer zu finden.

Die italienischen Landesherren, von denen keiner stark genug war, das Land zu einigen, hatten ein gemeinsames Interesse: den Durchmarsch des übermächtigen Habsburgers zu verhindern. Einzeln waren sie viel zu schwach, um den deutschen und spanischen Truppen Widerstand zu leisten. Aber zusammen mit Frankreich konnten sie es schaffen. In der berühmten französischen Weinbrennerstadt an der Charente verbündeten sich deshalb am 22. Mai 1526 Papst Clemens VII., Herzog Franz Sforza von Mailand und die Republik Venedig mit Franz I. zur Heiligen Liga von Cognac, um den Vormarsch des Habsburgers zu stoppen. Aber schon bald erwachte in den Italienern das alte Mißtrauen gegen die Franzosen, von denen insbesondere der Mailänder Herzog nichts Gutes erwartete.

Hätten die Verbündeten ihre Streitkräfte zu einem einzigen großen Heer vereinigt, wäre es ihnen sicher gelungen, die schlecht ausgerüstete, unterernährte und verwahrloste Truppe des Kaisers aus der Lombardei zu

vertreiben. So aber konnte sich der habsburgische Feldherr Karl von Bourbon gegen die einzeln und ungeordnet angreifenden Heerhaufen der Liga lange genug halten, bis der von Ferdinand entsandte und mit Augsburger Geld bezahlte Haudegen Georg von Frundsberg mit 2000 deutschen Landsknechten über die verschneiten Alpen gezogen kam.
Da es im verwüsteten Oberitalien nichts mehr zu plündern gab und immer noch kein Sold eintraf, begannen die kaiserlichen Truppen zu meutern. Beim Versuch, seine Soldaten zu beruhigen, wurde der schwergewichtige »Vater der Landsknechte« vom Schlag getroffen. Unterm Oberbefehl Bourbons zog der Heerwurm nach Süden in der Hoffnung, in Rom und Neapel reiche Beute zu machen.
Am Abend des 5. Mai 1527 stand der wüste Söldnerhaufen vor den mächtigen Mauern der Kirchenmetropole. Nur mit Mühe konnte Karl von Bourbon seine ausgehungerten Kriegsknechte davon abhalten, sofort die Tore und Türme der Stadt auf den sieben Hügeln, in der sie unermeßliche Schätze vermuteten, zu stürmen.
Der Angriff begann am nächsten Morgen, und die seit Hannibals Zeiten nicht mehr an kriegerische Auseinandersetzungen gewöhnte Stadt hatte nicht die geringste Chance, dem Angriff der Berserker aus dem Norden standzuhalten. Zwar fiel Karl von Bourbon während des Sturms, aber schon am Abend war Rom in der Hand seiner Truppen. Die führerlosen Landsknechte kamen über die reichste Stadt der Welt wie eine Naturkatastrophe. Plündernd zogen sie durch die Straßen. Sie raubten die Paläste der Reichen aus und schändeten ihre Frauen. Türen, die sich ihnen nicht öffneten, wurden eingeschlagen; Männer, die sich nicht ergeben wollten, aufgehängt. Der Sacco di Roma, die Plünderung Roms, empörte die ganze Welt und bereitete der italienischen Renaissance, einer der künstlerisch fruchtbarsten Epochen der Menschheitsgeschichte, ein schreckliches Ende.
In den Greueltaten der Barbaren entlud sich auch lange aufgestauter Haß über die sozialen Ungerechtigkeiten und die zynische Machtpolitik der katholischen Kirche. So trieben spanische Landsknechte den neunzigjährigen Kardinal Ponzetti nackt durch die Straßen, weil sie in ihm einen der korruptesten Drahtzieher des Vatikans vermuteten. Den Generalkommissar für den südosteuropäischen Ablaß, Kardinal Cristoforo da Forli, mißbrauchten sie zu einem üblen Possenspiel. Sie legten ihn wie einen Toten auf eine Bahre, um ihn in einer Prozession durch die Straßen Roms zu tragen. In einer Kirche hielten sie seine Leichenpredigt, ehe sie in seine Wohnung einbrachen und mit geweihtem Meßgerät eine Orgie feierten. Selbst der deutschfreundliche Kardinal Enckenvoirt mußte den Plünderern seinen mit erlesenen Kunstschätzen ausstaffierten Palast öffnen. Nur der berüchtigte Kardinal Armellini konnte in letzter Minute noch in

die päpstliche Engelsburg fliehen, indem er sich in einem Korb die Mauern hinaufziehen ließ. Der vorher beinahe allmächtige Kardinal Pucci hingegen wurde auf einer Brücke vor seinem Palast brutal zusammengeschlagen, ehe ihn seine Diener befreien konnten. Halbtot wurde er durch ein Fenster in die Engelsburg gehievt.

Die Fuggerbank übernimmt den Liebeslohn der Huren

In all dem Durcheinander gab es außer dem Zufluchtsort des Papstes – der sich nach vierwöchiger Belagerung ebenfalls ergeben sollte – in ganz Rom nur einen sicheren Platz: das Fuggerhaus. Während überall im Bankenviertel die Plünderer wüteten und jeden Dukaten, den sie finden konnten, mitnahmen, blieb die vornehme Filiale des schwäbischen Handelshauses völlig unangetastet.

Selbst der Faktor der Augsburger Konkurrenzfirma Welser flüchtete am 8. August mit seinen Mitarbeitern, vielem wertvollen Silbergeschirr und einer kostbaren Edelsteinsammlung unters Fuggerdach, da ihm die eigene Niederlassung nicht mehr sicher erschien. Vorher hatte er noch zahlreichen Kaufleuten das Leben gerettet, indem er sie, selbstverständlich mit ihrem eigenen Geld, aus den Gefängnissen der Besatzer freikaufte.

Wie es die Fuggerfaktoren Christoph Muelich und Engelhard Schauer schafften, von den Plünderern verschont zu werden, obwohl ihr Konzern mehr als jeder andere zur Korrumpierung der Kirche beigetragen hatte, wird wohl ewig ein Geheimnis bleiben. Jedenfalls erfreute sich die Filiale im Rione di Ponte von Beginn der Besatzungszeit an der persönlichen Protektion zahlreicher Söldnerführer.

Viele der deutschen Plünderer ließen sogar durch die Fugger den Erlös ihrer Beute in die Heimat überweisen. Allein der jugendliche Kriegsheld Sebastian Schertlin von Burtenbach schickte 15000 Gulden, wertvolle Seidengewänder und Schmuck mit Hilfe der Fuggerbank nach Deutschland. Auch der ehemalige Leutnant Frundsbergs, Konrad von Bemmelberg, reihte sich in die Kundenliste ein. Insgesamt transportierten die Fugger Kriegsbeute im Wert von 24000 Gulden nach dem Norden.

Auch die Soldatenliebchen standen nicht zurück: Die Marketenderinnen Elisabeth von Günzburg und Christina Puecherin von Bern ließen insgesamt 675 Dukaten überweisen. Engelhard Schauer sah, wie schnell und leicht in diesen wirren Zeiten Geld zu verdienen war. Er beschloß daher, die Gelegenheit nicht ungenutzt verstreichen zu lassen. Mit Hilfe einiger befreundeter Soldaten ließ er aus dem Vatikan und den Kirchen kostbares Silbergerät organisieren und einschmelzen, um auf eigene Rechnung Münzen daraus zu prägen.

Als Anton Fugger in Augsburg davon erfuhr, entließ er ihn fristlos und machte den Faktor der Welserschen Konkurrenzfirma zu seinem Nachfolger. Engelhard Schauer blieb in Italien, tat sich mit dem Nürnberger Kaufmann Imhof zusammen und handelte mit allem, was schnellen Gewinn versprach. Den Römern blieb das gute Einvernehmen der Fuggerbank mit den verhaßten Besatzern nicht verborgen. Kaum waren die Söldner wieder abgezogen, weil Papst Clemens VII. gelobt hatte, sich künftig aus dem Streit zwischen Habsburg und Frankreich herauszuhalten, gingen die Umsätze der römischen Filiale schlagartig zurück. Ende 1527 veranschlagte die Augsburger Zentrale ihren Wert nur noch mit 1000 Dukaten, »wiewohl es uns viel ein mehreres gekostet«.

Da Anton ahnte, daß die goldenen Tage am Tiber gezählt waren, verfügte er unsentimental die Schließung der Filiale, in der er einst das kleine Einmaleins des Bankgeschäftes gelernt hatte. Zwei Jahre nach dem Tod des übermächtigen Vorbilds hatte sich der junge Schwabe längst mit seiner Führungsrolle identifiziert. Der Schatten des großen Alten lastete zwar immer noch über ihm, aber mit jedem Tag bewies er seine wachsende Unabhängikeit.

Beraten von erfahrenen Managern, steuerte er den Riesenkonzern zwar weniger patriarchalisch, aber kaum nachlässiger als Jakob. Anton war kein unternehmerisches Genie wie sein Onkel, aber er hatte ein besseres Gespür für die geistigen Strömungen der Zeit, und er wirkte auf Geschäftspartner und Mitarbeiter konzilianter, auch wenn er am Ende meist doch seinen Willen durchsetzte. Vom Typ her glich er eher einem diplomatisch geschulten Vorstandsvorsitzenden eines Großkonzerns als einem hemdsärmeligen Selfmade-Boß.

23. Kapitel
Aufbruch zu neuen Ufern

Nachdem Anton die Firma ohne größere Unfälle durchs erste Jahr gesteuert hatte, hielt er es für angebracht, dem Junggesellendasein zu entsagen. Dazu brauchte er nicht lange auf Brautschau zu gehen, denn seine Wahl hatte er längst getroffen. Am 4. März 1527 hielt er im Augsburger Dom »ganz köstlich und ehrlich« Hochzeit mit der Jungfer Anna aus dem Rehlinger-Clan.

Anton kannte das hübsche Mädchen schon seit Jahren, und zwar über Sybille Fugger und deren zweiten Mann, Konrad Rehlinger. Annas Vater Hans war Ratsherr, ein naher Verwandter sogar Bürgermeister; außerdem gehörten zur weitverzweigten Familie mehrere recht erfolgreiche Geschäftsleute. Selbstverständlich wurde die Hochzeit ein gesellschaftliches Ereignis ersten Ranges, zu dem Fürsten, Bischöfe, Grafen und Ritter aus ganz Deutschland angereist kamen. Zweifellos die eleganteste Erscheinung unter den Hochzeitsgästen aber war wieder einmal Hauptbuchhalter Matthäus Schwarz, der in einem grellroten Gewand aus Samt, Atlas und Taft, verziert mit seidenen Fransen, steckte und ein riesiges Schwert trug.

Der junge Bräutigam ließ sich während des mehrtägigen Festes nur gelegentlich sehen, und auch dann blieb er meist ernst und zurückhaltend. Ihn plagten andere Sorgen. Da waren zum Beispiel die immer aggressiver werdenden Konkurrenten aus dem Höchstettergeschlecht. Der alte Ambrosius hatte, unterstützt von seinen Brüdern, Söhnen und Schwiegersöhnen sowie von Tausenden fremder Kapitalgeber, den nach den Fuggern und Welsern drittgrößten Handels- und Bankenkonzern des Reiches aufgebaut. In mancher Beziehung operierte er gewitzter und unkonventioneller als die beiden anderen etablierten Großfirmen aus Augsburg. Als erster hatte er große Summen Fremdkapital an sich gezogen, als erster hatte er auch die Vorteile eines Monopols erkannt, und wieder als erster hatte er sich in der aufstrebenden belgischen Wirtschaftsmetropole Antwerpen niedergelassen.

Bereits im Jahr 1505 hatte er sich auch ins Ostindiengeschäft gedrängt, und er baute bald danach einen ausgedehnten Gewürzhandel zwischen Lissabon und Antwerpen auf. Seine Geschäftsmethoden waren alles andere als zimperlich und sein Expansionsdrang war beinahe sprichwörtlich, so daß Clemens Sender berichten konnte: »Zu Ambrosius Höchstetter haben Fürsten, Grafen, Edelleute, Bürger, Bauern, Dienstknechte und Dienstmägde gelegt, was sie an Geld gehabt haben, und er hat ihnen dafür fünf vom Hundert gezahlt. Viele Bauernknechte, die nicht mehr gehabt haben als zehn Gulden, die haben es ihm in seine Gesellschaft gegeben, haben gemeint, es sei in guten Händen. So soll er eine Zeitlang eine Million Gulden verzinst haben. Die allgemeine Rede aber ist gewesen, er lüge gern. Kein Mensch hat gewußt, daß er so viel Geld verzinset hat. Er ist ein guter Christ gewesen und ganz wider die Lutherei. Aber mit seiner Kaufmannschaft hat er oft den armen Mann gedrückt, nicht allein in großen Weltmarktartikeln, sondern auch in geringen Waren. So hat er das Eschenholz aufgekauft, wenn die Wege gut waren und hat es zu Markte geführt, wenn die Wege bös gewesen sind, desgleichen Wein und Korn. Er hat oft von einer Ware den ganzen Vorrat auf einmal aufgekauft, teurer, als sie wert gewesen ist, damit er die anderen Kaufleute, die solches nicht vermochten, nach seinem Gefallen drücken könne. Dann hat er den Preis in allen Landen erhöht und sie ganz nach seinem Willen verkauft.«

Höchstetter wird ausgetrickst

Seit dem Tod Jakobs, den er als einzigen Rivalen für ebenbürtig hielt, trachtete der alte Höchstetter verbissen danach, den Fuggern endlich den Rang abzulaufen. Anton bekam dies öfters zu spüren, als ihm lieb sein konnte. Die Zusammenarbeit mit Erzherzog Ferdinand litt beispielsweise schon lange darunter, daß immer dann, wenn Anton bei neuen Kreditwünschen allzu lange zögerte, um vielleicht bessere Konditionen herauszuschlagen, flugs ein Höchstetter mit der erforderlichen Summe zur Hand war.

Für 17000 Gulden ließ sich der lästige Konkurrent beispielsweise Einnahmen aus der staatlichen Salzpfanne von Hall verschreiben, auf die auch Anton Fugger spekuliert hatte. Ebenso unverfroren mischte sich Höchstetter in das böhmische Kupfer- und das Tiroler Silbergeschäft. Endgültig voll aber war das Maß für den jungen Herrn in der »Goldenen Schreibstube«, als er erfuhr, daß sein gefährlichster Konkurrent – mit den Welsern konnte man sich immerhin noch arrangieren – systematisch begann, ein Quecksilbermonopol zu errichten.

Hinter dem Rücken der Fugger hatte sich Höchstetter von Ferdinand die Ausbeute der Gruben von Idria überschreiben lassen, und ohne Wissen der Konkurrenz schloß er mit dem böhmischen Quecksilberproduzenten Wigkell einen Syndikatsvertrag ab, der eine Einschränkung der böhmischen Produktion und den gesamten Verkauf durch Höchstetter vorsah. Nun stand nur noch das von den Fuggern geförderte Quecksilber aus den spanischen Gruben von Almaden einem Weltmonopol Höchstetters im Wege.

Um dessen Pläne zu durchkreuzen, ließ Anton die spanische Produktion kräftig ankurbeln und das gewonnene Metall teilweise über Genueser Handelshäuser auf den venezianischen Markt werfen. Ambrosius ließ sich dadurch nicht beirren. Im August 1527, kurz vor Ablauf der Fuggerschen Maestrazgo-Pacht, verhandelten Höchstetteragenten heimlich mit dem kaiserlichen Gesandten Martin de Salinas über einen neuen Pachtvertrag. Anton erfuhr jedoch umgehend von dem Treffen und ließ seinen spanischen Statthalter Wolff Haller sofort beim Kaiser antichambrieren. Um Höchstetter auszutricksen, aber auch aus Furcht vor dem Risiko eines erbitterten Preiskampfes beteiligte Anton sogar die Welser an den Verhandlungen über eine Verlängerung der Maestrazgo-Pacht für weitere vier Jahre.

Vor der Übermacht seiner beiden Augsburger Konkurrenten mußte Ambrosius Höchstetter schließlich kapitulieren. Wenn er diese Runde auch nach Punkten verloren hatte, so gab er den Kampf ums Quecksilbermonopol jedoch noch lange nicht auf. Er hatte die gewaltige Summe von

200000 Gulden in das Vorhaben investiert und saß nun auf riesigen Metallvorräten, die er wegen des von Anton Fugger entfesselten Preiskampfes nur mit Verlust abstoßen konnte.
Da er am spanischen Hof nicht zum Zuge kam, versuchte er es nun bei Erzherzog Ferdinand. Der schien zunächst auch gar nicht abgeneigt, sich erstens seine Hilfe teuer bezahlen zu lassen, zweitens aber den allzu selbstbewußten Fuggern eins auszuwischen. Nachdem jedoch die beiden mächtigsten Geldhäuser Europas in Madrid klargemacht hatten, daß eine Übergabe der Maestrazgo-Pacht an Höchstetter nicht ohne Folgen für die kaiserlichen Finanzen bleiben würde, wollte es Ferdinand nicht mehr riskieren, in den Quecksilberkrieg einzugreifen. In dieser Patt-Situation tauchten nun plötzlich seltsame Gerüchte über die Zahlungsfähigkeit Höchstetters auf, der noch im September 1527 von einem Antwerpener Agenten des englischen Königs für ebenso reich eingeschätzt wurde wie die Welser. Ein Faktor des Nürnberger Handelshauses Tucher meldete beispielsweise im März 1528 aus Lyon, niemand in Frankreich gebe mehr Geld für einen Wechsel der Höchstetter. Angeblich basierte die Nachricht auf der Aussage eines Angestellten der Augsburger Firma Manlich.
Wenig später mußte der Lyoner Höchstetterfaktor sein ganzes Warenlager einschließlich beträchtlicher Quecksilbervorräte verschleudern, um die plötzlich von allen Seiten präsentierten Forderungen begleichen zu können. Etwa zur gleichen Zeit stand ein Riesengeschäft des Höchstettersohnes Joachim mit dem britischen Großkaufmann Richard Gresham, einem Verwandten des berühmten Sir Thomas, kurz vor dem Abschluß.
Der Augsburger hatte als einziger nichtenglischer Kaufmann das Recht erhalten, auf der Insel Waren ein- und auszuführen. Nun ließ er in Holland sechs Schiffe mit Getreide beladen, die in London gelöscht werden sollten. Das Korn hatte er an die Firma Richard und John Gresham verkauft, die ihm dafür feine englische Tuche liefern wollte. Das Geschäft kam jedoch nie zustande, denn noch ehe die Schiffe in See stechen konnten, wurde ihre Ladung beschlagnahmt.
Frühere Geschäftspartner Höchstetters und die Hafenbehörde erhoben beträchtliche Forderungen. Der Augsburger befand sich in der Klemme. Er konnte seinen Vertrag mit Gresham nicht erfüllen und mußte in den Niederlanden jede Menge Quecksilber verkaufen, um die präsentierten Wechsel einlösen zu können. In London lamentierten die Greshams über ihren Geschäftspartner, den sie der Zahlungsunfähigkeit und des Betrugs bezichtigten. Im Juli reiste Joachim Höchstetter selbst nach England, um das ramponierte Firmenimage aufzupolieren. Er offerierte Beweise für die Solvenz seines Unternehmens und verlangte von den Greshams Schadenersatz. Doch das Unheil war nicht mehr aufzuhalten.
Mit einer grandiosen Geste versuchte der alte Ambrosius das Steuer noch

einmal herumzureißen. Im August 1528 offerierte er der Erzherzogin Margarethe am Brüsseler Hof 200000 Karolus-Gulden zur Finanzierung des kaiserlichen Heers in Geldern. Der Kredit sollte freilich nicht in bar entrichtet werden, sondern in Waren. Tatsächlich übernahm die niederländische Regierung von Höchstetter 350700 Pfund Quecksilber und 60760 Pfund Zinnober, um sie auf eigene Rechnung zu verkaufen. Mit dem Geschäft wurde der aus Nürnberg stammende Kaufmann Lazarus Tucher beauftragt, der als einer der cleversten Spekulanten Antwerpens galt.

Leider, so beschied er seinen Auftraggebern, sei die Ware angesichts der schlechten Marktlage nur schwer abzusetzen. Statt der kalkulierten 200000 habe er nur 126000 Karolus-Gulden erlösen können. Außerdem werde der Kaufpreis in mehreren Monatsraten entrichtet. Die niederländische Regierung bekam also 74000 Gulden weniger als von Höchstetter versprochen und war deshalb auf ihren Gläubiger alles andere als gut zu sprechen.

Seltsamerweise machte auch dieses kaufmännische Mißgeschick sofort in ganz Europa die Runde. Höchstetters Kredit sank weiter, während sich Lazarus Tucher des zweifelhaften Rufs erfreuen durfte, den gewitzten Ambrosius hereingelegt zu haben: »Er steht jetzt sehr wohl, aber hinter seinem Rücken wird viel gesagt. Das Finanzen am Hof hat ihm wohl getan und andere verderbt«, meldete der niederländische Faktor des Tucherkonzerns nach Hause, der mit dem auf eigene Rechnung spekulierenden Lazarus nichts zu tun haben wollte. Über die Höchstetter aber hieß es in Antwerpen: »Sie haben ein bös Geschrei überkommen, von ihretwegen ist jetzt niemand hier, als zwei Diener; viele besorgen, nächste Meßzahlung werden sie ganz aufbrechen.«

Listenreiche Schuldenstrategie

Wer immer noch daran zweifelte, daß hinter den seltsamen Gerüchten, Falschmeldungen und Finanzoperationen eine planende Hand steckte, wurde spätestens im Sommer 1528 eines Besseren belehrt. Wie auf ein Kommando verlangten plötzlich sämtliche Lieferanten, Gläubiger und Teilhaber des weitverzweigten Höchstetterkonzerns ihr Geld zurück. Am ungeduldigsten gebärdeten sich die Kreditoren Thurzo, Artzt, Rehlinger, Grander, Manlich, Welser, Langenmantel und Adler – allesamt Leute, die zum Kreis der Fugger gehörten.

Da war es dann sicher kein Zufall mehr, daß sie alle lauthals nach einem neutralen Wirtschaftsprüfer verlangten, der endlich Klarheit über die wahren Vermögensverhältnisse Höchstetters schaffen sollte. Und schon

gar nicht verwunderlich war es, daß ausgerechnet Anton Fugger dieser »neutrale« Prüfer sein sollte.
Tatsächlich übergab der angeschlagene Ambrosius seinem jungen Konkurrenten eine Vermögensaufstellung, nach der er noch über Waren im Wert von 167 000 Gulden verfügte gegenüber einem Schuldenstand von angeblich nur 105 000 Gulden. »Also befinden wir, daß wir auf keine Art mehr schuldig sind, mehr: so ist man uns noch schuldig«, tönte Ambrosius. Anton ließ sich davon freilich nicht beeindrucken und zerpflückte das Zahlenwerk mit der Akribie eines Experten. »Ich glaube«, resümierte er in der Gläubigerversammlung, »daß ihrer noch viel mehr sind der bösen Schulden.«
Mit unerbittlicher Konsequenz bereitete Anton den Abschuß des großen Konkurrenten vor. Der alte Fuchs Ambrosius Höchstetter muß blind gewesen sein, als er mitansah, wie der junge Fugger, scheinbar um ihm zu helfen, den drängendsten Gläubigern ihre Forderungen abkaufte. Während die Höchstetter noch auf weitere Hilfe ihres Augsburger Nachbarn hofften, eröffnete Anton in der »Goldenen Schreibstube« in Wirklichkeit die Treibjagd auf den angeschlagenen Gegner. Den ersten Schuß gaben nicht ohne Grund die unverdächtigen Welser ab. Im Oktober erzwangen sie zu Innsbruck die Abtretung sämtlicher Silberrechte Höchstetters. Etwa gleichzeitig beschaffte sich der Antwerpener Fuggerfaktor Konrad Mair auf Befehl Antons in Brüssel sämtliche Schuldverschreibungen der Höchstetter, die nur irgendwo aufzutreiben waren. Darunter befand sich natürlich auch die letzte Anleihe über 200 000 Karolus-Gulden der Brüsseler Regierung. Teilweise wurden diese Papiere, die insgesamt einen Wert von 400 000 Gulden repräsentierten, aber natürlich zu weit geringeren Preisen feil waren, über Strohmänner wie den berüchtigten Lazarus Tucher erworben, damit Ambrosius nicht zu früh Verdacht schöpfte.
Im Herbst 1528 hatte Anton praktisch die Kontrolle über den Höchstetterkonzern übernommen. Damit die übrigen Gläubiger nicht merkten, was da gespielt wurde, pumpte er über Mittelsmänner sogar noch 30 000 Dukaten in die marode Firma, mit denen die vordringlichsten Rechnungen beglichen wurden. Der eigentliche Grund war jedoch, daß Anton den Konkurrenzkonzern erst bis zum letzten Gulden ausräubern wollte, ehe er ihn in Konkurs gehen ließ. Kaltblütiger hätte auch ein Jakob Fugger diesen ehemals mächtigen Widersacher nicht vernichten können als der junge »Herr Antoni« mit den träumerischen Augen, der stets so aussah, als komme er gerade aus dem Beichtstuhl. Sogar der gerissene Lazarus Tucher verlor schließlich am Höchstetterkonkurs noch 1400 Flämische Pfund, die ihm an Maklergebühren zustanden, und er hatte obendrein noch mit dem Gerücht fertig zu werden, er allein sei in Wahrheit schuld am Zusammenbruch des Konzerns.

Selbst als der Konkurrent am Boden lag, blieb der Fugger kalt. Obwohl Ambrosius mit Anton sogar entfernt verwadt war – seine Frau war ebenfalls eine Rehlinger und trug denselben Vornamen wie Anna Fugger –, rührte der Sieger keinen Finger, als die Familie des geschlagenen Höchstetter in Not geriet. Vergebens flehte Ambrosius der Jüngere, der »liebe Herr Vetter« solle »aus diesem Jammer helfen«, damit die Familie »mit Ehren bestehen möge«. Der Sohn des gebrochenen Konkurrenten wollte nur ein wenig Bargeld für den letzten Rest des noch vorhandenen Quecksilbers. »Ich hoffe zu Gott dem Allmächtigen, Du schlägst uns das nicht ab«, jammerte Höchstetter, »denn Du glaubst nicht, was es ist, wenn einer nicht Trauen und Glauben hat... Es ist wohl weinens- und klagenswert.«

Nach den – nicht immer ganz zuverlässigen Berichten – Clemens Senders sollen die Höchstetter jedoch noch versucht haben, ihre letzten Schätze in Warenballen mit fremden Handelszeichen zu verpacken und aus der Stadt zu schmuggeln. Ob das nun zutraf oder nicht, Anton jedenfalls ließ sich nicht erweichen. Auch der alte, verbitterte Ambrosius griff umsonst zur Feder: »Weil Gott der Allmächtige mich also dermaßen angegriffen und mir dieses Unglück zugestoßen, Gott weiß wie, und ich alt, schwach und ganz verblendet bin, und ich nicht gern von Sinnen kommen möchte.« Anton würdigte diesen Hilferuf nicht einmal einer Antwort.

Unbarmherzig ließ er sich sämtliche Vermögenswerte Höchstetters, darunter wertvolle Tiroler Schmelz- und Hüttenwerke, überschreiben, während die übrigen Gläubiger größtenteils leer ausgingen. Vor allem aber hatte er es auf das prächtige Schloß und Rittergut Burgwalden bei Augsburg abgesehen, das zum Privatbesitz von Ambrosius und Anna Höchstetter zählte. Am 2. März 1529 mußten sie es denn auch tatsächlich ihrem hartnäckigsten Gläubiger überlassen.

Dem einst ob seiner Gerissenheit vielbewunderten Altmeister der oberdeutschen Kaufleute blieb nichts erspart. Die etwa 300 von Anton Fugger um die Konkursmasse geprellten Gläubiger erwirkten schließlich im August die Verhaftung der Höchstetter. Nur Sohn Joachim konnte fliehen. Er entkam nach England und machte dort eine vielbeachtete Karriere: König Heinrich VIII. ernannte ihn zum »Principal surveyor and master of all mines in England and Ireland«, also zum Oberaufseher aller britischen Bergwerke.

Die oberdeutschen Unternehmer galten damals als die besten Montanexperten der Welt, während der englische Bergbau noch in den Kinderschuhen steckte. Tatsächlich gelang es Joachim Höchstetter, mit Hilfe importierter Bergleute aus Tirol und Sachsen die Ausbeute der königlichen

Minen beträchtlich zu steigern. Die anderen Angehörigen des Höchstetter-Clans aber erholten sich nie mehr von dem Schlag, den ihnen Anton Fugger versetzt hatte. Ambrosius Höchstetter, von dem Zeitgenossen schrieben, er sei ein »großer, stattlicher, schöner Mann gewesen«, starb, an Händen und Füßen gefesselt, im Herbst 1534 im Augsburger Schuldturm.

Während der Zeit des Kampfes mit Höchstetter, der sich über rund drei Jahre hinzog, ging es mit der Fuggerfirma zwar nicht besonders stürmisch, aber stetig bergauf, und als Anton Ende 1527 Bilanz zog, durfte er alles in allem zufrieden sein. Die Aktiva beliefen sich auf rund 3 Millionen Gulden, das eigentliche Geschäftskapital, das Hauptgut, betrug 1,6 Millionen Gulden. Anlaß zur Sorge hätte allein das rasche Anwachsen der Außenstände geben können, das letztlich auf die erhebliche Verschuldung der Habsburger zurückzuführen war. »Der Betrag der Außenstände war ungemein hoch, aber die dagegen empfangenen Sicherheiten waren gut, und die ganze geschäftliche Lage des Hauses war eine durchaus gesunde«, urteilt Bilanzexperte Richard Ehrenberg.

Geld für den Mörder

Weniger gesund freilich war oft genug das, wofür Fuggergeld ausgegeben wurde. So lieh sich zum Beispiel im Frühjahr 1528 ein Graf Gerhard von Arco bei Antons engstem Vertrauten Georg Hörmann 1000 Gulden. Die Summe war für denjenigen bestimmt, der es riskierte, den unbequemen Wortführer der Bergarbeiter, Michael Gaismaier, für immer zum Schweigen zu bringen. Kein Geringerer als Seine Majestät höchstselbst, Ferdinand, der neugekrönte König von Ungarn und Böhmen, hatte den Mord befohlen, da er nur so den wieder aufflackernden Arbeiterunruhen in den alpenländischen Erzbergwerken Herr zu werden glaubte.

Ein Tiroler Landsmann, der Postmeister von Mantua, erbot sich, »wo solches Geld gewiß sei, Wege zu finden, daß derselbe Gaismaier entleibt werden möge«. Am 14. März 1527 schrieb deshalb Ferdinand aus Prag an seinen Schatzmeister in Innsbruck, die erforderlichen 1000 Gulden sollten bei Graf von Arco oder an einem anderen sicheren Ort verwahrt und nicht früher ausbezahlt werden, bis Gaismaier entweder gefangen war »oder gewisse und wahre Kundschaft, daß er entleibt und umgebracht sei«, vorlag.

Der Postmeister indessen überlegte sich die Sache doch noch einmal, weshalb der »Terrorist« Gaismaier eine Gnadenfrist erhielt. Der Tiroler Volksheld, Verfasser einer verblüffend modernen »Landesordnung«, hatte sich unter den Schutz italienischer Fürsten begeben, seit der mit

Fuggergeld bezahlte Söldnerführer Georg von Frundsberg Jagd auf ihn gemacht hatte. Erst stand er im Dienst der Republik Venedig, dann heuerte ihn die florentinische Bankiersdynastie Strozzi als »Militärberater« für den Krieg gegen die Medicis an. Finanziell saniert, kaufte sich Gaismaier im August 1528 ein großes Landgut mit 20 Pferden, 50 Kühen sowie 300 Schafen und Ziegen unweit des Heilbades Abano Therme.
Die Agenten der Habsburger und Fugger hatten ihn jedoch bald aufgespürt. Als dann Venedig im Jahr 1529 mit den Habsburgern wieder einmal Frieden schloß, wußte Gaismaier, daß er nun ständig in Lebensgefahr schwebte. Nie ritt er ohne bewaffnete Begleiter aus, und stets steckte ein silberner Dolch in seinem Gürtel. Doch es dauerte keine drei Jahre, bis im Kontor der Fugger die »wahre Kundschaft« vorlag, zwei neapolitanische Ex-Söldner hätten Gaismaier in Padua erstochen.
Die sparsamen Innsbrucker Räte neigten nun zu der Auffassung, daß man das Kopfgeld doch sicher für andere Zwecke nutzbringender ausgeben könne. Ferdinand aber befahl die Entlöhnung des Banditen, da er sonst zusätzliche Konflikte befürchtete.

Der Traum vom Inka-Gold

Bei allem Realismus, der seine Geschäfte auszeichnete – eines Tages erlag auch Anton Fugger den Verlockungen eines schönen Traums. Es war der Traum seiner Generation – der Traum vom Inka-Gold. Schon Jakob der Reiche wollte nicht abseits stehen, als der Run nach Indien begann. Aber er war zu alt und zu skeptisch, um mehr als ein Taschengeld in die undurchsichtigen Abenteuer der Seefahrer zu investieren. Er wollte erst sehen, was dabei heraussprang, ehe er größere Summen riskierte.
Auch Anton, seinem Naturell nach gewiß kein Hasardeur, sah zunächst nicht die Notwendigkeit, irgendwo in der Ferne nach verborgenen Schätzen suchen zu lassen. Und hätte nicht in seiner Nachbarschaft ein gewisser Bartholomäus Welser gelebt, das Kolonialfieber, das damals unter den Geschäftsleuten grassierte, wäre sicher spurlos an ihm vorübergegangen. So aber mußte er sich immer wieder von den sagenhaften Reichtümern berichten lassen, die des Welsers Beauftragte irgendwo jenseits des großen Meeres entdeckt haben wollten. Von Anfang an hatte sich der Chef der Augsburger Welser – ein anderer Zweig der Familie residierte in Nürnberg – mit größtem Interesse um die Nachrichten über die Erfolge der spanischen und portugiesischen Seefahrer gekümmert. Das lag wahrscheinlich daran, daß er als die Nummer zwei in der europäischen Hochfinanz im Kolonialgeschäft die Chance witterte, den Abstand zum übermächtigen Konkurrenten am Weinmarkt zu verringern.

Anton Fugger hingegen hatte es eigentlich gar nicht nötig, sich auf derartig nebulöse Geschäfte einzulassen, denn er verdiente an handfesteren Unternehmungen mehr als genug. Doch im Laufe der Zeit klangen die Nachrichten, die aus der betriebsamen Seefahrerstadt Sevilla am Augsburger Weinmarkt eintrafen, immer zuverlässiger. So konnten beispielsweise die Welser schon die ersten Gewinne aus ihren Zuckerrohrplantagen buchen, die sie im Kielwasser der Amerikafahrer auf den Kanarischen Inseln angelegt hatten.

Als der in englischen Diensten stehende Italiener Sebastiano Caboto 1527 mit Billigung Madrids eine privat finanzierte Amerika-Expedition zusammenstellte und dafür bei den Kaufleuten um Beteiligungen warb, half ihm Fuggerfaktor Sebastian Kurz bei der Organisation. Im Auftrag des Konzerns nahm der Angestellte Hans Prunberger an der Expedition teil. Caboto, dessen Vater noch vor Columbus die Küste von Labrador entdeckt hatte, steuerte Südamerika etwa auf der Höhe des Rio de la Plata an. Außer fremdartigen Pflanzen und unbekannten Tieren gab es dort aber nicht viel zu holen. Von Gold hatten die scheuen Indios noch nie etwas gehört – aus der Sicht der Spanier war die Expedition also ein Fehlschlag.

Da Hans Prunberger mit leeren Händen aus dem Süden des Doppelkontinents zurückkam, steuerte Sebastian Kurz drei Jahre später auf der Nordroute westwärts. Er landete auf der mexikanischen Halbinsel Yucatan, wo der berüchtigte Conquistador Hernando Cortez bei den Azteken reiche Beute gemacht hatte. Doch diese Gegend hatten die Spanier so gründlich ausgeraubt, daß ein größeres Engagement der Fugger nicht ratsam schien. Anton fühlte sich in seiner Skepsis bestätigt und weigerte sich deshalb auch, die von Christobal de Haro geplante dritte Molukken-Expedition der Spanier zu finanzieren. Weil kein Geld aus Augsburg eintraf, mußte das Unternehmen abgeblasen werden.

Unterdessen waren die Welser längst dabei, sich den fernen Kontinent, der noch immer »Indien« hieß, nutzbar zu machen. Ihre Abgesandten hatten sich an der Mündung eines mächtigen Flusses niedergelassen, der später den Namen Orinoco bekam. Anders als die verblendeten Spanier, suchten sie nicht ausschließlich nach dem sagenhaften Inka-Gold, sondern sie versuchten auch auf andere Weise, sich das unermeßlich weite Land nutzbar zu machen.

Zunächst einmal brauchte man billige Arbeitskräfte, denn die Indios erwiesen sich als unzugänglich und zur geregelten Arbeit im europäischen Sinne nicht geeignet. Die Idee lag nahe, aus Afrika robuste, das tropische Klima gewöhnte Negersklaven zur Fronarbeit herbeizuschaffen. Und weil sich damit auch noch ein nettes Geschäft verbinden ließ, organisierten die Welser rasch den Handel mit der Ware »Mensch«.

Am 12. Februar 1528 schlossen sie mit dem spanischen Hof – Karl V. betrieb seine Kolonialpolitik nicht als deutscher Kaiser, sondern ausschließlich als spanischer König – ein Abkommen, wonach sie das Recht erhielten, binnen vier Jahren 4000 Negersklaven für die Kolonien Spaniens zu liefern, außerdem 50 deutsche Bergarbeiter für Santo Domingo, das heutige Haiti. Für sein Monopol im Sklavenhandel mit Südamerika mußte Bartholomäus Welser dem spanischen König eine Art Lizenzgebühr von insgesamt 20 000 Dukaten bezahlen, pro Sklave also fünf Dukaten. Indessen dürfte sein Gewinn bei dieser Transaktion ein Vielfaches davon betragen haben. Als Karl V. die oberdeutschen Kaufleute im März 1528 um eine Großanleihe über insgesamt 100 000 Gulden anging, sah der Augsburger Fuggerkonkurrent endlich die Chance, im großen Stil ins Kolonialgeschäft einzusteigen. Fugger und Welser teilten sich die gewaltige Summe im Verhältnis 6:4. Sie war zur Finanzierung des Heeres bestimmt, mit dem der Welfenherzog Heinrich der Jüngere auf seiten des Kaisers in den oberitalienischen Krieg gegen Frankreich eingreifen sollte. Obwohl Anton den größeren Teil des Geldes aufbrachte, gab er sich mit vergleichsweise bescheidenen Pfändern zufrieden. Er ließ sich Schloß, Dorf und Herrschaft Mickhausen in Schwaben überschreiben, während Bartholomäus Welser die Herrschaft über ganz Venezuela bekam.

Die geographischen Vorstellungen der Kolonialherren von dem neuen Kontinent waren noch sehr verschwommen. So hoffte man immer noch, endlich eine natürliche Passage durch die riesige Landmasse, die sich da jenseits des großen Meeres von Norden nach Süden erstreckte, zu finden. Zwar hatte der portugiesische Weltumsegler Fernão de Magalhães schon 1520 im Süden die nach ihm benannte Meeresstraße zum Pazifischen Ozean entdeckt, aber für die ökonomische Erschließung der »Rückseite« des neuen Kontinents brauchte man eben so etwas wie den Panama-Kanal.

Dergleichen hoffte auch Ambrosius Ehinger zu finden, als er im Februar 1529 im Auftrag von Bartholomäus Welser an der Orinoco-Mündung landete, um das riesige Gebiet in Besitz zu nehmen, das der Kaiser seinem Herrn zur Ausbeutung überlassen hatte. Zu Pferd durchstreifte der Schwabe mit einem Trupp schwerbewaffneter Soldaten die Urwälder im riesigen Flußgebiet und das Bergland von Guayana. Auch er suchte letztlich dasselbe wie die vor ihm auf der anderen Seite des Kontinents gelandeten Spanier Pizarro und Almagro: das legendäre Goldland Columbien.

Wenn ihm dieser Erfolg auch versagt blieb, so klang das, was er zu Hause berichten konnte, doch verheißungsvoll genug, um den nüchternen schwäbischen Kaufleuten den Glanz der Habgier in die Augen zu treiben. Ehinger brachte zudem die erste, von dem Spanier Diego Ribeiro gezeichnete Weltkarte mit dem neuen Kontinent nach Augsburg. Die sich wie ein Lauffeuer in der schwäbischen Handelsmetropole ausbreitenden Nachrichten verfehlten dann auch nicht ihren Eindruck auf den jungen Chef in der »Goldenen Schreibstube«. Wenn ein Bartholomäus Welser, den er als cleveren Konkurrenten schätzte, einen Großteil seiner Energie und seines Kapitals in das Überseeprojekt investierte, dann mußte da etwas dran sein – selbst wenn nur die Hälfte von dem stimmte, was man sich so über die märchenhaften Reichtümer des fernen Kontinents erzählte.

Neben Gold und Sklaven waren Perlen, Farbstoffe wie Indigo, Edelhölzer, Drogen und Medikamente die gewinnträchtigsten Artikel im frühen Südamerikahandel. Die Karavellen der Welser brachten beispielsweise Coca-Nüsse mit, deren berauschende Wirkung der Spanier Monardes entdeckt hatte, oder Winteranis, mit dem man den Skorbut auf den Schiffen bekämpfte. Auch hatte man bereits den Chinarindenbaum und somit das Chinin als Medikament gegen Fieber entdeckt, und vom Tabak versprach man sich allerlei Heileffekte.

Zum Bestseller entwickelte sich allerdings das Guajakholz. Spanische Ärzte hatten festgestellt, daß es am besten die Auswirkungen jener schrecklichen Krankheit verhinderte, von der die Matrosen und Soldaten befallen wurden, welche sich mit den Indio-Mädchen eingelassen hatten. Die Seuche breitete sich ebenso schnell wie die Pest in ganz Europa aus und erhielt später den Namen Syphilis. Obwohl der berühmte Arzt Paracelsus vor dem Guajakholz warnte und statt dessen die Einnahme von Quecksilber empfahl, stieg die Nachfrage laufend an. Die Fugger sollten später noch eine Menge Geld an dieser südamerikanischen Pharmaspezialität verdienen.

Ein Fugger aber, daran wollte Anton keinen Zweifel lassen, würde sich niemals und nirgendwo mit einem untergeordneten Rang zufriedengeben. Er würde auch im Kolonialgeschäft die Nummer eins werden – oder die Finger davonlassen. Also suchte er zunächst nach einem erstklassigen Fachmann, der über einschlägige Erfahrungen im Kolonialgeschäft verfügte und die Fuggerschen Interessen am spanischen Hof wirkungsvoll vertreten konnte.

Er fand diesen Spezialisten schließlich in Veit Hörl, der bisher den Überseehandel der Herwarts in Lissabon organisiert hatte und als geschickter Unterhändler galt. Solche Talente waren unbedingt erforderlich, da der Concejo des Indias, das entscheidende Gremium für alle Kolonialprojekte, als ausländerfeindlich galt und stets spanische Firmen bevorzugte. Grundsätzlich aber konnten ihm die national gesinnten Señores den Einstieg kaum verwehren, da sie wußten, wie sehr ihr König auf die schwäbische Geldmacht angewiesen war.

Als Karl V. einmal mehr dringend Geld für seine Kriegskasse brauchte, weil erstens die Franzosen und zweitens die Türken seine Herrschaft bedrohten, hielt Anton die Zeit für gekommen, seinen großen Kolonialcoup zu landen. Sozusagen als Ausgleich für den drohenden Verlust seiner Besitztümer im Osten und als Sicherheit für seinen Beitrag zu einer Großanleihe über insgesamt 1,5 Millionen Gulden, die der Kaiser bei den Fuggern und den Welsern aufzunehmen gedachte, verlangte Anton das größte Stück vom südamerikanischen Kuchen.

Im Dezember 1530 erläuterte Veit Hörl dem Concejo seine Vorstellungen, der sie zusammen mit einem Gegenentwurf 30 Tage später an Karl nach Brüssel sandte. Die Antwort des Monarchen lautete: »Ich habe es für gut befunden.« Nach spanischem Recht durfte allein der König die von seinen Untertanen entdeckten und eroberten Gebiete in Besitz nehmen. Doch konnte er jederzeit seine Herrschaftsrechte an Privatleute verpachten.

Was Fugger begehrte, war schlechthin unverschämt, nämlich die gesamte südamerikanische Pazifikküste von Chincha in Peru bis hinunter nach Feuerland auf einer Breite von 200 Meilen, also praktisch das gesamte Land zwischen der Küste und den Kordilleren. Seit Pizarro 1427 das goldene Reich der Inka entdeckt hatte, galt die Pazifikseite des neuen Kontinents als die ergiebigere. Doch mit dem Festland allein war Anton noch nicht zufrieden, er wollte auch noch die Inseln, die Magalhães auf seiner Weltumsegelung im Pazifik berührt hatte.

In langwierigen Verhandlungen mit dem Concejo des Indias wurde dann bis in alle Einzelheiten der südamerikanische Fuggerbesitz ausgehandelt. Anton mußte sich verpflichten, wenigstens drei Flotten mit zusammen 500 Mann Besatzung auszurüsten. Die ersten drei Karavellen sollten binnen eines Jahres in See stechen. Vom Erfolg dieses Voraustrupps wurde der weitere Terminplan der Kolonisierung abhängig gemacht.

Wenn die Firma innerhalb einer bestimmten Probezeit ihre Amerikafahrten nicht fortsetzte, durfte der spanische König die Gebiete anderweitig vergeben. Die Kolonialrechte wurden den Fuggern für drei Generationen, also für die Dauer von rund 100 Jahren, überschrieben. In dem genau bezeichneten Gebiet hatten sie alle militärischen, wirtschaftlichen und verwaltungsmäßigen Rechte, und zwar als Statthalter und Generalkapitäne des Königs. Sie durften zwei Land- und zwei Hafenfestungen sowie zahlreiche militärische Stützpunkte anlegen und mit den Eingeborenen praktisch nach Gutdünken verfahren. Sogar das Recht auf Plünderung der Eingeborenengräber, in denen man große Kostbarkeiten vermutete, ließen sich die Augsburger verbriefen.

Anton verlangte darüber hinaus ein Achtel des gesamten Kolonialgebietes als Privatbesitz und dazu wenigstens einen Hafen sowie die unumschränkte Gerichtsbarkeit in seinem Kolonialreich. Der endgültige Vertrag kam im Sommer 1531 zustande. Er machte die Fugger schlagartig zur größten Kolonialmacht der Erde, doch gleichzeitig bürdete er ihnen, wenn sie seine Möglichkeiten auch nur einigermaßen ausschöpfen wollten, enorme Risiken und Lasten auf. Da mußten – für Bewohner des Binnenlandes ungewohnt – Schiffe gezimmert, Flotten ausgerüstet und Kapitäne angeheuert werden. Man brauchte Conquistadores von der Schläue und Härte eines Pizarro, Soldaten und Kolonisatoren, Bürokraten und Techniker, Agrarexperten und Priester.
Das »Unternehmen Südamerika« hätte gewiß die ganze Kraft des Fuggerkonzerns beansprucht, doch für Anton war es eher so etwas wie eine zwar reizvolle, doch nicht allzu bedeutsame Zukunftsinvestition. Wie moderne Konzerne Entwicklungs- und Forschungsabteilungen führen, leistete sich Fugger eben die Abteilung Südamerika. Nie setzte der Konzernchef oder einer seiner engsten Mitarbeiter einen Fuß auf den Boden der fernen Provinz, nie räumte er den Investitionsplänen Veit Hörls höchste Dringlichkeit ein. Und selbst der Faktor in Sevilla kümmerte sich bald mehr um die Quecksilbergruben im nahen Almaden als um das weite Land im fernen »Indien«.

Pizarro ist cleverer

In der Zentrale am Augsburger Weinmarkt verschwand das utopische, weil viel zu große Kolonisationsprojekt bald aus dem Blickfeld. Andere, handgreiflichere Geschäfte erforderten ständig die ungeteilte Aufmerksamkeit. Daß es um Südamerika immer stiller wurde, lag zum Teil am unzureichenden Management, zum Teil aber auch an den Erfolgen der Konkurrenz. Der ebenso ehrgeizige wie rücksichtslose Eroberer Francisco Pizarro hatte nämlich, während die Fugger noch mit dem Concejo, dem Indienrat, verhandelten, das von ihm besetzte Territorium beträchtlich erweitert.
Nach seinem Vernichtungskrieg gegen die Eingeborenen, dem auch der letzte Inkaherrscher Atahualpa zum Opfer fiel, waren Pizarro und sein Kompagnon Diego de Almagro weit ins Hoheitsgebiet der Fugger nach Süden vorgedrungen. Anton machte sich keine Illusionen über die Chancen seiner unerfahrenen Angestellten gegenüber dem routinierten Eroberer. Die Statthalter der Welser jedoch schickten unterdessen neue Erfolgsmeldungen nach Augsburg.
Ambrosius Ehinger, der erste Gouverneur Venezuelas, fiel zwar im Som-

mer 1533 im Kampf mit den Eingeborenen, aber die Herrschaft der schwäbischen Kaufleute über die Indios am Orinoco blieb bestehen. Ehingers Nachfolger Nikolaus Federmann mußte unsägliche Mühen und Gefahren auf sich nehmen, wurde dann aber mit reicher Ausbeute an Gold, Perlen und Edelsteinen belohnt. Die Fugger hingegen ernteten lange Zeit nur Verdruß.

Im Jahr 1532 kam es auf dem Atlantik zu einer folgenschweren Schiffskatastrophe, über deren Einzelheiten man sich im Konzern aus Prestigegründen beharrlich ausschwieg. Offenbar war eine Flotte unter der Leitung Admiral Alcazabas in einen Orkan geraten, dem mehrere Karavellen zum Opfer fielen. Nach dem im Indias-Generalarchiv zu Sevilla aufbewahrten Bericht eines Überlebenden spielten sich dabei grauenvolle Szenen ab: Um jeden Platz in den viel zu wenigen Rettungsbooten wurde erbittert gekämpft, und mindestens eines der Boote sank. Mit den Schiffen gingen auch wertvolle Aufzeichnungen über den kaum entdeckten Kontinent verloren.

Vorfälle wie dieser und die Enttäuschung angesichts der offenkundigen Erfolge der Welser sowie der spanischen Conquistadores ließen in Anton die Einsicht reifen, daß man sich in der Neuen Welt doch wohl auf zu unsicherem Boden bewegte. Ohne daß es seine Konkurrenten richtig merkten, beschloß er den Rückzug aus Südamerika. Zum ersten Mal mußte der vom Erfolg verwöhnte Erbe die Erfahrung machen, daß auch für einen Fugger nicht jeder Traum in Erfüllung ging. Entscheidender Anlaß für seinen Sinneswandel war wohl die Nachricht, daß Karl V. Pizarro zum Gouverneur der Provinz Peru ernannt hatte. Fuggeragenten erfuhren am spanischen Hof, daß der Conquistador über seinen Bruder dem Kaiser laufend kostbare Geschenke übermitteln ließ, weshalb er sich höchster Gunst erfreute. So erschien es ziemlich aussichtslos, den Expansionsdrang des Kriegshelden mit juristischen Mitteln zu bekämpfen.

Im Erobern und Ausplündern waren die Spanier den Schwaben haushoch überlegen. Ohne Rücksicht auf Fuggersche Hoheitsrechte marschierte Diego de Almagro 1535 immer weiter nach Süden. Die tödliche Rivalität zwischen Almagro und Pizarro hätte geschickten Gegenspielern vielleicht noch die Möglichkeit gegeben, eine entscheidende Rolle bei der Kolonisation Südamerikas zu spielen. Aber zu diesem Zeitpunkt hatte Anton längst die Lust verloren und seinen riesigen Besitz in Übersee abgeschrieben – freilich erst, nachdem ihm der Kaiser versprochen hatte, den Verlust zu ersetzen.

24. Kapitel
Zu reich, zu mächtig

Landbesitz hatte jedoch mit dem südamerikanischen Abenteuer für die Fugger keineswegs an Reiz verloren. Im Gegenteil: Während sich Anton leichten Herzens von einem großen Teil Südamerikas trennte, trachtete er um so energischer danach, die näher liegenden Latifundien in Süddeutschland und Südosteuropa auszudehnen. Nicht erst seit der Höchstetterpleite wußte der Handelsfürst, wie vergänglich der Reichtum eines Kaufmanns sein konnte. Schon der alte Jakob hatte ihm eingebleut, stets auf Nummer Sicher zu gehen und das, was man hatte, möglichst für immer zu behalten. Die sicherste Geldanlage aber waren schon damals Immobilien. Zwar gab es noch keine Appartementhäuser und Freizeitzentren, dafür aber konnte man, das nötige Kleingeld vorausgesetzt, ganze Dörfer und Städte kaufen.

Vom Beginn seiner Regierungszeit an investierte Anton deshalb stets einen Teil der Gewinne in Grund und Boden. Im April 1527 kaufte er beispielsweise für 13200 Gulden die Herrschaft Gablingen nördlich von Augsburg. Wenig später war das Dorf Mickhausen südwestlich der Reichsstadt hinzugekommen. Hingegen scheiterten die Verhandlungen um den Ankauf der bedeutenden Handelsstadt Mindelheim, für die Anton bereit war, über 100000 Gulden auszugeben.

Was der zunächst scheinbar willkürliche Ankauf von Ländereien in Wahrheit bezweckte, offenbarte sich im November 1530, als die drei Fuggerneffen vom Erzherzog in den Grafenstand erhoben wurden. Der Adelsbrief fiel diesmal noch umfangreicher aus als zu Jakobs Zeiten. Er garantierte ihnen neben den üblichen Herrenrechten praktisch völlige Immunität gegenüber der Justiz. Nur ein kaiserliches Gericht konnte fürderhin die Fugger wegen irgendwelcher Verfehlungen zur Verantwortung ziehen. Darüber hinaus verpflichtete der Monarch zahlreiche der ihm direkt unterstellten Reichsstädte zum besonderen Schutz seiner drei wertvollsten Untertanen.

Anton, Raymund und ihr Vetter Hieronymus konnten damit praktisch von niemandem mehr belangt werden, was immer sie auch anstellten. Vor dem Gesetz waren sie beinahe regierenden Fürsten gleichgestellt – und genau dies strebte der Konzernchef offenbar auch mit seinen Ländereien an. Anton wollte, was bereits Jakob gelegentlich erwogen hatte: ein eigenes Fürstentum. Als Markgraf von Burgau brachte er zunächst einmal alle erreichbaren Herrschaften der näheren Umgebung in seinen Besitz, der dann im Laufe der Zeit zu einem Herzog- oder Fürstentum Schwaben erweitert werden sollte. Diesem verwegenen Ziel diente auch

der Ankauf der Wellenburg von den Erben des verstorbenen Salzburger Erzbischofs Matthäus Lang, der Herrschaft Glött und der strategisch wichtigen Gemeinde Oberndorf bei Donauwörth.
Zusammen mit den von seinem Onkel erworbenen Besitztümern Schmiechen, Biberach, Weißenhorn und Oberkirchberg verfügte Anton um das Jahr 1535 über einen riesigen, wenn auch noch nicht zusammenhängenden Grundbesitz, der durchaus die Keimzelle eines unabhängigen Landesteils bilden konnte. Zum Glück für die späteren Generationen kam es jedoch nicht soweit, denn höchstwahrscheinlich hätte ein Fuggersches Fürstentum die Stürme der Geschichte weniger gut überstanden als der – politisch weniger brisante – private Grundbesitz der Familie.
Daß es Anton durchaus ernst war mit seinen landesherrlichen Plänen, bewies er mit seinem Umzug nach Weißenhorn. Mitte 1533 verlegte er den Sitz der Konzernzentrale aus dem von Religionshändeln aufgewühlten Augsburg in die alte Barchentweberstadt, in der er keinen Widerspruch zu fürchten brauchte. Kaum 40 Jahre alt, war dieser Fugger der vierten Generation längst allen Bürger- und Kaufmannstraditionen entwachsen. Er dachte, plante und handelte wie ein absoluter Herrscher.
Gebildeter und kultivierter als Jakob, näherte er sich schon bedenklich den Lebensgewohnheiten der Feudalherren, die nicht zuletzt wegen ihres aufwendigen Stils in seinen Geschäftsbüchern auf der Schuldnerseite standen. Wie ein regierender Fürst leistete er sich zahlreiche Burgen, Schlösser und Festungen. Um seine ungarischen Bergwerke und die Handelsstraßen nach Norden besser zu schützen, kaufte er nach schwierigen Verhandlungen mit Billigung Johann Zapolyas die mächtige Bergfestung Orawa an der ungarisch-polnischen Grenze.

»Ich habe mein Messerlein an mich gehängt«

Ihr feudaler Lebenswandel entfremdete die Fugger der schwäbischen Umgebung allmählich so sehr, daß sie kaum noch verstanden wurden. Wie schon Jakob der Reiche verstrickten sich nun auch Anton und Raymund hin und wieder in läppische Auseinandersetzungen mit andersdenkenden Nachbarn. Anton, der über den Onkel einst wegen dessen Streitereien um die Pfarrei Sankt Moritz gelächelt hatte, sah sich plötzlich selbst im Mittelpunkt religiöser Konflikte.
Die Reformation hatte, begünstigt durch die lange Abwesenheit des auf die Kriege mit Frankreich fixierten Kaisers, überall in Deutschland große Fortschritte gemacht. Je weniger sich Karl um seine deutschen Untertanen kümmerte, desto mehr gewannen die einzelnen Landesfürsten an Einfluß. Sie bestimmten dann auch bald den Verlauf der Front zwischen

dem katholischen und dem protestantischen Glauben. Wortführer der reformationsfreundlichen Landesherren wurde Landgraf Philipp von Hessen, der unter dem Einfluß des Luther-Freundes Philipp Melanchthon stand. Verteidiger des konservativen Glaubens waren natürlich die Habsburger.

Eine neue Variante bekam der Glaubensstreit durch den Auftritt des Schweizer Reformators Huldrych (Ulrich) Zwingli, dessen rational orientierte Glaubenslehre insbesondere in Süddeutschland auf fruchtbaren Boden fiel. Aus den Lehren Zwinglis entwickelte sich bald eine recht radikale Bewegung. Zwei seiner ehemaligen Mitstreiter, die Züricher Felix Manz und Konrad Grebel, lehnten jede Form einer Zwangskirche ab und verkündeten, jeder Mensch könne nur einzeln für sich den Weg zu Gott finden. Als Symbol für die Aufnahme in die Gemeinschaft der Heiligen führten sie die Erwachsenentaufe ein. Sofort erhielten sie deshalb von ihren Gegnern das Etikett »Wiedertäufer«, obwohl sie die frühe Taufe des geistig unmündigen Kleinkindes ausdrücklich ablehnten.

Die stärkste Resonanz fanden die nach Süddeutschland ausschwärmenden Anhänger der Erwachsenentaufe ausgerechnet in Augsburg. In der schwäbischen Wirtschaftsmetropole prallten die religiösen und sozialen Gegensätze besonders hart aufeinander. Die erzkonservative Oberschicht beharrte uneinsichtig auf der Anerkennung ihrer Privilegien, und für die Masse der Bürger waren die theologischen Meinungsverschiedenheiten zudem ein Ventil, ihre Wut über das krasse Vermögensgefälle in der Reichsstadt abzureagieren.

Bald galt es jedoch auch in der Oberschicht als chic, der alten Kirche abzuschwören. Fuggers Hausprediger Dr. Othmar Nachtigall ereiferte sich: »Tut man nicht dazu, so werden wir einander zu Tod schlagen. Ich habe mein Messerlein an mich gehängt.« Vor dem Fuggerhaus am Weinmarkt, dem Hort des Konservativismus, kam es zu einem heftigen Streit zwischen dem reformierten Exprediger Urbanus Rhegius, seinem Adlatus Matthias Kretz und den katholischen Fuggerfreunden Johannes Eck und Othmar Nachtigall, an dem sich Hunderte, meist protestantische Augsburger beteiligten.

Der Stadtrat empfahl Anton, »den Doktor abzuschaffen« und die übereifrigen Glaubensstreiter aus dem Verkehr zu ziehen. Widerstrebend gab der Konzernchef schließlich nach. Kaum hatte sich die Aufregung über die Redeschlacht der Theologen wieder gelegt, da sorgten die »Wiedertäufer« für neuen Zündstoff. Wo immer sie auftraten, wurden sie verfolgt. Die Landesherren hielten sie für getarnte Sozialrevolutionäre, der etablierten Kirche schienen sie des Teufels zu sein, und für die Reformierten waren sie eine lästige Konkurrenz.

Erstaunlicherweise schienen sie trotz der Verfolgung nicht weniger, sondern – wie schon die Christen im alten Rom – eher mehr zu werden. Einer ihrer prominentesten Anhänger in Augsburg war der in ganz Europa berühmte Bildschnitzer Adolf Daucher, der auch für die Fugger arbeitete. An Ostern 1528 trafen sich »Wiedertäufer« im Haus des Bildschnitzers zum gemeinsamen Gottesdienst. Sie wurden jedoch verraten und prompt verhaftet. Der nun schon sehr reformationsfreundliche Augsburger Rat gab sich mit milden Strafen zufrieden: Die Täufer mußten lediglich versprechen, die Stadt zu verlassen.

Ein verhängnisvolles Todesurteil

Dies war nun ein Signal fürs katholische Establishment, das ein für allemal mit den lästigen Sektierern aufräumen wollte. Noch waren sie so sehr in der Minderzahl, daß man gefahrlos ein Exempel statuieren konnte. Die Lutherischen sollten sehen, wie man hierzulande mit Andersgläubigen umsprang. Damit die Jagd auf die »Wiedertäufer« störungsfrei ablaufen konnte, bestimmte Erzherzog Ferdinand die Fuggerstadt Weißenhorn zur »Malstatt« und ermahnte den Bürgermeister, sich bei der Verfolgung und Aburteilung der Sektierer »durch nichts verhindern« zu lassen.
Tatsächlich wurden die von den Soldaten des Schwäbischen Bundes in den Dörfern rund um Augsburg und Ulm gefangenen Anhänger der Täuferbewegung in Weißenhorn zusammengetrieben und eingekerkert. Unter der Oberaufsicht des Fuggerangestellten Hans Heel, der vorher in der Haller Faktorei gearbeitet hatte, wurden sie mit beispielloser Brutalität gefoltert und, nachdem sie ihre »Sünden« eingestanden hatten, gehängt.
Wahrscheinlich hätte sich niemand um das Schicksal der Unglücklichen gekümmert, wenn nicht ein Patrizier unter ihnen gewesen wäre. Es handelte sich um Eitel Hans Langenmantel, der aus einer der vornehmsten Familien Augsburgs stammte. Sein Vater war Hauptmann des Schwäbischen Bundes und Bürgermeister der Reichsstadt gewesen, sein Bruder hoher Offizier. Eitel Hans hatte den Weg zu den Täufern durch seinen Freund Hans Dachser gefunden, einen früheren Karmelitermönch. Nach seiner Entlassung aus dem Augsburger Gefängnis hatte er sich zunächst bei seinen Glaubensbrüdern im Vorort Göggingen versteckt. Als ihm dort Entdeckung drohte, fand er im Landhaus seines Freundes Matthäus Öhem in Langenneufnach für einige Zeit Unterschlupf. Wieder auf der Flucht, wurde er schließlich vom Hauptmann Diepold von Stein in Leitershofen unweit der Fuggerschen Wellenburg festgenommen und nach Weißenhorn gebracht.
Obwohl die einflußreichen Freunde des Patriziersohnes alle Hebel in Bewegung setzten, ihm das Los seiner Glaubensbrüder zu ersparen, wurde

er ebenfalls gefoltert und zum Tode verurteilt. Raymund Fugger gewährte ihm als Herr über Weißenhorn und oberste Gerichtsinstanz lediglich die »Gnade«, anstatt durch den Strick unterm Schwert des Scharfrichters zu sterben.
Die Frage, weshalb ein so kluger Kopf wie Anton Fugger die Exzesse in Weißenhorn zuließ, beschäftigte nicht nur die Zeitgenossen, sondern auch manche ums Fugger-Image besorgten Historiker. Vermutlich wollte der Konzernherr der Augsburger Oberschicht klarmachen, daß nun die Zeit der Entscheidung für oder gegen Kirche und Kapital gekommen war.
Das Blutbad von Weißenhorn verschärfte selbstverständlich die Spannung zwischen den religiösen Lagern. Außerdem hatten sich die Fuggerbrüder mit ihm einige ihrer Standesgenossen zu Todfeinden gemacht. Der temperamentvollste unter ihnen war Marx Öhem, ein Neffe der Witwe Langenmantels, der sich zu den Zwinglianern bekannte. An einem kalten Februartag des Jahres 1533 besetzte Öhem mit seinen Glaubensbrüdern die unterm Patronat der Fugger stehende Sankt-Moritz-Kirche, um Meßgeräte und Kultgegenstände zu entfernen. Ziel der Eindringlinge war es, den Gottesdienst im herkömmlichen Stil zu verhindern und dafür die Art Zwinglis einzuführen.
Anton ließ sofort Ersatz für die geraubten Gegenstände beschaffen. Außerdem sorgte er dafür, daß linientreue Priester und Mesner an die Kirche kamen, die nur noch Katholiken einließen. Mit einem festlichen Gottesdienst zu Christi Himmelfahrt wollte er jedermann in der Stadt demonstrieren, daß die alte Kirche noch immer die mächtigste war. Marx Öhem bekam rechtzeitig Wind davon und versuchte, mit einem Überraschungscoup Antons Machtdemonstration zu durchkreuzen. Am Tag vor Himmelfahrt stieg er mit ein paar Getreuen aufs Kirchendach von Sankt Moritz, um die Luke, durch welche die Christusfigur symbolträchtig emporgezogen werden sollte, mit schweren Balken und Eisenstangen zu vernageln.
Anderntags war die Kirche bis zum letzten Platz gefüllt, als Anton und Raymund Fugger mit großem Gefolge einzogen. Kaum bemerkte der Konzernchef die verschlossene Luke, da befahl er einigen Angestellten, sofort auf den Turm zu steigen, die Luke aufzubrechen und, wenn die Messe so weit war, wie geplant die Christusfigur emporzuziehen.
Was dann geschah, schilderte Raymund in einem Brief an seinen Vetter, den Faktor Georg Hörmann: »Da ist Öhem gekommen, durch die Kirche gelaufen, als ob er voller Teufel wäre.« Er habe gerufen: »Tut den Schelmen weg!« womit er die Christusfigur meinte. Angeblich soll Öhem dann auch Anton am Arm gepackt und ihn angebrüllt haben: »Nimm dich in acht! Von nun an wirst du deinen Lohn empfangen!« Daraufhin verließen

offenbar die beiden Brüder mitsamt ihrem Anhang die Kirche, während Öhems Leute den halb zum Himmel gefahrenen Christus zu Boden krachen ließen, wobei die Figur zerbrach.
Der eilends alarmierte Stadtvogt schickte Katholiken und Zwinglianer nach Hause und ließ die Kirche schließen. Anton indessen fürchtete um einen Prestigeverlust und setzte gegen den ausdrücklichen Befehl des Vogts noch für denselben Tag eine Vesper an. Die offensichtliche Mißachtung einer behördlichen Verfügung bot dem Rat der Stadt die Möglichkeit, den bei der Bevölkerung ob seiner Unnahbarkeit, seines Reichtums und seines extremen Katholizismus verhaßten Fugger vorzuladen.

Der Konzernchef im Kerker

Am 24. Mai sollte Anton öffentlich Rechenschaft über die Vorgänge am Himmelfahrtstag in Sankt Moritz ablegen. Obwohl ihm eigentlich kein ernsthaftes Vergehen zur Last gelegt werden konnte, bestand der Rat auf seiner Verurteilung. Offenbar war bereits die Mehrzahl der Augsburger Räte auf seiten der Reformation. Vielleicht hatten die alteingesessenen Patrizier aber auch nur eine Vergeltung für den Tod Eitel Hans Langenmantels im Sinn, als sie Anton Fugger zu acht Tagen Kerker verurteilten.
Der Rat war sich allem Anschein nach keineswegs sicher, ob es möglich und richtig sei, den vom Kaiser protegierten Chef des größten Konzerns der Welt auf diese Weise zur Verantwortung zu ziehen. Denn von den acht Tagen, so erfuhr der Delinquent, sollte er nur drei abbüßen und für jeden der restlichen fünf Tage fünf Gulden in den Almosensäckel der Stadt zahlen.
Der gewiefte Taktierer versuchte sofort, auch den Rest der Gefängnisstrafe in eine Geldbuße umzuwandeln. Dafür sei er bereit, sogar die dreifache Gebühr zu entrichten, ließ er seine Richter wissen. Die waren nun erst recht unentschlossen, wollten aber schließlich doch nicht auf eine – wenigstens symbolische – Gefängnisstrafe verzichten. Sicher hätte Anton Mittel und Wege gefunden, den Vollzug mit Hilfe seiner Beziehungen und seines kaiserlichen Freibriefs zu umgehen. Jakob hätte dies mit Sicherheit getan. Der politisch feinfühligere Neffe aber fügte sich demonstrativ dem Urteil der Stadträte.
Am Abend des 30. Mai fand er sich, begleitet von zwei Knechten, vor dem Turm des Gögginger Stadttores ein, dessen Verlies als Gefängnis diente. Der Mann, dessen Macht weiter reichte als die der meisten Landesherren, verbrachte die erste Nacht seines Lebens hinter Gittern. Anderntags gegen zehn Uhr erschien Stadtschreiber Martin Haid im Gefängnis. Anton

notierte: »Ein Rat hätte ob meines erzeigten Gehorsams einen Gefallen und wollte mir die anderen zwei Tage auch erlassen. Ich sollte heim und ab dem Turm gehen und in den Almosensäckel Bezahlung tun laut meines Erbietens.«

Von Soldaten gejagt

Daß sich die Spannungen zwischen den reichen Fuggerneffen und ihren schwäbischen Mitbürgern so zuspitzten, lag nicht zuletzt an dem relativ liberalen gesellschaftspolitischen Klima der Reformationszeit. Vieles, was sich die frommen Untertanen noch zwanzig Jahre früher von einem Jakob Fugger hatten gefallen lassen, mochten die aufmüpfigen Anhänger Luthers und Zwinglis nicht mehr hinnehmen.
Anton begriff dies eher als sein impulsiver Bruder Raymund, der schon früher Gelegenheit bekommen hatte, die Unbequemlichkeiten des Verlieses im Gögginger Stadtturm am eigenen Leibe zu erfahren. Sein Haß auf Sybille Rehlinger übertrug sich automatisch auf deren Freundeskreis und damit auch auf die Öhems. Als Raymund eines Tages erfuhr, daß Matthäus Öhem auf seinem Landsitz – angeblich zu Unrecht – einen Bauern eingesperrt hielt, witterte er sofort eine Gelegenheit zur Rache. An einem lauen Augustabend des Jahres 1529 überfiel er mit einigen Saufkumpanen und bewaffneten Knechten den Hof des Patriziers in Langenneufnach, um den Bauern, dessen Schicksal ihm sicher gleichgültig war, zu befreien. Weil das so gut klappte, nahm er gleich noch Öhems Gutsverwalter mit auf sein Schloß nach Mickhausen und ließ ihn erst am nächsten Tag wieder frei.
Das Bubenstück sprach sich in Augsburg schnell herum, und der Rat sah sich genötigt, etwas gegen den Fugger zu unternehmen. Auf Drängen des einflußreichen Öhem-Clans sandte er 250 bewaffnete Soldaten mit zwei Kanonen aus, um den ungebärdigen Fuggersproß einzufangen. Raymunds Frau Katharina, eine geborene Thurzo, erfuhr jedoch über eine Freundin rechtzeitig von der geplanten Militäraktion, so daß sich der Augsburger Playboy auf einem seiner Schlösser verstecken konnte.
Freiwillig kehrte er jedoch wenig später mit einer Schar treuer Anhänger nach Augsburg zurück, um sich vor dem Rat zu verteidigen. Dabei stellte er den in fröhlicher Trinklaune geborenen Streich gegen Öhem als eine Art staatspolitische Befreiungsaktion dar. Anton, der seinen Bruder zur Rückkehr überredet hatte und ihn auch zur Verhandlung begleitete, war solch weitläufiges Geschwafel zuwider. Kurz und bündig erinnerte er die Räte daran, wie sehr Augsburg seinen Wohlstand den Fuggern verdanke.

Raymund hatte es dem überzeugenden Auftritt seines Bruders zu verdanken, daß er mit lediglich drei Tagen Haft davonkam. Außerdem mußte er sich verpflichten, der Stadt eine Ladung Ziegelsteine zu stiften, die für ein Armenhaus verwendet werden sollten.

25. Kapitel
Spiel mit doppeltem Boden

Als Kaiser Karl V. zu Beginn des Jahres 1528 noch immer in Italien um seine europäische Vormachtstellung kämpfte, war er mehr denn je auf das Geld der oberdeutschen Kaufleute angewiesen. Für die Fugger ging es darum, ihre Führungsposition unter den Geldhäusern Europas zu behaupten. Nach dem totalen Sieg über Höchstetter hatte Anton nur noch die italienischen Bankiers zu respektieren. Insbesondere die Geldherren aus Genua versuchten immer wieder, die lukrativsten Geschäfte mit den europäischen Herrscherhäusern an sich zu ziehen. Dabei ließen sie sich nicht selten auf äußerst waghalsige Transaktionen ein, um die etablierten Konkurrenten aus Florenz und Augsburg auszustechen.
Der harte Wettbewerb unter den Bankiers brachte die Kreditnehmer – von den Habsburgern bis zum kleinsten Kurfürsten – häufig in die bessere Verhandlungsposition. Am Augsburger Weinmarkt quittierte man deshalb die Nachrichten über den Genueser Finanzskandal vom März 1528 mit Erleichterung. Die Sauli-Bank, ältestes und angesehenstes Geldinstitut der Hafenstadt, mußte ihre Pforten schließen. Der Konkurs riß sofort einige andere Banken mit sich. So geriet auch Tomaso Fornari, ein Schwager des reichsten Genuesen, Agostino Centurioni, in Zahlungsschwierigkeiten. Sogar die mächtigen Grimaldi, hieß es, seien nicht gut bei Kasse. Dies wiederum gab den Fuggern Gelegenheit, im Spiel um die Macht wieder kräftiger mitzumischen.
Schlüsselfigur des italienischen Krieges zwischen den Habsburgern auf der einen sowie Frankreich und dem Papst auf der anderen Seite war ebenfalls ein Genuese: Admiral Andrea Doria kämpfte mal auf dieser, mal auf jener Seite, mit Vorliebe aber auf der, die ihm größeren Gewinn versprach. Nachdem kaiserliche Truppen unter General Pescara 1522 Genua erobert und drei Tage lang ausgeplündert hatten, segelte der ob seines taktischen Geschicks vielbewunderte Admiral mitsamt seiner beträchtlichen Flotte ins Fahrwasser des französischen Königs. Zu seinem Leidwesen aber mußte er bald die Erfahrung machen, daß Franz I. entweder nicht in der Lage oder nicht willens war, ihn angemessen zu entlohnen. Vier

Jahre später verdingte er sich und seine gut bestückten Galeeren dem wohlhabenderen Papst, der jedoch nach dem Sacco di Roma ebenfalls nicht mehr in der Lage war, die Dienste des Kriegshelden angemessen zu honorieren. Inzwischen war Franz I. durch seinen Pakt mit Heinrich VIII. von England wieder etwas flüssiger geworden. Der Blaubart brauchte für seine Scheidung von Katharina von Aragon, der Tante Karls V., und die Heirat mit Anna Boleyn das Wohlwollen des Papstes und geizte deshalb nicht mit Subsidien für dessen Verbündeten.

Die Franzosen versprachen deshalb Andrea Doria erneut goldene Berge, und der Söldner nahm Kurs auf das von kaiserlichen Truppen besetzte Genua. Die vereinigten See- und Landstreitkräfte eroberten zwar die reiche Handels- und Hafenstadt, doch was die Beute anbetraf, sah sich der Admiral abermals enttäuscht. Franz I. brauchte gerade Riesensummen, um seine noch in Madrid inhaftierten Söhne auszulösen. Deshalb ließ er dem Seehelden nicht einmal den Erlös aus dem »Verkauf« der gefangenen Soldaten Karls V.

Als dann auch noch Dorias Heimatstadt zur Zahlung einer großen Zwangsanleihe verpflichtet werden sollte, war für diesen das Maß voll. Er nutzte den Lokalpatriotismus der bisher verfeindeten Parteien, um eine genuesische Sammlungsbewegung zu gründen, welche die französischen Besatzer aus der Republik verjagen konnte. Als er sah, daß die Bevölkerung hinter ihm stand, begann er insgeheim, mit Agenten Karls V. über einen Übertritt ins kaiserliche Lager zu verhandeln. Der Habsburger schätzte den Wert des italienischen Optimaten, wie sich die reichen Genueser nannten, offenbar höher ein als der Valois. Obwohl seine Kriegskasse leer war und die Truppen wegen ausstehender Soldzahlungen zu meutern drohten, willigte der Kaiser in alle Forderungen Dorias ein.

Karl V. wußte zweifellos, daß er dringend neuen Kredit brauchte, wenn er diese Forderungen des Admirals erfüllen wollte. Der Augenblick war gekommen, der den Fuggern wieder eine wichtige Rolle in der Weltpolitik zuwies. Gaben sie dem Kaiser Geld, so konnten sie damit vielleicht den italienischen Krieg entscheiden. Freilich bestand auch die Möglichkeit, daß Karl V. trotz des Kredits verlor und seine Schulden nie mehr zurückzahlte.

Was Anton letztlich bewog, schnell zu handeln und zusammen mit den Welsern dem Kaiser insgesamt 90000 Dukaten zur Verfügung zu stellen, war der Gedanke an seine neapolitanischen Besitzungen. Das Königreich Neapel zählte seit der Eroberung durch Ferdinand von Aragon im Jahr 1503 zu den wertvollsten Besitztümern des Kaisers. Wenn ein genuesischer oder Augsburger Bankier Sicherheiten für seine Kredite forderte, wurden ihm stets Ländereien oder Bergrechte in Neapel offeriert. Der Fuggersche Besitz im Königreich Neapel, den Fachleute auf über 100000

Gulden taxierten, war aufs äußerste bedroht, als die kaiserlichen Truppen unter Graf Philibert von Oranien im Süden Italiens abgeschnitten wurden. Es schien nur noch eine Frage der Zeit zu sein, bis sie sich den Franzosen ergeben mußten, da auch vom Meer her kein Nachschub zu erwarten war.
Die Flotte Andrea Dorias beherrschte das westliche Mittelmeer. Nur mit Unterstützung dieses Seehelden war es möglich, Neapel für Habsburg und damit auch für Augsburg zu erhalten. Tatsächlich brachte Dorias Frontwechsel dann die entscheidende Wende im italienischen Krieg: Neapel wurde befreit, und Karl V. konnte aus Spanien frische Truppen nach Genua verschiffen. Sein Feldherr Antonio de Leyva besiegte am 21. Juni 1529 bei Landriano das Hauptheer der Franzosen, und das Weltreich Karls V. war wieder ein Stück größer geworden. Kaum eine Woche später schloß der Kaiser in Barcelona Frieden mit dem Papst, für den das Bündnis mit Frankreich nun keinen Wert mehr besaß.
Ein neuer alter Feind zwang die streitlustigen europäischen Herrscher, ihre Machtkämpfe für eine Weile zu unterbrechen: Suleiman der Prächtige rückte gegen Wien vor und drohte wie weiland der Hunne Attila Europa vom Osten her zu erobern. Angesichts dieser Gefahr vergaßen die Franzosen, Spanier, Italiener und Deutschen für eine Weile ihren traditionellen Zwist. Bezeichnenderweise waren es zwei kluge Frauen, welche die verfeindeten Kampfhähne zur Vernunft brachten: Margarethe von Habsburg, die neunundvierzigjährige Tochter Kaiser Maximilians und Statthalterin der Niederlande, traf sich am 3. August 1529 mit der Mutter des französischen Königs, Luise von Savoyen, in der nordfranzösischen Stadt Cambrai, um endlich das Blutvergießen zu beenden.
Der Damenfrieden von Cambrai wurde zu ähnlichen Bedingungen abgeschlossen wie dreieinhalb Jahre vorher der Vertrag zu Madrid. Frankreich erklärte nun seinen Verzicht auf Flandern und Artois sowie auf sämtliche Ansprüche in Italien, doch durfte es das Herzogtum Burgund behalten.

Versalzene Geschäfte in Siebenbürgen

Für Karl V. war nun der Weg frei nach Italien. Zum Zeichen seiner neu gewonnenen Macht ließ er sich im Februar 1530 in Bologna von seinem einstigen Gegner, dem Medici-Papst Clemens VII., die Kaiserkrone des Heiligen Römischen Reichs aufsetzen. Die deutschen Kurfürsten, die ihm einst für Fuggers Geld ihre Stimmen verkauft hatten, waren diesmal nicht dabei. Der Habsburger stützte seine Macht jetzt stärker auf Spanien und Italien als auf den nördlichen Teil seines Weltreichs, dessen Regierung er ganz seinem Bruder Ferdinand überließ.

Der ungarisch-böhmische Doppelkönig war denn auch häufiger als der Kaiser Fuggerscher Geschäftspartner. Auf seinem vorgeschobenen Posten hatte er als erster die Türken aufzuhalten. Nur mit Hilfe der oberdeutschen Kaufleute, denen er ständig Bodenschätze und Bergrechte verpfänden mußte, konnte er seinen laufenden Verpflichtungen nachkommen. Was blieb ihm deshalb anderes übrig, als auch die Forderung der Fugger nach einer Entschädigung für ihre Verluste in Ungarn anzuerkennen?
Am 28. Februar 1530 akzeptierte er in Gran »als ein redlicher und gerechter Fürst« Antons Ansprüche in Höhe von 206741 Gulden. Freilich dachte er nicht daran, die riesige Summe, die er selbst hätte nie aufbringen können, in bar zurückzuzahlen. Statt dessen verwies er das »Opfer« der ungarischen Plünderungen unter der Regentschaft seines unseligen Schwagers Ludwig II. auf die Einkünfte aus den Salzbergwerken in Siebenbürgen. Das war nun zweifellos ein recht schlauer Schachzug, denn erstens verpflichtete er damit die Fugger zum Beistand gegen die Türken, zweitens band er sie fester an Ungarn und drittens befanden sich die ehemals profitablen Salzkammern in einem katastrophalen Zustand.
Davon dürfte die Augsburger Zentrale zunächst keine Ahnung gehabt haben, da Faktor Konrad Mair, den Anton mit den Verhandlungen beauftragt hatte, ein »tapferes Einkommen« von jährlich etwa 100000 Gulden aus Siebenbürgen erwartete. Schon bald zeigte sich, daß dieser sonst so tüchtige Manager wie gelegentlich auch Georg Hörmann mehr an seine eigenen Geschäfte dachte als an die der Firma. Anton entschloß sich deshalb, Mair das Geschäft zu verderben und den bewährten Hans Dernschwamm nach Siebenbürgen zu entsenden.
Was den Retter in der Not dort erwartete, übertraf gewiß seine schlimmsten Befürchtungen. »Die Kammern sind alle öde und nichts dabei, so von Nöten ist«, schrieb er deprimiert nach Hause. Die Bergwerke waren vollkommen verwahrlost, in den Gruben stand das Wasser »wie in einem Brunnen«, die Vorräte lagerten unter freiem Himmel und waren deshalb größtenteils verdorben. Noch schlimmer stand es um die Belegschaft. Weil sich die Salzhauer vom staatlichen Verwalter Marx Pempflinger schlecht behandelt und entlohnt fühlten, kam es immer wieder zu Streiks und Protestdemonstrationen, die oft nur mit Waffengewalt niedergeschlagen werden konnten.
Dernschwamm versuchte, die Bergleute zu motivieren, indem er aus der Faktorei in Klausenburg Textilien herbeischaffen und kostenlos verteilen ließ. Wenn die Knappen erst wieder ordentlich gekleidet waren, vermutete der neue Boß, würden sie auch besser arbeiten. Anders als sein Vorgänger akzeptierte er auch die beiden Obmänner der Belegschaft als Gesprächspartner, und die Stollen ließ er von einem Unschlittknecht ordentlich beleuchten.

So sehr sich Dernschwamm auch anstrengte – am Ende war doch alle Mühe vergebens. Denn als er die insgesamt zehn Salzkammern auf Vordermann gebracht, die Transporte genügend gesichert und den Handel mit den Kaufleuten aus der Walachei einträglich organisiert hatte, versalzten dem Manager die Politiker die Suppe.
Ferdinands Aufpasser Marx Pempflinger hintertrieb Dernschwamms Aufbauarbeit, weil Seine Majestät die Fugger zwecks einer neuen Anleihe unter Druck zu setzen gedachte. Auch Johann Zapolya, der alte Widersacher der Habsburger in Ungarn, hatte natürlich kein Interesse an einem florierenden Fuggerbetrieb. Und schließlich war da noch Suleiman der Prächtige, von dem man jeden Tag annehmen mußte, daß er erneut zum Angriff blies.

Angst vor dem Sultan

Währenddessen entfalteten die bedrohten europäischen Fürsten eine fieberhafte diplomatische Tätigkeit. Karl V. erklärte zwar wiederholt, daß er mit allen Mitteln versuchen werde, das Abendland zu verteidigen, aber seine Streitkräfte waren noch in Oberitalien beschäftigt. Nur die oberdeutschen Großkaufleute verfügten über das nötige Kapital, um genügend neue Truppen anzuwerben und auszurüsten. Aber die Fugger und auch die Welser gaben sich in diesen kritischen Wochen knausriger denn je. Angesichts der andauernden heftigen Kämpfe um Florenz und der schweren Verluste, die Habsburg in den Kriegen gegen Frankreich erlitten hatte, schien es ihnen ein zu großes Risiko, alles auf deren Karte zu setzen.
Die Nachrichten, die man in Augsburg über das Heer des Sultans erhielt, waren nicht dazu angetan, die Skepsis der Geldgeber zu verringern. Scheinbar mühelos marschierte Suleiman in Österreich ein. Im Spätherbst 1529 stand er bereits vor Wien, und über kurz oder lang war zu befürchten, daß die österreichischen Erblande zur Außenprovinz des Osmanischen Weltreichs wurden. Doch wie schon bei der Belagerung von Ofen, machte der vorsichtige Türke erneut einen Rückzieher. Offenbar fühlte er sich nicht stark genug, schon jetzt den entscheidenden Schlag gegen die Großmacht Habsburg zu führen. Als Wien überraschend heftigen Widerstand leistete, befahl der Sultan die Umkehr.
Für die Fugger ging es nun darum, ihre ungarischen Besitztümer vor dem Zugriff der Türken zu sichern. Helfen konnte ihnen dabei nur einer: der Habsburger Erzrivale Johann Zapolya. Ohne Rücksicht auf die Politik Karls und seines Bruders Ferdinand ließ Anton Fugger über polnische Mittelsleute geheime Kontakte zum ungarischen Gegenkönig knüpfen.

Man machte den Magyaren klar, daß sie nur mit Fuggers Hilfe ihre reichen Bodenschätze optimal ausbeuten konnten. Wenn Zapolya die Pachtverträge verlängere, teilten Antons Unterhändler dem Paladin Hieronymus Lasko mit, dann könne er an den gewiß opulenten Erträgen in angemessener Weise partizipieren. Der von den Woiwoden gestützte König, welcher ebenso unter Geldmangel litt wie sein habsburgischer Gegenspieler, ging auf das Angebot ein und bestätigte am 1. November 1529 die Verlängerung der Fuggerschen Pachtverträge für die Kupferbergwerke.

Anton war sich über die politische Brisanz seines Doppelspiels durchaus im klaren. Dies beweist schon die Tatsache, daß die Verhandlungen unter größter Geheimhaltung geführt wurden. Im unumgänglich notwendigen Schriftwechsel erhielt Zapolya den Decknamen »Meister Hans«.

Der Kaiser in Augsburg

Selbst als der Kaiser höchstpersönlich Augsburg ansteuerte, blieb der um seine osteuropäischen Investitionen besorgte Konzernherr auf Gegenkurs. Karl V. kam aus Bologna über den Brenner. Auf der Paßhöhe begrüßte ihn sein Bruder, und mit großem Gefolge zogen die beiden Habsburger in das von Glaubenszwisten aufgewühlte Reich ein. Bisher hatte keiner der Fugger je den Mann persönlich zu Gesicht bekommen, dem sie einst mit ihrem Geld zur Kaiserkrone verholfen hatten und der nun auf der Höhe seiner Macht stand. Doch Anton zeigte auch jetzt keine Eile, seinen teuersten Kunden persönlich zu begrüßen.

Karl, der im Fuggerhaus zu Schwaz einkehrte, um sich über den Tiroler Bergbau zu informieren, mußte mit angestellten Faktoren als Gesprächspartner vorliebnehmen. Keiner der drei Fuggerneffen hatte es für nötig befunden, dem Herrscher entgegenzureiten – was einen gehörigen Affront gegenüber Seiner Majestät darstellte. Auch als der stolze Spanier am 15. Juni 1530 in Augsburg einritt – die Nacht vorher hatte er im nahen Fürstenfeldbruck verbracht –, um den Reichstag zu eröffnen, blieben die Fugger auf Distanz. Zwar sah die ungarische Königswitwe Maria von einem Fenster des Fuggerpalastes aus dem prächtigen Festzug zu, aber nie wollte sich während des Reichstags jene Vertraulichkeit in den Beziehungen zwischen den Geldfürsten und ihrem Monarchen einstellen wie zu den Tagen Jakobs und Maximilians.

Anton wurde dem Kaiser vorgestellt und mit der ausgesuchtesten Höflichkeit behandelt, aber Karl blieb der hoheitsvolle Herrscher und Fugger der selbstbewußte Kaufmann. Jeder merkte, daß sich hier zwei aufeinander angewiesene Geschäftspartner begegneten und nicht zwei Freunde.

Hinter den Kulissen des Reichtstags, der den ganzen Sommer über dauerte und mit verschiedenen Festen, Turnieren und Umzügen gefeiert wurde, begannen nun beinharte Kreditgespräche. Während auf den vielen offiziellen Versammlungen vor allem das Schicksal der Reformation zur Debatte stand – Philipp Melanchthon hatte seine berühmte »Augsburgische Konfession« vorgelegt –, verhandelte man in der »Goldenen Schreibstube« über die Finanzierung der Wahl Ferdinands zum Römischen König.
Des Kaisers Bruder drängte schon lange darauf, neben der relativ unbedeutenden Stephanskrone die Würde eines Königs über das Heilige Römische Reich Deutscher Nation zu übernehmen. Karl V., der sich immer mehr als Weltkaiser fühlte, hatte nichts dagegen. Schließlich würde die Macht der Habsburger dadurch nur noch mehr gefestigt. Die Kosten für die Krone taxierten Ferdinands Finanzexperten im August 1530 auf rund 600000 Gulden. Anton sicherte bis 15. Oktober insgesamt 356845 Gulden zu. Einen Tag später bekamen die drei Fuggerneffen den schon erwähnten Adelsbrief und die Grafschaft Burgau ausgehändigt. Mit Fuggers Geld sollten die Stimmen von wenigstens fünf Kurfürsten gekauft werden. Das Schuldenkonto Ferdinands wuchs damit allerdings auf über eine Million Gulden an.

Zeichen des Verfalls

Wie sehr Anton seine Unabhängigkeit auch betonen und wie geschickt er sein diplomatisches Doppelspiel in Szene setzen mochte – angesichts solcher Summen war das Wohl seines Unternehmens untrennbar an das Schicksal der Habsburger gebunden. Und das konnte auch diesen nicht verborgen bleiben. Als die deutschen Kurfürsten im Januar 1531 in Köln zusammenkamen, um ihren König zu wählen, gab es außer Ferdinand keinen ernst zu nehmenden Kandidaten. Deshalb hatte Veit Hörl, den Anton mit dem Finanzmanagement der »Elektion« beauftragt hatte, weniger Mühe als zwölf Jahre zuvor Wolff Haller bei der Wahl Karls. Das glanzvolle Ereignis der in Aachen zelebrierten Königskrönung wurde überschattet vom Tod der niederländischen Statthalterin Margarethe, in der die Fugger stets eine entschiedene Fürsprecherin hatten. Zu ihrer Nachfolgerin machte der Kaiser die Königinwitwe Maria von Ungarn, mit der – wie zu befürchten war – weniger gut Kirschen essen war.
Bei den Verhandlungen über die Konditionen für die Wahlhilfe gab sich Anton mindestens ebenso zäh und hartnäckig wie sein verstorbener Onkel. Ferdinand mußte für die Kredite 10 Prozent Zinsen und darüber hinaus eine besondere »Ergötzlichkeit und Verehrung« von 40000 Gulden

bezahlen. Anton hatte diese Sonderprovision damit begründet, daß er »bei diesen schweren Läufen das Geld selbst gegen Zinsen leihen« mußte.

Oberflächlich betrachtet, durfte er also mit dem Geschäft durchaus zufrieden sein. Bei näherem Hinsehen allerdings zeigte sich, daß die Sicherheiten, die das Haus Habsburg für die immer größer werdenden Kredite bot, längst nicht mehr so solide und einträglich waren wie zu Zeiten Jakobs. Früher gab es noch Bergwerke und Münzrechte, nun vorwiegend wenig rentable Liegenschaften und Titel. Kein Wunder, wenn das Vermögen der Fugger in diesen Jahren keineswegs mehr so stürmisch wuchs.

Während Jakob über einen langen Zeitraum hinweg pro Jahr über 50 Prozent Gewinn erwirtschaftet hatte, vermehrte sich das Geschäftskapital in der Zeit von 1527 bis 1536 nur um 120000 Gulden oder spärliche 2,2 Prozent im Jahr. Die Ursachen dafür waren vielfältig: Kaiser Karl V. war dank seiner spanischen Reserven und militärischen Erfolge viel weniger zu beeinflussen als sein Großvater Maximilian. Außerdem hatte sich die Konkurrenz unter den Großkaufleuten beträchtlich verschärft, da die Geschäftsmethoden Jakob Fuggers Schule gemacht hatten und überall Nachahmer fanden.

Antons Position als »Regierer« war jedoch nie gefährdet: Am 14. September 1532 schlossen die drei Fuggerneffen einen neuen Gesellschaftsvertrag ab, der Anton praktisch dieselben Rechte einräumte, die einst Jakob für sich in Anspruch genommen hatte.

Raymund und der Cousin Hieronymus erkannten Anton ausdrücklich als »einen obersten Verwalter und Verweser« ihres »gemeinen Gesellschaftshandels« an. Gleichzeitig wurde der Firmenname geändert; das Unternehmen hieß nun: »Raymundus, Antonius und Hieronymus die Fugger, Gebrüder und Vettern«.

Als der neue Gesellschaftsvertrag unterzeichnet wurde, war Anton knapp 40 Jahre alt. Nach außen hin bot die Fuggersche Handelsmonarchie dasselbe Bild wie zu Lebzeiten Jakobs. Sie war die mit Abstand größte Firma ihrer Zeit und der wichtigste Finanzier des habsburgischen Weltreichs. Ihr Einflußbereich war in den letzten Jahren sogar noch beträchtlich gewachsen. Er reichte nun von der Pazifikküste Südamerikas bis zum Zarenreich und von Schweden bis Neapel.

Scheinbar kerngesund an Haupt und Gliedern, dehnte sich der vielarmige Wirtschaftsmoloch immer weiter aus. Niemand, so schien es, konnte den schwäbischen Giganten aufhalten. Aber während die Buchhalter in den holzgetäfelten Kontoren im Augsburger Fuggerpalast immer neue Rekordzahlen notierten, häuften sich bereits die Anzeichen für den drohenden Verfall. Und niemand spürte das so deutlich wie Anton Fugger.

Er war längst nicht mehr der erfolgsbesessene Macher, als der er einst die Nachfolge Jakobs angetreten hatte. Nun, da er alle Geheimnisse des Konzerns kannte und alle Reize der Macht sowie des Reichtums ausgekostet hatte, quälten ihn immer häufiger Zweifel am Sinn seines Daseins und seines Konzerns.

Auf Phasen heftiger Geschäftigkeit, während der er härter, länger und auch effektiver arbeiten konnte als jeder andere, folgten immer wieder Tage voller Melancholie. Lust- und interesselos betrachtete der Konzernchef dann das ameisenhafte Treiben seiner Angestellten. Manchmal verschwand er auch spurlos für ein paar Tage aus Augsburg, um irgendwo auf dem Land auszuspannen und nachzudenken.

Anton besaß nicht mehr die ungebrochene Spannkraft seines Onkels, sondern er mußte sich mitunter zwingen, den tausenderlei Problemen der Firma die nötige Aufmerksamkeit zu widmen. Viel trug dazu seine relativ schwache körperliche Konstitution bei. Schmalschultrig, hager und zierlich, hatte er gelegentlich Mühe, den pausenlosen Streß physisch zu bewältigen. Er entwickelte deshalb eine beinahe panische Angst vor Krankheiten.

Schon die ersten Nachrichten über eine auffällige Zunahme der Sterblichkeitsrate konnte ihn zu einer überstürzten Flucht aus Augsburg bewegen. Stets wachten mehrere Ärzte über seinen Gesundheitszustand. Wenn er befürchtete, sie seien nicht kompetent genug, scheute er keine Ausgaben, um die namhaftesten Koryphäen nach Augsburg kommen zu lassen. Einmal nahm der stets auf seine Bequemlichkeit bedachte Konzernherr sogar die Mühen einer Reise über die Alpen auf sich, damit er in Bologna von Spezialisten untersucht werden konnte.

Die Abhängigkeit wächst

Was Anton gelegentlich so deprimierte, war die Einsicht, daß sein Handlungsspielraum immer kleiner wurde, je mehr der Konzern an politischer Bedeutung gewann. Klar dominierte in diesen Jahren die Politik über die Wirtschaft. Hatte Jakob einst den Kaiser Maximilian beherrscht, so war es nun der ungleich stärkere Karl, der den Geschäftsleuten vorschrieb, was sie zu tun hatten.

Welcher Bankier hätte es beispielsweise wagen können, dem Kaiser einen Kredit abzuschlagen, wenn davon das Schicksal des Abendlandes abhing! Was zählten die Bedenken und Ängste einer schwäbischen Krämerseele, wenn Europa vor den Türken gerettet und der christliche Glaube gegen die reformatorischen Ketzer verteidigt werden mußte? Früher war ein Jakob Fugger stets genauestens über die Vorhaben der Majestäten unterrichtet, und oft genug hatte er diese entscheidend beeinflußt. Jetzt aber bemühte sich der Neffe oft vergebens, den Plänen und Absichten der Habsburger rechtzeitig auf die Spur zu kommen. Zwar war die Finanzkraft der Fugger so bedeutend, daß weder Karl V. noch sein Bruder Ferdinand auf sie verzichten konnten, aber der eine wie der andere bedienten sich ihrer immer bedenkenloser.

Hatten die kaiserlichen Räte Maximilians bei einem Jakob Fugger wegen 20000 Gulden noch tagelang verhandeln müssen, so forderte der stolze Spanier nun oft barsch Beträge an, die zehn- oder zwanzigmal größer waren. Anton vermochte sich den ständigen Geldwünschen kaum zu entziehen. Jeden ernsthaften Widerstand brach der Kaiser sofort, indem er den italienischen Fuggerkonkurrenten bedeutende Finanzierungsprojekte zu außergewöhnlich günstigen Konditionen übertrug.

In Antwerpen, das zum bedeutendsten Finanzplatz Europas aufgestiegen war, galten beispielsweise die Italiener Gaspare Ducci und Agostino Chigi als die gewitztesten und erfolgreichsten Bankiers, während die Fugger im Ruf nachlassender Finanzkraft und übertrieben konservativer Geschäftsprinzipien standen. Für Anton ergab sich die Alternative: entweder die zunehmende Abhängigkeit des Konzerns vom Haus Habsburg zu dulden oder aber auf die angestammte Führungsrolle in der internationalen Hochfinanz zu verzichten.

Der sensible, sich seiner Widersprüche durchaus bewußte Kaufmann wollte weder das eine noch das andere. Dank seiner Intelligenz und der unerhörten Wirtschaftsmacht seines Konzerns gelang es ihm auch erstaunlich lange, sich an der Spitze der Finanzwelt zu behaupten, ohne in den zahlreichen politischen Krisen ernsthafte Einbußen hinnehmen zu müssen. Auf die Dauer freilich – darüber machte sich Anton Fugger gewiß keine Illusionen – war dieser Kurs nicht durchzuhalten.

»... denn wenigen ist zu trauen«

Mehr noch als die »außenpolitischen« Turbulenzen beunruhigten Anton die Auflösungserscheinungen innerhalb des Konzerns und der Familie. Je mehr er seine Alleinherrschaft festigte, desto größer wurde das Desinteresse der übrigen Familienmitglieder. Raymund kümmerte sich lieber um die Jagd und seine wertvollen Antiquitätensammlungen – er galt als einer der besten Kenner alter Inschriften – als um die Verwaltung des ausgedehnten Grundbesitzes. Trotz seines Jähzorns war er im Grunde gutmütiger und menschlicher als Anton. Er hing sehr an seinen 13 Kindern und seiner Frau Katharina, die er einst auf Befehl Jakobs geheiratet hatte, um das geschäftliche Bündnis mit den Thurzos zu festigen.

Raymund konnte jäh aufbrausen und im Zorn auch einmal grob werden, aber hinterher bedauerte er jedes Schimpfwort. Er besaß nicht den kalten Machtinstinkt seines Bruders, haßte Intrigen und wollte am liebsten mit dem Kopf durch die Wand. Als seine Frau 1534 starb, verfiel der breitschultrige Gutsherr mit dem derben, fast bäurischen Gesicht der Lethargie. Kaum ein Jahr später schied auch er, erst 46 Jahre alt, aus dem Leben.
Der dritte im Bunde der Neffen Jakobs wurde nicht einmal so alt. Hieronymus, am Augsburger Weinmarkt als Bruder Leichtfuß verschrien, führte das äußerlich sorglose Leben eines Playboys. Albrecht Dürer hatte seine Gastfreundschaft gelobt, und in den Kreisen der humanistischen Intellektuellen galt der reiche Kaufmannssproß als guter Unterhalter. Zu Hause aber hatte er nichts zu sagen. Am 1. Oktober 1537 verzichtete er, schon vom Tod gezeichnet, für sich und seine sowohl legitimen als auch illegitimen Erben freiwillig auf den Anteil am »Gemeinen Handel« der Familie. Dafür ließ er sich von Anton 110000 Gulden in bar auszahlen und Immobilien im Wert von 90000 Gulden überschreiben. Ein gutes Jahr später, am 26. November 1538, schloß Hieronymus für immer die Augen.
Auf beinahe ironische Weise wiederholte sich nach Raymunds Tod jene Situation, in der Jakob seine Neffen zum Verzicht auf ihre angestammten Rechte gezwungen hatte. Alleinherrscher Anton, der seinerzeit nicht wenig unterm Regiment des starrköpfigen Onkels gelitten hatte, verfuhr nun genauso rigoros mit den elternlosen Kindern seines Bruders. Sie hatten zu gehorchen und zu schweigen – damit basta. Wer einen Platz in der Firma begehrte, mußte ihn sich durch Leistung erkämpfen und durch Gehorsam erdienen.
Von den fünf Söhnen Raymunds entwickelte der älteste den größten Ehrgeiz. Johann Jakob Fugger, beim Tod des Vaters 19 Jahre alt, legte sich immer wieder mit dem allmächtigen Onkel an, der ihn zuerst nach Schwaz und dann nach Italien verbannte. Zum Glück fand er in Georg Hörmann einen Fürsprecher, der ungünstige Meldungen über die Aktivitäten des Neffen abfing und bei Anton um Nachsicht bat.
Hörmann scheint als engster Vertrauter des Konzernherrn überhaupt eine eigenartige Rolle gespielt zu haben. Der aus Kaufbeuren stammende Vetter der Fugger brachte es immerhin fertig, offen mit den Ideen der Protestanten zu sympathisieren, ohne daß er das Vertrauen des erzkatholischen »Regierers« verspielte. Wer bei Anton etwas erreichen wollte, mußte sich unbedingt mit Hörmann gut stellen. Im Konzern war er dafür bekannt, daß man offen mit ihm reden konnte, ohne daß er einen bloßstellte. Viele unzufriedene Faktoren wandten sich deshalb mit ihren Problemen an ihn, wenn sie Antons Strenge fürchteten.
Dabei hatte der Chef allen Grund, einigen seiner Manager gründlich zu

mißtrauen. Während die einheitlich blau-gelb uniformierten Angestellten in der Zentrale stets unter strenger Aufsicht standen, bot sich den Faktoren in den Außenstationen manche Gelegenheit zu einträglichen Privatgeschäften. Da gab es Fuggerangestellte, die reicher waren als die meisten ortsansässigen Unternehmer. Nicht wenige der Faktoren leisteten sich aufwendige Stadthäuser, bewohnten Schlösser, führten hochtrabende Titel oder besaßen sogar eigene Wappen.
Besonders toll trieb es beispielsweise Lorenz Fleischer, Chef der bedeutenden Faktorei in Wien. An betrügerischen Manipulationen mit gefälschten Münzen sowie an Unterschlagungen und Schwarzmarktgeschäften verdiente er ansehnliche Summen, bis sein Buchhalter der Zentrale einen entsprechenden Tip gab. Der ertappte Faktor versuchte eine Untersuchung zu verhindern, indem er Georg Hörmann wertvolle Pelze schenkte. Der ließ sich davon jedoch nicht beeinflussen und schickte einen Buchprüfer nach Wien. Es dauerte Wochen, bis der Revisor das ganze Ausmaß des Skandals entdeckte, denn offenbar waren die meisten Angestellten der Wiener Faktorei an den Gaunereien beteiligt. »Ich darf noch nicht recht fragen, wie alle Sachen sich verhalten, denn wenigen ist zu trauen«, meldete der Buchprüfer nach Augsburg.

Eine Jungfrau, die keine war

Der unermeßliche Reichtum der Fugger wirkte auf viele ihrer Angestellten wie ein Ansporn, die Firma zu betrügen. Der Goldrauschstimmung in manchen Faktoreien verfielen mitunter selbst altgediente Manager wie Konrad Mair oder Jörg Högl. Andere – darunter der Bergbauexperte Christoph Vogel, von dem später zu berichten sein wird – erwiesen sich für das Unternehmen als glatte Versager. Die Zuverlässigkeit der Faktoren verhielt sich im allgemeinen umgekehrt zur Entfernung ihrer Wirkungsstätte von der Augsburger Zentrale.
Fast wehmütig gedachten manche der loyalen Fuggerianer der Zeiten Jakobs, als jede Untreue gegenüber der Firma sofort und unerbittlich geahndet wurde. Fast schien es, als dulde Anton die Mißstände stillschweigend, da ihm persönliche Konfrontationen in der Seele zuwider waren. So zeigte er sich auch in der grotesken Affäre um seine Nichte Sybille seltsam unentschlossen.
Die hübsche Tochter Raymunds hatte nach angemessener Verlobungszeit mit dem ihrer Herkunft angemessenen Pomp den Freiherrn Wilhelm von Kuenring geheiratet. Doch noch ehe die Ehe richtig vollzogen war, brachte der Schwiegersohn »Unrat, Schande und Spott« über die Handelsdynastie, als er kurz nach der Trauung die Scheidung verlangte. Der

frischgebackene Ehemann hatte entdeckt, daß seine Braut keine Jungfrau mehr war, und Anton mußte als korrekter Geschäftsmann die »Mängelrüge« akzeptieren.
Der Freiherr durfte die 20000 Gulden Heiratsgut behalten, und »Jungfer« Sybille kehrte in den Schoß der Familie zurück. Seine Wut über den öffentlichen Skandal ließ der Konzernherr am früheren Liebhaber seiner Nichte aus, der – Ironie des Schicksals – Marx Rehlinger hieß.

26. Kapitel
Im Sog der Weltpolitik

Enttäuscht von der Verwandtschaft, von den Angestellten betrogen und von den Vertrauten im Stich gelassen, wurde Anton mit zunehmendem Alter immer mißtrauischer und einsamer. Das ging so weit, daß er für besonders gewagte Transaktionen fremde Geschäftsleute als »Unterkäufer« anheuerte, damit seine Absichten nicht vorzeitig bekannt wurden.
Zeitweilig fühlte er sich persönlich verfolgt und bespitzelt. Dann verließ er nur nachts unter allerlei Tarn- und Täuschungsmanövern die Konzernzentrale. Wie sich später herausstellte, waren seine Befürchtungen nicht ganz grundlos, denn tatsächlich hatte der protestantische Wortführer Philipp von Hessen den Augsburger Arzt Gereon Sailer beauftragt, den Finanzier seiner katholischen Gegner laufend zu beobachten.
Zur Verbitterung Antons trug auch der Haß seiner ärmeren Mitbürger bei, der ihm beinahe täglich entgegenschlug. Als er nach dem Tod seines Bruders Raymund Geld und Kleider an die Bedürftigen Augsburgs verteilen wollte, verbot dies der Rat, weil er darin nur eine unerwünschte Propagandakampagne Fuggers sah. Der reichste Mann Deutschlands konnte es nicht einmal riskieren, seinen Bruder standesgemäß beerdigen zu lassen, da er mit gewalttätigen Demonstrationen rechnen mußte. Erst drei Wochen nach dem Tod Raymunds ließ Anton den Leichnam heimlich von acht Dienern zur Sankt-Anna-Gruft tragen. So weit war es also mit den Fuggern gekommen, daß sie in der Stadt, die sie einst beherrscht und »vergoldet« hatten, nicht einmal mehr nach dem Tod Ruhe fanden.
Obwohl es den meisten Menschen materiell immer noch nicht besser ging als 50 oder 60 Jahre zuvor – im strengen Winter von 1533 auf 1534 starben in Augsburg Hunderte den Hungertod –, so beschäftigten sie sich doch lieber mit religiösen als mit wirtschaftlichen Problemen. Geld erschien nebensächlich, wo es um die Seele ging. Das von der Kirche jahrhundertelang geförderte Desinteresse der Gläubigen an irdischen Gütern erleich-

terte einer kleinen Gruppe von Großkaufleuten die radikale Ausbeutung der Schwächeren.
Die Fugger waren zwar keineswegs die einzigen, die sich hier hemmungslos bedienten, aber dank der unternehmerischen Talente Jakobs und ihres unverhüllten Reichtums wurden sie zu negativen Symbolfiguren des Frühkapitalismus. Und Anton, der mit feinen Antennen für die geistigen Strömungen seiner Zeit ausgestattet war, fragte nicht grundlos hin und wieder nach dem Sinn seines rastlosen Profitstrebens. Doch er war zu perfekt in das System integriert, um noch die Freiheit der Entscheidung über die Ziele seines Handelns zu besitzen. Er hatte nur noch die Wahl, das Konzernschiff ein wenig langsamer oder ein wenig schneller in den tödlichen Strudel der Staatsfinanzierung treiben zu lassen.
Immer, wenn die Habsburger zum Schwert griffen, mußte Anton in die Kasse greifen. Und da Karl V. partout die Welt beherrschen wollte, dauerten die Zeiten zwischen den Kriegen nie sehr lange. Kaum waren wieder einmal die Franzosen eingeschüchtert, da erdreisteten sich doch die Schweizer, dem Ketzer Zwingli nachzulaufen. Zum Glück gab es dort tief in den Bergen die standhaften Urkantone Uri, Schwyz und Unterwalden sowie die Städte Luzern und Zug, die sich mit der nötigen Unterstützung zu einem katholischen Bollwerk gegen die protestantische Flut ausbauen ließen.
Nachdem beim ersten Gefecht anno 1529 unprogammgemäß die Reformer gesiegt hatten, konnte sich ein Anton Fugger selbstverständlich den Bitten der Katholiken um Waffen und Geld nicht entziehen. Tatsächlich gelang es den kaiser- und papsttreuen Gebirglern dann auch mit Fuggers Hilfe, in der Schlacht bei Kappel am 11. Oktober 1531 den Siegeszug der Andersgläubigen zu stoppen und den Oberketzer Huldrych Zwingli so schwer zu verwunden, daß er noch am gleichen Tag starb.
Die Unterstützung durch den Augsburger Konzern erschien den Habsburgern im Laufe der Jahre so selbstverständlich, daß sie immer weniger Mühe zur Kontaktpflege aufwandten. Insbesondere nach glücklich erfochtenen Siegen ließen die kaiserlichen Gunstbezeigungen auffällig nach. Anton beschloß deshalb, bei der nächstbesten Gelegenheit seine stolzen Geschäftspartner vom hohen Roß herabzunötigen. Diese Chance kam, als Philipp von Hessen sich der Sache des von den Habsburgern vertriebenen Herzogs Ulrich von Württemberg annahm und mit einer wohlgerüsteten Streitmacht im Schwabenland einrückte.
Die Verteidigung des von österreichischen Truppen okkupierten Herzogtums oblag König Ferdinand, der eilends seinen Pfennigmeister Johann Löble nach Augsburg schickte, um die Kriegskasse aufzufüllen. Wider Erwarten zeigte Anton wenig Interesse, obwohl Landgraf Philipp ja indirekt auch seine eigenen Besitztümer bedrohte. Erst nach langem Zögern, als

es schon fast zu spät war, bequemte sich der Kaufmann, ganze 50000 Gulden herauszurücken. Der König mußte ihm dafür Tafelsilber und Schmuck verpfänden und darüber hinaus Einkünfte aus den Erzminen von Hall, Schwaz und Joachimsthal überlasssen.
Fuggers Geld reichte indessen nicht aus, in aller Eile eine ebenbürtige Streitmacht aufzustellen. Nach einem bitterkalten Winter schlug der Hesse die habsburgischen Truppen am 13. Mai 1534 bei Lauffen am Neckar entscheidend. Anton Fugger war darüber jedoch keineswegs unglücklich, zumal er sich bald davon überzeugen konnte, daß es dem Hessen lediglich um die Rückkehr des württembergischen Herzogs ging. Noch bevor Ferdinand im Frieden zu Kaaden notgedrungen auf Württemberg verzichtete, ließen Fuggerfaktoren gegenüber britischen Diplomaten durchblicken, daß der Krieg ohne weiteres hätte gewonnen werden können, wenn Anton dem König statt nur 50000 Gulden 150000 geliehen hätte.
Wieder einmal hatte ein Fugger die Macht des Geldes demonstriert, aber die Freude darüber währte in Augsburg nicht lange. Zwar zeigte sich nun plötzlich auch Karl V. wieder von seiner großzügigen Seite, indem er den Fuggern das kaiserliche Münzprivileg für die Dauer von zehn Jahren anvertraute, dafür ließen aber neue Kreditgesuche, die den Konzern noch enger an das Erzhaus binden sollten, nicht lange auf sich warten.

Wie macht man einen Papst?

Am 25. September 1534 starb mit Papst Clemens VII. ein langjähriger Gegner des Kaisers. Deshalb sollte jetzt nach den Plänen der Habsburger ein Vertrauensmann auf dem Stuhl Petri Platz nehmen. Noch während der Medici mit dem Tod rang, hatte König Ferdinand Vorbereitungen getroffen, um die Wahl des ihm ergebenen Trientiner Kardinals Bernhard von Clues zu sichern. Selbstverständlich war er sich darüber im klaren, daß dies in erster Linie eine Geldfrage war. Sein »Finanzminister« Johannes Zott nahm deshalb Kurs auf Augsburg.
Auch für die Fugger hätte die Wahl eines deutschfreundlichen Papstes zweifellos Vorteile gebracht. Denn seit der unseligen Plünderung Roms war das Kirchengeschäft nie mehr so richtig in Gang gekommen. Anton sagte deshalb ohne weiteres 100000 Dukaten zu. Aber in der Folge haperte es, wie schon mehrfach bei Ferdinands Projekten, am Management. Noch bevor das Schmiergeld in Rom eintraf und die 35 Kardinäle »geimpft« werden konnten, trat bereits am 11. Oktober 1534 das Konklave zusammen.
Die gewitzten römischen Kleriker hatten offenbar eine Kampagne der

Habsburger erwartet und – ganz gegen ihre sonstige Gewohnheit – aufs Tempo gedrückt. Gewählt wurde der vom französischen Lager vorgeschlagene Dekan des Heiligen Kollegs, Alessandro Farnese. Der sechsundsechzigjährige Italiener galt als relativ reformfreudig und politisch neutral. War es auch diesmal durch Nachlässigkeit nicht geglückt, die Papstwahl entscheidend zu beeinflussen, so zeigt doch Antons großzügiger Kredit, daß auch er keineswegs zimperlich war, wenn es um Geschäfte mit Kirche und Glauben ging.
Seinen Geschäftspartner plagte nach dem Fehlschlag ein neues Problem: Wie konnte man es nur anstellen, grübelte König Ferdinand, die vom Fugger für die Papstwahl bereitgestellten 100000 Dukaten in die eigene Tasche zu lenken? Es gelang ihm schließlich, als er Anton die Garantie gab, daß in den nächsten zehn Jahren sämtliches in Tirol geförderte Kupfer und Silber ausschließlich den Fuggern verpfändet werde. Nun hatte auch Anton erreicht, was schon Jakob für kurze Zeit geglückt war: Er besaß praktisch das Finanzierungsmonopol bei Hofe. Das galt freilich nur für den Hof Ferdinands; der Kaiser ließ sich nicht so leicht vor den Karren der Kaufleute spannen. Im Gegenteil: Er verstand es immer wieder, sich die Fugger gefügig zu machen und sie – manchmal sogar gegen ihren Willen – für seine Zwecke einzusetzen. Schon die geographische und menschliche Distanz zwischen Kaiser und Kaufmann erschwerte den Konsens. Karl sprach kein Wort Deutsch, Anton mochte sich aus schwäbischem Stolz nicht in Latein unterhalten. Den Spanier umgab stets eine Aura der Unnahbarkeit, und die Zeiten waren vorbei, da sich ein Kaiser von einem Fugger zu fröhlichen Landpartys einladen ließ. Jetzt regierte das strenge spanische Protokoll. Auch der altgewohnte Stil im Umgang mit den Beratern und Vasallen der Majestät wollte sich nicht mehr so recht bewähren. Als beispielsweise der Finanzexperte und einflußreichste Hofbeamte Karls V., Nicolas Perrenot de Granvella, in Augsburg seinen Besuch ankündigte, ritt ihm Hans Jakob Fugger zusammen mit dem Augsburger Bürgermeister und einem Troß von 21 Begleitern bis Schongau entgegen.
Auf französisch hieß ihn der älteste Sohn Raymunds willkommen, dann überreichte er ihm einen schwer gefüllten Silberpokal. Groß war das Erstaunen der biederen Schwaben, als der stolze Spanier zwar den Pokal annahm, seinen Inhalt aber mit dem Bemerken zurückgab, er habe, seit er im Dienst des Kaisers stehe, noch nie eine Schenkung in Münze und Gold angenommen. Die Willkommensgabe der Fugger hatte aus 500 Goldgulden bestanden.
Auch die zweite Anlaufstelle der Fugger am kaiserlichen Hof, der Finanzstaatssekretär Francisco de Erasso, erwies sich als so unbequem, daß Anton in einem seiner Briefe an den Antwerpener Faktor Matthäus Örtel

voll Zorn schrieb: »Den Erasso belangend, der ist einmal dermaßen geschaffen, daß ich gar nicht denke mit ihm zu handeln und ist gewiß, daß er seinem Herrn übel dient, der will es aber so haben.« Tatsächlich aber war es so, daß sich der Finanzstaatssekretär aus der Sicht des Kaisers als überaus tüchtig erwies, während er mit den schwäbischen Kaufleuten mitunter ebenso unverfroren umsprang wie diese einst mit den hilflosen Beamten der Innsbrucker Raitkammer. Verwirrt klagte Antons Faktor Konrad Mair, Erasso lasse sich zwar wohl bestechen, mache dann aber hinterher doch, was er wolle. Den Augsburger Kaufherrn beschlich langsam das Gefühl, nicht mehr ein Macher, sondern ein Gemachter zu sein.

König Ferdinand spielt falsch

In dem Jahrzehnt zwischen 1536 und 1546 wuchs die Firma zwar schneller als je zuvor, aber sie bezahlte ihre Expansion mit dem Verlust der Unabhängigkeit. Die Geschäfte, auf die sich Anton einließ, wurden immer größer, der Ertrag erreichte jedoch nie mehr auch nur annähernd das »gesunde Maß« Jakobs. Um die horrenden Kreditwünsche der Habsburger Monarchen befriedigen und die eigene Vormachtstellung auf den Finanzmärkten sichern zu können, mußten die Fugger nun viel mehr Fremdkapital als früher aufnehmen.

Sie borgten sich das Geld bei der Augsburger Konkurrenz oder – meist getarnt über Mittelsmänner wie Lazarus Tucher und Gaspare Ducci – an der Antwerpener Börse. Selbstverständlich mußten sie für die Depositen hohe Zinsen bezahlen, die zu Lasten ihres Gewinns gingen. Dabei warfen die Anleihegeschäfte jetzt bei weitem nicht mehr so viel ab wie in jenen Tagen, als Jakob Fugger den Tiroler Bergbau eroberte. Angesichts der riesigen Summen, die jetzt verlangt wurden, reichten die Erträge der seit Jahrzehnten überschuldeten Tiroler Kupfer- und Silbergruben als Sicherheiten schon lange nicht mehr aus. Lukrativ blieb dagegen nach wie vor der Quecksilberabbau in Almaden, der trotz der hohen Pacht von jährlich über 150000 Dukaten einen Reingewinn von rund 55 Prozent einbrachte. Immer häufiger aber wurden die Fugger mit ihren Anleihen auf spanische Steuereinnahmen, neapolitanische Renten und südamerikanische Silberschiffe verwiesen.

Das Edelmetall stammte größtenteils aus der Minenstadt Potosi am Fuß des sagenhaften Silberbergs im bolivianischen Hochland. Zwar landete auf diese Weise noch ein erheblicher Teil des südamerikanischen Reichtums in den Kassen der Fugger, obwohl diese ihre eigenen Kolonialpläne längst aufgegeben hatten, aber gesteuert und kontrolliert wurde der Sil-

berstrom ausschließlich von Spaniern. Während die Fugger früher den Bergbau in eigener Regie gemanagt und ihre Gewinne praktisch nach Gutdünken selbst festgelegt hatten, bekamen sie jetzt für ihre Anleihen nur noch den marktgängigen Zins.
Ein besonders bequemer Geschäftspartner war auch des Kaisers Bruder nicht. König Ferdinand, willensschwächer als Karl, versuchte immer wieder, sich hinterrücks den Fängen der Augsburger Finanzmafia zu entziehen, da ihm zum offenen Widerstand Mut und Standvermögen fehlten. Nie war sich Anton Fugger seines hohen Schuldners restlos sicher, denn Ferdinand nutzte jede Gelegenheit, die Bankiers und Kaufleute gegeneinander auszuspielen.
In seiner permanenten Geldverlegenheit ließ sich der König mit jedem Geschäftspartner ein, auch wenn dieser im protestantischen oder gar französischen Lager stand. So trug er sich eines Tages mit dem Gedanken, für rund 200000 Dukaten einen wertvollen Seehafen an seine venezianischen Erzfeinde zu verkaufen.
Einen neuen Beweis seiner sprunghaften Geschäftspolitik lieferte er im Frühjahr 1538. Da ihm Anton gerade ein Kreditgesuch abgeschlagen hatte, wandte er sich kurzerhand an die mit den Fuggern seit Jahren in Fehde liegende protestantische Reichsstadt Ulm. Tatsächlich lieh ihm der wohlhabende Ulmer Bürgermeister Georg Besserer 20000 Gulden. Er ließ sich dafür als Sicherheit die noch an Jakob verpfändeten Herrschaften Kirchberg, Weißenhorn, Illerzell, Wullenstetten, Pfaffenhofen, Marstetten und Buch überschreiben.
Ferdinand hoffte, mit der Drohung, die Fuggerschen Latifundien nach Ablauf der Pachtverträge den Ulmern zu überlassen, Antons Schatulle zu öffnen.
Der Kaufmann reagierte schnell und entschlossen. Am 11. Juli 1538 schrieb er dem König einen deutlichen Brief, in dem er die dringende Bitte äußerte, Ferdinand möge sein »Gemüt und Willen gnädigst berichtigen«. Tatsächlich ließ der Habsburger seine Verkaufsabsicht einen Monat später dementieren. Dafür beteiligten sich die Fugger nun an der Kollekte zur Türkenabwehr.
Solange sie in Geschäftsverbindung standen, hatten Anton und Ferdinand ihre liebe Not miteinander. Keiner traute dem anderen über den Weg, aber jeder war auf den anderen angewiesen. Der König versuchte seine Selbständigkeit dadurch zurückzugewinnen, daß er die anderen großen Augsburger Kaufleute wie Hieronymus Seiler, Sebastian Neidhart, Melchior Manlich, Anton Haug und die Gebrüder Pimmel verstärkt in Anspruch nahm – auch wenn diese zusammen kaum halb soviel Kapital wie Anton Fugger aufzubringen vermochten.
Der Konzernherr erkannte klar die Gefahren der wachsenden Verschul-

dung Habsburgs. Aber sein verzweifelter Unabhängigkeitskampf mußte zwangsläufig mit einer Niederlage enden, wenn er nicht bereit war, die Bühne der Weltpolitik zu verlassen.

Enttäuschungen und Fehlschläge

Da die verwickelten Finanzgeschäfte mit der Krone Antons ganze Aufmerksamkeit und den größten Teil seines Kapitals in Anspruch nahmen, mußten die übrigen Unternehmungen Stückwerk bleiben. So versuchte er beispielsweise vergebens, neue Bergbauprojekte in Skandinavien und Süditalien anzukurbeln. Nach Norden entsandte er den gerissenen Diplomaten Sylvester Raid mit der Order, die Möglichkeiten der Eisen- und Kupfergewinnung in Norwegen und Schweden zu eruieren. Im Süden versuchte sein Faktor Christoph Vogel mit einer Handvoll hochkarätiger Experten, verlassene Silberminen in Kalabrien wieder in Gang zu setzen. Doch Sylvester Raid verstand zu wenig vom Montangeschäft. Er ließ sich in politische Ränkespiele ein, lief später sogar zu den Protestanten über und wurde einer der gefährlichsten Gegner Fuggers. Christoph Vogel hingegen entpuppte sich als völlige Niete: Seine Erfolgsmeldungen waren frisiert und die Gruben von Cosenza längst ausgebeutet. Glücklicher verlief der Versuch, den traditionellen Barchenthandel über Antwerpen in die nordischen Länder auszudehnen und auch das übrige Warengeschäft zu forcieren. Darüber hinaus begann Anton schon frühzeitig, erhebliche Teile seines Kapitals dem Zugriff der habgierigen Habsburger zu entziehen, indem er es langfristig in weiteren Grundbesitz investierte.
So kaufte er für über 105 000 Gulden ein riesiges Areal um die mächtige Bibersburg in der Slowakei, und er versäumte keine Gelegenheit, seinen schwäbischen Landbesitz weiter zu arrondieren. Die Familienteilhaber der Gesellschaft erhielten in jenen Jahren auch beträchtlich höhere Auszahlungen als zu Jakobs Zeiten. Der ausgeschüttete Gewinn wurde dann meist in solide Sachwerte wie Häuser, Schmuck, Edelsteine oder Kunstwerke investiert.
Einen weiteren, viel bedeutenderen Aderlaß verordnete Anton dem Gesellschaftskapital mit den großzügigen Anleihen für Englands zahlungskräftigen König Heinrich VIII. Der Tudor lieh sich bei den Fuggern binnen weniger Jahre die Riesensumme von 1,5 Millionen Gulden, was bei den Habsburgern, als sie davon erfuhren, heftige Wutausbrüche hervorrief. Denn das Geld, das sich der Blaubart pumpte, fehlte in ihren Kassen. Anton stolperte also keineswegs blindlings in das Desaster, das ihn am Ende seines langen, erfolgreichen Lebens erwarten sollte. Er sah ganz genau die Gefahren, die auf ihn zukamen, aber sein Ehrgeiz und sein Selbst-

bewußtsein zwangen ihn, sich ihnen zu stellen, anstatt ihnen auszuweichen.

Diese Gefahren hätte wohl auch ein Jakob Fugger nicht unbeschadet überstanden. Sie drohten im Gefolge des imperialen Herrschaftsanspruchs Karls V. und des moralischen wie politischen Zerfalls der Kirche. In insgesamt vier Kriegen gegen seinen Intimfeind Franz I. verpulverte der Habsburger mehr, als die Fugger auf dem Höhepunkt ihrer Macht besaßen: etwa acht Millionen Gulden.

Ohne die Schätze des neuentdeckten Kontinents Amerika hätte er sich diesen Dauerstreit, unter dessen finanziellen Folgen noch die nächsten Generationen zu leiden hatten, gar nicht leisten können. Aber was zählten wirtschaftliche Gesichtspunkte, wenn es um die Herrschaft und den Ruhm des Imperators ging!

Sein Pech war es, daß er auf zwei ebenso »großartige« Widersacher stieß: den Franzosenkönig und den Türkensultan. Während Karl von einem weltweiten Christenreich träumte, kämpfte Suleiman für die Vorherrschaft des Islam. Mehrfach stieß er weit nach Norden in den Machtbereich des Habsburgers vor. Er belagerte Wien, zog sich aber wieder zurück, da er das Risiko einer Entscheidungsschlacht scheute. Auch in seinem Reich, das von Tanger bis Kairo, von Bagdad bis Budapest reichte, gärte es ständig. Obwohl er zeitweilig 400 000 Mann unter Waffen hatte, wich er immer wieder aus. Statt dessen kam es des öfteren zu begrenzten Gefechten mit den meist mangelhaft ausgerüsteten Truppen König Ferdinands. Die ständige Bedrohung des Christentums schien ihm vorteilhafter zu sein als ein schneller Sieg, der auch eine Niederlage sein konnte.

Während Ferdinand mit dem Geld der Fugger und anderer oberdeutscher Kaufleute die Südostflanke des Habsburger Reichs mehr schlecht als recht verteidigte, setzte der Kaiser im Südwesten zum Gegenschlag an. Am 15. Juni 1535 landete er mit einer beträchtlichen, von Andrea Doria befehligten Flotte an der Stelle des alten Karthago in Nordafrika, um den mit den Franzosen verbündeten Türkenpascha und Seeräuber Chaireddin Barbarossa zu verjagen.

Nach verlustreichen Kämpfen gelang es ihm tatsächlich, Tunis und La Valetta zu erobern. Umgehend plante er deshalb einen großen Feldzug gegen Sultan Suleiman. Dazu brauchte er jedoch Geld und Verbündete. Also ließ er sich übers Mittelmeer setzen, um mit dem Papst, der Republik Venedig und seinem Bruder Ferdinand eine Heilige Liga gegen die Türken zu schmieden.

Kaum hatte der Kaiser Afrika verlassen, kam Chaireddin Barbarossa aus seinem Versteck hervor und setzte die alte Gewohnheit der Seeräuberei fort. Auch mit dem Feldzug gegen die Türken wurde es nichts. Denn erstens fielen die Franzosen nach dem Tod des Herzogs Francesco Sforza in Mailand ein, weshalb sie natürlich postwendend bestraft werden mußten, zweitens schlossen die Venezianer überraschend mit den Türken Frieden und drittens wurden die »Ketzer« im Norden des Riesenreichs immer dreister.

Geköpft und gerädert

Schon im Februar 1531 hatten sich die protestantischen deutschen Landesherren unter Landgraf Philipp von Hessen und dem sächsischen Kurfürsten Johann dem Beständigen in der kleinen thüringischen Stadt Schmalkalden zu einem Kampfbund gegen die katholischen Habsburger zusammengeschlossen. Ehe sich Karl V. jedoch diesen deutschen Glaubenskämpfern stellen konnte, mußten ein paar kleinere Probleme in den Niederlanden gelöst werden.

Die Bürger der reichen flämischen Handelsstadt Gent verweigerten schon seit geraumer Zeit Steuern und Gehorsam. Außerdem drohte das ausgedehnte Herzogtum Geldern, das bis zur Zuidersee reichte, nach dem Tod des alten Regenten Karl von Egmont ins protestantische Fahrwasser zu geraten. Die Stände des reichen und fruchtbaren Landes hatten sich 1538 für den frankreichfreundlichen und mit den Lutheranern sympathisierenden Herzog Wilhelm von Jülich-Cleve-Berg als neuen Herrscher entschieden. Die Gefahr einer antihabsburgischen Allianz war groß.

Also ließ der Kaiser die Türken Türken sein und marschierte mit seinem Heer von Oberitalien im Eiltempo nach Gent. In der stolzen Handelsmetropole an der Schelde wollte er ein Exempel statuieren. Am 14. Februar 1540 ritt er mit seiner Schwester, der niederländischen Statthalterin Maria, und dem päpstlichen Legaten in die besetzte Stadt ein. Neun Bürger Gents wurden auf Befehl des Kaisers enthauptet. Ihre Körper stellte man, auf große Wagenräder gespannt, öffentlich zur Schau, die Köpfe steckten auf Lanzen. Außerdem mußte die Stadt hohe Bußgelder zahlen und die kaiserlichen Truppen kostenlos ernähren. Vor dem unausweichlichen Zusammenstoß mit dem Herzog von Jülich-Cleve-Berg wollte der Habsburger aber die deutschen Protestanten beruhigen. Nach vergeblichen Verhandlungen in der elsässischen Stadt Hagenau und in Worms trafen sich die im Schmalkaldischen Bund vereinigten Protestantenführer und die katholischen Fürsten am 5. April 1541 auf dem Reichstag zu Regensburg.

Zwar kam es wieder zu keiner Einigung, aber Karl V. erzielte doch einen Teilerfolg. In Geheimverhandlungen gelang es ihm nämlich, seinen gefährlichsten Widersacher unter den Protestanten, den hessischen Landgrafen, weitgehend auszuschalten. Der potente Philipp, offiziell verheiratet mit der Tochter des Herzogs von Sachsen, war bekannt für seine erotischen Eskapaden. Um sein unübersichtlich gewordenes Liebesleben besser unter Kontrolle zu bekommen, hatte der lebenslustige Graf im März 1539 eine seiner Hofdamen illegal zur Nebenfrau gemacht. Die um den politischen Führer des Schmalkaldischen Bundes besorgten Theologen Martin Bucer und Philipp Melanchthon waren damit einverstanden, obwohl sie wußten, daß diese Zweitehe ihrem Herrn den Kopf kosten konnte.

Selbstverständlich blieb das Doppelleben Philipps nicht lange verborgen, und Karl V. hätte ihn dem Halsgericht überantworten können. In Regensburg schlossen die beiden Glaubensfeinde aber ein Zweckbündnis: Der Kaiser verzieh dem Landgrafen die Bigamie, und Philipp versprach, Karls Ansprüche auf das Herzogtum Geldern zu unterstützen und die Aufnahme Cleves in den Schmalkaldischen Bund zu hintertreiben. »Mit diesem Verrat«, urteilt der Historiker Walther Peter Fuchs, »war die Schlagkraft des Protestantenbundes weithin lahmgelegt und der Ausgangspunkt für ein kriegerisches Vorgehen gewonnen.«

Zunächst sah es freilich eher nach einem klaren Punktsieg für die Protestanten aus. Denn als der französische König, unterstützt von den Türken, Dänen, Schweden und Schotten sowie dem Herzog von Cleve, 1542 den vierten Krieg gegen den Kaiser begann, hatten sie die einmalige Chance, die Herrschaft Roms und Habsburgs endgültig abzuschütteln. Aber während Karl V. beinahe an allen Fronten seines Reiches Krieg führte und der spanische Grande Ignatius von Loyola mit der Gründung des Jesuitenordens die Gegenreformation zu organisieren begann, stritten sich die protestantischen deutschen Fürsten um vergleichsweise unbedeutende Gebietsansprüche. Sie ließen die Gelegenheit eines Präventivschlags ungenutzt verstreichen, bis sich Karl V. wieder so weit erholt hatte, daß er ihnen Paroli bieten konnte.

Die ständigen Kriege überforderten nicht nur die Staatsfinanzen, sondern auch die Kassen der Fugger. Nur weil immer wieder ganze Konvois mit Silber- und Goldladungen in Cadiz eintrafen und weil der Kaiser die neu eroberten Gebiete in Italien wie Zitronen auspreßte, konnte er das Reich zusammenhalten.

Anton Fugger wurde, ob er wollte oder nicht, immer tiefer in die Staatsgeschäfte verstrickt. Zeitweilig glich sein Kontor am Augsburger Weinmarkt eher einer Staatskanzlei als der Zentrale eines Privatunternehmens. Zur Finanzierung des Krieges gegen Chaireddin Barbarossa mußte er die für damalige Verhältnisse gigantische Summe von 750000 Gulden lockermachen. Kaum war das Geld verpulvert, standen ihm die Emissäre König Ferdinands ins Haus, die eine Kollekte mehr zur Bekämpfung der Türken veranstalteten.

Da die ungarischen Erzgruben wegen der Wilden-Reiter-GmbH des Sultans für den Kaufmann erheblich an Reiz eingebüßt hatten und der Habsburger ansonsten nicht sehr viel zu bieten hatte, ließ sich Anton Fugger den Widerstand gegen die Ungläubigen kaum mehr als ein Taschengeld kosten. Auch die übrigen Augsburger Bosse, wie der außerordentlich erfolgreiche Sebastian Neidhart, die Gebrüder Pimmel oder Hans Baumgartner, verschlossen flugs ihre Truhen. Zu oft hatte man sie schon mit dem Schrecken aus dem Osten geködert, als daß sie sich jetzt zur Herausgabe zusätzlicher Gelder animieren ließen. Tatsächlich aber eroberten die Türken wenig später nochmals die ungarische Hauptstadt, und die Augsburger Montanmagnaten hatten nun allen Grund, um ihre Investitionen zu zittern.

Aufruhr, Empörung und Abfall

1537 wollte Anton bereits die ungarische Montanpacht aufgeben. Am liebsten wäre es ihm gewesen, der Staat hätte die Bergwerke in eigener Regie betrieben und ihm das gesamte Kupfer zum Verkauf überlassen. Dann wäre er allen Ärger mit den Arbeitern wie mit den Türken losgeworden und hätte mit geringerem Risiko am Kupferhandel verdienen können. Des Königs Räte aber überredeten Georg Hörmann in Wien zum Bleiben. Sie wollten auf die eingespielte Organisation der Fugger nicht verzichten, da sie wußten, daß die staatliche Verwaltung der komplexen Aufgabe nicht gewachsen war.

Selbstverständlich ließ sich Anton dieses Nachgeben mit allerlei Privilegien honorieren. Ab sofort mußten die ungarischen Betriebe weniger Steuern bezahlen, die Löhne ihrer Arbeiter durften gekürzt, das Leistungssoll konnte angehoben werden. Schließlich durften sogar Kinder beschäftigt werden. Obwohl die Erträge nun erfreulich anstiegen, wollte sich bei Anton auf die Dauer keine ungetrübte Freude über die ungarischen Stollen einstellen.

Die Zustände in den Gruben wurden nämlich so unhaltbar, daß sich die Bürger in den nahen Städten mit den geschundenen Bergarbeitern solidarisierten und eines Tages sogar die Minen besetzten. Nach Meinung Antons war der König verpflichtet, »Aufruhr, Empörung und Abfall« zu verhindern. Vorsorglich ließ der Fugger einen Trupp bewaffneter Soldaten in Neusohl einmarschieren und die Arbeiter mit Gewehren in die Stollen zwingen. Als der Widerstand gebrochen war, zeigte er sich geneigt, den Pachtvertrag um weitere fünf Jahre zu verlängern.

Selbstverständlich beeilte sich Ferdinand, dem wichtigsten Geldgeber die Rechtmäßigkeit seines Verhaltens zu bestätigen und die aufmüpfigen

Neusohler Bürger unter Kuratel zu stellen. Denn der König brauchte die Fugger bei den Erbschaftsauseinandersetzungen mit der Witwe Johann Zapolyas. Der ungarische König war im Juli 1540 gestorben, und nach den alten Abmachungen hätte die Krone schon seit dem Tod Ludwigs II. Ferdinand zugestanden. Aber kurz vor Zapolyas Tod hatte seine Frau Isabella einen Sohn geboren, den sie nun zum Erben machen wollte.
Als Ferdinand auf seinem Anspruch beharrte, rief Isabella den Sultan zu Hilfe, während der Habsburger hoffte, mit Fuggers Geld und Einfluß doch noch legal Alleinherrscher über Ungarn zu werden. Bisher hatte er lediglich das sogenannte königliche Ungarn regiert, einen relativ schmalen Gebietsstreifen, der einen Teil Kroatiens, das Gebiet bis zum Plattensee und im Nordosten den Bezirk Zips umfaßte.
Auch wenn das diplomatische Ränkespiel letztlich vergeblich war, weil Rest-Ungarn zu einer Provinz – einem sogenannten Paschalik – des Osmanischen Reichs wurde, kosteten die Auseinandersetzungen den Augsburger Konzernherrn doch eine Menge Zeit und Energie.

Der Konzern ist zu groß

Auf der Höhe seines Schaffens hatte Anton Fugger mit demselben Übel zu kämpfen, das auch dem Kaiser schwer zu schaffen machte: mit der Machtkonzentration. Der Konzern war eigentlich zu groß geworden, um noch von einem einzigen Mann mit den unzulänglichen Kommunikationsmitteln jener Zeit gesteuert zu werden. Und die Aufgaben, die auf den »Regierer« zukamen, wurden von Jahr zu Jahr mehr.
Die Staatsgeschäfte, in denen ein großer Teil seines Vermögens steckte, beanspruchten Anton bereits über Gebühr. Hier mußte der Donauwörther Kampfbund gegen die Reformation organisiert und finanziert werden, dort liefen langwierige Verhandlungen mit dem dänischen König, damit die Fuggerschiffe endlich den Öresund und den Großen Belt gefahrlos passieren konnten. Daneben kümmerte er sich um die Finanzen der Reichsprovinzen in Süditalien, denn Ferdinand hatte den Fugger aus Bequemlichkeit zum Steuereinnehmer von Kalabrien ernannt.
1541 erreichte ihn die Hiobsbotschaft, daß Karl V. bei seinem zweiten Krieg auf nordafrikanischem Boden gegen Chaireddin Barbarossa eine Riesenschlappe einstecken mußte und daß er den größten Teil seines 25 000 Mann starken Heeres verloren hatte. Wenig später meldeten seine Faktoren aus Ungarn Truppenkonzentrationen beträchtlichen Ausmaßes bei den Türken, so daß mit einer baldigen Offensive zu rechnen war. Frankreichs unermüdlicher Franz I. hatte sich mit dem Sultan gegen den Kaiser verbündet und rüstete erneut auf. Als bedeutete das noch nicht ge-

nug Ärger, kam aus Österreich, Ungarn und den rheinischen Provinzen die Kunde von einer verheerenden Seuche, der angeblich bereits mehr als 20000 Menschen zum Opfer gefallen waren. Daß dann auch noch in Rom die renommierte Bank de Venturi zusammenbrach, konnte den Kaufmann in der »Goldenen Schreibstube« kaum noch erschüttern.

Anton konzentrierte sich bereits ganz auf den Reichstag in Speyer, der sich auch dem brisanten Thema des Verhältnisses zwischen den abgetakelten Fürsten und den neureichen Bürgern widmen sollte. Schon lange hatte der Adel den sozialen Aufstieg der bürgerlichen Kaufleute mit scheelen Augen verfolgt. Nun wollten – welche Kühnheit – die Reichsstädte in aller Offenheit gar vorschlagen, die Adelsprivilegien abzubauen und die Blaublütigen nach Schweizer Vorbild den »Bürgern und dem gemeinen Manne gleich zu machen«. Als reichster Bürger mußte Anton den Antrag eigentlich unterstützen, als Graf, Lehensherr und Geschäftspartner der Monarchen hatte er ihn natürlich gefälligst abzulehnen. Damit aber war das Schicksal der bürgerlichen Protestbewegung schon entschieden.

Angesichts der hochoffiziellen Pflichten des Chefs kamen viele der täglichen Probleme mitunter zu kurz. Zwar konnte er sich stets auf einen Stab hervorragender Mitarbeiter stützen, aber wenn es hart auf hart ging, fehlte oft das entscheidende Machtwort des Chefs.

So raufte sich Georg Hörmann jahrelang im heutigen Ski-Dorado Kitzbühel mit den ortsansässigen Gewerken Virgil und Christoph Fröschlmoser herum, die just im Machtbereich der Fugger eigene Erzgruben ausheben lassen wollten. Und in Spanien gelang es doch tatsächlich einem gewissen Pero Gonzales de Leon aus Valladolid, den Fuggern wenigstens für ein paar Jahre die kostbare Maestrazgo-Pacht abzujagen. Wen wunderte es da noch, daß der windige Gaspare Ducci in Antwerpen sich zum Oberfinanzier des vierten Franzosenkrieges aufschwingen konnte und den Fuggern allenfalls noch ein paar Unterbeteiligungen an den diversen Anleihen überließ?

Seit dem Tod seines Bruders Raymund kümmerte sich Anton intensiv um den ausgedehnten Grundbesitz der Familie. Er sah in ihm nicht nur so etwas wie eine Sparbüchse der Firma, sondern – von Jahr zu Jahr mehr – die Zukunft seiner Dynastie. Je komplizierter die Geschäfte wurden und je mehr die Firma wuchs, desto klarer erkannte der Neffe des großen Jakob, daß die gewaltige Maschinerie des Konzerns auf die Dauer die Kräfte der Familie überforderte.

Immer wieder spielte er nächtelang in Gedanken den Rückzug der Fugger aus der internationalen Hochfinanz durch, und stets gelangte er zu der Einsicht, daß dies nur über eine allmähliche Verlagerung des Familienvermögens geschehen konnte. Beharrlich mußte unternehmerisches Ri-

sikokapital in langfristig gesichertes Anlagevermögen umgewandelt werden. Die Idee stammte noch von Jakob, aber erst Anton setzte sie konsequent in die Tat um.
Systematisch investierte er immer größere Summen in Ländereien, Schlösser, Burgen und ganze Dörfer. So kaufte er im Frühjahr 1537 von Ulrich Burggraf für 23 000 Gulden das Schloß und den Ort Glött bei Dillingen an der Donau. Ein gutes Jahr später kamen die Ortschaften Babenhausen und Brandenburg nebst ausgedehntem Grundbesitz hinzu, die Anton für insgesamt 36 000 Gulden aus dem Besitz der Grafen von Rechberg und des Herzogs Ulrich von Württemberg erwarb. Ob Anton in seinen späten Jahren noch immer das Ziel verfolgte, eines Tages sämtliche schwäbischen Herrschaften in einem eigenen Fürstentum zusammenzufassen, läßt sich heute nicht mehr beweisen. Vermutlich schätzte er die politischen Widerstände seitens der etablierten Herrscherhäuser für so stark ein, daß er dieses Fernziel der nächsten Generation überließ. Denn der weitsichtige Kaufmann konzentrierte nun seinen Grundbesitz keineswegs mehr im Schwabenland, sondern er setzte sich auch in entfernteren Gegenden fest.
Von Wilhem von Roggendorf kaufte er 1541 für rund 36 000 Karolus-Gulden das Schloß und die Stadt Condé im Elsaß. Später wurde der Fuggerbesitz im Grenzgebiet zwischen Deutschland und Frankreich um die Ortschaften Altkirch, Pfirst und Isenheim noch beträchtlich erweitert. Im Osten, in der Nähe der Stadt Preßburg, besaß Anton schon seit 1536 das mächtige Schloß Biebersburg, das er von Alexej Thurzo gegen eine Schuldenverrechnung in Höhe von 105 401 Gulden übernommen hatte. Und seit ihm der Kaiser die Gerichtsbarkeit über alle eigenen Herrschaften anvertraut hatte, mußte sich der vielbeschäftigte Konzernherr auch noch um die nebensächlichsten Streitereien seiner Untertanen kümmern.

Endlich in der »Geschlechterstube«

Anton blieb nicht mehr viel Zeit, zwischendurch seine eigenen Probleme zu meistern, etwa jenes mit dem ungebärdigen Neffen Hans Jakob, der sich aus Ärger über die Alleinherrschaft des Onkels aus der Firma zurückzog, um sich nur noch der Kommunalpolitik und seinen humanistischen Interessen zu widmen.
In Augsburg zählten die Fugger seit 1438 zur Oberschicht. Was Jakob aber zeit seines Lebens verwehrt geblieben war, hatte Anton endlich geschafft: den Einzug in die »Geschlechterstube« der alten Reichsstadt am Lech. Aus eigener Kraft war ihm diese Nobilitierung freilich nicht geglückt, und bis zuletzt wehrten sich die alten Augsburger Patrizier gegen die Aufnahme

der immer noch als neureich geltenden Fugger in ihre Kreise. Von den 51 Patrizierfamilien, die Augsburg zu jener Zeit beherrschten, als der erste Fugger eingewandert war, existierten im Herbst 1538 nur noch acht Sippen mit insgesamt 122 Mitgliedern. Vermutlich auf Drängen Anton Fuggers dekretierte Kaiser Karl V. am 12. Dezember 1538, daß 36 weitere Augsburger Familien dem Patrizierstande angehören sollten. Wenn sich darunter auch 2 Familien mit dem Namen Fugger befanden – die Linie Antons und Raymunds –, konnte doch niemand behaupten, das Ganze sei nur der Kaufmannsdynastie zuliebe inszeniert worden.
Mit seinen sturen Mitbürgern hatte Anton ständig seine liebe Not. Obwohl die Augsburger nach außen hin nicht ungern ihren Stolz über den sagenhaften Reichtum der Fugger zeigten, begegneten sie dem prominenten Kaufmann intern mitunter allzu respektlos. Seine weltweiten Geschäfte, von denen sie hin und wieder gerüchteweise vernahmen, kamen ihnen recht unheimlich vor, und der unverhüllt zur Schau getragene Reichtum Antons erweckte Neid und Abneigung. Hinzu kam der Haß der Intellektuellen, der Protestanten und der kleinen Geschäftsleute gegen die Symbolfigur der »alten« Doppelmacht von Kirche und Kapital.
Als zum Beispiel bekannt wurde, daß Habsburger Agenten vergeblich versucht hatten, Martin Bucer und Philipp Melanchthon durch Bestechung zum Übertritt ins katholische Lager zu bewegen, geriet Anton Fugger sofort in den Verdacht, er habe den Plan ausgeheckt und finanziert.

Informiert sein ist alles

Die diktatorische Struktur seines Konzerns zwang Anton, sich persönlich um alle wichtigen Probleme selbst zu kümmern. Um dabei Übersicht und Kontrolle nicht zu verlieren, bediente er sich eines gut organisierten Spitzelsystems. Schon Jakob hatte die Bedeutung der Information erkannt und sich einen privaten Nachrichtendienst eingerichtet, der ihn laufend mit wichtigen Mitteilungen aus der hohen Politik versorgte. Anton baute dieses Informationssystem zu seinem persönlichen Herrschaftsinstrument aus, mit dem er auch gegen Konkurrenten, Geschäftspartner und Mitarbeiter operierte.
So unterhielt er eine Geheimkartei, in der 626 Namen vermerkt waren. Sie enthielt neben der persönlichen oder brieflichen Anrede vertrauliche Daten, die bei Bedarf gegen den Betreffenden verwendet werden konnten. Informationen lieferten ihm neben seinen offiziellen Vertretern in ganz Europa auch getarnte Agenten, von denen niemand annehmen konnte, daß sie mit Fugger in Verbindung standen. Vorzugsweise bediente er sich

der auf dem ganzen Kontinent umherziehenden Zigeunersippen als Spitzel und Zwischenträger.
Sie machten den Kaufherrn zweifellos zu einem der bestinformierten Männer seiner Zeit. Anton sammelte nicht nur politisch oder wirtschaftlich verwertbare Nachrichten, sondern er ließ sich auch stets über wissenschaftliche und technische Fortschritte berichten, da schon Jakob den Nutzen solcher Erfindungen – etwa im ungarischen Bergbau – schätzengelernt hatte.
Das für die damalige Zeit hervorragend funktionierende Nachrichtensystem verschaffte dem Konzern immer wieder beträchtliche Vorteile. Fuggerfaktor Sebastian Kurz konnte zum Beispiel auf dem Regensburger Reichstag im Jahr 1543 dem Kaiser persönlich die sechs Bände »De Revolutionibus Orbium Coelestium« eines gewissen Nikolaus Kopernikus überreichen, die alles, was man über die Erde und den Kosmos wußte, gründlich auf den Kopf stellten. Klar, daß die ketzerischen Ideen des Astronomen dem gemeinen Volk vorenthalten werden mußten. Aber ebenso klar war, daß sich weder ein Fugger noch ein Kaiser an die Verbote der Inquisition zu halten brauchte.
Karl V., ein begeisterter Hobby-Astronom, bat den Faktor sogar, er möge den berühmten Peter Appian beauftragen, ein Werkzeug zum Messen der Erdbreiten anzufertigen. Damit bewies der Monarch klar, daß er selbst längst nicht mehr an das glaubte, was er seinen Untertanen zu glauben befahl.

»Herrn Antoni Schwachheit...«

Über all seinen vielseitigen Aktivitäten fand Anton Fugger kaum Zeit für seine Familie. Offenbar führte seine Frau, die bei der Hochzeit knapp 16 Jahre alt gewesen war, ein sehr zurückgezogenes Leben. Außer Kinder zu gebären und aufzuziehen, hatte sie keine anderen Aufgaben. Allenfalls bei repräsentativen Anlässen erschien sie an der Seite des königlichen Kaufmanns als ein kostbar ausstaffiertes, aber bedeutungsloses Anhängsel.
Nie unternahm sie auch nur den geringsten Versuch, wie einst die Frau Jakobs, ihr Leben nach ihren eigenen Vorstellungen einzurichten. Die hübsche, stille und für eine Fuggerin wohl ein wenig zu empfindsame Frau vergötterte offenbar ihren Mann, der ihr in seinem Leben nicht viel Platz einräumte. Sie hatte für den Nachwuchs zu sorgen, damit basta. Und Anton unternahm alle Anstrengungen, die Scharte auszuwetzen, die der kinderlose Oheim in der Stammtafel des Geschlechts hinterlassen hatte.
In kurzen Abständen gebar ihm Anna vier Söhne (Markus, Johannes, Hieronymus und Jakob) sowie fünf Töchter (Katharina, Regina, Susanna,

Maria und Veronika). Bei der Geburt des zehnten Kindes versagten dann die Kräfte der zarten Frau. Sie starb, erst siebenunddreißigjährig, am 11. März 1548 im Wochenbett. Das Baby, ein Mädchen, war von Anfang an schwächlich und ständig krank. Es folgte der Mutter Anfang 1549 in den Tod und wurde wie diese in der Gruft der Babenhausener Schloßkapelle beigesetzt.

Die Söhne Antons erhielten selbstverständlich die bestmögliche Ausbildung. Aber sie wuchsen, anders als ihr Vater, praktisch unter Naturschutz auf: umsorgt von Dienern, Zofen und Privatlehrern, ohne jeden direkten Kontakt mit Gleichaltrigen. Anton kümmerte sich kaum persönlich um ihre Erziehung. Er tolerierte aber ihre verschiedenartigen Interessen und ließ sie – natürlich in Italien – studieren, was sie wollten.

Als aufgeklärter Großbürger vertrat er den Standpunkt, daß jeder den seiner Neigung entsprechenden Beruf ergreifen sollte und keiner zu Tätigkeiten gezwungen werden durfte, die ihm nicht behagten. Schon bald zeigte sich, daß keiner der drei zuerst geborenen Fuggersprößlinge Talent und Lust entwickelte, später einmal ein »rechter Schaffierer« zu werden. Das Geld war da, wozu sollten sie sich um seine Herkunft kümmern? Große Hoffnungen setzte Anton deshalb auf den Jüngsten, der 1542 zur Welt gekommen war und dem man bedeutungsvoll den Namen Jakob gegeben hatte.

Anton hatte es eilig, unter seinen und seines Bruders Nachkommen geeignete Geschäftstalente zu entdecken. Denn seine Lust am Regieren hatte erheblich nachgelassen. Die tausenderlei Projekte und Probleme, mit denen er sich täglich herumzuschlagen hatte, ermüdeten ihn mehr, als er wahrhaben wollte. Das blieb auch seinen engeren Mitarbeitern nicht verborgen. Besorgt schrieb Faktor Jörg Högel aus Krakau an Georg Hörmann: »Dem Herrn Antoni wird es auch schier zuviel werden.«

Tatsächlich erlitt der Konzernchef im Frühjahr 1541 nach endlosen Verhandlungen über die Verlängerung der ungarischen Montanpacht in Wiener Neustadt einen schweren Nervenzusammenbruch. »Herrn Antoni Schwachheit ist mir von Herzen leid«, bekundete Faktor Wolf Ronner seine Anteilnahme. »Darum soll der Herr mehr tröstlichen Gemüts sein, als ein beherzter Mann Gott vertrauen und folgend fröhlichen Sinns. So kommt er wieder zu Schlaf, mag essen und trinken, das alles Anzeichen sind eines gesunden Menschen, dieweil er doch sonst nicht klagt. Er soll sehen, wie er noch schöne, feine Kinder hat, denen er und andere fromme Leute dienen, hilft und Gutes tut und noch länger leben soll... Denn sonst nur die Melancholia das größte Gift ist... Denn ein Mensch, der wohl so mager und dürr als Herr Antoni wäre, müßte zu einer guten Gesundheit kommen.« Derlei hätte ein Angestellter zu Jakobs Zeiten gewiß nie zu Papier gebracht.

Am meisten konnte sich der geschwächte »Regierer« in seinen depressiven Phasen noch auf Hans Jakob verlassen, den ältesten Sohn Raymunds, der nach seiner Heirat mit Ursula von Harrach wieder mehr Interesse für die Firma aufbrachte. Der engagierte Kommunalpolitiker, der später in den Geheimen Rat und sogar zum Bürgermeister Augsburgs gewählt wurde, war berühmt für seine eleganten Formulierungen. »Wenn sie Philippus Melanchthon geschrieben hätte, dürfte sich der nicht schämen«, urteilte Jörg Högel.
Der gewandte Junior warf dem Onkel vor, er sei ein »Zauderer und Zögerer« und habe die Geschäfte nicht fest genug in der Hand. Auch wenn er damit der Leistung Antons gewiß nicht gerecht wurde, so schien es doch zeitweise, als sei der Vorwurf nur allzu berechtigt. Denn Anfang der vierziger Jahre des 16. Jahrhunderts schien die Firma ihre frühere Dynamik weitgehend verloren zu haben. »Business as usual« hieß die Devise in allen Provinzen des Handelsimperiums, aber es fehlte der zündende Funke, die bestimmende Kraft, welche den Ereignissen ihren Stempel aufdrückte. Statt dessen wurde der Konzern zum Spielball von Kaiser und Königen.

27. Kapitel
Der Krieg um den Glauben

Als Karl V. zum vierten Feldzug gegen die Franzosen rüstete, hatten die protestantischen deutschen Fürsten kurzfristig die Chance, der Reformation zum Sieg zu verhelfen und das katholische Establishment beiseite zu fegen. Praktisch war schon ganz Norddeutschland lutherisch, und nach dem Tod Herzog Georgs im Jahr 1539 war auch Sachsen unter seinem neuen Regenten Moritz, dem Schwiegersohn des hessischen Landgrafen Philipp, von der katholischen Kirche abgefallen. Selbst einstige Stützen des deutschen Katholizismus wie das Kurfürstentum Pfalz und das Mainzer Erzbistum begannen mit den Reformierten zu sympathisieren. Daß dennoch nicht ganz Deutschland protestantisch wurde, beruhte einesteils auf den Eifersüchteleien der Kurfürsten, aber andernteils auch auf dem Verrat des hessischen Landgrafen, der dafür sorgte, daß der Schmalkaldener Bund nichts unternahm, während der Kaiser gegen Frankreich kämpfte. Auf dem Reichstag zu Speyer gelang es dem Monarchen sogar, den protestantischen Fürsten auch noch Geld, Waffen und Soldaten für den Krieg gegen Franz I. abzuschwatzen.
Mit über 40000 Mann rückte Karl V. im Sommer 1544 rasch bis zur Marne vor. Seine Heerspitzen bedrohten bereits Paris, als sich Franz I.

zu Friedensverhandlungen entschloß. Der Kaiser hatte die Wahl, sich entweder auf langwierige Gefechte um die französische Hauptstadt einzulassen und damit den deutschen Fürsten doch noch Gelegenheit zum Aufstand zu geben oder aber rasch Frieden zu schließen und sich ganz den deutschen Problemen zu widmen.

In Crépy-en-Valois, unweit von Senlis, trafen sich die verfeindeten Monarchen am 19. September. Franz verpflichtete sich, sämtliche eroberten Gebiete zurückzugeben und dem Kaiser 10000 Mann zur Abwehr der Türken zur Verfügung zu stellen. Nun konnte Karl V. endlich darangehen, das »deutsche Problem« zu lösen.

Der Krieg hatte viel Geld gekostet, das größtenteils aus den Schatullen der Könige von England und Portugal stammte. Heinrich VIII. ließ sich die Domestizierung des gefährlichen Festlandnachbarn einiges kosten, und die im Überseehandel so erfolgreichen Portugiesen konnten ihrer Infantin Maria ein hübsches Nadelgeld mitgeben, als sie den erst sechzehnjährigen Sohn des Kaisers, Philipp, heiratete. Nun aber waren die Kassen wieder einmal leer, und Karl V. brauchte dringend Geld, um im Reich die alte Ordnung wiederherzustellen.

Anton Fugger, der dem Kaiser laufend Geld in plombierten Eisenbehältern auf die französischen Schlachtfelder nachgeschickt hatte, wurde lange Zeit über die wahren Absichten des Monarchen im unklaren gelassen. Aber schon der einjährige Waffenstillstand, den Karl im November 1545 mit dem türkischen Sultan abschloß, hätte ihn stutzig machen müssen. Der Konzernherr jedoch glaubte immer noch an die Möglichkeit einer gütlichen Einigung zwischen Protestanten und Katholiken.

Im April 1546 kam der Kaiser nach Oberdeutschland, um auf dem Reichstag in Regensburg das »Versöhnungsgespräch« mit den Ketzern zu führen, obwohl er insgeheim schon fest entschlossen war, die Sache mit dem Schwert auszufechten. Auf dem Weg nach Regensburg machte er in Donauwörth Station. Unterm Dach der Fugger traf er dort mit Anton zusammen, der gemeinsam mit einer Augsburger Delegation eingetroffen war, um die weiteren Finanzpläne Seiner Majestät zu erörtern.

Obwohl der Kaiser dringend Geld brauchte, verschwieg er seinem wichtigsten Finanzier seine wahren Absichten. Kurz darauf schrieb er seinem Sohn Philipp nach Spanien, er möge sich um die Beschaffung der zur Finanzierung des bevorstehenden Krieges erforderlichen Mittel kümmern. Von den Fuggern oder den Welsern, befahl Karl V., solle man ein Darlehen von 150000 bis 200000 Dukaten zu möglichst niedrigen Zinsen einholen, und zwar unter dem Vorwand, daß es zur Bezahlung der kaiserlichen Hofhaltung diene.

Weitere 150000 Dukaten sollten bei Genueser Banken gegen künftige Einnahmen aus den Maestrazgos besorgt werden. Eine letzte Rate von

200000 Dukaten schließlich sei auf dem Antwerpener Kapitalmarkt durch kurzfristige Anleihen aufzutreiben. Zweck der ganzen Operation war es, die Finanzmittel an verschiedenen, weit auseinanderliegenden Plätzen einzuziehen, damit die protestantischen Gegner keinen Verdacht schöpften.

Das sorgsam ausgetüftelte Finanzierungssystem hatte nur einen Nachteil: Es funktionierte nicht. Weder aus Spanien noch aus Genua und Antwerpen ging so viel Geld ein, wie der Kaiser benötigte. Blieb noch die Hoffnung auf den Beistand des Papstes, der dem Kaiser zur Niederwerfung der deutschen Protestanten insgesamt 700000 Dukaten und 12500 Soldaten versprochen hatte. Aber noch ehe der Krieg begann, überlegte es sich Paul III. wieder anders, da er im Falle eines Sieges die Übermacht der Habsburger fürchtete. Karl V. war also ein weiteres Mal ganz auf die Zahlungsbereitschaft der oberdeutschen Geldhäuser angewiesen.

Der Chef taucht unter

Augsburg stand unterm Regiment seines protestantischen Bürgermeisters Jakob Herbrot offiziell im Lager des Schmalkaldischen Bundes. Die mittelständische Bürgerpartei jedoch, die von dem gleichfalls protestantischen Bürgermeister Hans Welser aus der Nürnberger Linie der Dynastie angeführt wurde, trat für einen neutralistischen Kurs zwischen den verfeindeten Lagern ein, während die Oberschicht der Patrizier und Kaufleute traditionellerweise auf seiten von Kirche und Kaiser stand.

Schon im August 1545 berief der Große Rat eine Wehrübung ein, zu der sich 3596 Mann meldeten, darunter Fuggers Hauptbuchhalter Matthäus Schwarz in einem modisch-schwarzen Küraß. Der Konzernchef selbst war u. k. gestellt und ließ sich entschuldigen. Ab wann Anton den Krieg für unvermeidlich hielt, läßt sich schwerlich nachweisen. Wahrscheinlich fügte er sich aber erst im Frühsommer 1546 in das Unausweichliche. Anfang Juni ließ er sämtliche Geschäftspapiere und Wertsachen aus der Augsburger Zentrale nach Oberndorf, Schmiechen und Ingolstadt in Sicherheit bringen. Zwei Wochen später verschwand er ebenfalls aus der Stadt. Damit ihn die Augsburger auch ziehen ließen, versprach er dem Bürgermeister, 863 Scheffel Hafer und Roggen für die Bevölkerung zur Verfügung zu stellen.

Am 19. Juni übergab er dem Faktor Jakob Sauerzapf die Leitung der Augsburger Konzernzentrale, dann ward Anton Fugger nicht mehr gesehen. Wie ein Vorläufer des US-Phantoms Howard Hughes verschwand er im Untergrund, tauchte dann überraschend mal hier, mal dort auf, nie greifbar, doch stets allgegenwärtig. Keiner seiner Angestellten wußte, wo sich der Chef wann blicken ließ, und weder Freund noch Feind vermochten ihn so zu fassen. Häufig erschien er im kaiserlichen Hauptquartier, einige Wochen hielt er sich in dem Tiroler Schloß Tratzberg bei Schwaz auf, und dann wieder kamen Befehle für die Fuggerangestellten aus dem Schloß Schmiechen.

Auf dem Regensburger Reichstag beobachteten inzwischen Neffe Hans Jakob Fugger und Faktor Sebastian Kurz, wie der Kaiser durch geschicktes Taktieren laufend Punktgewinne erzielte. Weil er beispielsweise dem Wittelsbacher Erbprinz Albrecht die Heirat mit König Ferdinands ältester Tochter Anna versprach, konnte er Bayern auf seine Seite ziehen. Moritz von Sachsen köderte er, indem er ihm die sächsische Kurfürstenwürde in Aussicht stellte und ihm die Schutzherrschaft über Magdeburg und Halberstadt übertrug.

Trotzdem befanden sich die Schmalkaldener militärisch vorläufig noch im Vorteil, denn unterm Kommando des erfahrenen, aus Augsburg stammenden Heerführers Sebastian Schertlin von Burtenbach standen 57 000 Soldaten zum Kampf bereit, während des Kaisers Truppen erst in Eilmärschen aus Italien und den Niederlanden herangeführt werden mußten. Anstatt aber entschlossen Regensburg anzugreifen und den Kaiser gefangenzusetzen, warteten die protestantischen Fürsten, bis der Habsburger die Initiative ergriff.

Erst als Karl V. sicher war, daß er seine versprengten Streitkräfte zu einem schlagkräftigen Heer vereinigen konnte, eröffnete er die Auseinandersetzung, indem er über Hessen und Sachsen wegen ihres Überfalls auf das von den Welfen preisgegebene Braunschweig die Reichsacht verhängte. Die Entscheidung zum Krieg fiel am 1. Juli, aber die eigentlichen Kämpfe begannen erst drei Tage später. In der Nacht vom 4. zum 5. Juli marschierte die von Augsburg aufgestellte und finanzierte Bürgerwehr nach Süden, um die kaiserlichen Musterungsplätze bei Füssen und Nesselwang im Allgäu zu überfallen.

Freunde auf beiden Seiten

Über den Ausgang des Krieges herrschte bei den Fuggern offenbar kein Zweifel. Denn noch am gleichen Tag kaufte Hans Jakob Fugger seelenruhig von Matthäus Öhem, dem ehemaligen Erzfeind seiner Familie, für 15 000 Gulden das Dorf Langenneufnach bei Augsburg.

Nun begann auch Anton, den Geldhahn aufzudrehen. König Ferdinand erhielt einen 110 000-Gulden-Kredit, dem Kaiser gab er als größter Zeichner einer jüngst aufgelegten Kriegsanleihe zunächst 155 000 Dukaten. Wenig später schob er noch einmal 200 000 Dukaten nach. Wieder

einmal stand also ein Fugger in vorderster Linie, als es galt, die alte Ordnung zu verteidigen. So war es nur logisch, daß es die deutschen Protestanten, die vom französischen König mit mageren 100000 Gulden unterstützt wurden, auf die prallen Kassen der Kaufleute abgesehen hatten.
Anton wußte natürlich ganz genau, wie verwundbar sein Unternehmen in Kriegszeiten war. Deshalb durfte er es mit keiner der beiden Seiten wirklich verderben. Eine Schaukelpolitik aber barg unübersehbare Gefahren, da man hierbei leicht zwischen die Räder kommen konnte. Doch Anton bewies in diesen unsicheren Zeiten – obwohl körperlich geschwächt – seine Meisterschaft im diplomatischen Spiel zwischen den Fronten.
Während er offiziell als stramm kaisertreu galt und zum wichtigsten Stützpfeiler des katholischen Lagers wurde, ließ er insgeheim seine Verbindungen zu den Schmalkaldenern nie abreißen. Deren Heerführer beispielsweise war seit den Tagen des Sacco di Roma ein guter Kunde der Firma, und auch einige der protestantischen Fürsten hatten schon Geschäfte mit den Fuggern gemacht. Als Heerführer Sebastian Schertlin von Burtenbach deshalb mit seinen württembergischen Truppen Weißenhorn eroberte, durfte Anton sicher sein, daß sich der Sach- und Personenschaden in Grenzen hielt. Und in Augsburg sorgte der Geheime Rat mit seinem Mitglied Hans Jakob Fugger dafür, daß die diversen Häuser und Besitztümer der Familie unangetastet blieben. Doch allmählich wurden die Forderungen der unter akutem Geldmangel leidenden Schmalkaldener immer hartnäckiger. Eines Tages gelang es ihrem Nachrichtendienst, Fuggerbriefe abzufangen, aus denen hervorging, daß der englische König den Fuggern und Welsern kürzlich 60000 Gulden zurückgezahlt hatte. Prompt forderten sie unverzüglich die Herausgabe dieser Summe. Sollten sich die Kaufleute weigern, müßten sie als Feinde behandelt werden, »als die, so den Kaiser mit ihren Anleihen und Wechseln allein in diesem Kriege gefördert hätten, den er sonst unmöglich ins Werk gesetzt haben würde«.
Landgraf Philipp von Hessen drohte, er werde die Fuggerschen Landhäuser und Liegenschaften zerstören. Der Augsburger Rat, um seinen reichsten Bürger besorgt, erbot sich darauf, Antons Interessen wahrzunehmen. Doch der Konzernchef schrieb aus Schloß Tratzberg, er besitze keine Barschaft, die er den Schmalkaldischen leihen könne. Die vom König von England zurückgezahlte Summe, welche bei weitem nicht so groß sei, wie behauptet werde, müsse er zur Abzahlung von Schulden verwenden. So arm konnte sich ein Fugger geben, wenn andere ihm an den Geldbeutel wollten.
Als der Augsburger Rat offen für die Schonung der Kaufleute eintrat, wunderte sich der protestantische Kurfürst Johann Friedrich von Sach-

sen: »Wie kommt es, daß die von Augsburg mit den Fuggern die Nuß nit beißen wollen, da sie doch zuvor Raymund Fugger, der ihnen nur einen armen Mann beleidigt, gefangengesetzt haben?« Der Sachse hatte allen Grund zur Besorgnis, denn in seinem Gebiet entschied sich der Ausgang des Schmalkaldischen Krieges.

Zunächst umkreisten sich die feindlichen Heerwürmer schleichend, denn keiner wollte eine Entscheidungsschlacht riskieren. Sebastian Schertlin von Burtenbach war an die Mehrheitsbeschlüsse der Kriegsräte gebunden und litt überdies an mangelndem Nachschub. Der Kaiser wiederum fürchtete die zahlenmäßige Überlegenheit des Gegners und war um die Kondition seiner südländischen Truppen im harten bayerischen Winter besorgt.

Schließlich verschanzten sich die Religionskrieger hinter schwer befestigten Stellungen beiderseits der Donau in der Nähe von Ingolstadt. Erst des Kaisers geschickte Diplomatie brachte wieder Bewegung ins erstarrte Spiel. Weil er sowohl Herzog Moritz von Sachsen als auch seinem Bruder Ferdinand die sächsische Kur in Aussicht stellte, brachen die beiden Rivalen urplötzlich ihre Zelte ab, um – jeder für sich – das von Soldaten entblößte Fürstentum Johann Friedrichs in Besitz zu nehmen. Sofort rückten die im protestantischen Lager kämpfenden Sachsen nach, um ihre Heimat zu verteidigen, und der Kaiser konnte nun leicht die süddeutschen Territorien, von denen ihn insbesondere die Reichsstädte interessierten, erobern.

Für die Fugger ergab sich nun – wie Zigtausende gewöhnlicher Bürger auch – die Notwendigkeit, sich mit den neuen Besatzern zu arrangieren. Denn die Söldner aus den Niederlanden und Italien galten als äußerst begabte Plünderer. Und wie so oft, wenn ernsthafte Gefahr im Verzug war, bewies Anton seine Wendigkeit.

Nachdem die ersten Übergriffe kaiserlicher Soldaten bekannt geworden waren, organisierte der Konzernherr umgehend Abwehrmaßnahmen. In Donauwörth durfte Sebastian Kurz des Kaisers Heerführer, den Herzog von Alba, mit wertvollen Geschenken verwöhnen, damit die Reichspflege unversehrt blieb. Auf Antons Bitte hin stellte Karl V. Schutzbriefe, sogenannte Salva Guardia, für 68 Fuggerorte aus, die überall öffentlich ausgehängt wurden. Als in Weißenhorn des Lesens unkundige Söldner keine Notiz davon nahmen, hängte der Fuggersche Pfleger kurzerhand dreißig Plünderer auf. Auf Befehl Antons ließ Sebastian Kurz die übrigen Fuggerdörfer bewaffnen und zusätzlich von eilends angeheuerten Kriegsknechten bewachen, so daß kein allzu großer Schaden entstand.

Anton will die Firma auflösen

Die Wunden, die der Krieg dem Konzernherrn zugefügt hatte, verletzten mehr seine Psyche als sein Vermögen. Nach diversen Überfällen auf seine Kuriere, Warentransporte und Gutshöfe verfiel Anton in tiefe Resignation. Verärgert schrieb er nach endlosen Debatten über die ungarischen Kupferabkommen: »Weil ich nun verdrossen und täglich Zerfall meines Leibes zu gewarten sei, und daß meine Vettern auch lieber vom gewonnenen Gut zehren, weder arbeiten wollen – deshalb ich mich entschlossen, zur Ruhe zu tun.« Tatsächlich hegte der erfolgreichste Kaufmann seiner Zeit gegen Ende des Schmalkaldischen Kriegs die feste Absicht, sich für immer von den Geschäften zurückzuziehen und die Firma zu liquidieren. Wie ernst es Anton mit seinem Vorhaben war, zeigt sich schon daran, daß er mitten im Krieg eine peinlich genaue Bestandsaufnahme des gesamten Vermögens befahl. Aus dieser historisch wohl bedeutsamsten Bilanz der Fuggergeschichte ergab sich ein Gesamtvermögen von mehr als fünf Millionen Gulden. Noch war die Firma finanziell gesund, wenngleich die spanischen (2,2 Millionen Gulden) und Antwerpener (1,5 Millionen Gulden) Geschäfte gegenüber der vorangegangenen Abrechnung außerordentlich stark zugenommen hatten.
Die Schulden der Habsburger, wohlweislich auf zahllose kleinere Positionen aufgeschlüsselt und gelegentlich auch hinter nichtssagenden Bezeichnungen versteckt, summierten sich auf wenigstens 3,5 Millionen Gulden. Allein der Kaiser stand bei den Fuggern mit rund zwei Millionen Gulden in der Kreide; hinzu kamen die Außenstände der Antwerpener Filiale mit 790000 Gulden. Seit 1539 hatten sich damit die Verbindlichkeiten Karls bei den Fuggern nahezu verdoppelt. Von König Ferdinand standen schon im »Hofbuch« rund 443000 Gulden aus. »Die Firma Anton Fugger und Bruders Söhne besaß damals ein Handlungskapital von rund fünf Millionen Gulden«, urteilt Ehrenberg, »das höchste, was sie je besessen hat, und zweifellos auch das größte, welches zu jener Zeit bei einem Handlungshause vereinigt war.«

»Wenn du einen willst überlisten...«

Angesichts des Erreichten stand Anton der Sinn nach Frieden und einem beschaulichen Lebensabend. Er bot sich deshalb seiner Vaterstadt als Vermittler zwischen dem Kaiser und dem Schmalkaldischen Bund an. Da der Augsburger Rat ihn zuvor gegen die Übergriffe der Protestanten geschützt hatte, wollte er nun die Reichsstadt vor allzu drakonischen Strafen bewahren.

Als er am 3. Januar 1547 in Augsburg eintraf, mußte er sich freilich erst einem anderen, vergleichsweise unbedeutenden Problem widmen. Sein Neffe Christoph Fugger hatte unterm Einfluß eines ehrgeizigen Faktors in Neapel auf eigene Rechnung für 11000 Dukaten Rentenpapiere gezeichnet und das Geld dafür stillschweigend dem Geschäftskapital entnommen. Was den »Regierer« aber noch mehr erboste als dieser Verstoß gegen die ehernen Gesetze der Firma, war der ungeschickte Versuch des Neffen, ihn zu täuschen. Mit ungewohnter Härte wies er Christoph zurecht: »Wenn du einen willst überlisten, so nimm dir mehr einen anderen vor. Bist mir zu jung, daß du mich sollst auf dem billigen Weg führen... Du sollst ferner wissen, daß ich dir solches dein unbilliges Begehren zum höchsten verweise... und daß ich der Herr des Handels bin. Hierauf ist meine Ordnung und Befehl.«

Augsburg kapituliert

Einmal in Fahrt, ließ sich nun Anton auch die selbstgewählte Vermittlerrolle von seinen Augsburger Widersachern nicht mehr nehmen. Als zum Beispiel Gerüchte auftauchten, der Fugger wolle Augsburg teuer an den Kaiser verkaufen, konterte Anton sofort mit gezielten Indiskretionen über die Geschäftsbeziehungen seiner Widersacher, als deren Wortführer er Sebastian Neidhart verdächtigte. Aber erst als die kaiserlichen Sturmtruppen von Heilbronn her über die Schwäbische Alb und das Filstal in Richtung Augsburg vorrückten, erteilten der Große und der Kleine Rat der Reichsstadt dem Kaufmann die Vollmacht zu Kapitulationsverhandlungen.

Die ersten Gespräche führte Anton im kaiserlichen Hauptquartier bei Esslingen am Neckar mit dem Herzog von Alba, dessen Truppen bereits bis Göppingen vorgerückt waren. Um ein freundliches Verhandlungsklima zu schaffen, brachte der reiche Kaufmann ein 3000 Kronen teures goldenes Trinkgeschirr als Gastgeschenk mit. Zwar verfehlte diese »kleine Aufmerksamkeit« ihre Wirkung nicht, aber die Gespräche verliefen viel zäher, als sich dies der Finanzier des Kaisers vorgestellt hatte. Karl V. bestand auf einer bedingungslosen Kapitulation der Reichsstadt sowie auf der Zahlung von 300000 Gulden und der Auslieferung aller Bürger, die sich offen auf der gegnerischen Seite engagiert hatten. Insbesondere hatte er es auf den protestantischen Heerführer abgesehen. Sebastian Schertlin von Burtenbach sollte gefangengenommen und enteignet werden. Dies wiederum versuchte Anton um jeden Preis zu verhindern, da er dem Augsburger Söldnerführer verpflichtet war. Während der Kaiser kühl seinen Vorteil nutzte, glaubten sich die Augsburger vor jedem

Unheil sicher. Mit einem Fugger als Verhandlungsdelegierten, so rechnete der Rat, konnte eigentlich nichts passieren. Anton befand sich in keiner beneidenswerten Lage. Der Kompromiß, den er schließlich aushandelte, war – objektiv betrachtet – keineswegs übel: Augsburg sollte nur 150000 Gulden »Buße« bezahlen und wurde dafür von den Truppen Karls verschont. Sebastian Schertlin von Burtenbach durfte fliehen, seine Güter wurden nicht eingezogen. Die Besatzung Augsburgs sollte nur kurz dauern, die Bürger und ihr Besitz wurden verschont.
Die Stadtväter indes zeigten sich darüber keineswegs erfreut, sondern versuchten ständig, noch bessere Bedingungen durchzusetzen. Das ging so lange, bis der Kaiser schließlich die Geduld verlor. Er drohte, Augsburg zu stürmen, wenn sich die Stadt nicht binnen 40 Stunden mit seinen Forderungen einverstanden erklärte. Enttäuscht verließ Anton am Abend des 24. Januar 1547 das kaiserliche Heerlager bei Geislingen an der Steige. Er ritt nach Ulm, wo Karl V. in den nächsten Tagen Quartier beziehen wollte. Der Kaufmann fühlte sich, wie er nach Hause schrieb, so erschöpft, daß er nicht wußte, ob er »ein Knecht oder ein Mädlein sei«.
Erst nach dem Ultimatum schwante den störrischen Schwaben, daß die Drohungen der spanischen Majestät wohl ernst zu nehmen waren. Karl V. bestand jetzt unerbittlich auf der völligen Kapitulation. Zum Zeichen ihrer Unterwerfung sollten einige maßgebliche Bürger der Reichsstadt vor dem Kaiser in Ulm das Knie beugen. Die großen Familien der Stadt verwahrten sich entschieden gegen eine derartig demütigende Geste, und so mußten vornehmlich Bürger des Mittelstandes die Kastanien aus dem Feuer holen. Nachdem »General« Schertlin mit 35 Pferden, mehreren Dutzend Ledersäcken voller Juwelen und 40000 Gulden Bargeld seine Heimatstadt verlassen hatte, traten die in tristes Schwarz gekleideten Augsburger Abgesandten nachmittags gegen 16 Uhr in Ulm ihren Bittgang zum Kaiser an.
Seine Majestät residierte im Haus des Ulmer Patriziers Ulrich Ehinger. Die Augsburger, angeführt von Anton Fugger, warteten auf den Monarchen im Festsaal vor der Eßstube. Götz von Pölnitz schildert die Szene: »Kurz hernach erschien Karl V. von seiner Kammer her unter Vorantritt vieler großer Herren und eines Hofgesindes aus verschiedenen Nationen in dem feierlichen Raume. Die Majestät war wohlauf und zeigte sich fülligen Leibes. Sie trug nach spanischer Sitte einen Rock aus schwarzem Atlas. Ein Samtbarett von gleicher Farbe bedeckte das Haupt, während die Füße damaliger Mode gemäß in weißen spanischen Stiefeln staken. Der Kaiser ließ sich unter goldbrokatenem Baldachin auf einem mit Samt bezogenen Sessel nieder. Weit ausgebreitet lag ein gewirkter Teppich unter seinem Sitze. Zu beiden Seiten und vor ihm stand zahlreiches Gefolge.«

Zuerst trat Dr. Claudius Pius Peutinger vor und schilderte, wie Augsburg zum Kriege »verführt wurde und aus Unverstand geirrt habe«. Dann bat er den »allergnädigsten Kaiser und Herrn« um Vergebung. Karl V. winkte seinem Vizekanzler Naves und wechselte auf lateinisch einige Worte mit ihm. Daraufhin beschied dieser den Unterhändlern, wenn Augsburg verspreche, künftig gehorsam zu sein und die Kapitulationsbedingungen – die im einzelnen noch bekanntgegeben würden – gewissenhaft zu erfüllen, dann wolle der Kaiser sich als gnädiger Herr erweisen. Peutinger dankte, und Naves übersetzte. Was weiter geschah, schildert ein Augenzeuge: »Über dieses ist Ihre Majestät alsbald vom Sessel wieder aufgestanden, hat Herrn Antonien Fugger die Hand ausgestreckt, der von den Knien aufgestanden, Ihrer Majestät mit gebührlicher Reverenz die Hand gegeben. Gleichermaßen hat Kaiserliche Majestät einem jeden der Gesandten, einem nach dem anderen, die Hand geboten.«

Als einziges Mitglied der Augsburger Oberschicht hatte sich Anton Fugger zum Kniefall herabgelassen. Der Kaufmann, ohne den der Kaiser schwerlich hätte über Augsburg zu Gericht sitzen können, war sich für diese Geste nicht zu schade. Doch wenn Anton glaubte, damit die tiefen Gräben, die ihn von seinen schwäbischen Mitbürgern trennten, zuschütten zu können, hatte er sich gründlich getäuscht.

Das teure Arrangement mit dem Habsburger wurde in der Reichsstadt postwendend als »Fuggerscher Frieden« denunziert. Nicht wenige Augsburger glaubten, es wäre klüger gewesen, Sebastian Schertlin zum Bleiben zu bewegen und für das schöne Geld ein Heer aufzustellen, mit dem man dem selbstherrlichen Spanier hätte den Marsch blasen können.

Der Undank seiner Mitbürger bestärkte den bei allem geschäftlichen Raffinement sensiblen Kaufmann in seinem Entschluß, sich allmählich ins Privatleben zurückzuziehen. Er, der es doch längst nicht mehr nötig hatte, dem Kaiser oder auch nur seinen Augsburger Nachbarn nachzulaufen, fühlte sich müde, mißverstanden und enttäuscht.

Während der nächsten Wochen mußte er noch zu Genüge erfahren, daß Politik ein undankbares Geschäft ist. Augsburg erklärte sich außerstande, die geforderten 150000 Gulden zu beschaffen, während andererseits die kaiserlichen Kommissare unverzüglich die Herausgabe der Schlüssel zum Stadttor forderten und ständig mit ihrer Besatzungsarmee drohten. Selbstkritisch bekannte Anton Fugger: »Ich weiß wohl, daß ich diese Sache nicht verrichtet habe, wie man es gerne hat. Ich glaube auch, wenn schon ein anderer an meiner Stelle wäre, er sollte nicht mehr ausgerichtet haben. Ich begehre keines Dankes. Mir ist es genug, daß wir aus der Unruhe vom hohen Meer in das Bad kommen.«

Wegen seiner diplomatischen Mission fand er kaum noch Zeit, sich um die Konzerngeschäfte zu kümmern. Dabei überstürzten sich gerade in jenen Tagen die Ereignisse. In London starb Heinrich VIII., einer seiner bedeutendsten Geschäftspartner, am 28. Januar. Nur zwei Monate später folgte ihm sein alter Widersacher Franz I. in den Tod. Nachfolger der beiden machtbewußten Monarchen wurden in England der zehnjährige Eduard VI., in Frankreich Heinrich II., der den Kaiser nicht minder haßte als sein Vater, da er einst zu den in Madrid gefangenen Geiseln gehört hatte.
In Trient sollte ein längst fälliges Konzil endlich das Dogma der Kirche neu formulieren. Doch der auf die Habsburger Übermacht eifersüchtige Farnese-Papst verlegte die Tagung aus dem Einflußbereich des kaisertreuen Trientiner Kardinals Madrutsch nach Bologna. Wie schon zur Zeit der Staufer ging es um die Kernfrage, wer der oberste Führer der Christenheit war: der Römische Kaiser oder der Papst.
Während Karl V. in Deutschland gegen die Feinde der Kirche kämpfte, fiel ihm Paul III. in Italien in den Rücken. Dessen Sohn Pier Luigi Farnese zettelte zusammen mit seinem Freund Giovanni Luigi de Fiesco in Genua eine Verschwörung gegen die kaisertreue Partei des alten Freibeuters Andrea Doria an, worüber Friedrich Schiller zwei Jahrhunderte später sein bekanntes Drama schrieb.
Bekanntlich ertrank Fiesco im Hafen von Genua, während der Sohn des Papstes einer Verschwörung zum Opfer fiel, als deren Urheber der kaiserliche Statthalter von Mailand, Ferrante Gonzaga, verdächtigt wurde. Da sich Mailand auf die Seite des Habsburgers stellte, fühlte sich Rom zu einem noch engeren Bündnis mit Frankreich ermutigt. Karl V. protestierte gegen das Bologneser Konzil und drohte, er werde Rom erneut plündern lassen.
Mittelpunkt der habsburgischen Interessen war jedoch – zumindest für ein paar Monate – nicht die Heilige Stadt am Tiber, sondern die unheilige Handelsmetropole am Lech. Am 2. März 1547 empfing der kaiserliche Zahlmeister in Fuggers »Goldener Schreibstube« die erste Augsburger Kontributionszahlung über 100000 Gulden. Der Rest von 50000 Gulden sowie zwölf Geschützen sollte in den nächsten Monaten beglichen werden.
Etwa gleichzeitig zeichnete Anton Fugger nach Geheimberichten venezianischer Diplomaten eine Riesenanleihe über insgesamt 500000 Scudi. Das Geld war für den nächsten Feldzug des Kaisers gegen den Schmalkaldischen Bund bestimmt. Zwei Tage nach Empfang des Geldes brach der Kaiser am 4. März in Ulm seine Zelte ab. Vorher allerdings nützte Anton

die Gunst der Stunde noch zu einer kleinen Rache an König Ferdinand. Hatte dieser einst versucht, die Fuggerherrschaften Kirchberg und Weißenhorn den Ulmern zuzuschanzen, so sicherte sich Anton in Ulm nun beim Kaiser für insgesamt 30000 Gulden eine Verlängerung der Herrenrechte auf die Dauer von 30 Jahren.
Fuggers Geld gab dem Kaiser die Möglichkeit, eine Entscheidungsschlacht zu erzwingen. Diese fand am 24. April 1547 bei Mühlberg an der Elbe, unweit der Porzellanstadt Meißen, statt. Mit 70000 Mann zu Fuß und 12000 Reitern besiegte Karl V. in einem überraschenden Vorstoß über den Fluß die Truppen des sächsischen Kurfürsten Johann Friedrich, der wegen seines Leibesumfangs den Spitznamen »Breznbauch« trug.
Die zwei wichtigsten Führer des Schmalkaldischen Bundes waren nun in der Hand des Kaisers: Kurfürst Johann Friedrich wurde auf der Flucht verhaftet und Landgraf Philipp von Hessen fiel dem Ränkespiel der Diplomaten zum Opfer. Nach dem Fußfall vor dem Kaiser, zu dem er sich freiwillig bereitgefunden hatte, wurde er ebenfalls gefangengesetzt und zusammen mit »Breznbauch« Johann Friedrich in die Niederlande verschleppt. In bewährter Manier wollte Karl V. für die gefangenen Fürsten ein möglichst hohes Lösegeld herausschlagen. Jener Mann aber, dessen Ideen den Schmalkaldischen Krieg ausgelöst hatten, brauchte die Niederlage des Protestantischen Bundes nicht mehr mitzuerleben: Martin Luther war schon am 18. Februar 1546 im Alter von 63 Jahren in seiner Geburtsstadt Eisleben gestorben.
Militärisch hatte der Kaiser zwar gewonnen, aber dieser Sieg war kein endgültiger. Der Verrat an Landgraf Philipp von Hessen machte nicht nur die Fugger stutzig. Vor allem Moritz von Sachsen zeigte sich so erbittert über die Gefangennahme seines Schwiegervaters, daß bald mit neuen Auseinandersetzungen zu rechnen war. Außerdem bewahrheitete sich ein weiteres Mal, daß Ideen nicht mit Waffen zu besiegen sind. Zwar hatte der Schmalkaldische Bund eine Schlappe erlitten, aber der deutsche Protestantismus war stärker denn je.
Die Einheit des Reiches und des Glaubens sollte auf dem »Geharnischten Reichstag« wiederhergestellt werden, den der Kaiser für den 1. September nach Augsburg einberief. Schon Ende Juli kam der Sieger von Mühlberg müde und abgekämpft in die Reichsstadt. Auf seinen besonderen Wunsch hin hatte man die Fuggerhäuser am Weinmarkt für seinen Empfang hergerichtet und sie damit für eine Weile zur Schaltzentrale des habsburgischen Weltreichs umfunktioniert.
Trotz der hohen Ehre, die Anton damit zuteil wurde, hielt es der Hausherr jedoch nicht für erforderlich, den Imperator, dem er inzwischen gründlich mißtraute, persönlich willkommen zu heißen. Während sich sein Neffe Hans Jakob zu einem wahren »Meister im Dabeisein« entwickelte, schrieb

Anton mürrisch aus seinem selbstgewählten Schwazer Exil: »Ich bin nicht stark, kann das Hofwesen nicht leiden, ich muß nun wie spitalerisch leben.«

Das zweite Testament

Während Karl V. daranging, das »Augsburger Interim« vorzubereiten und die deutschen Protestanten so lange zum Stillhalten zu verpflichten, bis das Konzil eine Entscheidung über die Behandlung der Ketzer traf, grübelte Anton Fugger in Schwaz darüber nach, wie er die Firma auflösen und das Vermögen unter die Gesellschafter verteilen solle. Vorsichtig hatte er schon begonnen, die Hüttenwerke in Kärnten und Thüringen zu liquidieren, die ungarischen Bergwerkbetriebe abgestoßen und den Warenhandel eingeschränkt. Aber immer wieder ergaben sich neue Möglichkeiten, bei denen ein cleverer Geschäftsmann einen schnellen Gulden verdienen konnte. Und Anton war zu sehr Kaufmann, um solche Chancen ungenutzt verstreichen zu lassen.
Kaum hatte er eine depressive Phase überwunden, plante er wieder neue Geschäfte. Hier reizte ihn der lukrative Handel mit den afrikanischen Eingeborenen, denen man billigen Tand lieferte und dafür wertvolles Elfenbein oder auch Sklaven abnahm, dort plante er den Aufbau eines Zinnmonopols. Einmal lockte ihn der Edelsteinhandel, dann forcierte er das Edelsteingeschäft oder den Gewürz- und Getreidehandel mit Spanien, ein anderes Mal ließ er plötzlich eine Kupferhütte in den Niederlanden hochziehen.
Derlei kurzfristig geplante Aktionen zögerten den Rückzug der Dynastie aus den Wirren der Zeit so lange hinaus, bis ihn politische Zwänge vorläufig ganz zu verhindern wußten. Daran vermochte auch Antons zweites Testament nichts mehr zu ändern, in dem er 1550 die Aufteilung des riesigen Fuggervermögens verfügte und damit praktisch das Ende der Firma vorprogrammierte: »Langwieriger Kriegsläufe halber haben sich die Sachen dermaßen beschwerlich geschickt, daß wir nicht allein unsere Handelssachen nicht zu Ende haben führen und unsere Schulden einbringen können, sondern wir haben auch, dem Kaiser und dem Könige zu dienen, mehr ausleihen, selbst Geld aufnehmen und uns in Schulden stecken müssen.«
Mit beinahe erschreckender Klarheit sah der Clan-Chef die Gefahren, welche der Familie und ihrem Vermögen drohten, voraus. Aber er war zu schwach, schon jetzt die nötigen Gegenmaßnahmen mit aller Konsequenz durchzusetzen. Zu seinen Testamentsvollstreckern ernannte er Georg Hörmann und Christoph Muelich. Sie sollten dafür sorgen, daß die

nächste Generation wenigstens so lange zusammenhielt, bis der Jüngste, sein Sohn Jakob, 20 Jahre alt war. Auch danach, so verfügte Anton, sollten sich alle Vettern bemühen, das gemeinsame Erbe wenigstens weitere zwölf Jahre zu bewahren.

Das Vermögen, das Antons Bruder Raymund hinterlassen hatte, war aber längst unter dessen Söhne aufgeteilt worden. Unter der Last der Konzerngeschäfte hatte der »Regierer« in einem neuen Gesellschaftsvertrag schon Ende 1548 seine Alleinherrschaft wenigstens juristisch aufgegeben und seine beiden ältesten Söhne sowie die Neffen Hans Jakob und Georg ins Management der Firma berufen, obwohl er de facto der Chef blieb.

28. Kapitel
Der Kaiser in Not

Als Kaiser Karl V. im Fuggerhaus Quartier bezog, befand er sich in einer ähnlich maladen Situation wie der Hausherr. Auch er war müde und abgekämpft. Auch er wollte, von Mißerfolgserlebnissen gepeinigt, abdanken. Als der aus Italien angereiste Meister Tiziano Vecellio im Augsburger Fuggerpalast seine beiden berühmten Porträts des Kaisers malte – das eine zeigt Karl hoch zu Roß als Sieger von Mühlberg, das andere als Weltenherrscher im purpurnen Sessel – plante Karl V. bereits die Regelung seiner Nachfolge.

Aber anders als Anton Fugger dachte der Imperator nicht an einen Machtverzicht seiner Dynastie. Sein Sohn Philipp, der eilends aus Spanien angereist kam, erhielt zunächst die Herrschaft über Mailand, Geldern, Brabant, Luxemburg, Limburg, Flandern und Burgund. König Ferdinands Sohn Maximilian hingegen, der mit den Protestanten sympathisierte, wurde vergleichsweise bescheiden bedacht. Verärgert reiste der Bruder des Kaisers deshalb aus Augsburg ab.

Um die Herrschaft der Habsburger über Europa zu sichern, sollten die beiden Familienzweige künstlich verklammert werden. Karl V. ordnete an, daß Ferdinand sein Nachfolger auf dem Kaiserthron werden solle, dafür mußte dieser sich verpflichten, bei den deutschen Kurfürsten die Wahl Philipps zum Römischen König durchzusetzen. Philipp wiederum sollte dafür sorgen, daß einst Maximilian seinem Vater Ferdinand auf dem Kaiserthron nachfolgen könne.

Noch während der müde Monarch in Augsburg und der kranke Kaufmann in Schwaz ihre dynastischen Probleme zu lösen versuchten, braute sich neues Unheil zusammen. Die protestantischen deutschen Fürsten gaben sich mit dem Interim nicht zufrieden. Ihr klügster Kopf, der erst dreißigjährige Herzog Moritz von Sachsen, schmiedete mit Unterstützung Augsburger Kaufleute und verschiedener protestantischer Reichsstädte unter höchster Geheimhaltung die Opposition gegen den Kaiser wieder zusammen.

Offiziell von Karl V. mit der Reichsexekution gegen Magdeburg beauftragt, verwendete er in Wahrheit das Geld des Habsburgers dazu, Waffen zu kaufen und Soldaten anzuheuern. Am 3. Oktober 1551 schloß er sogar mit dem nur zwei Jahre älteren Franzosenkönig Heinrich II. einen Geheimpakt gegen den Kaiser. Der Sachse lieferte die zum Reich gehörenden Städte Metz, Toul, Verdun und Cambrai an Frankreich aus und erhielt dafür Geld und Militärhilfe zu einem neuen Feldzug gegen Karl V.

Im März 1552 schlug Moritz schließlich zusammen mit seinem Schwager Wilhelm von Hessen und dem kriegslüsternen Markgrafen Albrecht-Alcibiades von Brandenburg los. Ihre Truppen hatten die drei protestantischen Fürsten in Franken zusammengezogen; ihr erstes Ziel hieß Augsburg. Der Kaiser war wie sein Partner Anton Fugger viel zu lange ahnungslos geblieben. Die Reichsstadt hatte er schon im Oktober verlassen, um in der Innsbrucker Burg Quartier zu beziehen.

Die bei Mühlberg siegreichen Truppen waren schon längst entlassen, und niemand fand sich bereit, dem ungeliebten Herrscher beizustehen. »Es ist«, klagte der vordem so stolze Spanier, »als ob die Kaufleute miteinander übereingekommen wären, mir nicht mehr zu dienen. Ich finde weder in Augsburg noch sonst irgendwo jemand, der mir Geld leihen will, welchen Vorteil man auch bieten mag.« Bitter rächte sich nun die selbstherrliche Art, mit welcher er in besseren Zeiten seinen bürgerlichen Financiers begegnet war.

Auch Anton Fugger ließ sich zunächst entschuldigen: Er sei nur noch Privatmann und könne nicht mehr im Namen der Firma disponieren. Doch die Hilferufe aus Innsbruck wurden immer dringlicher, je weiter die feindlichen Truppen nach Süden vorstießen. Albrecht-Alcibiades hatte Bamberg überfallen, Landgraf Wilhelm von Hessen den strategisch bedeutsamen Paß bei St. Goar am Rhein besetzt. Die Spitzen der protestantischen Streitmacht standen bereits vor Dinkelsbühl, und es war nur noch eine Frage der Zeit, bis Augsburg in die Hände der Opposition fiel.

Anton blieb nach wie vor hart, aber sein Antwerpener Faktor Matthäus Örtel erbarmte sich schließlich der Not des Herrscherhauses und bewilligte der Exkönigin Maria, der Statthalterin der Niederlande, ein Darlehen über 195 000 Dukaten. Das Geld stammte aus der Schuldentilgung der britischen Krone. Anton akzeptierte hinterher den eigenmächtigen Entschluß seines niederländischen Vertreters, aber später sollte sich dessen Selbstbewußtsein noch verhängnisvoll auswirken.

Auch Hans Jakob Fugger steuerte nun ungeniert seinen eigenen Kurs. Er gab sich gegenüber den Protestanten liberaler als sein erzkonservativer Onkel und stimmte schließlich auch dem Beschluß seiner Augsburger Ratskollegen zu, sich weder für noch gegen den Kaiser zu engagieren. Inzwischen kam aus Donauwörth die Kunde, daß ausgerechnet Fuggers früherer Angestellter Sylvester Raid an der Spitze der protestantischen Truppen einmarschiert war.
Einige der spanischen Höflinge in der Umgebung Karls V. begannen bereits, offen Zweifel an der Treue des Augsburger Geldhauses zu äußern. Beinahe verzweifelt schrieb der Monarch eigenhändig an seinen verläßlichsten Finanzier, er möge doch um Gottes willen so schnell wie möglich nach Innsbruck kommen: »Dies ist dasjenige, was ich jetzt am meisten wünsche.«

Die Fugger retten das Weltreich

Ein letztes Mal bestimmten nun die Fugger den Gang der Weltgeschichte. Von Anton allein hing es ab, ob der Kaiser genug Geld bekam, um den Fürstenaufstand niederzuschlagen. Karl V. hatte kaum noch Macht über seinen Bankier, er war unweigerlich verloren, wenn ihm der Fugger nicht aus der Patsche half: Der Untergang des Hauses Habsburg konnte von einem schwäbischen Kaufmann besiegelt werden. Zögerte Anton, so würde Karl in Gefangenschaft geraten und mit ihm sein Bruder Ferdinand zur Abdankung gezwungen werden. Die Türken bekämen eine neue Chance, nach Mitteleuropa vorzustoßen, und Frankreich würde zur führenden Kontinentalmacht. Ausgespielt wäre dann auch, zumindest für die folgenden Jahre, die beherrschende Rolle der römisch-katholischen Kirche auf der deutschen Bühne.
Anton Fugger muß dies alles ganz deutlich überblickt haben, als er am 2. April 1552 die Pferde anspannen ließ, um eiligst nach Innsbruck zu jagen. Kaum drei Tage später ritten die drei rebellischen Protestantenfürsten als Sieger in Augsburg ein. Was den Millionär letztlich bewogen hatte, sich wieder einmal auf die Seite des ihm wesensmäßig fremden Habsburgers zu stellen und den längst fälligen Rückzug ins Privatleben erneut zu verschieben, wußte wahrscheinlich nur er selbst.
Ein Pakt mit den Protestanten kam für ihn schon aus religiösen Gründen nicht in Betracht. Untätig zuzusehen, wie ringsumher das alte Reich in Schutt und Asche fiel, erschien ihm wahrscheinlich sinnlos und dumm. Also blieb wohl nur die dritte Möglichkeit: Er mußte helfen, wenn es um das Schicksal des Reiches ging!
Die Finanzgespräche in der Innsbrucker Burg, die Anton zunächst mit

dem kaiserlichen Finanzsekretär Francisco de Erasso führte, verliefen jedoch viel zäher, als sich der ungeduldige Herrscher dies vorgestellt hatte. Denn es war nicht mehr allzu viel, was die Habsburger einem Fugger zu bieten hatten. Tirol war weitgehend ausgebeutet, und die noch in Spanien vorhandenen Schätze ließen sich nicht so schnell durchs feindliche Gebiet transportieren, weil Moritz von Sachsen mit seinen Truppen unaufhaltsam gegen Innsbruck vorrückte.

In Augsburg gelang es Hans Jakob Fugger, dank der alten Beziehungen seiner Familie zu Sebastian Schertlin, Güter und Liegenschaften vor dem Zugriff der protestantischen Soldaten zu schützen. In Innsbruck mußte Anton laufend kleinere Ausgaben des Kaisers finanzieren, damit die Regierung wenigstens einigermaßen funktionsfähig blieb. Aber zu einer großen Anleihe mochte er sich noch nicht entschließen. Erst als die Festung Ehrenberg in Nordtirol gefallen war, sah er ein, daß weiteres Zögern keinen Vorteil mehr brachte.

Zusammen mit dem Kaiser und seinem Hofstaat floh Anton aus der bedrohten Tiroler Landeshauptstadt nach Villach in Kärnten. Wenige Tage später, am 23. Mai, war Innsbruck in der Hand des Gegners. Wurde vorher noch tagelang um Konditionen und Sicherheiten gefeilscht, so kam jetzt im Exil das Geschäft zwischen den beiden alten Männern schnell zustande. Anton, bleich, hager, mit eindrucksvollem Rauschebart, bewilligte dem kranken, abgeschlafften Habsburger die sagenhafte Summe von 400000 Dukaten. Davon sollten 100000 Dukaten in Deutschland ausgezahlt werden, 50000 Dukaten in Venedig, der Rest aber direkt an Karl. Gleichzeitig hoffte der Monarch, mit Fuggers Bürgschaft bei Genueser Banken noch einmal die gleiche Summe aufzutreiben.

Zurückgezahlt werden sollte das Darlehen aus den Einkünften der Krone und der Kirche in Spanien sowie aus amerikanischen Gold- und Silbertransporten. Selbstverständlich benutzte der immer noch hellwache Kaufmann die Gelegenheit, sich diverse Zollvergünstigungen und Steuerprivilegien garantieren zu lassen.

Der am 28. Mai unterzeichnete Vertrag verschaffte dem Kaiser wieder Autorität. Karl V. lebte sichtlich auf: Aus dem mutlosen Flüchtling wurde dank dem Gold der Fugger wieder ein machtbewußter Herrscher. Bei den Friedensverhandlungen in Passau, die auf katholischer Seite von seinem Bruder Ferdinand geführt wurden, trotzte er den militärischen Siegern beträchtliche Zugeständnisse ab. Moritz von Hessen verpflichtete sich beispielsweise zum Beistand gegen die wieder munter gewordenen Türken, und er akzeptierte den Vorschlag, dem nächsten Reichstag die Entscheidung darüber zu überlassen, ob die Glaubensfrage auf dem Konzil oder per Reichsbeschluß entschieden werden sollte.

Der einzige, der keine Lust zum Frieden verspürte, war der ungebärdige

Markgraf Albrecht-Alcibiades. Ihm diente die Religionsfrage nur als Vorwand, um seine Rauflust zu befriedigen. Plündernd und mordend zog er mit seinem Söldnerhaufen weiter durch Franken und das Elsaß, bis es schließlich auch seinen ehemaligen Verbündeten zuviel wurde. Dafür machte ihn der Kaiser, der mit Fuggers Hilfe in aller Eile wieder ein großes Heer aufgestellt hatte, nun zu seinem Waffenbruder, da er die von Frankreich bedrohte Westgrenze des Reichs stabilisieren mußte.
Der neue Krieg gegen den linksrheinischen Nachbarn aber wurde viel teurer, als Karl und seine Geldgeber kalkuliert hatten. Die schwer befestigte Stadt Metz widerstand allen Angriffen, und der Imperator zog enttäuscht und gesundheitlich angeschlagen unverrichteter Dinge wieder ab. Weil er von den widerborstigen Deutschen ohnehin genug hatte, ritt er schnurstracks nach Norden in die Niederlande.
Moritz von Sachsen nutzte das Machtvakuum, das so entstanden war, und bereitete dem blutigen Treiben des Markgrafen ein Ende. In der verlustreichsten Schlacht der ganzen Reformationszeit besiegte er am 9. Juli 1553 Albrecht-Alcibiades, büßte aber auf dem Schlachtfeld seinen Erfolg mit dem Leben. Sein Gegner überlebte ihn zwar um dreieinhalb Jahre, gewann jedoch keine politische Bedeutung mehr. Er starb am 8. Januar 1557 als Geächteter in Pforzheim.

Aufstand der Neffen

Der Vertrag mit dem Kaiser und der neue Krieg gegen Frankreich, der ungeheure Summen verschlang, durchkreuzten die Rückzugspläne Anton Fuggers. Es war ihm einfach nicht vergönnt, sich aufs Altenteil zurückzuziehen. Schon seit geraumer Zeit interessierten ihn philosophische und religiöse Probleme mehr als das Geschäft, aber unerbittlich zog ihn das Kapital wieder in seinen Bann.
Das Darlehen über 400000 Gulden, das den Kaiser rettete, versprach im Endeffekt nur einen bescheidenen Ertrag von sieben Prozent, und die Bürgschaft für die Genueser Anleihen des Kaisers bargen unübersehbare Risiken. Erst im Juni 1552 informierte er seine Neffen über die Details des Abkommens. Hans Jakob, der in dem Alten zunehmend einen lästigen Störenfried sah, benutzte die Gelegenheit zu einer Machtprobe. Er und seine Brüder verweigerten dem bisherigen Alleinherrscher die Zustimmung zu dem Villacher Vertragswerk. Der in der Geschichte der Fugger beispiellose Ungehorsam zwang Anton, das Geschäft auf eigene Rechnung abzuwickeln.
Hans Jakob Fugger, inzwischen zum Rektor der Ingolstädter Universität gewählt, probte den Aufstand. Er hielt sich für klüger und gerissener als

der müde Onkel, der immer nur ablehnte und sich, wenn er schon einmal ein Geschäft riskierte, mit zu bescheidenen Gewinnen begnügte. Auch den anderen »Jungtürken« im Fuggerschen Kontor erschien der hohlwangige Senior als Relikt einer vergangenen Epoche, als ewiger Nörgler und Besserwisser.

Anton war es einfach leid, sich mit den jungen Wirrköpfen ernsthaft auseinanderzusetzen. Gelegentlich hatte er mit dem einen oder anderen von ihnen eine Auseinandersetzung, aber den Zerfall der Familie konnte er nicht mehr aufhalten. Hans Jakob begann, sich mit seinem Erbe einen eigenen Herrschaftsbereich im Südwesten des Reiches zwischen dem Rhein, dem Bodensee und der Schweiz zusammenzukaufen, während Georg und Christoph Fugger die immer wichtiger werdenden Geschäfte der Antwerpener Faktorei unter Matthäus Örtel an sich zogen.

Während der alte Herr versuchte, das Geld zusammenzuhalten, damit »diesen großen Herren billig die Lust zum Kriege vergehen« werde, ließen sich die Neffen und manche der jüngeren Faktoren zu allerlei riskanten Geschäften verlocken. Immer wieder gab Matthäus Örtel in Antwerpen den Schmeicheleien, Drohungen und Versprechungen der Königinwitwe Maria nach, obwohl sich Anton darüber beklagte, »daß so gar keine Resolution unserer Schulden kommen will«.

Um den unersättlichen Finanzbedarf des Kaisers decken zu können und die aggressiven Genueser Konkurrenten in Schach zu halten, mußte der Senior viel Fremdkapital in Augsburg und Nürnberg zu hohen Zinsen aufnehmen. Obwohl er die Spanier für »böse und listige Leute« hielt, mochte er doch den Kontakt zum Hof nicht abbrechen lassen. Die Schulden des Kaisers waren bereits zu hoch, als daß man nun von heute auf morgen den Laden schließen konnte. Wenn er je das ausgeliehene Geld wiedersehen wollte, mußte er jetzt, ob er wollte oder nicht, das Herrscherhaus weiter finanzieren. Nur wenn die Habsburger weiter regierten, bestand die Aussicht, daß sie ihre Schulden tilgen konnten. Gutes Geld mußte – im Jargon der Bankiers – dem »schlechten« nachgeworfen werden, damit dieses nicht ganz verdarb.

Bald war Anton Fugger wieder voll in die Geschäfte verstrickt. Dem Kaiser gab er nochmals 300 000 Karolus-Gulden zu zehn Prozent Zinsen auf die Einkünfte von Brabant und Flandern, und weitere 100 000 Gulden bekam der Florentiner Herzog Cosimo von Medici für seinen Kampf gegen die Republik Siena. Daneben lief die Finanzierung des Innsbrucker Hofs.

Als Anton erfuhr, daß einige andere Augsburger Großkaufleute den französischen König finanzierten, verdoppelte er seine Anstrengungen für Karl V.

Jakob Herbrot, mit dem er sich verkracht hatte, versuchte er aus dem Rennen zu werfen, indem er ihn über seinen Nachrichtendienst denunzieren ließ. Eines Tages meldeten die »Neuen Zeitungen aus der Fuggerei«, die an bevorzugte Geschäftsfreunde verschickt wurden, der ehemalige Augsburger Bürgermeister habe sich dem Teufel verschrieben. Gegen Antons Willen schlossen inzwischen die Neffen einen neuen Vertrag über die Quecksilbergruben von Almaden ab. Spanische Kaufleute hatten vergeblich versucht, die Ausländer zu verjagen. Nun brachen in den Stollen verheerende Brände aus, die nur durch Sabotage entstanden sein konnten. Als bei Guadalcanal bedeutende Silbererzvorkommen entdeckt wurden, glaubten Hans Jakob und seine Brüder, hier das große Geschäft machen zu können. Energisch verbot Anton jede weitere Investition auf der Iberischen Halbinsel: »Ich habe keine Lust zu solcher Handlung, also genug davon.«

Verärgert über die Eigenmächtigkeiten der Neffen und mancher Manager schrieb er am 5. Dezember 1553 aus Augsburg an den Faktor Hans Bächler nach Spanien: »Also gehst du nur deinem einfältigen Kopf nach, man schreibe dir gleich, was man wolle. Das taugt aber gar nichts, und ich will haben, daß du meinem Befehl und Ordnung nachkommst.« Unterm eisernen Regiment Jakobs hatte jeder Faktor, der den Befehlen des Chefs zuwiderhandelte, mit sofortiger Entlassung rechnen müssen. Anton aber war auf seine Experten angewiesen, da er selbst nicht mehr so genau über alle Einzelheiten des Konzerns Bescheid wußte und nicht genügend Ersatzleute für jeden wichtigen Posten hatte. Das blieb den unternehmungslustigen, auf schnelle Erfolge versessenen Mitarbeitern natürlich nicht verborgen, so daß die Zentrale in Augsburg immer mehr die Kontrolle über die Geschäfte der Außenstellen verlor.

Dabei besaß der sechzigjährige Kaufherr immer noch den besseren Instinkt. Klarer als seine Faktoren und Verwandten erkannte er, daß in vielen lukrativ wirkenden Angeboten nur Scheingewinne steckten. In den vergangenen Jahren war die Geldmenge erheblich angewachsen, die Preise stiegen schneller als je zuvor. Da war es zweifellos klüger, das Geld zusammenzuhalten und in solide Sachwerte zu investieren, als kühnen Projekten nachzulaufen. Die ehrgeizigeren unter seinen Angestellten aber trachteten eher nach hohen Wachstums- als Gewinnraten. Am 31. Dezember 1553 zog Anton wieder einmal Bilanz; er mußte feststellen, daß die Geschäfte zwar noch recht gut liefen, daß aber die Gewinne erheblich hinterherhinkten. Seit der letzten Generalrechnung vom 31. Dezember 1546 hatte die Firma nur einen jährlichen Durchschnittsgewinn von fünfeinhalb Prozent erzielt. Dabei brachten schon gewöhnliche Anleihepapiere auf den internationalen Finanzmärkten mühelos zwölf Prozent.

Das größte Problem aber waren zweifellos die spanischen Investitionen. Den iberischen Geschäftsleuten war die Finanzherrschaft der Fugger schon lange ein Dorn im Auge. Im Verein mit der Madrider Finanzbürokratie versuchten sie immer nachdrücklicher, die Erträge der amerikanischen Kolonien wie die der inländischen Provinzen an sich zu ziehen. Die spanischen Behörden ließen keinen Gulden aus dem Land, ohne daran über Zölle oder Steuern partizipiert zu haben. Der Devisenschmuggel begann deshalb üppig zu blühen.
Ende 1553 gelang es den Fuggern, eine größere Summe aus Spanien herauszuholen. Das Gold – insgesamt 200000 Dukaten – steckte in Getreidesäcken, welche auf die Schiffe des Kaisers verladen wurden. Prinz Philipp fuhr damit nach Norden zu seinem Vater, der den letzten großen Schachzug seines Lebens plante.
Ein glücklicher Zufall gab den Habsburgern noch einmal die Chance, ihr Weltreich weiter auszudehnen. Am 6. Juli 1553 war König Eduard IV. von England gestorben; seine Nachfolgerin wurde Mary, die Tochter von Heinrich VIII. aus seiner ersten Ehe mit Katharina von Aragon. Die junge Queen war noch unverheiratet, was den habsburgischen Kaiser auf eine für seine Familie typische Idee brachte: Wenn sein eben verwitweter Sohn Philipp Mary heiratete, gehörte ganz England schlagartig zum Habsburger Reichs- und Familienverbund.
Frankreich wäre dann umzingelt und hätte keine Chance mehr, dem Kaiser in Europa den Rang streitig zu machen. Außerdem eröffnete sich so die Möglichkeit, das anglikanische Königreich in den Schoß der Kirche zurückzuführen und doch noch den Traum vom universalen Christenreich unter einem habsburgischen Kaiser zu verwirklichen. All dies hing nun davon ab, ob es gelang, diese Ehe zustande zu bringen. Wichtigste Voraussetzung war natürlich die befriedigende Regelung der finanziellen Aspekte. Die Queen brauchte dringend Bargeld. Ihr Schatzkanzler, Sir Thomas Gresham, kam nach Antwerpen, um bei Genueser und Augsburger Bankiers insgesamt 300000 Dukaten aufzunehmen. Das Geld wurde jedoch nicht in den Niederlanden ausbezahlt, sondern auf Betreiben der Fugger in Spanien zur Verfügung gestellt. Denn die englische Königin bekam selbstverständlich vor ihrer geplanten Heirat mit Philipp eher die Erlaubnis, die Moneten aus Spanien herauszuholen.
Als dieser Punkt geklärt war, bestritt Anton über ein Drittel der Gesamtsumme, genau 122750 Dukaten, die er damit dem Zugriff der Madrider Finanzbürokratie entzog. Nachdem die königliche Heirat am 25. Juli 1554 tatsächlich stattgefunden hatte, eröffneten sich für die Fugger ebenso wie für die Habsburger ungeahnte Perspektiven. Plötzlich schienen die vielen

Millionen, die man in die Kriege des Kaisers investiert hatte, keineswegs mehr verloren zu sein. Im Verbund mit dem reichen England wurde die Habsburger Monarchie wieder zahlungsfähig.
Das Zeitalter der Kriege schien vorüber zu sein, die Überlegenheit des Erzhauses war zu eindeutig. Selbst der müde Anton Fugger bekam wieder funkelnde Augen, als er an die neuen finanzpolitischen Möglichkeiten dachte, die sich aus dem Erfolg der Habsburger Heiratspolitik ergaben. Jetzt lohnte es sich nochmals, für die Zukunft zu planen. Jetzt mußte man am Ball bleiben und den Spitzenplatz auf den internationalen Finanzmärkten verteidigen.
Der Optimismus, der in den Augsburger Kontoren zur Schau getragen wurde, hatte etwas Hektisches, beinahe Krampfhaftes. Nach den Jahren der Melancholie und des langsamen Abstiegs brauchte man einfach ein Stimulans, und nichts war dafür besser geeignet als der Gedanke an die Rückzahlung der riesigen spanischen Außenstände.
Zunächst schien auch alles bestens zu laufen: Im Februar 1555 trat in Augsburg der Reichstag zusammen, um endlich den Glaubensstreit zwischen Protestanten und Katholiken zu begraben. Ein neues Zeitalter des Friedens, der Koexistenz beider Glaubensrichtungen, schien anzubrechen. Wenn erst die großen Territorial- und Religionskriege aufhörten – so hofften die Kaufleute –, ließ sich wieder gut verdienen. Dann konnten die Könige ihre Schulden tilgen und wirtschaftlich sinnvollere Investitionen wagen.

29. Kapitel
Ein Staat geht bankrott

Doch in Wahrheit kam alles ganz anders. Das Unheil begann, als den Zeitgenossen dämmerte, daß die Ehe zwischen Prinz Philipp und Queen Mary kinderlos bleiben würde. Damit war der Traum vom habsburgischen Weltkaisertum fürs erste ausgeträumt. Die englische Königin erwies sich bald eher als Ballast denn als Stütze des Imperiums. Die überzeugte Katholikin, welche den Beinamen »die Blutige« erhielt, wütete auf der Insel so erbarmungslos gegen die Andersgläubigen, daß sie zur Sicherung ihrer Macht immer neue Kredite beanspruchen mußte.
Als der alte Kaiser begriff, wie unfruchtbar im wahrsten Sinne des Wortes die englische Allianz war, brachen alle seine Hoffnungen zusammen. Er zeigte nicht mehr die geringste Lust, selbst nach Augsburg zu reisen, um den Religionsfrieden wiederherzustellen. Statt dessen ließ er seinen Bru-

der Ferdinand, den designierten Nachfolger auf dem Kaiserthron, die Augsburger Tagung leiten. Dort kam nach langen, mühsamen Verhandlungen am 25. September 1555 der berühmte Augsburger Religionsfrieden zustande, der das Nebeneinander der beiden »offiziellen« Konfessionen, der römisch-katholischen und der lutherisch-augsburgischen, bestätigte und alle weiteren Sekten wie die Zwinglianer, Calvinisten und Wiedertäufer für ungesetzlich erklärte. Für die Kaufleute bedeutsamer waren jedoch die militärischen und politischen Folgen der mißglückten Allianz mit England. Frankreichs König Heinrich II. witterte nämlich Morgenluft und begann erneut zu rüsten. Auf dem Lyoner Kapitalmarkt borgte er sich große Summen, die hauptsächlich von Finanziers aus Genua, Augsburg und Nürnberg stammten.
In der »Goldenen Schreibstube« stand man traditionellerweise im habsburgischen Lager, und man widerstand der Versuchung eines finanzpolitischen Doppelspiels. Dies fiel um so leichter, als nun wieder die Habsburger ihre Finger in die Taschen der Fugger steckten. Denn selbstverständlich mußten diese beim Wettrüsten mitziehen, und das konnten sie nur, indem sie sich noch höher verschuldeten.
Damit beginnt nun das traurigste Kapitel der Fuggergeschichte. Denn die eigentlich führerlose Firma war den neuen finanzpolitischen Manövern ihres größten Schuldners nicht mehr gewachsen. Immer wieder verstand es der kaiserliche »Finanzminister« Francisco de Erasso, das schwäbische Handelshaus buchstäblich auszuplündern. Mal geschah dies mit horrenden Versprechungen, mal mit brutalen Drohungen. Und wenn beides nicht half, dann wurde der Antwerpener Faktor Matthäus Örtel so lange bestochen – oft mit dem von ihm zur Verfügung gestellten Geld –, bis er schließlich doch nachgab. Und in Augsburg sah sich Anton außerstande, dem bösen Treiben Einhalt zu gebieten.
Oft erfuhr er zu spät – oder gar nicht mehr –, daß wieder eine neue Anleihe gezeichnet, ein neuer Kredit genehmigt wurde. Für gewöhnlich lief das folgendermaßen ab: Francisco de Erasso wandte sich an Matthäus Örtel, und der Faktor suchte Rückendeckung bei Hans Jakob Fugger. Antons Neffe war stolz darüber, in solch wichtigen Transaktionen das letzte Wort sprechen zu können, und er durchschaute meistens die Tricks der Spanier nicht, oder er ließ sich mit fadenscheinigen Versprechungen abspeisen. Wenn es auf diese Weise nicht funktionierte, schickte Erasso seine schärfste Waffe an die Kreditfront: den listigen Geldhändler Josef vom Goldenen Schwan. Geschickt verstand es der aus dem Frankfurter Getto stammende Jude, selbst den alten Anton Fugger einzuwickeln. Es gelang ihm vor allem mit dem Argument, daß seine jüdischen Kollegen begierig darauf seien, die schwäbischen Kaufleute als Kreditgeber der Majestäten abzulösen.

Das Kreditkarussell rotiert

Schon ab der Antwerpener Ostermesse des Jahres 1555 begann sich das Kreditkarussell schneller zu drehen. Angeschoben wurde es auch von dem neu gewählten Papst. Paul IV. alias Gian Pietro Carafa wollte die von den weltlichen Mächten korrumpierte Kirche von Grund auf erneuern. Er hielt nichts vom Trientiner Konzil und sandte statt dessen die Inquisitoren mit ihren Folterinstrumenten aus, um die Ketzer zur Räson zu bringen.

Der universale Machtanspruch Karls V. war ihm ebenso zuwider wie der halbherzige Kompromiß des Augsburger Religionsfriedens. Für Frankreichs Heinrich II. gab er deshalb einen idealen Bundesgenossen gegen die Habsburger ab. Und je mehr der Franzose mit Hilfe des Papstes aufrüstete, desto höher wurden die Kreditfoderungen der spanischen Majestät an die Fugger. »Sobald das Signal gegeben wurde, trieb ein Keil den anderen«, vermutet Götz von Pölnitz. »Erasso und Josef vom Goldenen Schwan arbeiteten sich in die Hand.«

Hans Jakob sah ohnmächtig zu, wie die Feinde der Fuggergesellschaft allenthalben Boden gewannen. Für die wahnwitzige Schuldenpolitik des Herrscherhauses mochte schließlich auch der resignierte Kaiser nicht mehr geradestehen. Im Oktober übergab er die Regierung der Niederlande seinem Sohn Philipp, und gegen Ende des Jahres 1555 festigte sich in ihm die Überzeugung, daß seine Politik und sein Regime gescheitert seien. Die politische und wirtschaftliche Bankrotterklärung waren unausweichlich.

Der bedeutendste Herrscher der Epoche, der einst die ganze Welt regieren wollte, erklärte am 16. Januar 1556 in Brüssel seinen Rücktritt. Spanien, Amerika, die Niederlande und Burgund fielen an Philipp, Österreich und die Kaiserkrone an Ferdinand. Verbittert zog sich der gescheiterte Regent ein paar Monate später in die Einsamkeit des Klosters San Geronimo de Yuste in Estremadura zurück, wo er schließlich am 21. September 1558 nach zunehmender Verwirrung seines Verstandes starb.

Kaum hatte der Kaiser abgedankt, ließen König Philipp und sein Finanzratgeber jede Rücksicht fallen. Bereits am 1. Februar 1556 preßten sie den Fuggern in Antwerpen 400000 Dukaten ab. Zahlten die Kaufleute nicht, dann – so drohte Erasso – seien ihre spanischen Investitionen für immer verloren. Der König brauchte nämlich das Geld, um seine Soldaten zu bezahlen, die bereits zu meutern begannen und die Bevölkerung drangsalierten.

Örtel akzeptierte schließlich unter der Bedingung, daß alle bisherigen Schulden des Königshauses mit zwölf Prozent verzinst und durch Verpfändung relativ sicherer Kroneinkünfte abgedeckt wurden. Für die

Rückzahlung des neuen Kredits hatten sich die höchsten niederländischen Beamten persönlich zu verbürgen. Hans Jakob Fugger vertrat gegenüber seinem Onkel die Ansicht, früher hätte sich die Firma nach derart massiv abgesicherten und hoch verzinsten Darlehen alle Finger geleckt.

Kaum zwei Monate später gab Örtel dann, wiederum von Hans Jakob gedeckt, ein weiteres Darlehen über 600000 Dukaten. Als Gegenleistung erhielt er niederländische Rentmeisterbriefe. Das waren festverzinsliche Wertpapiere, für welche die Rentmeister der einzelnen niederländischen Provinzen geradestehen mußten. »Diese Rentmeisterbriefe«, urteilt Richard Ehrenberg, »waren schon seit geraumer Zeit als eine keineswegs sehr sichere Anlage betrachtet worden.« Offenbar waren die Fugger zu dieser Zeit bereits nicht mehr Herr ihrer eigenen Entschlüsse.

Mit der Drohung, sämtliche früheren Schulden verfallen zu lassen, machte sich Francisco de Erasso die einst so hartgesottenen Schwaben immer wieder gefügig. Als schließlich leere Drohungen nicht mehr wirken wollten, ließ er kurzerhand die Fuggerbetriebe in Spanien enteignen und die Maestrazgo-Verträge kündigen. Anstatt nun endgültig jeglichen Geschäftsverkehr mit den Habsburgern abzubrechen, wie das vielleicht noch Jakob der Reiche riskiert hätte, ließen sich der altersschwache Anton und seine wenig erfahrenen Neffen immer noch mehr Geld aus den Taschen ziehen.

Anfang 1557 lieh Örtel nochmals 430000 Dukaten, die zurückbezahlt werden sollten »von dem ersten Gold und Silber, so aus Indien kommen wird«. Wundert sich Richard Ehrenberg: »So ging es weiter: Statt daß die Fugger ihre älteren Vorschüsse zurückerhielten, mußten sie dem Haus Österreich in anderthalb Jahren so viel Geld leihen, wie dies in so kurzer Zeit niemals vorher von ihnen beansprucht worden war. Erasso pumpte sie geradezu aus. Dank verdienten sie dadurch weder bei ihm noch bei seinem Herrn.«

Nie zeigte sich die Abhängigkeit des Gläubigers von seinem Schuldner deutlicher als in den ersten Monaten des Jahres 1557. Im April schrieb Faktor Örtel aus Antwerpen an den Seniorchef nach Augsburg: »Ich wüßte nicht, wie ich es bewerkstelligen sollte, den Erasso uns zum Freund zu machen; denn seinesgleichen ist mir noch nicht begegnet, der einem ins Gesicht so gute Worte macht und hinter dem Rücken immer das Gegenteil sagt... Denn er und die Seinen sagen jedem, der es hören will, man habe mit niemand so viel Klage und so wenig Vorteil wie bei uns.« Welch ein Unterschied zu den Zeiten, als Kaiser Maximilian bei Jakob dem Reichen um ein paar Gulden bettelte, damit er seinen Schneider bezahlen konnte!

Erasso ist zu gerissen

Zu Jakobs Zeiten waren die Habsburger zwar auch verschuldet, aber sie besaßen noch die unermeßlichen Bergschätze Tirols. Nun aber, da das südamerikanische Silber sinnlos auf den Schlachtfeldern verpulvert war und neue Bodenschätze nicht zur Verfügung standen, hatte König Philipp keine andere Wahl mehr, als sich schlicht für zahlungsunfähig zu erklären. Im Juni 1557 unterschrieb er in Valladolid jenes Dekret, das den ersten offiziellen Staatsbankrott der Geschichte einleitete.

Die Schulden der Krone – insgesamt rund sieben Millionen Dukaten – sollten zwar nicht völlig verfallen, aber die Gläubiger mußten ab sofort auf die vereinbarten Tilgungsraten verzichten. Hatte ihnen das Herrscherhaus vorher Einnahmen aus Steuern, Pachten oder Bergwerken versprochen, so mußten sich die Geldgeber nun mit minderwertigen Wertpapieren zufriedengeben. Diese sogenannten Juros brachten zwar zwischen fünf und siebeneinhalb Prozent Zinsen, fielen aber im Kurs an der Antwerpener Börse über Nacht um fünfzehn Prozent.

Kurz zuvor hatten die Fugger weitere Kredite gewährt und sich dafür Silber aus Amerika im Wert von 570000 Dukaten überschreiben lassen. Ausnahmsweise genehmigte die Regierung sogar die Ausfuhr des Metalls, das auf Schiffen von Sevilla nach den Niederlanden gebracht werden sollte. Kaum hatten jedoch die Karavellen im Antwerpener Hafen festgemacht, als königliche Soldaten an Bord kamen und die kostbare Ladung beschlagnahmten. Mit dem Dekret Philipps, so beschied Erasso dem Faktor Örtel, sei auch die Auslieferung des Silbers hinfällig geworden.

Die Nachricht von diesem offensichtlichen Betrug am größten Gläubiger der Krone verbreitete sich in der Welthandelsmetropole wie ein Lauffeuer. Binnen weniger Stunden sackte der Juro-Kurs um weitere 25 Prozent ab. Als der Alte in Augsburg davon erfuhr, tobte er durch die Kontore und drohte, sofort alle Zahlungen an die Habsburger einzustellen. Sein Zorn galt in erster Linie dem Antwerpener Faktor, da dieser für die meisten Kredite der letzten Monate verantwortlich war. Vergebens versuchte Matthäus Örtel den Chef zu beruhigen, indem er auf den Sieg verwies, den Graf Egmont mit seinem aus Holländern und Briten bestehenden Heer im August bei Saint Quentin gegen die Franzosen erzielte. Als dies nicht viel half, beteuerte der Faktor, er habe alles versucht, um beim König eine Ausnahmebehandlung der Fugger zu erreichen, doch dieses Vorhaben sei von Erasso durchkreuzt worden. Philipp II. habe ihm selbst zweimal gesagt, »er tue es so ungern, wie er je eine Sache getan, doch die große Not zwinge ihn dazu, damit man mit dem Kriegsvolk nicht zuschanden werde«. Erasso indes habe es nie gern gesehen, daß den Fuggern ihre Forderungen in Spanien bezahlt würden. Jetzt sei es zu spät, den durchtriebenen Finanzexperten noch mit Geld zu bestechen: »Die Sache ist zu weit gekommen.«

»Der Teufel dank Euch diese Faktorei!«

Anton gab nichts mehr auf das Geschwätz seines Faktors, dessen persönliches Vermögen in den letzten Jahren verdächtig zugenommen hatte, während das Firmenkapital drastisch zusammenschmolz. Wütend schimpfte der um seine wohlverdiente Ruhe gebrachte Senior: »Der Teufel dank Euch diese Faktorei!« Noch einmal ergriff er für kurze Zeit das Ruder der Firma. Um »ruhig schlafen zu können«, entzog er dem unglücklichen Faktor erst die Handlungsvollmacht, dann befahl er seine fristlose Entlassung.

Anton wollte selbst an die Schelde reisen, um die Geschäfte wieder in Ordnung zu bringen. Doch sein schwacher Körper war dem neuerlichen Streß nicht mehr gewachsen. Mit hohem Fieber und am ganzen Leib zitternd lag er im Bett, während sich draußen das Schicksal des Konzerns entschied. Weil er den Neffen nicht traute, entsandte er seinen sechsundzwanzigjährigen Sohn Johannes zusammen mit dem bewährten Faktor Sebastian Kurz nach Antwerpen. Sie sollten retten, was noch zu retten war, sollten die Außenstände einziehen und, wenn es erforderlich war, neues Geld aufnehmen, um sämtliche Rechnungen pünktlich bezahlen zu können.

Der gute Ruf der Firma stand auf dem Spiel, die Gläubiger mußten beruhigt, die Mitarbeiter neu motiviert werden. Der erste spanische Staatsbankrott hatte die Familie etwa 30 Prozent ihrer Außenstände gekostet, also etwa eine runde Million Gulden. Die Folgen waren unübersehbar und konnten leicht zu einer Katastrophe führen, wenn nun in einer Kettenreaktion sämtliche Gläubiger ihr Geld zurückverlangten. »Der Kreditoren sind viel«, schrieb Anton ahnungsvoll nach Antwerpen, »und es sollte einem davor grausen.«

Wenn die Fugger noch einmal mit einem blauen Auge davonkamen, so hatten sie dies kurioserweise dem französischen König zu verdanken. Heinrich II. ließ nämlich, vom Erfolg seines Habsburger Rivalen angeregt, die Gläubiger ebenfalls vertrösten. Die üblicherweise bei den Augustmessen in Lyon und Paris fälligen Zinsen und Tilgungsraten wurden einfach nicht bezahlt. Wie vorher die Juros, so sanken nun auch die französischen Königsbriefe auf etwa 70 Prozent ihres Wertes.

Fuggerkonkurrenten wie die Welser, Tucher und Imhof, die sich noch vor kurzem über den Reinfall der Augsburger Kaisermacher gefreut hatten, mußten nun ebenfalls plötzlich riesige Verluste verkraften. Offenbar waren also die Nachfolger des reichen Jakob doch keine so schlechten Kaufleute, wie das noch vor wenigen Wochen in Augsburg und Antwerpen kolportiert wurde. Der Kredit der Firma stieg wieder in dem Maße, wie der ihrer Konkurrenten abnahm, und ihre Schuldbriefe, mit denen sie für acht Prozent Zinsen in Antwerpen große Summen aufnahmen, fanden sofort Abnehmer. »Jedermann«, so heißt es in einer zeitgenössischen Chronik, »nach der Fugger Briefe trachtete.«

Schlimmer als der Geldverlust war der fortschreitende Verfall innerhalb der Firma. Anton, den seine Gesellschaft, wie Götz von Pölnitz berichtet, »von aller Welt her mit Drogen versah«, hatte nicht mehr die Kraft, einen neuen Anfang zu machen. Und von seinen Söhnen und Neffen, das zeigte die Krise mit erschreckender Deutlichkeit, hatte keiner genügend Format, um in seine Fußstapfen zu treten. Sie interessierten sich entweder gar nicht mehr fürs Geschäft wie Hans Jakob, der meist in diplomatischer Mission für den bayerischen Herzog unterwegs war, oder sie erwiesen sich schlicht als zu faul und zu naiv für einen Job an der Spitze des Konzerns.

Manche der Faktoren und auch kleinere Angestellte nutzten die Führungsschwäche der Familie für allerlei Privatgeschäfte. Einige spielten beispielsweise dem berüchtigten Raubritter Wilhelm von Grombach Informationen über wertvolle Italientransporte Augsburger und Nürnberger Firmen zu. Der Schwager Florian Geyers konnte so seine Überfälle beinahe generalstabsmäßig planen und auch die Fugger um beträchtliche Summen schädigen.

Wenn sich dann Anton so weit aufgerappelt hatte, daß er die Leitung der Firma wieder übernehmen konnte, gingen die Angestellten meist nur noch lustlos auf seine Ideen ein – ganz gleich, ob es sich um die Ankurbelung des Afrikageschäfts oder um eine Beteiligung an toskanischen Erzgruben handelte. Die Firma schien bald wieder in Lethargie zu verfallen und zur wehrlosen Beute aggressiver Konkurrenten zu werden.

Einigen Genueser Banken war es bereits gelungen, wie der venezianische Gesandte Tiepolo aus Madrid nach Hause schrieb, ihre alten spanischen Forderungen in voller Höhe einzutreiben. Allerdings mußten sie dafür König Philipp neue Darlehen für den fortdauernden Krieg gegen Frankreich gewähren. Die Fugger hingegen bekamen keinen Gulden zurück und mußten untätig zusehen, wie die auflaufenden Zinsen ihre Forderungen in schwindelnde Höhen trieben.

Ende 1560 beliefen sich ihre spanischen Außenstände auf rund vier Millionen Gulden, gleichzeitig betrug aber das gesamte Gesellschaftskapital nur noch zwei Millionen Gulden. »Das Haus befand sich bereits in hochgradig gefährdeter Lage«, stellt Richard Ehrenberg fest. Dabei ist allerdings zu berücksichtigen, daß zu jener Zeit das Gesellschaftskapital schon viel geringer war als das hauptsächlich in Grund und Boden investierte Privatvermögen der Familie.

Der Konzern wird erpreßt

Der einträgliche Coup seines Neffen Philipp brachte auch den deutschen Kaiser auf die Idee, sich an den Fuggern schadlos zu halten. Ferdinand wußte nur noch nicht so recht, wie er dies anstellen sollte. Als er dann eines Tages Nachricht erhielt, daß ein Fuggerangestellter namens Urban Mair beim Silberschmuggel nach Italien erwischt worden war, hielt er den Augenblick für gekommen, der Augsburger Firma die – wie er glaubte – jahrelange Benachteiligung gegenüber seinem Bruder Karl V. heimzuzahlen.

Programmgemäß gestand der unglückliche Angestellte unter der Folter, daß die Fugger seit langer Zeit systematisch die einschlägigen Zollbestimmungen umgangen hätten. Das reichte für einen prächtigen Schauprozeß gegen den immer noch verhaßten Konzern. Aber Ferdinand wollte das Geld, nicht die Ehre der Fugger. Nur wenn Anton neue Darlehen über mehrere 100000 Gulden gewährte, sei er bereit, auf die Beschlagnahme des gesamten Firmenvermögens zu verzichten, ließen seine Emissäre den Kaufherrn wissen.

Anton, der sich früher über solche tölpelhaften Erpressungsversuche höchstens amüsiert hätte, reagierte nun gereizt, ja hilflos. Hastig ließ er wie schon beim Schmalkaldischen Krieg Geschäftspapiere in Sicherheit bringen und seine Flucht vorbereiten. Nur dem Eingreifen einiger älterer Faktoren ist es zu verdanken, daß ein solcher Schritt unterblieb, der letztlich nur als Schwäche ausgelegt werden konnte. Der Kaiser und sein königlicher Kaufmann aber hatten sich nichts mehr zu sagen. Künftig verkehrten sie nur noch »über ihre Anwälte« miteinander. Vordergründig ging es um Zollvergehen, in Wahrheit aber pokerten sie um den Schuldenberg des Herrscherhauses.

Um seinen unbequemen Gläubiger gefügig zu machen, setzte der Kaiser bis auf das Militär alle seine Machtmittel ein. Er ließ Anton bespitzeln, seine Briefe abfangen und Boten überfallen. Der altersstarre Kaufmann wiederum verbot den Abgesandten Ferdinands sein Haus und gab Befehl, alle Zahlungen an den Hof sofort einzustellen. Als der Herrscher drohte, die Fugger aus den Tiroler Bergbaubetrieben zu vertreiben, konterte Anton: Er solle sich die Bergwerke doch nehmen und zusehen, wie er damit zurechtkomme. Man habe ja in Ungarn erlebt, was geschieht, wenn sich der Staat als Bergbauunternehmer versucht. Ferdinand merkte bald, daß der Widerstand des störrischen Schwaben nicht so leicht zu brechen war, zumindest nicht, solange der Alte lebte. Enttäuscht schimpfte der Kaiser, nachdem Anton seine Verteidigungsschrift übergeben hatte, »er wisse wohl, woran die Kaufleute so reich werden«. Das bloße Wissen freilich half ihm wenig, wenn er nicht in der Lage war, seine Tiroler Bodenschätze selbst auszubeuten.

Da die meisten anderen oberdeutschen Großkaufleute wegen ihrer französischen Verluste schlecht bei Kasse waren, konnte Ferdinand einen endgültigen Bruch mit den Fuggern nicht riskieren. Das Zollverfahren wurde deshalb wieder eingestellt, und Anton gab als Zeichen seines guten Willens im Frühjahr 1560 ein neues Darlehen über 40000 Gulden für den nächsten Feldzug gegen die Türken. Dafür mußte ihm der Kaiser die Einnahmen der Salzämter in Wien und Aussee verpfänden. Ferdinands Sohn Maximilian bekam daraufhin noch einmal 30000 Gulden zu zehn Prozent Zinsen.

Zu dieser Zeit interessierten den Greis in der »Goldenen Schreibstube« geschäftliche und politische Vorgänge aber kaum noch. »Was soll's?« fragte sich der alte Mann, der eigentlich viel lieber Philosoph als Kaufmann geworden wäre, als er erfuhr, daß Frankreichs Heinrich II. in Paris gestorben war und sein Nachfolger Franz II. sich gegen die Machtansprüche der Herzöge von Guise und der rebellischen Hugenotten zu erwehren hatte. Gleichgültig nahm er auch zur Kenntnis, daß die neue englische Königin Elisabeth – Maria die Blutige war 1558 gestorben – seinem großen Schuldner Philipp II. einen Korb gegeben hatte und gerade dabei war, die anglikanische Staatskirche wieder einzuführen. Zu viele Herrscher hatte der alte Kaufmann kommen und gehen sehen, als daß ihn dies alles noch berührt hätte.

Selbst Vorgänge, die das wirtschaftliche Interesse der Firma unmittelbar beeinflußten, fanden kaum noch seine Beachtung. So etwa die ergebnislose Reise des Neffen Hans Jakob quer durch Spanien, die infamen Versuche Erassos, ihn mit Drohungen, Prozessen und brutalen Überfällen auf die Fuggerbetriebe zu weiteren Darlehen zu zwingen – all dies hatte für Anton nur noch sekundäre Bedeutung. Seine Zeit war abgelaufen.

Um so intensiver konzentrierte er sich in seinen letzten Monaten auf religiöse Probleme und auf das, was nach dem Tod folgen mochte. Denn daß er bald sterben werde, daran gab es für ihn keinen Zweifel mehr, seit ihm das Atmen immer schwerer fiel, das Essen nicht mehr schmeckte und die Pausen, die er brauchte, um der Müdigkeit Herr zu werden, immer länger wurden. Statt mit Managern und Politikern umgab er sich nun mit Geistlichen wie dem Jesuitenpater Petrus Canisius, der seit Weihnachten 1559 im Fuggerhaus weilte und im Auftrag seines Ordens in Deutschland die Gegenreformation organisieren sollte.

Bitter vermerkte der meditierende Greis, daß die »teuflischen« Ideen der Ketzer inzwischen selbst in seine Familie Eingang gefunden hatten. Zwei seiner Söhne und Neffen hatten Protestantinnen zur Frau genommen. Neffe Ulrich dachte selbst wie ein Ketzer und galt als einer der geheimen Hintermänner des Aufstands protestantischer Adeliger gegen den Herzog von Bayern. Eine Fuggerin war schließlich sogar dem Kloster entflohen. Die gute alte Zeit – wo war sie nur geblieben?

»...will viel lieber in Ruhe leben«

Wie indes die neue Zeit werden würde, das wagte sich der zum Sterben bereite Patriarch kaum noch auszumalen. Am 11. Juli 1560 ließ er sein schon zehn Jahre vorher verfaßtes Testament ergänzen. Darin schildert er mit verzweifelter Offenheit, wie er vergeblich versuchte, einen geeigneten Nachfolger zu finden. Der älteste der Neffen, Hans Jakob, der nach Fuggerscher Tradition eigentlich »Regierer« hätte werden sollen, lehnte den Job rundweg ab, da er mit seinen kommunalen und wissenschaftlichen Interessen genügend ausgelastet war.
Sein Bruder Georg beschied dem Chef, er vermöge »die Arbeit nicht zu leisten« und wolle »viel lieber in Ruhe leben«. Auch Christoph zeigte nicht die geringste Lust, seine Zeit der Firma zu opfern, und Raymund schließlich war ständig krank und daher für den aufreibenden Posten nicht geeignet. Antons eigene Söhne aber waren noch sehr jung und unerfahren. Wer also sollte nun die trotz allem bedeutendste Firma der Welt und ihr gewaltiges Vermögen in Zukunft verwalten?
Der Greis verordnete den vom Erfolg übersättigten und verweichlichten Nachkommen eine Kompromißlösung: Neffe Hans Jakob sollte mit Antons ältestem Sohn Markus zusammen die Bürde auf sich nehmen. Sie sollten in den nächsten sechs Jahren die Firma allmählich liquidieren, aber sämtliche Geschäftspapiere sorgfältig aufbewahren, damit spätere, tüchtigere Generationen den Grundstock für einen neuen Anfang hatten. Gleichfalls verbot der Alte seinen Nachfolgern kategorisch den Verkauf der liegenden Güter, das heißt, er wollte verhindern, daß die untauglichen Erben das von Jakob und ihm angesammelte Vermögen verschleuderten.
Nachdem das Haus bestellt war, kümmerte sich Anton wie einst der Onkel nur noch um sein Seelenheil. Auch für ihn sollten die Armen »den allmächtigen Gott treulich anrufen und bitten, daß er ihm seine göttliche Gnade und Gesundheit verleihen« möge. Am 14. September 1560 schloß Anton Fugger für immer die Augen. Seine sterblichen Überreste wurden in einem Zinksarg in der Babenhausener Schloßkapelle beigesetzt.
Die Frage, welcher der beiden großen Fugger der bedeutendere war, ist

müßig. Jakob war das unternehmerische Genie. Aber Anton hatte wahrscheinlich die schwierigere Aufgabe zu lösen. Er mußte den riesenhaft angewachsenen Konzern mit den unzulänglichen Kommunikations- und Organisationsmitteln seiner Zeit durch äußerst unruhige Zeiten steuern. Und seinem Weitblick hat es die Familie letztlich zu verdanken, daß das Vermögen nicht wie bei den anderen großen Unternehmen jener Zeit dahinschmolz.

Neffe Hans Jakob freilich hielt nicht allzu viel vom großen Oheim. In seinem 1546 verfaßten »Geheimen Ehrenbuche« der Familie, das hauptsächlich seiner eigenen Imagepflege dienen sollte, gönnte er Anton nur ein paar nichtssagende Zeilen. Er sei, urteilte der Neffe von oben herab, »als der Älteste des fuggerischen Handels diesen zu führen ganz emsig und beflissen, ganz sanfter Rede, groß in Ratschlägen und von trefflicher Besinnlichkeit.«

Den Neffen indes fehlte es sowohl an Emsigkeit als auch an Trefflichkeit. Hans Jakob betrieb den Job an der Spitze des Konzerns mit der chevaleresken Gleichgültigkeit eines Mannes, der es eigentlich nicht nötig hatte und der sich den »simplen Geschäftemachern« intellektuell haushoch überlegen wähnte.

Der Playboy und Amateurdiplomat, der sich nur selten in der »Goldenen Schreibstube« blicken ließ, jonglierte so unbekümmert mit den ererbten Millionen, daß sich der Kredit der Firma rapide verschlechterte. Galten 1560 die Fuggerbriefe in Antwerpen noch als sicherste Kapitalanlage, so äußerte zwei Jahre später der britische Schatzkanzler Sir Thomas Gresham bereits »große Besorgnis« über die Zahlungsfähigkeit der Firma.

Wie naiv der neue »Regierer« die Geschäfte handhabte, zeigt das Beispiel einer 300000-Kronen-Anleihe bei dem spanischen Wucherer Juan Curiel della Torre. Entgegen dem Testament des Onkels hatte Hans Jakob die Geschäfte nicht langsam abgebaut, sondern unbekümmert forciert. Nach dem Vorbild der Genueser Konkurrenten pumpte er weiter Geld nach Spanien – aber anders als jene erwirkte er keine Tilgung der alten Schulden. So mußten die Fugger, die noch vor ein paar Jahren das Habsburgische Weltreich finanziert hatten, nun plötzlich Kredite bei solch dubiosen Adressen aufnehmen. Und Hans Jakob akzeptierte Bedingungen des Wucherers, die schon beinahe an Betrug grenzten.

Die 300000 Kronen sollten zwar zum üblichen Satz von zehn Prozent verzinst werden, aber die Fugger bekamen keineswegs den vollen Betrag ausbezahlt. Für 100000 Kronen nämlich gab ihnen Torre spanische Juros, die allenfalls die Hälfte ihres Nominalbetrages wert waren. 50000 Kronen mußten also gleich abgeschrieben werden, wodurch der Zinssatz in astronomische Höhen kletterte.

Angesichts solcher Geschäfte wundert es nicht, wenn die Bilanz am Ende des Jahrs 1563 ein betrübliches Bild bot. Praktisch war bereits ein großer Teil des Gesellschaftskapitals verwirtschaftet, denn den Aktiva in Höhe von 5,6 Millionen Gulden standen Passiva von 5,4 Millionen Gulden gegenüber, und die meisten der ausstehenden Kredite waren zudem faul.

30. Kapitel
Der Abstieg

Als die Zahlen auf dem Tisch lagen, dämmerte den Gesellschaftern des Familienverbandes, daß sie bald pleite sein würden, wenn dies so weiterging. Schon in den letzten Jahren hatte es ständig Krach zwischen den beiden ungleichen Chefs gegeben, da Markus Fugger trotz seiner Jugend der bessere Kaufmann war und die seltsamen Geschäfte seines Vetters nur dem Letzten Willen des verstorbenen Vaters zuliebe duldete. Nun aber war endgültig Schluß.

Hans Jakob geht pleite

Markus erklärte sich zwar bereit, für die Schulden der Firma geradezustehen, dafür aber mußte Hans Jakob unwiderruflich seinen Platz räumen und alle Verbindlichkeiten, die aus seinen Privatgeschäften herrührten, selbst übernehmen. Entnervt floh der gestürzte »Regierer« aus Augsburg. Nur seine Freundschaft zum Bayernherzog bewahrte ihn auf seinem Schloß Taufkirchen vor dem Zugriff der Gläubiger.
1571 mußte der Lebemann und Kunstmäzen dem Herzog sogar seine kostbare Büchersammlung verkaufen, um sich über Wasser halten zu können. Diese mehrere hundert Bände umfassende Sammlung bildete den Grundstock der späteren Bayerischen Staatsbibliothek. Unklar blieb bis heute, weshalb ausgerechnet ihm, dem einzigen Bankrotteur seiner Dynastie – wenn man von den Fuggern vom Reh absieht –, die Reichsstadt Augsburg ein Denkmal aufstellen ließ. Ironischerweise steht es ausgerechnet gegenüber der Industrie- und Handelskammer. Der Streit zwischen den beiden Familienzweigen – hier die Erben Raymunds, dort die Söhne Antons – hörte nach dem Ausscheiden Hans Jakobs keineswegs auf, sondern nahm immer heftigere Formen an, je mehr Markus die alleinige Führung der Gesellschaft für sich beanspruchte. Von den drei Brüdern Hans Jakobs starben Georg und Raymund schon 1569. Als letzter blieb Christoph in der Firma, der als Außenseiter galt.

Er war der einzige Fugger seiner Generation, der sich selbst offen zum Protestantismus bekannte. Außerdem hatte er offenbar das meiste von dem Geschäftstalent seiner Vorfahren geerbt. Denn sein Privatvermögen wuchs in jenen Jahren viel schneller als das der Firma. 1572 verließ auch er nach einem heftigen Konflikt mit Markus das Unternehmen und machte Heidelberg zu seinem Wohnsitz. Als er sieben Jahre später starb, galt er als der reichste Fugger seiner Zeit.

Die Firma hingegen befand sich in einer fatalen Situation. Spaniens König Philipp II., dessen berühmter Admiral Juan d'Austria in der Seeschlacht bei Lepanto die Türken besiegt hatte und sich nun zum Vorkämpfer der Rekatholisierung Europas machte, traf nicht die geringsten Anstalten, seine immensen Schulden zurückzuzahlen. Nur wenn sich einer seiner Gläubiger bereit erklärte, ihm neue Kredite einzuräumen, ließ er über die Tilgung der alten Schulden mit sich reden.

Da Markus Fugger, der Politik seines Vaters folgend, erst die alten Verbindlichkeiten getilgt wissen wollte, ehe er sich zu neuen Darlehen verstand, wurde er von den beweglicheren Konkurrenten aus Genua laufend ausgespielt. Das hatte den Effekt, daß weder neue Geschäfte zustande kamen noch alte Schulden beglichen wurden. Schließlich gab er den ständigen Drohungen und Erpressungsmanövern der spanischen Finanzbürokraten doch nach. Markus Fugger war zwar ein durchaus solider Kaufmann, aber ihm fehlte die Raffinesse seines Vaters und die kompromißlose Härte des reichen Jakob. »In Spanien waren die Genueser jetzt an die Stelle der Fugger eingerückt«, faßt Richard Ehrenberg zusammen. »Zwar dienten auch letztere dem Könige wiederholt mit neuen Vorschüssen; aber von den Genuesen erhielt er unvergleichlich höhere Summen, und daneben traten jetzt auch wieder spanische Bankiers in den Vordergrund. Freilich mußte sich der König von ihnen ganz andere harte Bedingungen gefallen lassen als von den Fuggern. Aber er erhielt wenigstens Geld, während die Fugger, wenn irgend möglich, sich von neuen Geschäften freizuhalten suchten. Nur durch die Drohung, man werde ihnen die älteren Forderungen nicht bezahlen, gelang es immer wieder, einiges von ihnen herauszupressen. Andererseits mußten die Fugger die Finanzbeamten immer von neuem bestechen, um nur etwas von den versprochenen Rückzahlungen zu erhalten.«

Ein neuer Staatsbankrott

Philipps Kriege gegen die Türken, die niederländischen Protestanten und die englische Königin verschlangen solch enorme Summen, daß die Staatsschulden auch mit allem Gold Amerikas nicht verringert werden konnten. Im Gegenteil, sie wuchsen immer weiter an und erreichten 1575 die Rekordhöhe von 37 Millionen Dukaten. Längst waren die Bankiers aus Genua und Spanien ausgeblutet, und in Europa wurde Bargeld knapper als je zuvor.

Am 1. September 1575 griff Philipp II. erneut zur Feder, um sein zweites »Dekret« zu unterzeichnen. Der neuerliche Staatsbankrott bedeutete den Ruin für viele italienische und spanische Bankhäuser, während die Fugger vergleichsweise glimpflich davonkamen. Zu verdanken hatten sie dies ihrer zurückhaltenden Geschäftspolitik der letzten Jahre. Sie waren nun auch die einzigen, bei denen der König unter Umständen noch ein paar hunderttausend Dukaten auftreiben konnte. Daß darüber ihre Konkurrenten »vor Neid zerschellen« wollten, wie der Antwerpener Faktor berichtete, kann man verstehen. Am Tag nach der Verkündung des Staatsbankrotts schrieb Christoph Hörmann nach Augsburg: »Es ist der Credito ganz allgemein durch diese Neuerung darniedergelegt, und bei keiner Nation Bargeld zu bekommen, weder auf Deposito noch gegen Wechsel.«

Faktor Müller unter Druck

Wichtigster Mann im Konzern war in jenen Jahren nicht der Chef in Augsburg, sondern Faktor Thomas Müller in Madrid. Obwohl er von den spanischen Hofbeamten permanent unter Druck gesetzt wurde, gelang es ihm, vom Winter 1575 bis zum Frühjahr 1578 rund zwei Millionen Kronen aus Spanien herauszubringen. Das Geld stammte teils aus der Maestrazgo-Pacht, teils aus amerikanischen Silbertransporten. Trotzdem mußten die Fuggererben immer wieder Geld aus ihrem Privatvermögen abziehen und in die Firma einbringen, da die neuen spanischen Kredite die Rückzahlungen bei weitem übertrafen. Wie hart damals ums Geld gerungen wurde, zeigt die Korrespondenz zwischen Thomas Müller und der Zentrale im Herbst 1576. Eines Tages erschien ein hoher Offizier in der Madrider Faktorei und verlangte, die Firma müsse sofort 200000 Kronen in die Niederlande senden, weil soeben die Nachricht eingetroffen sei, daß die spanischen Truppen dort zu meutern begannen. Wenn kein Sold käme, dann gingen die niederländischen Provinzen verloren, und die Schuld daran trügen allein die Fugger. Nur die Firma könne jetzt noch helfen, denn sobald die Soldaten die Fuggerschen Wechsel sähen, würden sie sich beruhigen und warten, bis das Geld darauf zusammengebracht sei.

Als sich der Faktor weigerte, verließ der Offizier wutentbrannt das Kontor. Mitten in der Nacht erschien er wieder. Er beschwor Müller, nun gehe es wirklich um das Schicksal Spaniens und ganz Europas. Der König

würde nicht zögern, die Fugger nachträglich dem Dekret zu unterwerfen, wenn sie sich weiterhin weigerten, wenigstens Wechsel herauszugeben: »Ich schwöre beim Heiligen Kreuze, wenn Flandern aus Geldmangel verlorengeht, so ist es Eure Schuld.«
Kaum war der Offizier erneut abgezogen, traf ein Bote mit einem persönlichen Brief des Königs ein. Philipp II. schrieb, niemand außer den Fuggern könne ihm in dieser Not dienen, und dies solle der letzte derartige Dienst sein, den er von ihnen beanspruche. Müller antwortete, wenn die Fugger auch groß seien, »so könnten sie doch aus Steinen kein Geld machen«. Aber schließlich mußte er doch, »um die Brühe nicht ganz und gar zu verschütten«, Wechsel über 200000 Kronen herausrücken.
Damit ließ sich das Unglück in den Niederlanden freilich nicht mehr verhindern. Am 4. November plünderten die um ihren Sold geprellten spanischen Truppen die damals reichste Stadt der Welt. Die meisten Kaufleute und Bankiers hatten Antwerpen kurz vorher verlassen, nur im Fuggerpalast herrschte noch Betrieb: Christoph Hörmann mußte das Geld des Königs bewachen, das eigentlich an die Soldaten hätte ausgezahlt werden sollen.
Als diese nun kamen, um es sich mit Gewalt zu holen, gelang es dem Faktor, einen einflußreichen Hauptmann mit insgesamt 11000 Kronen zu bestechen und dafür den Schutz von dessen Truppen zu erkaufen. Wenig später allerdings bekam Hörmann wieder bewaffneten Besuch. Diesmal handelte es sich um den Reiteroberst Carl Fugger, einen lieben Verwandten der Familie also, der seit 1573 im Dienst des Herzogs von Alba stand. Carl forderte die Kleinigkeit von 50000 Kronen, da er sonst leider gezwungen sei, das Haus zu plündern. Nur mit Mühe konnte der Faktor den unfreundlichen Gast mit Hilfe einiger Antwerpener Kommunalpolitiker wieder loswerden.

Goldklumpen so groß wie ein Menschenkopf

Die ganze Last der Verantwortung hatte nun Markus Fugger zu tragen, denn seine Brüder und Vettern fanden bald mehr Gefallen am Geldausgeben als am Geldverdienen. Urteilt Götz von Pölnitz: »Der Lebensstil jener Generation, die nicht mehr kaufmännisch empfand, gestaltete sich grandios. Stadthäuser und Schlösser schimmerten von Kostbarkeiten aus aller Herren Länder ... Weltweite, signorile Gastlichkeit eines Geschlechts, das mehr von seinem Ruhm als für neue Taten lebte, erfüllte die Räume.«
Zu einer Zeit, als ihr Reichtum längst nicht mehr so groß war wie der eines Anton oder Jakob Fugger, entfalteten die Nachfolger einen Prunk, wie ihn die Familie bis dahin nicht kannte. Ihre Feste und Feuerwerke, Tur-

niere und Tänze, Gästehäuser und Gärten galten als Inbegriff feudalen Lebenswandels.
Kein regierender Fürst konnte es in puncto Prachtentfaltung mit Antons Sohn Johannes Fugger aufnehmen, der im westlichen Komplex des Augsburger Palastes residierte und sich mit Kostbarkeiten aus aller Welt umgab. Über die weitgespannte Handelsorganisation der Firma bezog er Blumensamen aus Indien, Musikinstrumente aus Italien, Pelze aus Rußland, Schwerter aus Spanien sowie Juwelen aus Peru. Seine Stadtwohnung aber dünkte ihm bald zu klein, so daß er 1578 anfing, die alte Burg Kirchheim an der Mindel zu einem prächtigen Schloß von kolossalen Dimensionen auszubauen.
Firmenchef Markus überbot seinen Bruder womöglich noch an Prachtentfaltung. Seine Feste, die meist mit stundenlangen Feuerwerken endeten, wurden weltberühmt. Einem deutschen Herzog zeigte er einmal im Schatztürmchen des Augsburger Fuggerpalastes die sagenhaft wertvolle Sammlung an Juwelen und Münzen sowie Goldklumpen bis zur Größe eines Menschenkopfes, die seine Familie im Laufe der Jahrzehnte angehäuft hatte. Von diesem Krösus stammt auch der Spruch: »Nichts Angenehmeres ist auf der Erd' als eine schöne Dama und ein schönes Pferd.«
Gelegentlich machten auch noch die aus der Firma ausgeschiedenen Vettern von sich reden. Georg, der zweitälteste, hatte den Einfall, sein Erbe nicht durch kluges Wirtschaften, sondern durch chemische Experimente zu vermehren. Alchimisten aller Nationen dienten ihm ihre Kenntnisse an, und Georg Fugger entdeckte eine ganze Menge – bloß nicht den Stein der Weisen. In Trient wurde er beinahe gesteinigt, weil seine verstörten Nachbarn meinten, er stehe mit dem Teufel im Bunde. Da es in seinem Palast offenbar nicht mit rechten Dingen zuging, tauften die Trientiner das Gebäude »Palazzo del Diavolo«.
Spätere Generationen hielten es dafür mehr mit den himmlischen Mächten. In ihren Augsburger Salons trug man schlichtes Schwarz, als es wieder chic war zu fasten, statt zu schlemmen, und zu beten, statt zu tanzen. Als überzeugte Anhänger des Paters Canisius und seiner asketischen Jünger ließen sich beispielsweise Georgs Söhne den Teufel von Exorzisten austreiben.
Philipp Eduard und Octavianus Secundus Fugger glaubten schließlich sogar an ihre eigene Wiedergeburt.
Die Wiedergeburt des einstigen Geschäftsgeistes freilich ließ bis heute auf sich warten. Markus regierte die Firma, bis ihm 1595 ein Schlaganfall das Ruder aus der Hand riß. Er starb zwei Jahre später. Nun war sein Bruder Johannes, der Erbauer des Schlosses Kirchheim, »Regierer«. Doch dessen ungeduldiger Sohn, Markus der Jüngere, übernahm schon 1597 das Amt. »Seitdem«, meint Richard Ehrenberg, »ist es ziemlich gleichgültig, wer

die Verwaltung des Geschäfts führte. Letzteres verlor seine Bedeutung immer mehr, und schon in den Jahrzehnten, während welcher Antons Söhne den Handel verwalteten, nahm dessen Bedeutung derart ab, daß es keinen Zweck hat, seinen Gang zu verfolgen.«

Wie aus der Bilanz des Jahres 1577 hervorgeht, hatte Markus der Ältere wohl mit Brachialgewalt versucht, das Unternehmen zu sanieren. Den bisher hohen Anteil an Fremdkapital hatte er drastisch reduziert und dafür sämtliche Familienmitglieder gezwungen, sich mit ihrem Privatvermögen zu beteiligen. So mußten Antons Söhne insgesamt zwei Millionen Gulden einbringen, die zu den üblichen Sätzen verzinst wurden. Nahezu unverändert hoch blieben die spanischen Schulden mit rund fünf Millionen Gulden, von denen etwa 1,25 Millionen als »zweifelhaft« eingestuft wurden.

Die zunächst durchaus sinnvolle Konsolidierung des Gesellschaftskapitals erwies sich jedoch auf lange Sicht als verhängnisvoll. Denn solange der spanische König mit seiner Fünf-Millionen-Gulden-Schuld an einem Hebel saß, mit dem er jederzeit die Kassen der Fugger sprengen konnte, bestand stets die Gefahr, daß auch das neu eingezahlte Kapital verlorenging.

Prekär wurde die Lage vor allem durch die riskante Machtpolitik Philipps II., der nichts tat, um seinen Schuldenberg abzubauen, sondern laufend weitere Kredite anhäufte. Sie dienten unter anderem dazu, die aus 130 Kriegsschiffen bestehende »unüberwindliche Armada« auszurüsten, mit der er 1588 England angriff. Binnen weniger Tage wurde sie von der britischen Flotte unter Admiral Howard und Francis Drake bei Calais vernichtend geschlagen, und nur 76 Schiffe kehrten, teilweise schwer beschädigt, nach Spanien zurück.

Fortan besaß England die Seeherrschaft, so daß auch die Fuggerschen Handelsschiffe künftig nicht mehr vor den Enterbeilen des genialen Kapitäns und Freibeuters Francis Drake sicher waren, der den Ozean bis hinunter zur Straße von Gibraltar beherrschte. 1592, berichten die Chroniken, kaperte er das von den Fuggern und Welsern gemeinsam finanzierte Pfefferschiff »Madre de Dios«, das mit reicher Gewürzladung aus Ostindien zurückkehrte.

Kein Fugger von Fuggerformat

Immerhin gelang es der Familie, zwischen 1594 und 1600 noch einen Gewinn von 575 397 Gulden zu erzielen. Doch dann ging's unaufhaltsam bergab. Am dritten spanischen Staatsbankrott vom Jahr 1607 waren sie bereits mit 3,25 Millionen Dukaten beteiligt. Damals hatten sie den größten Teil ihres privaten Anteils am Gesellschaftskapital wieder abgezogen und dafür über zwei Millionen Gulden Fremdkapital aufgenommen. Wie nicht anders zu erwarten, gab es deshalb »ein großes Geläuf« der Gläubiger, und nur ein Moratorium König Philipps III. bewahrte sie vor dem Schlimmsten.

Um ihren dringendsten Verpflichtungen nachkommen zu können, mußten die Fugger nun ausgerechnet bei ihren schärfsten Konkurrenten, den italienischen Banken, hohe Kredite aufnehmen. Schon 1630 konnte Genuas Bankfürst Octavio Centurione glaubwürdig versichern, der angebliche Reichtum der Fugger sei »pure Einbildung«.

Sieben Jahre später hatte sich das Unternehmen so verschuldet, daß seine sämtlichen spanischen Besitztümer unter Genueser Verwaltung kamen, obwohl die Firma bei der Krone immer noch Außenstände von vier Millionen Dukaten einzufordern hatte. Aber die Madrider Regenten dachten ebensowenig wie die österreichischen Habsburger daran, den Fuggern je wieder auch nur einen Gulden zurückzuzahlen. Um die Mitte des siebzehnten Jahrhunderts betrugen ihre Forderungen gegenüber den Habsburgern insgesamt rund acht Millionen Goldgulden. Dazu Richard Ehrenberg: »Man wird kaum fehlgehen, wenn man annimmt, daß der größte Teil dessen, was die Fugger in hundertjähriger Arbeit verdient hatten, auf solche Weise wieder verlorenging.«

Wenn die Familie dennoch Reste ihres einstigen Vermögens bewahrte und es ein Fugger bis heute nicht nötig hat, sich durch seiner eigenen Hände Arbeit zu ernähren, so ist dies im wesentlichen der Klugheit Antons zuzuschreiben. Nur weil er große Teile des Familienvermögens in Grundbesitz investierte und das eherne Gesetz erließ, daß dieser nur an männliche Nachkommen vererbt und nichts davon verkauft werden darf, blieben Teile des einstigen Reichtums durch die Jahrhunderte bis zum heutigen Tag erhalten, obwohl seither nie wieder ein Fugger von Fuggerformat geboren wurde.

Literaturverzeichnis

Aubin, Hermann und *Zorn, Wolfgang (Hg.):* Handbuch der deutschen Wirtschafts- und Sozialgeschichte. Bd. I: Von der Frühzeit bis zum Ende des 18. Jahrhunderts. Stuttgart 1971

Bauer, Klemens: Unternehmungen und Unternehmungsformen im Spätmittelalter und in der beginnenden Neuzeit. Jena 1936

Cipolla, Carlo M. (Hg.): The Fontana Economic History of Europe. Vol. 2: The Sixteenth and Seventeenth Centuries. Glasgow 1974

Dobel, Friedrich: Bergbau und Handel der Fugger. Augsburg 1882

Dopsch, Alfons: Naturwissenschaft und Geldwirtschaft. Wien 1930

Düvel, Thea: Die Gütererwerbungen Jacob Fuggers des Reichen 1494–1525 und seine Standeserhöhung. München, Leipzig 1913

Ehrenberg, Richard: Das Zeitalter der Fugger. Geldkapital und Creditverkehr im 16. Jahrhundert. Bd. I: Geldmächte des 16. Jh. Bd. II: Weltbörsen und Finanzkrisen des 16. Jh. Jena 1912

Elsas, M. J.: Umriß und Geschichte der Preise und Löhne in Deutschland. Bd. I und II, 1 bis 3. Leiden 1936/49

Häbler, Konrad: Die Geschichte der Fuggerschen Handlung in Spanien. Weimar 1897

Henning, Friedrich-Wilhelm: Das vorindustrielle Deutschland 800 bis 1800. Bd. I: Wirtschafts- und Sozialgeschichte. Paderborn 1974

Hildebrandt, Reinhard: Die »Georg Fuggerischen Erben«. Kaufmännische Tätigkeit und sozialer Status 1555–1600. Berlin 1966

Hipper, Richard: Die Beziehungen der Faktoren Georg und Christoph Hörmann zu den Fuggern. Augsburg 1926

Hon-Firnberg, Hertha: Lohnarbeiter und freie Lohnarbeit im Mittelalter und zu Beginn der Neuzeit. Baden bei Wien 1935

Jansen, Max: Die Anfänge der Fugger bis 1494. Leipzig 1907

Kellenbenz, Hermann: Die Fuggersche Maestrazgopacht (1515 bis 1542). Tübingen 1967

Kellenbenz, Hermann: The Rise of the European Economy 1500 bis 1750. London 1976

Kempter, Kaspar: Die wirtschaftliche Berichterstattung in den sogenannten Fuggerzeitungen. München 1936

Kern, Ernst: Studien zur Geschichte des Augsburger Kaufmannshauses der Höchstetter. Berlin 1935

Kirch, Hermann Joseph: Die Fugger und der Schmalkaldische Krieg. München 1915

Klarwill, Victor: Fuggerzeitungen. Ungedruckte Briefe an das Haus Fugger aus den Jahren 1568–1605. Wien und München 1923

Kleinpaul, Johannes: Die Fuggerzeitungen 1568–1605. Leipzig 1921
Korzendorfer, Adolf: Jakob Fugger der Reiche als Brief- und Zeitungsschreiber. München 1928
Lachner, Johann: Die Wirtschaftstätigkeit der Welser. München 1942
Lieb, Norbert: Die Fugger und die Kunst im Zeitalter der hohen Renaissance. München 1958
Lill, Georg: Hans Fugger (1531–1598) und die Kunst. Leipzig 1908
Lutz, Elmar: Die rechtliche Struktur süddeutscher Handelsgesellschaften in der Zeit der Fugger. Bd. I: Darstellung. Bd. II: Urkunden. Tübingen 1976
Müller, Karl Otto: Welthandelsbräuche. Bd. V (1480–1540). Wiesbaden 1962
Nuglisch, Adolf: Das Finanzwesen des Deutschen Reiches unter Kaiser Karl V. Diss. Straßburg 1899
Opitz, Wilhelm: Die Fugger und Welser. Zwei Handelsfürstenhäuser der Reformationszeit. Berlin 1906
Pölnitz, Götz Freiherr von: Fugger und Medici. Leipzig 1942
Pölnitz, Götz Freiherr von: Der deutsche Handel und sein Haus in Venedig. Leipzig 1944
Pölnitz, Götz Freiherr von: Jakob Fugger. Bd. I und II. Tübingen 1949/51
Pölnitz, Götz Freiherr von: Fugger und Hanse. Tübingen 1953
Pölnitz, Götz Freiherr von: Die Fugger. Frankfurt 1960
Pölnitz, Götz Freiherr von: Anton Fugger, Bd. I, Bd. II, 1 und 2, Bd. III, 1. Tübingen 1958/71
Reinhardt, Emil: Jakob Fugger der Reiche aus Augsburg. Berlin 1926
Roßmann, Karl: Vom Handel der Welser um die Wende zum 16. Jh. Diss. München 1933
Scheuermann, Ludwig: Die Fugger in Tirol und Kärnten. Leipzig 1929
Schick, Léon: Un grand homme d'affaires au début du XVIe siècle, Jacob Fugger. Paris 1957
Schiele, Hartmut und *Ricker, Manfred:* Betriebswirtschaftliche Aufschlüsse aus der Fuggerzeit. Berlin 1967
Schulte, Aloys: Die Fugger in Rom 1495–1523 mit Studien zur Geschichte der kirchlichen Finanzwesen jener Zeit. Bd. I und II. Leipzig 1904
Seelmann, Theo: Jakob Fugger, der König der mittelalterlichen Kaufherren. Stuttgart 1909
Simnacher, Georg: Die Fuggertestamente des 16. Jahrhunderts. Tübingen 1960
Strieder, Jakob: Die Inventur der Firma Fugger aus dem Jahre 1527. Tübingen 1905

Strieder, Jakob: Studien zur Geschichte kapitalistischer Organisationsformen. Monopole, Kartelle und Aktiengesellschaften im Mittelalter und zu Beginn der Neuzeit. München und Leipzig 1925

Strieder, Jakob: Jakob Fugger der Reiche. Leipzig 1926

Strieder, Jakob: Ein Bericht des Fuggerschen Faktors Hans Dernschwamm über den Siebenbürgener Salzbergbau. Berlin 1933

Unger, Eike Eberhard: Die Fugger in Hall. Diss. Erlangen–Nürnberg 1965

Weidenbacher, Josef: Die Fuggerei in Augsburg, die erste deutsche Kleinhaus-Stiftung. Augsburg 1926

Weitnauer, Alfred: Venezianischer Handel der Fugger. Nach der Musterbuchhaltung des Matthäus Schwarz. München 1931

Welser, Ludwig von: Die Welser. Des Freiherrn Johannes Michael von Welsers Nachrichten über die Familie. Bd. I und II. Nürnberg 1917

Werner, Theodor Gustav: Die Beteiligung der Nürnberger Welser und Augsburger Fugger an der Eroberung des Rio de la Plata und der Gründung von Buenos Aires. Nürnberg 1967

Wescher, Paul: Großkaufleute der Renaissance. Frankfurt am Main 1940

Winker, Will: Jacob Fugger der Reiche. München 1940

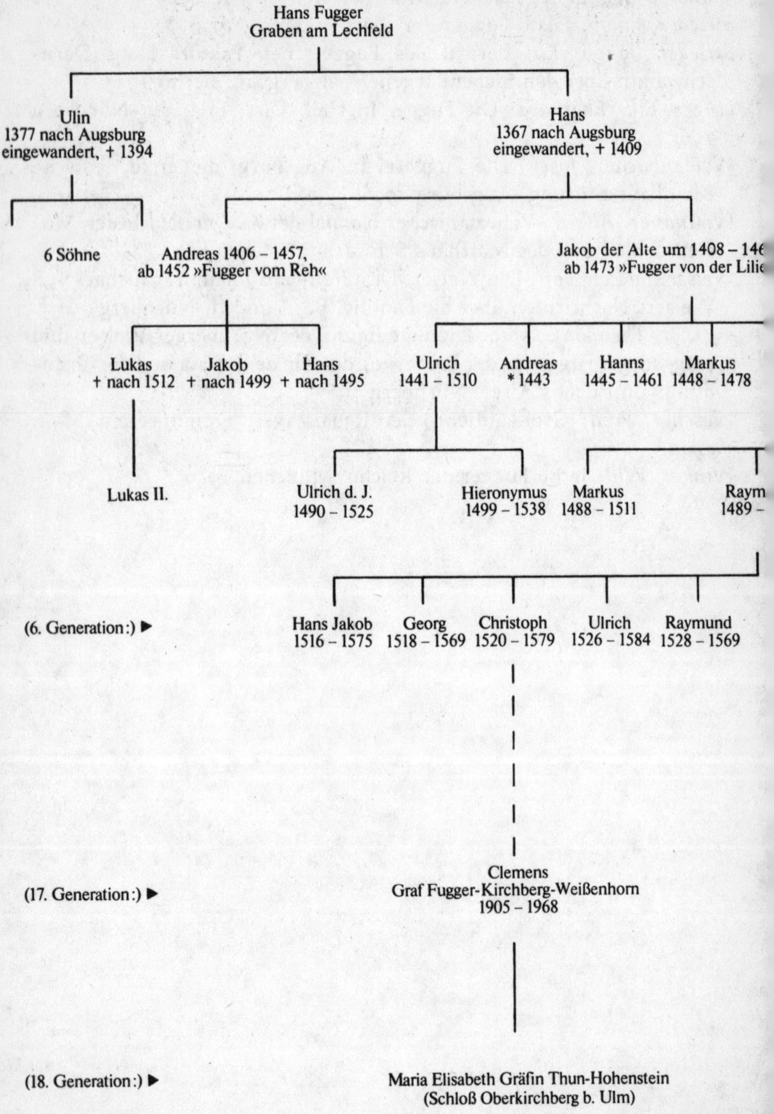
Hans Fugger
Graben am Lechfeld
Ulin
1377 nach Augsburg
eingewandert, + 1394
Hans
1367 nach Augsburg
eingewandert, + 1409
6 Söhne
Andreas 1406 – 1457,
ab 1452 »Fugger vom Reh«
Jakob der Alte um 1408 – 146
ab 1473 »Fugger von der Lilie
Lukas
+ nach 1512
Jakob
+ nach 1499
Hans
+ nach 1495
Ulrich
1441 – 1510
Andreas
* 1443
Hanns
1445 – 1461
Markus
1448 – 1478
Lukas II.
Ulrich d. J.
1490 – 1525
Hieronymus
1499 – 1538
Markus
1488 – 1511
Raym
1489 –
(6. Generation:) ▶
Hans Jakob
1516 – 1575
Georg
1518 – 1569
Christoph
1520 – 1579
Ulrich
1526 – 1584
Raymund
1528 – 1569
(17. Generation:) ▶
Clemens
Graf Fugger-Kirchberg-Weißenhorn
1905 – 1968
(18. Generation:) ▶
Maria Elisabeth Gräfin Thun-Hohenstein
(Schloß Oberkirchberg b. Ulm)

Auszug aus dem Stammbaum des Hauses Fugger (um 1360 bis 1977)

Peter
0 – 1473

Georg
1453 – 1506

Jakob der Reiche
1459 – 1525

Anton
1493 – 1560

Markus
529 – 1597

Johannes
1531 – 1598

Hieronymus
1533 – 1573

Jakob
1542 – 1598

Joseph Ernst
Fürst Fugger von Glött
* 1895
(Schloß Kirchheim i. Schwaben)

(adoptiert)

Albert Graf von und zu
Arco-Zinneberg

Friedrich Carl
Fürst Fugger-Babenhausen
* 1914
(Schloß Wellenburg und Schloß
Babenhausen i. Schwaben)

Karl Anton

Hubertus

Markus

Johannes

Tatjana

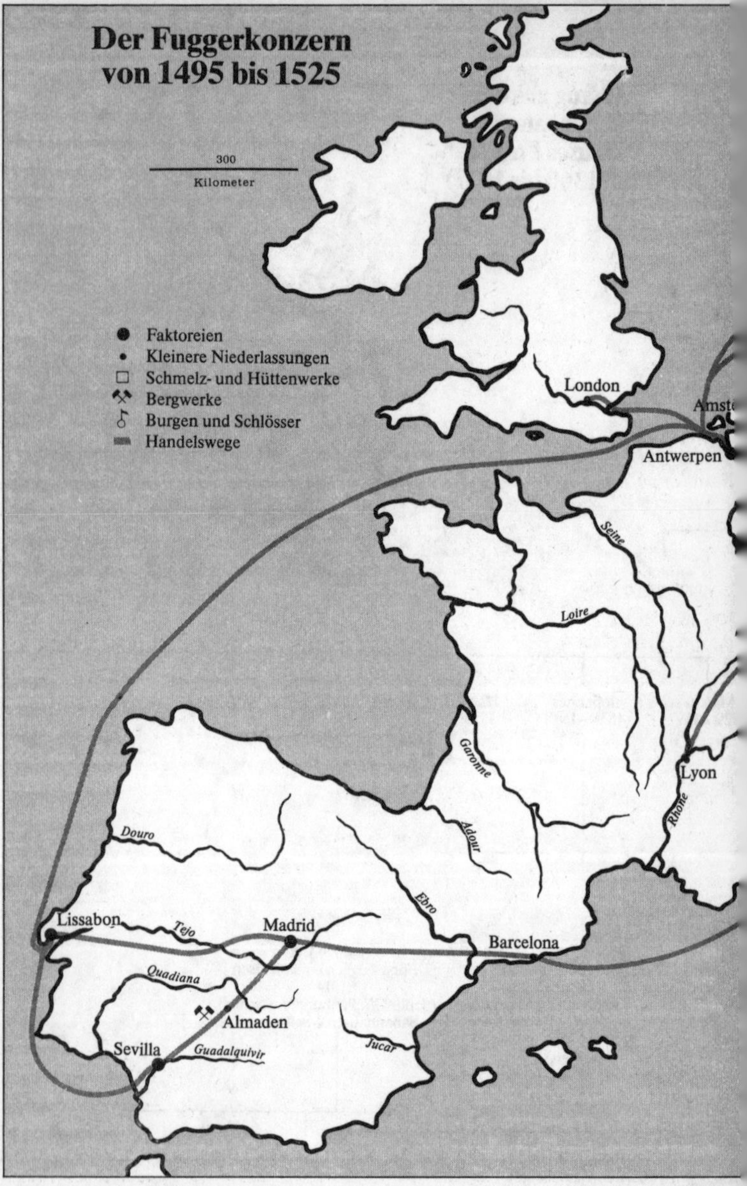
Der Fuggerkonzern
von 1495 bis 1525
300
Kilometer
Faktoreien
Kleinere Niederlassungen
Schmelz- und Hüttenwerke
Bergwerke
Burgen und Schlösser
Handelswege
London
Antwerpen
Seine
Loire
Garonne
Adour
Lyon
Rhone
Douro
Ebro
Lissabon
Tejo
Madrid
Barcelona
Quadiana
Almaden
Jucar
Sevilla
Guadalquivir

Narwa
Reval
Nowgorod
Riga
Düna
Memel
Helsingör
Malmö
Danzig
Hamburg
Lübeck
Lüneburg
Elbe
Weser
Stettin
Thorn
Weichsel
Warschau
Frankfurt a. O.
Posen
Oder
Iwangorod
Hohenkirchen
Leipzig
Breslau
Frankfurt
Reichenstein
Prag
Neisse
Krakau
Nürnberg
Freiwaldau
Main
Teschen
Mogilew
Biberbach
Regensburg
Thaya
Sillein
Jablunkapaß
Moschowitz
Rosenberg
Schmiechen
Trentschin
Neusohl
Wasserburg
Kremnitz
Altsohl
Rosenheim
Salzburg
Wien
Schemnitz
Jenbach
Rattenberg
Preßburg
Karpfen
Hall
Schwaz
Schladming
Wiener-Neustadt
Innsbruck
Rauris
Kitzbühel
Gastein
Ofen (Budapest)
Frauenseiffen
Bozen
Villach
Marburg
Fuggerau
Trient
Pettau
Mailand
Agram
Venedig
Po
Zengg
Donau
Bologna
Rom
Neapel

Namensregister

Bildnachweis

Archiv für Kunst und Geschichte, Berlin: 235 oben, 239 oben, 119 beide, 233 oben
Bayerisches Nationalmuseum, München: 113 unten
Bayerische Staatsbibliothek, München: 114 beide
Bayerische Staatsgemäldesammlung, München: 117
Bildarchiv Preußischer Kulturbesitz, Berlin: 233 unten, 236 rechts
Bilderdienst Süddeutscher Verlag, München: 237 unten
Cramers Kunstanstalt KG, Dortmund: 240 unten
Germanisches Nationalmuseum, Nürnberg: 113 rechts oben, 239 unten
Herzog-Anton-Ulrich-Museum, Braunschweig: 116 links oben
Historia-Photo, Bad Sachsa: 113 links oben, 116 rechts oben, 120 oben, 234 sämtliche
Historisches Museum, Basel: 116 unten
Kunstarchiv Arntz, Haag: 235 oben, 237 oben, 118 unten
Regens-Wagner-Stiftung, Dillingen: 240 oben
Schneiders, Toni, Lindau: 120 unten
Staatliche Kunsthalle, Karlsruhe: 115
Stadtbildstelle Augsburg: 238 unten, 118 oben
Städtische Kunstsammlungen, Augsburg: 238 oben

Links: Augsburgs einziges Fuggerdenkmal, Pleitier Hans Jakob Fugger (1516–1575).

Unten: Der Zedernsaal mit der Kassettendecke (1583–1586) von Wendel Dietrich in Schloß Kirchheim an der Mindel.

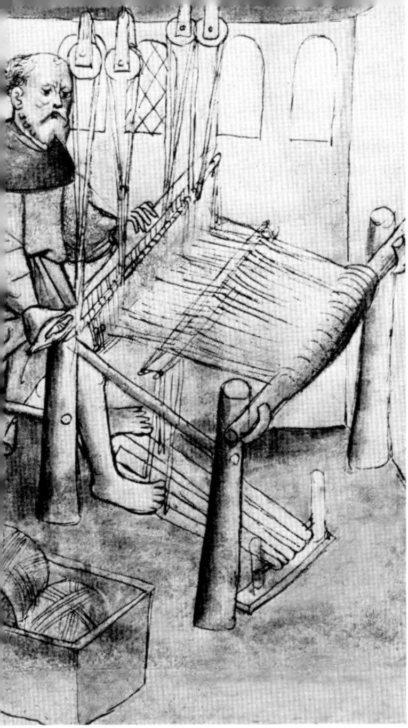

Links: Deutscher Weber auf einer Nürnberger Miniatur um 1400. *Rechts:* Zeitgenössische Darstellung Jakob Fuggers des Alten (1412–1469).
Unten: Webstück des Konrad Fugger (1461) aus dem Bayerischen Nationalmuseum.

Oben: Stadt und Schloß Weißenhorn in einer Darstellung des 16. Jahrhunderts.
Rechte Seite: Anton Fugger (1493–1560), der mit zweiunddreißig Jahren die Nachfolge seines Onkels Jakob des Reichen antrat. Gemälde von Hans Maler.
Unten: Markt und Schloß Oberkirchberg in einer Darstellung des 16. Jahrhunderts.

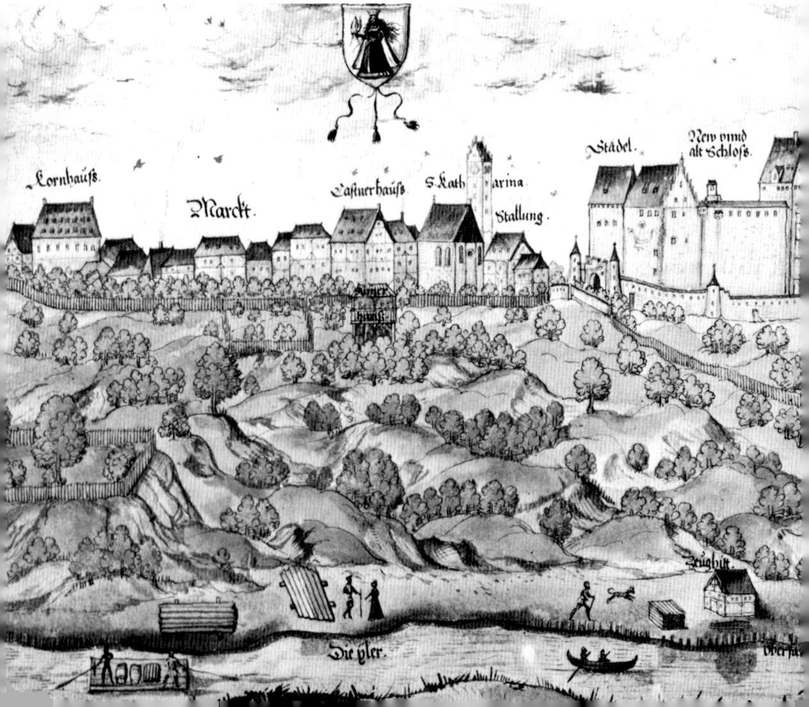

Links oben: Jakob Fugger mit seinem Hauptbuchhalter Matthäus Schwarz, aus der Kostümbiographie des Matthäus Schwarz. *Rechts oben:* Kaufmännisches Rechnen, Holzschnitt um 1520.
Rechte Seite: Jakob Fugger der Reiche (1459–1525), Gemälde von A. Dürer.
Unten: Das »Gürtelein« aus dem Burgunderschatz, dessen wertvollsten Stücke Jakob Fugger für seine Frau Sybille, geborene Artzt, erstand.

Oben: Karl V. und die deutschen Kurfürsten auf dem Augsburger Reichstag von 1530 (Gedenkblatt auf die Augsburger Konfession).
Unten: Gemetzel im Bauernkrieg, Holzschnitt von Hans Lützelburger (1522).

Links: Papst Julius II. (1443–1513), Gemälde von Raffael Santi. *Rechts:* Kaiser Maximilian I. (1459–1519), Gemälde von Albrecht Dürer.
Unten: Ablaßhandel, Holzschnitt von Hans Holbein dem Jüngeren.

Oben: Die Flucht Karls des Kühnen nach der Schlacht von Murten (1476), Holzstich des 19. Jahrhunderts. Der Burgunderschatz fiel in die Hände der Schweizer.
Unten: Der Fondaco dei Tedeschi in Venedig.

Links: Bergbau im frühen 16. Jahrhundert. Großer Pferdegöpel über der Erde zum Antrieb einer Fördervorrichtung für Erz, aus Georg Agricola, Zwölf Bücher vom Berg- und Hüttenwesen (1556). *Rechts:* Schmelzhütte, aus demselben Werk.

Rechte Seite, oben: Karte von Amerika, aus Sebastian Münsters Kosmographie (1540). *Unten:* Die Schergen des spanischen Eroberers Pizarro foltern und ermorden den letzten Inka-Herrscher Atahualpa (1533).

FRANCISCA
C.Britonum
Corterea
Exteriores
Terra florida
Oceanus occidentalis
Medera
Fortunatæ ins.
Zipangri
Chamaho
Panuco Ins. Tortucarū
CVBA
Hispaniola
Antille
Ins. Hesperidum
Iamica
Dominica
S. Iacobi
PARIA Sabundat auro & margaritis
Nouus orbis
Canibali
Catigara
Die Nüw Welt
Regio Gigantum
7. insulę Marguerītarū
Ins. infortunatæ
Mare pacificum

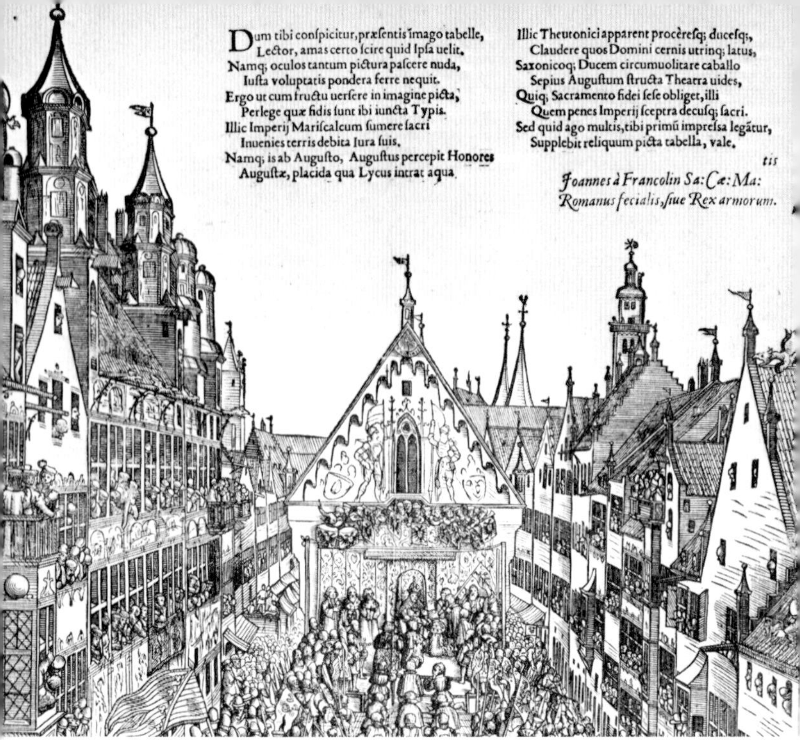

Oben: Die Augsburger Fuggerhäuser (links im Bild) um die Mitte des 16. Jahrhunderts.
Unten: Die Fuggerhäuser im Jahre 1938 vor der Zerstörung im Zweiten Weltkrieg.

Rechts und unten: Ulrich Fugger der Jüngere (1490–1525) und seine Frau, Silberstiftzeichnungen von Hans Holbein dem Älteren.

Links: Der Stifter Jakob Fugger, Büste vom Chorgestühl der Sankt-Anna-Kirche in Augsburg, Schnitzwerk Adolf Dauchers.

Unten: Die Fuggerei in Augsburg, älteste Sozialsiedlung der Welt, mit deren Bau im Jahre 1516 begonnen wurde.

Oben: Die Legende: Jakob Fugger verbrennt vor Karl V. dessen Schuldverschreibungen, Gemälde des 19. Jahrhunderts.
Unten: Die Wirklichkeit: Ein Fugger verbrennt keine Schuldscheine. Depotquittung Jakob Fuggers über Wechsel des Kaisers.

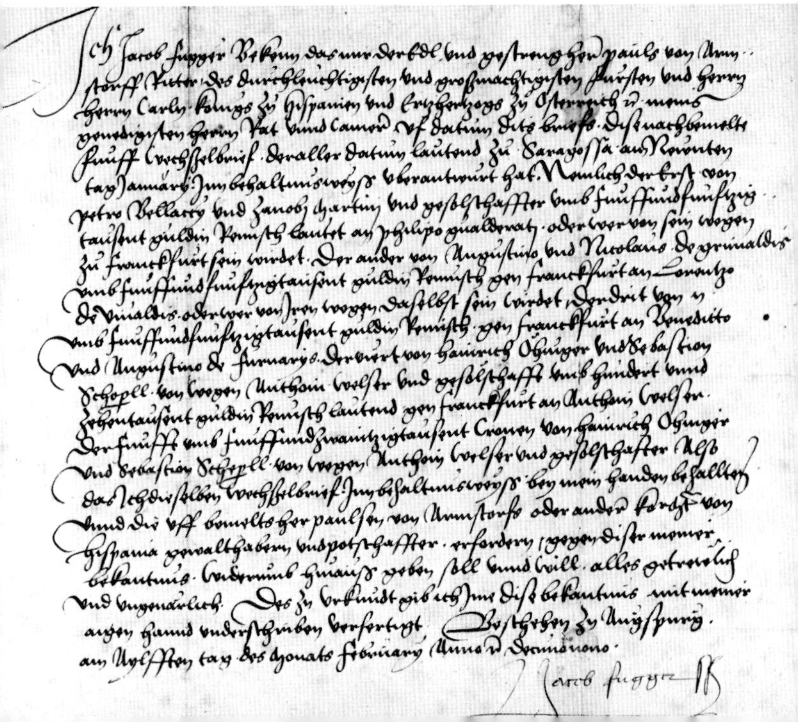

Oben: Schloß Glött bei Dillingen. *Unten:* Schloß Babenhausen bei Illertissen.